幼児造形の基礎
乳幼児の造形表現と造形教材

【編著】樋口一成

萌文書林
HOUBUNSHORIN

執筆者紹介

編著者　樋口 一成（ひぐち かずなり）

　現在、愛知教育大学 幼児教育講座 教授。1964年大阪府生まれ。1990年大阪教育大学大学院教育学研究科修士課程美術教育専攻デザイン講座修了。1987年よりGRAVIMORPH（グラビモルフ：重力によって動く造形）をテーマとする立体造形作品を制作するとともに、地域の市町村・美術館・企業等と連携して、子どもたちを対象としたものづくりワークショップを企画・実践。1988～1994年1～7回全国ウッドクラフト公募展にて奨励賞・優秀賞・最優秀賞・大賞・特別賞等を受賞。1997年Neaf Spiele AG（スイス）とデザイン使用権契約締結「Motus」「Ellip」。2010年飛鳥工房（佐賀県）・タカスガクデザイン（福岡県）と共同開発した玩具「Donguri」が2011年「グッドトイ」に選定、2012年グッドデザイン賞受賞。2017年長野県下伊那郡根羽村・根羽村森林組合と連携して木のおもちゃブランド「ne iro」を立ち上げ、webサイト「ねばのもり」(http://neba-no-mori.jp/)開設。2018年とよた子育て総合支援センター"あいあい"（愛知県）のリノベーションに携わる。2019年新潟県の企業と商品化したGRAVIMORPHシリーズ「SPINDLE」「WOBBLY」がJacob K. Javits Convention Center（アメリカ ニューヨーク市）で開催されたNY NOW summer 2019展にて「destination：new」賞を受賞、webサイト「GRAVIMORPH」(https://ja.gravimorph.com/)開設。2019年安城市民ギャラリー（愛知県安城市）・浜田市世界こども美術館（島根県浜田市）・わらべ館（鳥取県鳥取市）にて個展開催。著書に『幼稚園・保育所の保育内容－理論と実践－保育表現Ⅱ（造形）』（共著：田研出版）、『素材＞学年＞時間＞動詞で検索する造形教材』（監修：愛知教育大学出版会）、『改訂 美術科教育の基礎知識』（共著：建帛社）、『造形教育の教材と授業づくり』（共著：日本文教出版）、『幼児造形の基礎－乳幼児の造形表現と造形教材』（編著：萌文書林）等がある。これまでに、大阪教育大学、長崎大学、長崎大学大学院等の非常勤講師を務める。

執筆者　　*50音順　所属等は令和7年4月現在

浅野秀男
　ぎふ笑顔高等学院　学院長

安藤恭子
　ユマニテク短期大学幼児保育学科　教授

石川博章
　岡崎女子大学子ども教育学部　教授

磯部錦司
　椙山女学園大学教育学部　教授

江﨑榮彦
　元中部学院大学教育学部（旧子ども学部）教授

江村和彦
　日本福祉大学教育・心理学部　教授

小江和樹
　鹿児島大学教育学部　教授

小川英彦
　至学館大学健康科学部　特任教授

桂川成美
　岐阜聖徳学園大学教育学部　准教授

加藤愛子
　和進館保育園・平田保育園　絵画造形講師

加藤克俊
　豊橋創造大学短期大学部幼児教育・保育科　准教授

菅野弘之
　長崎大学人文社会科学域（教育学系）　教授

小林 修
　名古屋経済大学 名誉教授

佐々木雅浩
　愛知教育大学美術教育講座　教授

鈴木安由美
　愛知みずほ短期大学現代幼児教育学科　講師

鈴木裕子
　愛知教育大学幼児教育講座　教授

中川 泰
　長崎大学人文社会科学域（教育学系）教授

新實広記
　愛知東邦大学教育学部　准教授

西垣吉之
　中部学院大学教育学部　教授

西村志磨
　至学館大学健康科学部　准教授

早矢仕晶子
　岐阜聖徳学園大学教育学部　教授

日野陽子
　京都教育大学美術領域専攻　准教授

藤岡孝充
　元鎌倉女子大学教育学部　教授

藤田雅也
　岡山大学学術研究院教育学域（美術教育講座）　教授

麓 洋介
　愛知教育大学幼児教育講座　准教授

堀 祥子
　名古屋女子大学文学部　准教授

本田郁子
　岡崎女子短期大学幼児教育学科　専任講師

松田ほなみ
　名古屋女子大学短期大学部保育学科　准教授

水谷誠孝
　名古屋学芸大学ヒューマンケア学部　准教授

矢野 真
　京都女子大学発達教育学部　教授

山本政幸
　岐阜大学教育学部　教授

山本麻美
　名古屋女子大学短期大学部保育学科　講師

吉田悦治
　琉球大学教育学部　教授

采睪真澄
　中部大学現代教育学部　教授

まえがき

「造形表現」を学ぶ人へ

　2017 年、幼稚園教育要領、保育所保育指針、幼保連携型認定こども園教育・保育要領の３法令が同時に改訂（改定）され、2018 年に施行となり、幼稚園、保育所、幼保連携型認定こども園ともに、幼児教育施設として位置づけられた。幼児教育が「環境を通して行う教育」を基本とすることは変わらず、その上で、子どもの育ちについて、育みたい「資質・能力」と、「幼児期の終わりまでに育ってほしい 10 の姿」が新たにはっきりと示された。これからは、この「幼児教育において育みたい資質・能力」と「幼児期の終わりまでに育ってほしい 10 の姿」の内容を見据えながら、幼児の造形表現を考えていくこととなった。本書は、この新しい動きに沿ってまとめたものである。

　本書は、将来保育者となることを夢見て保育内容「表現」や「造形表現」を学んでおられる方々のためのテキストとして企画・編集された。したがって、保育内容「表現」や「造形表現」の内容はもちろんのこと、それぞれに関わっている造形の材料、道具、技法等について、多くの方々にとってわかりやすい表記や内容を心掛けた。また、具体的な内容や事例がわかりやすくなるように幼児の造形教育の方法、教材、実践例等を数多く加えた。さらに、子どもの発達を広い視点から見ることができるように乳児、幼小連携、身体表現や音楽表現、病児や障害児等に関する内容、地域との連携や海外の動向等も盛り込んだ。将来保育者となるために保育内容「表現」や「造形表現」を学んでおられる方々だけでなく、幼稚園、保育園、認定こども園等に勤められていて、普段子どもたちの造形表現に関わっておられる方々、また子育てに取り組んでおられる方々にも、本書を活用して頂きたい。

　各執筆者は、全国の大学及び短期大学において学生の指導にあたっている者、自ら造形活動に取り組んでいる者、地域と連携して子どもたちのための造形活動を展開している者、保育の現場で子どもたちの造形表現の指導にあたっている者など、それぞれが各地で保育の実践に取り組んでいる。したがって、本書の中を見て頂くと、生き生きとした子どもたちの真の姿や反応が数多く書かれていることを感じて頂けることと思う。ただそれは、各執筆者とそのときに出会った子どもたちとの関係の上で子どもたちが見せてくれた姿や反応にほかならない。本書を参考に、内容を学んで頂いたり、活動をして頂いたりする際は、子どもたち一人一人の個性、並びに活動する場となる地域や園等の特性に合わせて頂くことがとても大切である。本書を参考にして頂くことで、子どもたちの造形表現がより豊かに、より楽しいものになることを願っている。

2018 年 9 月　　編著者　樋口一成

幼児造形の基礎―乳幼児の造形表現と造形教材　目　次

まえがき——3

第1章　幼児造形とは——9

1. 幼児の造形教育のねらい―幼児教育上の「資質・能力」と「10の姿」
　　［鈴木裕子・樋口一成］——10
2. 幼児の育ちと造形教育［磯部錦司］——14
3. 自然や人との出会い［磯部錦司］——16

第2章　幼児の造形教育の方法——19

1. 教材づくり［江村和彦］——20
2. 素材との出会い［西村志磨］——22
3. 生活環境・自然環境の活用［西村志磨］——24
4. 行事における造形活動―行事での造形、展示の在り方や方法［西村志磨］——26
5. 子どもの表現を生み出す人的な環境としての保育者の役割［西垣吉之］——28
6. 子どもの主体を生かす保育―ものとの関わりを中心に［西垣吉之］——30
7. 模擬保育とは［石川博章］——42
8. 造形に関する模擬保育の実践―準備・実施・ふりかえり［石川博章］——43
9. 参観の方法、実習や教材研究の進め方　［堀　祥子］——46

第3章　幼児の造形教育の教材―材料や技法の基礎理解——49

1. 絵の具―絵の具・筆の種類と基本的な使い方［安藤恭子］——50
2. 絵の具の技法―絵の具や道具の活用［水谷誠孝］——52
3. クレヨン・パス―材料、基本的な使い方［松田ほなみ］——54
4. クレヨン・パスの活用［藤岡孝充・矢野　真］——56
5. マーカー・ペン［早矢仕晶子・水谷誠孝］——60
6. 鉛筆・色鉛筆―材料の特徴、活用［桂川成美］——62
7. 画用紙・和紙―紙の種類や特徴［桂川成美］——64
8. 画用紙・和紙の活用―描画等への活用［水谷誠孝］——66
9. 版画①―版の種類や用具の使い方［新實広記］——68
10. 版画②―版や写し遊びの技法のダイジェスト［采睪真澄］——70
11. 砂と土［西村志磨］——72
12. 粘土造形―粘土の種類や用具、活用［江村和彦］——74
13. 牛乳パックと段ボール箱［石川博章］——76

14. 新聞紙・チラシ [早矢仕晶子]──78

15. 紙コップ・紙皿などの活用 [加藤克俊]──80

16. 切る─紙とハサミを使って [石川博章]──82

17. くっつける─でんぷんノリ・木工用ボンド・ホチキス・セロハンテープ
    [樋口一成]──84

18. 木片・枝─板・木片・竹・実・小枝・葉、材料の特徴、活用法 [釆睪真澄]──86

19. 木工道具を使おう [加藤克俊]──88

20. 繊維素材 [堀 祥子]──90

21. ビニール─ビニール袋・スズランテープ等の活用法 [安藤恭子]──92

22. プラスチック─容器や活用法 [西村志磨]──94

23. 金属の材料─アルミホイルや針金・モール等 [佐々木雅浩]──96

第4章　幼児造形教育への実践─大学での実技体験や教育現場での実践例──99

1. 並べる・組み合わせる [加藤克俊]──100

2. ドロ紙の造形 [浅野秀男]──102

3. 手や身体で触れる [磯部錦司]──104

4. 描いてみよう①─描画の基本、見方・描き方 [小林 修]──106

5. 描いてみよう②─筆や手を使った描画の実践 [水谷誠孝]──108

6. 想像の世界を絵で表す─イメージを膨らませて楽しく描く [小江和樹]──110

7. 平面技法の基本─32の基本技法 [樋口一成]──112

8. 平面技法の応用①　にじみ [早矢仕晶子]──120

9. 平面技法の応用②　ドリッピング・デカルコマニー [桂川成美]──122

10. 平面技法の応用③　スクラッチ─ひっかいて描く [松田ほなみ]──124

11. 平面技法の応用④　マーブリング [松田ほなみ]──126

12. 平面技法の応用⑤　フロッタージュ─擦り出しで魚をつくる [山本政幸]
    ──128

13. コラージュ [新實広記]──130

14. 切り紙・切り絵 [鈴木安由美]──132

15. 厚紙で仮面・かぶりものをつくる [鈴木安由美]──134

16. 発想をかたちにする─紙を使った見立て遊び [山本麻美]──136

17. 紙皿や紙コップと色画用紙を使った美容師ごっこ [加藤愛子]──138

18. 画用紙を使って①─Z折り、回転する絵、パズル的な絵 [堀 祥子]──140

19. 画用紙を使って②─動くペーパークラフト「テープの動変換」[樋口一成]──142

20. 画用紙を使って③─動くペーパークラフト「アニマルフェイス」[樋口一成]
    ──144

21. 画用紙を使って④─画用紙と和紙の違いを活かした活用 [水谷誠孝]──146

22. 版で表す─紙版画の特徴を活かした共同制作「海の生き物」[桂川成美]──148

23. スタンプ遊びの実践 [藤田雅也]──150

24. ステンシル＆ローラー遊び [藤田雅也]──152

25.スチレン版画の実践［松田ほなみ］──154

26.ゴム版をつくろう［新實広記］──156

27.粘土で表す─粘土による表現の基礎［藤田雅也］──158

28.粘土遊び─体全体を使って［浅野秀男］──160

29.立体　粘土による表現の可能性［藤岡孝充］──162

30.陶芸─身近な道具を使って器をつくろう［江村和彦］──164

31.木を切る・打つことからの展開［新實広記］──166

32.木で表す［加藤克俊］──168

33.ビニール袋─コップからモコモコ飛び出す［江村和彦］──170

34.ビニールを使った実践［樋口一成］──172

35.羊毛フェルトを使った造形［堀　祥子］──174

36.いろいろな材料の造形①─紙を使って、絵画遊びと技法の造形［江崎榮彦］
　　　　　　──176

37.いろいろな材料の造形②─自然物（木育）と人工物（ビニール袋）を活用した実践
　　　　［矢野　真］──178

38.いろいろな材料の造形③─プラスチック容器やスチロールなどの実践
　　　　［西村志磨］──180

39.いろいろな材料の造形④─プラスチック容器やスチロールなどの活用
　　　　［安藤恭子］──182

40.いろいろな材料の造形⑤─アルミホイルや空き缶の実践［西村志磨］──184

41.いろいろな材料の造形⑥─アルミホイルや空き缶などの活用［安藤恭子］
　　　　　　──186

42.光・影絵─ボンド・セロハンを用いた実践［本田郁子］──188

43.魅力的な壁面装飾の制作を求めて［中川泰］──190

44.紙芝居制作─ストーリーと絵、制作とパフォーマンス［松田ほなみ］──192

45.一人遣いの指人形制作─世界に一つの指人形で子どもたちと楽しい会話をしよう
　　　　［江崎榮彦］──194

46.技法から絵本へ─モダンテクニックから絵本制作へ［藤岡孝充］──196

47.絵本づくりと読み聞かせ─原画の制作と簡単な製本［山本政幸］──198

48.共同での制作─ものづくり交流の教材実践［新實広記］──200

49.鑑賞（観賞）体験［小林　修］──202

50.美術鑑賞の今─鑑賞教育の現状と新しい取り組み［日野陽子］──204

第5章　幼児の発達と造形表現──207

1.乳児の表現［樋口一成］──208

2.五感や身体感覚［江村和彦］──210

3.身体表現と造形表現［鈴木裕子］──212

4.音楽表現と造形表現［麓 洋介］──214

5.材料体験による創意工夫─材料体験、発想や工夫、創造力を育てる［釆睪真澄］──216

6.描画における発達段階［藤田雅也］──218

7．子どもの絵の意味 [磯部錦司]──222

8．立体による造形表現の発達 [藤田雅也]──224

9．心を支える美術の力─いのちに寄り添うアート [日野陽子]──226

10．障害児と造形表現 [小川英彦]──230

第6章　幼児造形教育の歴史と海外の美術教育──233

1．幼児造形の流れ [石川博章]──234

2．海外の教育思想 [浅野秀男]──236

3．創造主義の系譜 [浅野秀男]──238

4．海外の幼児造形の動向─レッジョ・エミリアを中心にして [中川泰]──240

5．海外での実践レポート [磯部錦司]──242

第7章　幼児造形教育の広がり──245

1．教育施設の活用─子育ての場所や機会の広がり [江村和彦]──246

2．教育制度・連携─幼保一元化・認定子ども園、幼小の連携 [中川　泰]──248

3．場のちから─身近な環境を創造の舞台に [吉田悦治]──250

4．環境を創造し生まれる造形活動─綿花や綿から感じる・知る・造形 [菅野弘之]
　　　──252

5．施設の広がりについて [中川　泰]──254

6．児童館・美術館の活用─造形ワークショップの実践、利用法 [中川　泰]──256

7．地域の特色と教育力 [江村和彦]──258

8．地域での造形活動の実践 [堀　祥子]──260

9．地域との連携の広がり [矢野　真]──262

8

第1章

幼児造形とは

　子どもたちは、日々の生活の中で、いろいろなモノに出会い、気づき、関心を抱く。周囲の自然、人、物などを見て、子どもたちならではの反応を見せてくれる。いろいろなモノへの興味や関心を一つのきっかけとして、子どもたちの造形的な表現が生まれる。そこには、見たものを表現する姿、自己を表現する姿、周囲にいる人へ何かを伝えようとする姿など様々である。大人の考える造形表現とは異なった解釈や判断がそこには必要となる。子どもたちの成長や発達を踏まえて、子どもたちならではの造形表現を理解し、正しく導こうとする姿勢がそこには必要となる。まわりの大人たちが子どもたちの造形表現にどれだけ寄り添い、共感し、適切な援助ができるかどうかが幼児造形にとってとても大切である。

| 1 幼児造形とは | 2 幼児の造形教育の方法 | 3 幼児の造形教育の教材 | 4 幼児造形教育への実践 | 5 幼児の発達と造形表現 | 6 幼児造形教育の歴史と海外の美術教育 | 7 幼児造形教育の広がり |

I. 幼児の造形教育のねらい ―幼児教育上の「資質・能力」と「10の姿」

　平成29年（2017年）、幼稚園教育要領、保育所保育指針、幼保連携型認定こども園教育・保育要領が改訂され、幼稚園、保育所、幼保連携型認定こども園ともに、幼児教育施設としてはっきりと位置づけられた。また、「幼児教育において育みたい資質・能力」と「幼児期の終わりまでに育ってほしい10の姿」も示された。今後、この「幼児教育において育みたい資質・能力」と「幼児期の終わりまでに育ってほしい10の姿」の内容を見据えながら、幼児の造形表現を考えていくこととなる。

1. 幼児の造形教育の背景

　平成27年度（2015年度）より、幼稚園・保育所・認定こども園等の特性を生かした良質かつ適切な教育・保育、地域の子育て支援を総合的に提供する体制を整備すること等を目的とした「子ども・子育て支援新制度」がスタートした。さらに、平成29年に、幼稚園教育要領、保育所保育指針、幼保連携型認定こども園教育・保育要領の3法令が、同時に改訂（改定）、平成30年に施行され、幼稚園、保育所、幼保連携型認定こども園ともに、幼児教育施設として位置づけられた。幼児教育が「環境を通して行う教育」を基本とすることは変わらず、その上で、子どもの育ちについて、幼児教育において育みたい「資質・能力」と、5歳児後半に見られるようになる姿である「幼児期の終わりまでに育ってほしい姿」が示された。

1)、2)、3) 文部科学省『教育課程企画特別部会における論点整理について（報告）』平成27年8月

図1. 紙皿をハサミで切る子ども

図2. 紙皿にサインペンで絵を描く子ども

図3. 穴開けパンチで穴を開けている子ども

図4. 完成した紙皿かざぐるま

2. 幼児教育において育みたい「資質・能力」の3つの柱

　幼児教育において育みたい「資質・能力」は、小学校以降の学校教育において育成すべき資質・能力とつなげて捉える必要がある。「資質・能力」は、小学校、中学校、高等学校での学校教育全体を通して伸びていくものであり、その基礎が幼児期で培われるため、小学校以降の教育とのつながりが理解しやすいように、小学校以上で整理された「知識・技能」に対して幼児教育では「知識及び技能の基礎」、同「思考力、判断力、表現力等」に対して「思考力、判断力、表現力等の基礎」、同「学びに向かう力、人間性等」は「学びに向かう力、人間性等」として、3つの柱が示されている。

(1)「個別の知識や技能の基礎」

　「個別の知識や技能の基礎」とは、「幼児が遊びや生活の中で、豊かな体験を通じて、何かを感じたり、何かに気付いたり、何かがわかったり、何かができるようになっていくこと」と定義づけられている[1]。子どもが周囲の出来事や環境に興味や関心を抱いて体験したことが、いずれ知識や技能につながっていくこと。そのための基礎と捉えるとよい。このことを造形表現の場面で捉えると、例えば、子どもたちが紙皿やストロー等が用意されている環境の下で、それらを使ってかざぐるまをつくろうと取り組んだ時、保育者につくる方法を教えてもらいながら自分のペースでゆっくりつくっていく。はじめに紙皿の一部を切り取ったり、紙皿に絵を描いたり、2枚の紙皿をホチキスで留めたり、さらに穴開けパンチで穴を開けたりしながら、最後に部品を組み合わせて完成となる（図1～3）。この一連の制作過程の中で、子どもたちは、初めてハサミで紙皿を切ることにな

図5. いろいろな木片の中からパーツを選ぶ

図6. いろいろな木片を並べ替えて作品をイメージする

図7. 木工用ボンドで接着する

図8. 新しい材料や道具を体験する

図9. 完成した木の作品

図10. 完成した木の作品

ったり、初めて穴開けパンチで穴を開けたりすることがある。また、初めて知る紙皿かざぐるまの形に驚くかもしれない。いろいろな初めての体験を通して、最後に一生懸命につくり上げた紙皿かざぐるまが気持ちよく回った時、大きな喜びと達成感を得ることができる（図4）。また、これまでに体験していた製作過程や道具であっても、繰り返し体験したり何度も道具を用いたりすることによって、芸術表現のための基礎的な技能の獲得や様々な気づきを得ることができる。このようなことが「個別の知識や技能の基礎」として捉えられる。「個別の知識や技能の基礎」には、様々な気づき・芸術表現のための基礎的な技能の獲得のほか、発見の喜び・規則性、法則性、関連性等の発見等が含まれる。

(2)「思考力、判断力、表現力等の基礎」

「思考力、判断力、表現力等の基礎」とは、「幼児が遊びや生活の中で、気づいたこと、できるようになったことなども使いながら、どう考えたり、試したり、工夫したり、表現したりするかということ」と定義づけられている[2]。このことを造形表現の場面で捉えると、例えば、子どもたちがいろいろな木片が用意されている環境の下で、それらを使って顔のあるおもちゃをつくろうと取り組んだ時、いろいろな大きさや形の木片を手にして子どもたちがつくりたいと思う顔を考えながらつくり上げていく。はじめに考えた顔の形に向かってつくり上げていくのではなく、いろいろな木片の大きさや形をじっくり眺めてみたり、顔の土台となる板の上に置いてみたり、試行錯誤しながら顔のおもちゃをつくり上げていく時、その場所に置くことのできない木片の大きさや形に気づいたり、接着剤の適量に気づいたりする（図5～7）。ときには上手くいったり、思っていた以上の形ができ上がったりすることがある。この試行錯誤しながらの成功経験が積み重ねられていくことで具体的な技術や方法に気づき、そのことが繰り返しできるようになったり、大きな達成感を味わったりすることができるようになる（図8、9）。また、成功経験ばかりではなく、形を上手くつくり上げることができなかったり、接着が上手くいかなかったりした時には、上手に制作することができなかった体験を知識として得ることができる（図10）。このようなことが、「思考力、判断力、表現力等の基礎」と捉えられる。「思考力、判断力、表現力等の基礎」には、試行錯誤・達成感のほか、工夫・予想、予測、比較、分類、確認・他の幼児の考えなどに触れ、新しい考えを生み出す喜びや楽しさ・ふりかえり、次への見通し・自分なりの表現等が含まれる。

(3)「学びに向かう力、人間性等」

「学びに向かう力、人間性等」とは、「幼児の心情、意欲、態度が育つ中で、どのように社会・世界と関わり、いかによりよい生活を営むかといった資質・能力」と定義づけられている[3]。前者2つの柱が「知的な力」であるのに対して、この柱は「情緒的な力」とされる。この土台がないと思考力、判断力、表現力等、ましてや知識や技能の基礎は生まれない。このことを造形表現の場面で捉えると、例えば、子どもたちが数多くの空き缶や板などが用意されている環境の下で、それらを使って街をつくろうと取

図11. 空き缶を積み上げていく

図12. 工夫しながら粘り強く高く積み上げる

り組んだ時、高いタワーやビルをできるだけ高くつくろうとして慎重に粘り強く空き缶と板を積み上げていく（図11）。こうした知識・技能や思考力・判断力・表現力等の基礎を駆使して、「本物のタワーやビルのようにできるだけ高くしたい」とあきらめずに粘り強く取り組む（図12）。大きくて広い街を友達と知恵を出し合いながら、相手の意見を受け入れ、目的を共有しながら挑戦し続ける（図13、14）。このような姿が、学びに向かう力、人間性を培う機会となる。「学びに向かう力、人間性等」には、あきらめずに粘り強く取り組むこと・知恵を出し合うこと・相手への気持ちの需要・目的の共有のほか、思いやり・安定した情緒・自信・好奇心、探究心・自分への向き合い、折り合い・話し合い、協力・色、形、音等への美しさや面白さに対する感覚、自然現象や社会現象への関心等を含んでいる。

3. 幼児期の終わりまでに育ってほしい10の姿

「資質・能力」の３つの柱は、子どもの遊びの中で重なり合っているため、子どもたちの姿を、資質・能力という視点で評価する際には、子どもが何をしようとしているのか、何を必要としているのかというプロセスを見ることが求められる。この考え方を明確にし、３つの柱をより具体化したものが、今回の教育要領・保育指針等の改訂（改定）で示された「幼児期の終わりまでに育ってほしい10の姿」である。新たに示されたこの10の姿は、これまでの５つの領域（健康、人間関係、環境、言葉、表現）に取って代わるものではない。資質・能力の３つの柱（視点）から５領域のねらいや内容に基づいた活動へと展開して、さらに10の姿につながっていくものとして次の通り示された[4]。

幼児期の終わりまでに育ってほしい10の姿

(1) 健康な心と体
　幼稚園生活の中で、充実感をもって自分のやりたいことに向かって心と体を十分に働かせ、見通しをもって行動し、自ら健康で安全な生活をつくり出すようになる。

(2) 自立心
　身近な環境に主体的に関わり様々な活動を楽しむ中で、しなければならないことを自覚し、自分の力で行うために考えたり、工夫したりしながら、諦めずにやり遂げることで達成感を味わい、自信をもって行動するようになる。

(3) 協同性
　友達と関わる中で、互いの思いや考えなどを共有し、共通の目的の実現に向けて、考えたり、工夫したり、協力したりし、充実感をもってやり遂げるようになる。

(4) 道徳性・規範意識の芽生え
　友達と様々な体験を重ねる中で、してよいことや悪いことが分かり、自分の行動を振り返ったり、友達の気持ちに共感したりし、相手の立場に立って行動するようになる。また、きまりを守る必要性が分かり、自分の気持ちを調整し、友達と折り合いを付けながら、きまりをつくったり、守ったりするようになる。

(5) 社会生活との関わり
　家族を大切にしようとする気持ちをもつとともに、地域の身近な人と触れ合う中で、人との様々な関わり方に気付き、相手の気持ちを考えて関わり、自分が役に立つ喜びを感じ、地域に親しみをもつようになる。また、幼稚園内外の様々な環境に関わる中で、遊びや生活に必要な情報を取り入れ、情報に基づき判断したり、情報を伝え合ったり、活用したりするなど、情報を役立てながら活動するように

---

4) 文部科学省『幼稚園教育要領解説』平成30年2月、pp.49-68

図13. 友達と協力して積み上げる

図14. みんなで共同で積み上げる

なるとともに、公共の施設を大切に利用するなどして、社会とのつながりなどを意識するようになる。

(6) **思考力の芽生え**
　身近な事象に積極的に関わる中で、物の性質や仕組みなどを感じ取ったり、気付いたりし、考えたり、予想したり、工夫したりするなど、多様な関わりを楽しむようになる。また、友達の様々な考えに触れる中で、自分と異なる考えがあることに気付き、自ら判断したり、考え直したりするなど、新しい考えを生み出す喜びを味わいながら、自分の考えをよりよいものにするようになる。

(7) **自然との関わり・生命尊重**
　自然に触れて感動する体験を通して、自然の変化などを感じ取り、好奇心や探究心をもって考え言葉などで表現しながら、身近な事象への関心が高まるとともに、自然への愛情や畏敬の念をもつようになる。また、身近な動植物に心を動かされる中で、生命の不思議さや尊さに気付き、身近な動植物への接し方を考え、命あるものとしていたわり、大切にする気持ちをもって関わるようになる。

(8) **数量や図形、標識や文字などへの関心・感覚**
　遊びや生活の中で、数量や図形、標識や文字などに親しむ体験を重ねたり、標識や文字の役割に気付いたりし、自らの必要感に基づきこれらを活用し、興味や関心、感覚をもつようになる。

(9) **言葉による伝え合い**
　先生や友達と心を通わせる中で、絵本や物語などに親しみながら、豊かな言葉や表現を身に付け、経験したことや考えたことなどを言葉で伝えたり、相手の話を注意して聞いたりし、言葉による伝え合いを楽しむようになる。

(10) **豊かな感性と表現**
　心を動かす出来事などに触れ感性を働かせる中で、様々な素材の特徴や表現の仕方などに気付き、感じたことや考えたことを自分で表現したり、友達同士で表現する過程を楽しんだりし、表現する喜びを味わい、意欲をもつようになる。

　これら10の姿とは、卒園時までに育まれる子どもの具体的な姿として捉えようとするものである。幼児期の子どもたちを卒園がゴールであると考えてしまうこともあるが、子どもたちが小学生、中学生、さらにその先へと成長していくことを考えた時、卒園は到達点ではなく、一つの通過点に他ならない。そのようなことから、「育ってほしい10の姿」は、到達目標ではなく、子どもたちが育っていく方向を示していると捉えるべきである。つまり、育ってほしい姿であるので、子どもたちを結果で判断するのではなく、子どもたちが自分なりのやり方やペースで、育ってほしい姿に向かっていくことができるように、保育者や大人たちは子どもたち本位で環境を整え、豊富な体験ができるようにサポートしながら、子どもたちに寄り添うことが大切である。

　幼児教育の中の造形表現を考えた時、「10の姿」の中の「豊かな感性と表現」が深く関わっていることはいうまでもないが、他の9つの姿とも結びついていると捉えられる。幼児教育は環境を通して行うものであり、とりわけ幼児の自発的な活動としての遊びを通して、また造形表現活動を通して、これら「10の姿」に向かっていくように留意する必要がある。

〔鈴木裕子・樋口一成〕

| 1 幼児造形とは | 2 幼児の造形教育の方法 | 3 幼児の造形教育の教材 | 4 幼児造形教育への実践 | 5 幼児の発達と造形表現 | 6 幼児造形教育の歴史と海外の美術教育 | 7 幼児造形教育の広がり |

2. 幼児の育ちと造形教育

　人間は、何かを表現するための手段を4つしかもち得ていない。それは、身体と言葉と音とモノである。たとえば、絵の具や粘土もモノであり、モノで表された色と形を「造形」という。ここで述べる造形教育とは、「造形を通した教育」を意味するものであり、その教育においては、作品や結果よりも活動のプロセスが子どもの育ちにとって重要な役割をもつ。

1. モノとの直接的な作用において生まれる感じることの豊かさ

　造形活動は、直接的にモノに関わり、モノとの相互作用において生まれる活動である。視覚や触覚など五感を通したその活動は、感じることを豊かにし、環境に対する感じ方を深め、創造的な活動を生み出し、表現を通して子どもたちは自分の存在を鮮明にし確かなものにしていく。

　まず、幼児の造形活動において重要なことは、そのようなモノへの感じ方を深める直接的な体験を豊かにしていくことである。特に五感の中でも、基本的なものはあくまで視覚よりも触覚（体性感覚）が優先する[1]。たとえば、絵の具に初めて出会った子どもの多くは、そこに筆があったとしても絵の具を指で触り、ぬたくり遊びを繰り返していく。モノと一体化することによって全身の感覚で材料を受け止め、次第に、イメージを表すという行為を生み出していく。雪が降れば雪の園庭で、河原へ行けば河原の石や水で、海岸へ行けば砂や貝殻で、森へ行けば枝や葉っぱで、保育室ならば粘土や紙やクレヨンで、子どもたちは、あらゆるモノとの直接的な関わりを通して感じ方を深め、新たな色や形を創り出し、意味を生成する活動へと行為を展開させていくのである。そこで深められる感じ方が自己形成の礎となっていく。

図1. モノとの諸感覚を通した直接的な出会いから造形活動が生まれる

1) 中村雄二郎『共通感覚論』岩波現代選書、1979、p.131

2. 想像と思考のプロセス

　子どもたちは、生活の中で、何かに具体的に関わりをもったり、具体的な行為に及んだりすることで思考や想像を繰り広げていく。絵を描いたり、モノをつくったりという行為は、まさにその過程である。子どもは、描くことやつくることをしながらその色や形を視覚から感じ、その色や形からさらにイメージを広げ新たな色や形を生み出し、その連続した営みの中で造形はつくられていく。つまり、造形活動の過程そのものが、想像と思考の過程であるといえる。子どもたちは、つくる、描くという過程の中で、それまでの様々なモノや人、できごととの出会いの中で生まれた自らの経験を基にして、思考しながら色や形で表し、世界を広げていくのである。そして、その世界は、モノの見方だけでなく、言語の認識も、社会的な認識も、科学的な認識も、人と人との関係も、自然との関係も、彼らの生きているすべての世界と関わっている。

図2. 描く、つくる過程で想像と思考が生まれる。
（写真提供；赤崎保育園）

2) Herbert Read "Education through Art"(London ,1943) H.リード、植村鷹千代・水沢孝策訳『芸術による教育』美術出版社、1957、p.70

3. 知を統合する作用

　日本の戦後の造形教育の思潮は、特に「芸術を通した教育」を中心とした教育観から人間形成に目的を置きながら考えられてきた。その「芸術教育の基礎たるべし」の教育観は[2]、ハーバート・リード（Herbert Read）

14

によってもたらされたものであり、その考えは、具体的には「芸術」とは「造形芸術」であり、「芸術すること」、つまり芸術的経験として意味づけられ、芸術は単なる教育の目的ではなく、教育の手段として位置づいてきた。また、日本の総合教育に影響を与えたジョン・デューイ（John Dewey）の考えに置き換えてみると、彼は、自然の諸力と人間の経験とが最も高度に結合するものを芸術と位置づけ、芸術の統合的・包括的機能からその重要性を述べている[3]。教育が知識と人格の統合した全人的な教育をめざそうとするならば、その教育において造形芸術の担う役割は重要である。

3) John Dewey "The school and Society" (Revised edition,1915) J.デューイ、宮原誠一訳『学校と社会』岩波書店、1957、p.90
John Dewey "Experience and Nature" (Open Court Publishing Co.1925.) J.デューイ、河村望訳『デューイ＝ミード著作集４　経験と自然』人間の科学社、1997、p.13～14

4. 想像的探究としての造形活動

造形活動は、想像力を通じて可能になるものであり、人間と世界とが出会う場として、そして、新たな意味や価値を生成する経験の過程として位置する。

人間は２歳頃になると言葉をもち、図式で絵を描くようになる。絵や言葉の文化が生まれるということは、イメージとイメージを伝え合う生活、想像力を基盤とした生活が始まるということである。つまり、人間らしく生きるとは想像力の問題であり、人間らしさを育む教育とは想像力の教育であるといえる。

造形活動という経験の過程は想像力と切り離せない関係をもつものであり、その過程において想像力は個人や環境世界に新たな意味や価値を生み出していくことが考えられる。そして、それは文化の創造や社会の創造へとつながっていく。風土や文化は人々の内にある想像力によって構成される環境との相互作用によるものであり、その共有によって新たな意味や価値が生まれ、社会は創造される。たとえば、民主主義や平和、自然観に関わる社会的課題の克服も、まず、共有を生み出す想像力をもった環境が社会の中に保障され、生成されていくことによって拓かれていくものである。その役割においても造形活動に対する期待は大きい。

5. コミュニケーションとしての造形活動

コミュニケーションとは言葉だけでなく、他者に働きかけ、他者から感じ取り、感じたことから行為を表し繰り返していく相互作用である。子どもの表現では、「他人とのコミュニケーション」と、もう一つ、行為の過程でその在り方を見ていくと、描くことやつくることを通した「自分とのコミュニケーション」がある。さらに、コラボレーションの活動の過程に目を向けてみると、「造形行為を通したコミュニケーション」という、描く、つくること自体を通して感覚を共有し、イメージを共有しあおうとする相互作用が見られる。

図3. 色と形を通してコミュニケーションする子どもたち

言葉が未発達な幼児にとって、色と形という非言語な手段は、言葉では伝えられないことを伝えていく道具となっていく。そこに生まれる「表すこと」と「感じること」の豊かさが、言語活動の充実へと発展していくのである。

［磯部錦司］

| 1 幼児造形とは | 2 幼児の造形教育の方法 | 3 幼児の造形教育の教材 | 4 幼児造形教育への実践 | 5 幼児の発達と造形表現 | 6 幼児造形教育の歴史と海外の美術教育 | 7 幼児造形教育の広がり |

3. 自然や人との出会い

　自然や人との関わりは、感じることを豊かにし、その出会いの中で造形活動はより深まっていく。そして、自然や人との直接的な関わりを通して、子どもたちは、外界との関係性を構築させながら、自分の存在を確かめるように造形活動を試みていく。子どもたちの生活の中に、そのような出会いを豊かにする環境を創り出していくことが重要となる。

1. 生活世界のできごととしての造形活動

　生活とは、人間が生きる営みのすべてであり、そして、人間は単に生きることにとどまらず、文化や社会を創る。それは子どもたちの生活においても同じである。その営みの中で、表現とは、感じることと連鎖した生得的な営みであり、表現も生活の営みの一つであるといえる。そのため、幼児教育の実践では、表現と生活を切り離して捉えるのではなく、生活と表現することをつなげていくことが重要となる。特に幼児の造形教育においては、子どもたちと環境との豊かな関わりを保障していくことが必要となる。その豊かなできごとをつくり出す環境として、自然や人との関係は、大きな役割を果たす。

2. 自然との出会いが起こす造形活動

(1) 多様な感触との出会い

　造形活動は、視覚の機能だけでなく、諸感覚とのつながりや関係から展開されていく。特に、自然素材は、あらゆる触り心地をもっている。しかも、自然素材は癒しの効果もあり、自ら関わって触っていたくなるような特性をもっている。子どもたちが、土遊びに長々と親しむ姿や、木の葉を拾う姿など、いたるところで自然素材への愛着を感じる場面を目にする。このような直接的な出会いにおいて、子どもたちの多様な感じ方は深められていく。

(2) 無限の色と形との出会い

　自然は人工物にはない多様な色合いをもっている。夕焼けの色にしても、葉っぱの緑色にしても無限の色が存在する。同じように形もそうである。自然の中には完全な直線は存在せず、すべての線は有機的な線によって形は造られている。それゆえ自然物には一つとして同じ形が無く、無限の形が存在する。その多様な出会いはその子なりの感じ方へとつながり生かされていく。

(3) 自然のできごととの出会い

　自然現象や生命との出会いは、時として人間の予想を超える様々なできごととして現れる。季節の風を肌で感じ、土や樹木のにおいを感じ、葉の色合いの変化を目で感じ、光と影を感じ、風や虫の音を感じ、時には雷雨や雪と出会い、動物たちの生や死と出会い、自然の厳しさ偉大さを感じていく。そこには、優しさや厳しさ、柔らかさや硬さ、温かさや冷たさ、明るさや暗さなど無限に子どもたちが感じることのできるできごとが存在する。子どもたちはそのできごとを五感で感じ、気づき、見方や感じ方を広

図1.「隠れ家と子ども」

図2. 自然との出会いが感じることを豊かにし、表現が深められていく

16

げていく。そこで感じたことや気づいたことが、イメージを広げ、表現活動へとつながっていく。

(4) 心の開放と癒し

　自然の中で、木や土や水等の自然物を使って夢中になって遊ぶ子こどもたちの様子をよく目にする。自由にのびのびと表現してほしいと願う時、自然の素材や環境は、子どもたちにとって有効な対象となる。まず子どもの心が自由に開放されなければ、しなやかでのびやかな表現は生まれてこない。心の開放がされてこそ、子どもたちは事物やできごとに対して多様な発見をし、豊かな感じ方を育んでいくのである。

3. 生命観の構築

図3. 表現を通して子どもの生命観は深められていく

　子どもたちの絵の中には、虫や動物や太陽や花や木といった自然がプリミティブに表現されている。世界全体の生命を共有し他者を切り離さないそのような感じ方は、将来、人に対する尊厳や自然に対する共生や共存の意識へとつながっていく。その感じ方は、人やものとの深い関わりの中に起こるコミュニケーションの過程で培われ、さらに表現活動の中で広がり深まっていく。たとえば、何気ない草花や動物たちと子どもの関わりも、他者の「生」を感じようとする子どもの営みを見ることができる。子どもたちの植物や生き物たちとの関わりから育まれた「生」に対する感じ方は表現活動の中でつながり、生かされ、命に対する感じ方はさらに広がっていく。たとえば、土を耕し、命を育て、植物や虫や動物たちとの豊かな関わりを体験している子どもたちには、共に生きようとする感じ方や、その子ならではの自然や命に対する総体的な見方や考え方が培われている。そのような自然への感じ方と、その感じ方を表現できる環境を保障していくことが重要となる。

4. 人との出会いが起こすできごと

図4. 造形活動を通して人との関わりが構築されていく
（写真提供：谷戸幼稚園）

　仲間と関わりながら造形活動を通して遊ぶ過程の中に、共同性や社会性への感じ方が芽生えていく様子がうかがえる。たとえば、砂場では、子どもたちは「砂場で遊ぼう」と集まり、砂と関わりながら次第に仲間と穴を掘り、山をつくり、道や湖をつくり、遊びが展開していく。共通のイメージが生まれ、それが共通の願いとなり、話し合い、仕事を分担し合い、共同制作が生まれてくる。たとえば、隠れ家づくりでは、場所を見つけ、そこに自分たちの空間をつくり、周辺を飾り、その場所を拠点にごっこ遊びが展開していく。これらの過程では、感覚を共有し、イメージを共有し、文化が創造される。普段の遊びにおいても、描いたりつくったりしながら感覚を共有しあい、イメージを共有することを目的に活動が展開していく場面が見られる。このように、造形を通してコミュニケーションが生まれることによって、感覚が共有され、イメージが共有され、生活体験が物語をつくり出し、造形活動が展開されていく。

［磯部錦司］

【1章参考文献】

◇ **1章1節**「幼児の造形教育のねらい ― 幼児教育上の『資質・能力』と『10の姿』」
　（1）厚生労働省『保育所保育指針解説』フレーベル館、2018
　（2）内閣府・文部科学省・厚生労働省『幼保連携型認定こども園教育・保育要領解説』フレーベル館、2018
　（3）文部科学省『幼稚園教育要領解説』フレーベル館、2018

◇ **1章2節**「幼児の育ちと造形教育」
　（1）松下良平「ポストモダン社会とデューイ」杉浦宏編『現代デューイの再評価』世界思想社、2003、p.316
　（2）岩田誠『見る脳・描く脳』東京大学出版会、1997
　（3）早川操『デューイの探求教育哲学―相互成長をめざす人間形成論再考―』財団法人名古屋大学出版会、1994

◇ **1章3節**「自然や人との出会い」
　（1）磯部錦司『自然・子ども・アート―いのちとの会話―』フレーベル館、2007

第2章

幼児の造形教育の方法

　幼児の造形教育では、教材、カリキュラム、材料、用具、場所や空間などの環境を工夫することによって、子どもたちの造形への興味や関心を引き出したり、積極性や意欲を増大させたりすることができる。造形活動に入る前段階でしっかりと準備しておきたいことや注意したいことなどについて考察する。さらに実践的な指導力の育成のために必要な模擬保育や保育実習、保育の参観方法についても考察する。子どもたちが造形表現に楽しみながら取り組むことができるように、そして幼児の造形教育がより実りあるものとなるように、しっかりとした学びと準備が必要である。

| 1 幼児造形とは | 2 幼児の造形教育の方法 | 3 幼児の造形教育の教材 | 4 幼児造形教育への実践 | 5 幼児の発達と造形表現 | 6 幼児造形教育の歴史と海外の美術教育 | 7 幼児造形教育の広がり |

I. 教材づくり

　教材は、保育者と子どもを結びつけるものである。幼児期の子どもたちにとって、発達に則して適材適所に計画され、子どもたちの好奇心を刺激するものでありたい。教材には、造形活動に伴う材料や用具、空間のように目に見えるものと、保育者の言葉がけの内容や援助、活動の時間など目に見えないものがある。自由保育の場合には、環境設定を中心に教材を整え、設定保育では導入・展開・まとめといった保育の流れも教材の実践に含まれる。一つの教材をつくりあげたとしても、子どもたちによって常に変化していくものと考え、計画の想定内に収めることにこだわらないことが大事である。

　教材は、子どもの実態や保育のねらいに応じてつくりあげていくものである。教材づくりのポイントは、子どもたちが「させられている」のではなく、「したい」と思って、つくったり描いたりする活動になるよう心がけることである。幼稚園教育要領・保育所保育指針等に示される「主体的で対話的で深い学び」ができる様々な活動や環境整備の一つとして造形活動が存在する。そのことを念頭において、保育全体を見て他の領域との連携や普段の子どもたちの生活の中から、今必要な学びに適した教材を提示することが重要である。そして、その提示は押しつけるものではなく、子どもたちのまわりにそっと置かれた環境の一部になっていることが理想である。

1. 教材の準備をする

図1. 子どもの感性を育む教材

　造形領域における教材とは、子どもたちがそれによって何を感じて表現したくなるかを考えて準備しなければならない。例えば、粘土のやわらかさや画用紙にペンの跡をつけた時に感動して、もっと触りたい、描きたいという子どもたちの表したい気持ちをのびのびとできるようにしたい。そのために保育者は、材料や道具についての理解とともに、材料の特徴や道具の使い方など子どもに伝わるようにわかりやすく、しかも少ない言葉で伝えられるように考慮したい。そのために、写真や絵など見てわかる資料を準備する。物的環境を整備するという意味で、保育室の環境にも気を配りたい。紙や粘土、クレヨンなどの造形材料はもちろん、季節ごとの草花や木の実、石など自然物も目につく場所に、整然と配置されているとよい。活動によってはでき上がりをイメージしやすくするために、完成見本などを見せることもあるが、できるかぎり子どもたちの想像力をもとに活動が進められるようにしたい。参考作品はあくまでも参考であり、同じものをコピーすることでは創造的な造形活動とはいいがたいからである。

2. 保育内容の理解のための十分な試作

図2. 試作をする

　造形表現における教材研究では、試作は大変重要である。活動計画を考える上で、対象となる子どもの年齢や発達と照らし合わせ、その材料や道具が適切なのかを知るために、保育者自身がつくったり描いたりしておかなければならない（図2）。保育者自身がつくったり描いたりして、子どもたちが「どこでつまずくのか」、「どの活動が夢中になるだろうか」と想像しながら試作することは、むしろ楽しい準備作業と感じるだろう。まず保育者自身が試して、材料や用具の適性、制作の手順や時間、必要な支援や援助のタイミング等を確認して内容を理解しておくことが大切である。

3. 保育の計画を立てる

　カリキュラムの作成には、担当するクラスの子どもたちの発達やこれまで体験してきたこと、保育園、幼稚園の年間行事やそれぞれの季節など多様な展開を計画する必要がある。当然だが、ここでの主役は子どもたちであって、保育者でも保護者でもない。つまり、無理な計画や見栄えを重視するような計画などは、大人の都合でつくられるものである。子どもの主体性を大切にするのであれば、まず子どもの視点に立ち、そこで子どもたちの何が育ち学ぶことができるのかを考えた計画を立てることを心がけたい。年間を通じた展開を考えた時、自然や季節を感じられるものが含まれるよう考慮したい。造形表現のねらいは、子ども一人ひとりのよさや可能性を発揮することにあることを念頭に置いて計画を立てるようにする。

4. 子どもの実態から教材を考える

図3. 子どもに合った教材

　紙を切るからといって乳児にカッターナイフを持たせることはしないだろう。しかし、安易に教材集や実践例に掲載されているものを、そのまま目の前の子どもたちに当てはめたりしてはいないだろうか。仮に5歳児クラスであっても、春と冬では、同じ教材を実践しても反応やできることは異なる。つまり保育者は、常に子どもの実態に合わせて教材を考えなければならない。一つの実践の中に、どのような材料でどの道具を使い、でき上がりをどのように目指すのかを計画していく。ただしでき上がり（結果）にこだわらず、子どもがその実践の中で何が育っていくのかという視点が教材を考える上で重要である。同じ素材や道具であっても、導入の仕方でより高度な展開も計画でき、それぞれの年齢、発達に応じた教材づくりを心がけたい。子どもたちが造形活動に取り組む時、材料や道具に親しみ、自ら表現したり友達同士で表現したりする過程を楽しめる時間的、空間的余裕と保育者の寛容な構えが子どもたちの表現したい気持ちを育てるのである。

5. 予測を越える活動に着目し教材の展開を改善する

図4. 保育カンファレンス

　計画をしっかりたてて教材を準備したとしても、実践で予定通りにいくことは稀である。経験が浅い保育者は、当初の計画から外れないように、子どもたちの活動や行為を制限、修正してしまうことがある。しかし、それが却って子どもの意欲・関心を削いでしまうことがある。よりよい保育を展開するためには、常にふりかえりをすることが重要である。子どもたちが様々な場面でつまずくように、保育者も同様に自分の実践する保育につまずき悩むことがある。そのつまずきをふりかえるための一つの方法としてビデオカメラで記録し活用する。その場面の子どもの姿や自分自身の援助や言葉がけを見返して、その後の活動にどのような変化があったのかを検証することが重要である。同じような活動でもクラスや担当者によって実践内容が異なることがある。保育の具体的な記録によって研究者やベテラン保育者からアドバイスをもらうことが可能になる。ビデオ記録によるふりかえりとカンファレンス（相互交流）は、保育の改善に有効であるから積極的に取り入れていくとよい。ただし、個人情報が含まれるので取扱いには注意したい。

［江村和彦］

| 1 幼児造形とは | 2 幼児の造形教育の方法 | 3 幼児の造形教育の教材 | 4 幼児造形教育への実践 | 5 幼児の発達と造形表現 | 6 幼児造形教育の歴史と海外の美術教育 | 7 幼児造形教育の広がり |

2. 素材との出会い

　造形表現は「モノ」との関わりから生まれる活動である。様々な「モノ（素材）」と初めて出会う幼児期であるからこそ、その出会いを心動かされる機会として大切にしたい。そのために保育者は、様々な素材に触れたり働きかけたりすることのできる環境を用意し、子どもが多様なイメージを広げられるような関わりを心がけたい。魅力的な素材に出会い、それらと積極的に関わることが子どもたちの感性を育み、その出会いを豊かにすることが、保育者として大切な役割の一つであるといえる。

1. 子どもの主体性を引き出す素材体験

　造形活動は、色や形、手触りによる素材とのコミュニケーションを通して、子どもたちが主体的に表現する創造的な活動である。したがって、子ども一人ひとりが、発見したり、試行錯誤したりしながら素材に関わる経験を大切にしたい。

　美しい花の色に心動かされた時、子どもたちはその色や形を活かしてどのような表現をするであろうか。花びらを画用紙や地面に並べて絵を描くこともできるし、水の中に入れて揉むことで色水にしたり（図1）、花びらをカップに入れて花のデザートにしたりもできる（図2）。色水づくりから発展して、いろいろな色のジュースをつくり、喫茶店屋さんごっこに展開することも可能である。子どもの「つくりたい」という主体的な気持ちを可能にするのは、画用紙や水、ビニール袋、それらを入れるための容器などの素材経験と、子どもの想いを形にする保育者の援助や配慮である。

　教材セットや既製品に頼るだけでなく、保育者として身のまわりにある様々な素材を五感で感じ、「これは、どう使えるか」「子どもたちなら、どう活用するだろうか」と思いを巡らせ、素材と向き合い、素材のよさを活かす方法（教材研究）を常に考えていきたいものである。そのような保育者の姿勢が、子どもの造形表現の可能性を支える一助になると考えられる。

図1. 草花の色水ジュース

図2. お花のデザート

2. 素材の性質を知る

　造形活動に使用できる素材は多様にある。それらの素材がどのようなものであるかということを、子どもたちが体験を通して知ることは、子どもの創造性を豊かにする上で大変重要であるといえるだろう。

　例えば、身近にある砂や土は、水を加えると泥になり、ポロポロ、ドロドロ、ベチャベチャ、少し乾くと固まり、シャリシャリ、サラサラした砂や土に戻る（図3）。このように砂や土は、含まれる水分量によって実に様々な表情を見せる。また、土は焼くことによって焼き物（陶器）になる性質をもつ（図4）。これら素材のもつ性質を子どもと共に楽しみ、体感することは、保育者自身の感性を高め、素材への理解を深めるきっかけにもなる。時間や手間にとらわれず、心も体も開放しながら子どもと共に素材の性質を全身で味わえる開放的な体験をしたいものである。

3. 材料の可能性と集め方

　紙や粘土など保育現場でよく使用される素材以外にも、色水遊びや泥遊びで使用する「水」や、ステンドグラスのように「光」を通すことで素材の

図3. 土のドロドロを感じる

図4. 土を焼く
焼いた土を不思議そうに見守る子ども

図5．葉っぱのラミネート
　ラミネートに挟んだ紅葉した葉っぱは、光を通すと色の美しさが際立つ

図6．木切れを使った作品

図7．段ボール迷路

図8．スチロール工作

図9．素材収納

美しさが際立つもの、目には見えないが、ビニールテープなどの素材の動きを通して感じられる「風」なども造形素材として挙げられる。
　保育現場の造形活動で使用される素材の入手方法について次に示す。
【自然素材】
- 枝・葉・草・実……組み合わせる、並べる、くっつける、切るなどで活動が楽しめる（図5）。身近な自然や園庭で探すことができる。
- 木材……組み合わせる、くっつけることができ、着色も可能（図6）。年齢が高くなればのこぎりで切る、釘を打つ、ドリルで穴を開けるなどが可能。木片は製材所などで入手できる。
- 砂・石・土……並べる、積み重ねる、描くことができる。河原や海岸で入手するのが望ましいが、ホームセンターなどでも購入可能である。

【人工素材】…廃材として入手できるものは、家庭や給食施設に依頼したり、園で出たものをストックしたりするとよい。
- 段ボール……丈夫な素材であるため、箱を組み合わせて家をつくったり、つなげて長いトンネル状にしたり、貼り合わせて立体にしたりすることができる（図7）。小さいものはスーパーマーケット、大きいものは電器店などで入手することができる。
- ビニール袋……素材を保管する以外にも、空気を入れて遊べる遊具にしたり、カラービニールでバルーンをつくったりすることもできる。教材用に文具店などで購入するとよい。
- 紙類……牛乳パックは厚手でコーティングされているため、水に浮かせたりして使うことができる。丈夫であるため、箱づくりやお面づくりにも活用することができる。新聞紙は、制作時に敷いたり、破って遊んだり、折ったり身につけたり、丸めて剣にしたりと、様々な場面で使用することができる。空き箱は、様々な形状があるため立体物をつくる時に活用できる。
- プラスチック容器……ペットボトルやプリンカップ等のプラスチック容器は、水を入れることもでき、透明であるため、中に色つきのものを入れてカラフルな作品に仕上げることもできる。
- 発泡スチロール……軟らかく加工が容易である（図8）。梱包材として使用されているものや、食品トレイ、カップめんの空き容器など、様々な形状のものがある。

4．材料の分類・整理

　子どもの主体的な造形活動を行うために、豊富な材料を用意しておくことは必要不可欠である。そのためには、素材を必要な時に必要なだけ使用できるような環境をつくっておかなくてはならない。素材ごとにケースに入れて整理し、何が、どのケースに入っているのかわかるよう記していく必要がある（図9）。特に子どもが欲しいものをすぐに取り出せるよう、収納ケースには素材名とイラストを貼るとよい。また、危険なものは子どもの手の届かないところに配置するなどの配慮が必要である。

〔西村志磨〕

| 1 幼児造形とは | 2 幼児の造形教育の方法 | 3 幼児の造形教育の教材 | 4 幼児造形教育への実践 | 5 幼児の発達と造形表現 | 6 幼児造形教育の歴史と海外の美術教育 | 7 幼児造形教育の広がり |

3. 生活環境・自然環境の活用

　身近な日常の生活空間や自然などの環境を活用することにより、子どもたちの造形活動は様々な広がりを見せる。子どもは、身近な生活空間である保育室や遊戯室、廊下、砂場、遊具など、それぞれの空間の特色を生かすことで、イメージを広げ、創造的な造形活動を展開していく。また、生活環境の中には自然環境も含まれる。子どもにとって、身近な公園や里山、川、海などの自然には、枝や葉、石、砂、水などの様々な素材があり、自然物特有の形、色や手触りを味わうことができる。さらに季節によって異なる素材や空間から、様々な造形活動を展開することができる。
　子どもたちの豊かな感性を引き出すような場所や空間の活用を、保育者として常に考えていきたい。

1. 生活環境を活かした造形活動

　子どもたちにとっての身近な生活環境として、家庭や園、身近な地域などが挙げられる。園に通う子どもたちにとって、保育室は長い時間を過ごす場所の一つであるといえる。よって保育室には、子どもたちが安心・安定した生活が送れる温かい雰囲気や、ワクワクして遊びに取り組める工夫が必要である（図1）。子どもたちの作品を飾ったり、いつでも使いたい時に手の届くところに素材を用意したり、子どものイメージを広げるモチーフ（季節の動植物など）をさりげなく配置したりすることで、保育室は子どもたちの感性を育む豊かな生活空間となるであろう。また、保育室自体の空間を区切ったり開いたりして、光（採光）や風（換気）、自然の色や形（身のまわりの景色）に触れることは、豊かな表現活動を支える大切な要素となる。

図1．元気な子どもたちの顔がいっぱいの壁面

　さらに園生活では、散歩や遠足で地域の公園や身近な里山に出かけたり、祭礼など地域の行事に参加したりして、地域という環境に関わる機会もある。夏祭りや秋祭り等の行事を通して、神輿や衣装をつくったり、身近な素材で屋台をつくったりすることで（図2）、日本の伝統文化のよさに触れ、地域の人々と触れ合う機会も大切にしたい。

図2．園の夏祭りで花火屋さんを楽しむ子ども

2. 自然環境を活かした造形活動

　園生活では、子どもたちが四季折々の自然に触れる機会をもちたい。園により自然環境の違いはあるが、必ずしも森や林などの豊かな自然がなければいけないわけではなく、園庭にある一本の木や落ち葉、降り積もる雪なども、子どもたちにとっては季節を感じることができる大切な自然環境であるといえるだろう（図3）。また、自然環境の開放的な雰囲気の中で、そこで出会う草花や動物・昆虫の色や形、手触りを確かめ、そこから得た感動を友達や保育者と共有し合う経験は、子どもたちの感性を育む上で貴重な体験となる。

図3．紅葉した落ち葉を並べて葉っぱのグラデーションを楽しむ

　例えば、春になり竹やぶからニョキニョキと顔を出したタケノコを見て、日に日に伸びるタケノコの生命力を大きな紙に絵の具を使って、みんなで描いたり、粘土でタケノコ自体を立体的に表現したりすることは、身近な生活環境から得られた何ものにも代えがたい感動体験の再現であるといえるだろう（図4）。また、芽吹いた草花の色や形、香りを楽しんだり、描

図4．子どもたちが表現したタケノコ。天に向かってニョキニョキ伸びる生き生きとした表現

図5. いつでも使えるように素材を配置しておく

図6. 野外なら泥んこになってもすぐに洗える

図7. 壁に貼りつけたり、天井から吊るされた昆虫たち

図8. 紙粘土のケーキ作品

図9. 風になびくスズランテープで風の形を感じる

いたりすることで春を楽しんだり、梅雨時や雷雨の際の雨の音や風の音を色や形で表現したり、紅葉した色鮮やかな葉を並べて地面にお絵描きしたり、降り積もった雪で雪だるまや雪玉をつくったり、自然素材は子どもたちのイメージを広げる様々な側面をもっている。子どもたちの豊かな感性を引き出せるように、保育者自身自らの感性を働かせて自然と関わっていくようにしたい。

保育者として、様々な自然を感じられる体験や造形活動にふさわしい場所や素材などを、日頃から意識して探しておきたいものである。

3. 活動に適した環境づくり

造形活動を行う上で、素材や道具などの物的環境、場所や雰囲気などの空間的環境をどのように構成するかは、重要なポイントとなる。保育室の机の上で行われる活動、保育室全体を使って行われる活動、園庭や遊戯室等の広い空間を使って行われる活動など、場に合わせた環境づくりを考えたい（図5）。

保育室の机上であれば、机の大きさに対して、画用紙の大きさや粘土の量はどの程度が適しているのか、道具や材料をどのように配置すべきか等を検討しなくてはならない。また、年齢による素材や道具の選択も考えなくてはならない。

保育室全体を使って大きな模造紙に絵の具で描きたい時は、刷毛やローラーあるいは手や足など、体全身を思う存分に使って描くことができるようにしたり、パレットではなくボウルやバケツに絵の具を入れたりしておくなどの素材準備をする必要がある。また、汚れやすい活動の場合は、あらかじめビニールシートなどを敷いておく必要がある。

色水遊びのような水を使った活動や、泥んこ遊びのような全身を使ったダイナミックな活動をする場合は、園庭などの屋外空間が望ましい（図6）。水の冷たさ、日の光の暖かさ、風の心地よさなど、自然環境と触れ合える絶好の機会である。また、友達と協力して制作に取り組めるような素材や道具を用意や、全身が汚れてもきれいに洗い落とせるような用具の準備など、開放的な活動を支える環境づくりについても事前に検討しておきたい。

4. 作品のよさを引き出す展示・鑑賞活動

子どもたちのつくった作品を日常的な空間に展示することは、お互いのよさやアイデアに触れ合える鑑賞活動にもつながる。壁面だけでなく、作品の形状に合わせて、保育室や廊下の天井から吊るしてみたり、ネットにかけてみたり、ロッカーや靴箱を活用することも考えられる（図7、8）。また、子ども同士が手にとって遊べる動くおもちゃやパズル、引っ張ると飛び出す仕掛けの展示など、見ることが楽しくなるような工夫も考えたい。室内だけでなく屋外で子どもたちと作品をつくったり、飾ったりすることで、風や雨との融合を楽しんでもよい（図9）。

作品を展示することで子どもたちがお互いのよさに気づき、認め合うことのできるような言葉がけやきっかけづくりを通して、子どもたちの「みる力」を引き出せるような配慮・援助を行っていきたいものである。

[西村志磨]

1	2	3	4	5	6	7
幼児造形とは	幼児の造形教育の方法	幼児の造形教育の教材	幼児造形教育への実践	幼児の発達と造形表現	幼児造形教育の歴史と海外の美術教育	幼児造形教育の広がり

4.行事における造形活動―行事での造形、展示の在り方や方法

保育現場では年間を通し、季節や地域・園の特色に合わせて様々な行事が行われる。年間の指導計画に従って、子どもたちの実情に合わせた行事内容が展開されているが、ここでは行事に関わる造形教育の在り方について考えたい。

4月	入園式・進級式…新入園児へのプレゼント
5月	こどもの日…鯉のぼりや兜の制作 母の日…母親へのプレゼント
6月	父の日…父親へのプレゼント (虫歯予防、時の記念日)
7月	七夕…七夕飾りの制作 (プール開き)
8月	夏祭り…夜店や縁日形式の作品展
9月	お月見…月や団子、うさぎをモチーフとした制作 敬老の日…祖父母へのプレゼントづくり
10月	運動会、体育の日
11月	七五三…成長を祝う制作物 収穫祭…収穫を祝う制作物 (農作物やハロウィン)
12月	クリスマス…クリスマスを祝う制作物（サンタクロースやプレゼント）
1月	正月…凧やこまの制作
2月	節分…鬼のお面などの制作 (生活発表会)
3月	雛祭り…雛飾りの制作 卒園式…卒園記念の制作

表1. 季節の行事と制作物
※作品展や生活発表会は園によって設定されている時期が異なる。

図1. お菓子の家

1. 行事での造形

保育現場で実施される多くの行事では、それぞれの内容に合わせた造形活動が行われ、子どもが生活文化への理解を深めるための一助となっている。園によって内容は若干異なるが、表1のように子どもや保育者は、毎月、行事に関する制作を行っている。また行事を通して、子どもたちの作品を展示する機会をもつことは、日頃の子どもの造形活動の成果を発表する上で大切な役割を果たす。年間を通して実施される様々な行事で行われる造形表現の留意点を次に示す。

(1) 行事への興味・関心を深める造形活動を

国や地域によって、様々な行事や習慣があるが、それらの意味を保育者として十分に理解しておかなくてはならない。端午の節句や雛祭り、正月、七夕など日本古来から伝わる風習や、クリスマス、ハロウィンなどキリスト教に関わる風習などの行事には、それぞれの国の生活や歴史に関する様々な意味が存在する。行事を一過性のものとして終わらせるのではなく、その後の子どもたちの生活をより豊かなものにするためには、活動を通してそれらの意味を子どもに伝え、私たちの生活と密接に結びついている行事に思いを馳せるような経験をさせることが重要である。

(2) 子どもの主体性を重視すること

行事などのイベントを通して、自分たちで感じたことや考えたことを具体的な形にし、自分たちの力でできたという達成感を味わうことは、子どもたちの成長において大きな意味をもつ。造形活動において保育者はあくまでも「援助する」という姿勢で関わり、年齢に合わせ、子どもが工夫できる部分を用意して行事を展開することが大切である。

たとえば、図1のようなお菓子の家を制作するのであれば、まず子どもたちがお菓子の家をつくりたいと思えるような導入を考えることが必要である。その上で、子どもたちがどのようなお菓子の家をつくりたいのか、それを表現するにはどのような素材が適しているのか、それぞれの年齢に合った素材や道具は何がよいのか、大きな作品をつくる上で大切なことは何なのかなど、子どもの主体性を引き出すために保育者が考え、準備しなくてはならないことは数多く挙げられる。

2. 作品の展示や親子イベントのもち方

子どもたちの作品を展示する機会をもつことは、日頃の子どもたちの造形活動の成果を発表する上で大切な場となる。子どもたちの成長の証ともなる作品展示の方法について、次の点に留意したい。

図2. アート型（高低を出して動きをつくる）

<アート型>（図2）
　子どもたちがつくった作品を展示して見せる形態。展示はメインになる作品を決め、それを中心としたレイアウトを考える。効果的に展示するため、保育者が準備する部分も多く、計画的な準備が必要である。

<親子参加型>（図3）
　親子で一緒に制作をしながら、展示が展開されていく形態。親子でつくった物が新たな作品として展示され、作品自体が時間と共に変化していく楽しさがある。
　また、制作を通した親子の交流は、子どもたちにとって楽しい経験となるであろう。

<お店屋さん型>（図4）
　縁日のようにいろいろなお店を出して、作品の展示を楽しむ形態。つくったものを売ったり買ったりすることで、買い物を疑似体験できる楽しさがある。
　また、紙芝居や影絵のように、見て楽しむ展示もよい。

表2. 作品の展示の形態

(1) **日常保育の成果としての位置づけ**
　作品の展示においては、日常の保育から逸脱した展示のための制作ではなく、あくまでも日頃の造形活動の成果を発表する場として位置づけたい。また、保育者の想いが優先されるのではなく、子どもの想いを大切にした作品の展示を展開したいものである。そのためには、子どもの育ちに目を向けることを忘れず、年齢や発達の段階に合わせた内容を考え、でき映えのみを重視する展示にはしないことである。また、限られた時間内に子どもたちがどの程度制作できるのかを考え、時間に余裕をもって取り組むことが大切である。

(2) **対象やねらいを明確に**
　子どものためなのか、子どもと保護者のためなのか、地域や異年齢の子どもとの交流のためなのか等、めざす方向によって展示の内容や方法が異なるため、内容に合わせた計画案や形態を検討する必要がある。
　表2に作品の展示の形態について示した。
　アート型であれば、子どもがつくった作品を効果的に見せるための方法を考えなくてはならない。展示台や額縁、そのほかの装飾など保育者の創意工夫も必要である。また、親子参加型であれば大人も子どもも楽しめる活動を展開しなくてはならない。子どもだけでつくることが難しいものも、親と協働することにより、共につくり上げる喜びや達成感を味わうことができる。さらに、お店屋さん型であれば、保護者や地域の人の協力のもと、出店などをつくることで縁日のような楽しい空間を展開することができ、大人と子どもの交流が期待できる。

3. 展示の方法

　子どもたちがつくった作品は、効果的に演出したい。展示を行う上では、子ども一人ひとりが表現を楽しみながら鑑賞できる工夫や、子どもの目線に合わせてすべての作品が見えるような工夫が必要である。また、見るだけでなく動かしたり、作品の中へ入るなど参加できる展示方法を考えたい。さらに、年長児であれば子ども自身で展示方法を考える機会もつくりたい。
　作品の形態は様々だが、平面作品は並列したりリズミカルに動きをもたせたり、窓ガラスに貼って自然光を活かしたりするのもよい。また、壁面に貼るだけでなくぶら下げることで空間を利用することもできるが、さらに作品らしくするために、台紙に貼りつけるなどの工夫も必要である。
　立体作品は、展示台に高低をつくって動きを出したり、モビールのように天井から吊るして空間を利用したりするなど、空間のバランスや上下のバランスを考えることが大切である。

［西村志磨］

図3. 親子参加型（親子でものづくりを楽しむ）

図4. お店屋さん型（作品の売り買いを楽しむ）

図5. 展示の一例（ネットを使い空間を活かす）

| 1 幼児造形とは | 2 幼児の造形教育の方法 | 3 幼児の造形教育の教材 | 4 幼児造形教育への実践 | 5 幼児の発達と造形表現 | 6 幼児造形教育の歴史と海外の美術教育 | 7 幼児造形教育の広がり |

5.子どもの表現を生み出す人的な環境としての保育者の役割

　保育所保育指針には、「身近な環境に興味や好奇心をもって関わり、感じたことや考えたことを表現する力の基盤を培う。」という表記がある[1]。このような力を培う基礎には、身近な人と気持ちを通じ合わせ、受容的・応答的な関わりの下で育まれる身近な大人との信頼関係を築くことが最も重要となる（図1）。人との関係性において安定することによって、子どもはまわりの環境に目を向け、関わろうとし始める。そこに活動が生まれる。それが子どもの一人ひとりの表現となる。ここでは、子どもの表現を生み出す人的環境について考えてみよう。

1）保育所保育指針「第2章　保育の内容　①乳児保育に関わるねらい及び内容（2）ねらい及び内容 ウ身近なものと関わり感性が育つ」

図1．保育者に見守られ安心して廃材に関わる0歳児

1. 乳幼児期の表現は子どもの内なる世界を表す

　「表現する」とは、一見、その人の行動やその行動の結果を伴うものと思われがちではあるが、「行動しない」ということ自体も子どもの表現の一つである。入園当初、さみしさや緊張のため動けない子もいる。それは不安という内なる世界の表しである。保育者はその世界を感じ関わり方を模索する。このような前提に立った時、子どもの行為、あるいは子どもの存在そのものが表現であるというスタンスに立つことが、とりわけ未分化な乳幼児期には求められることがわかる。造形表現はあくまで大きな意味での表現の一部として扱う必要がある。だからこそ、保育では、結果ではなくそこに至るまでのプロセスも含め子どもの表現であるという考え方を基盤にもっていなければならない。つまり、動けないということ、活動に入り込めないという結果に目を向けるのではなく、そうした行動に陥っている子どもの気持ちに寄り添い、何を感じどのような思考をしているかに思いを巡らすことが、人的環境としての保育者に求められる力なのである。

2. 子どもの表現を価値づける役割

　3歳女児がバットにつくられた寒天に星型の型抜きで型を抜き、それをすくい取ろうとした場面。
　最初、星型に抜かれた寒天を指先でつまもうとする。しかし、すぐに崩れてしまう。すると寒天が崩れるのが面白くなったのか、細かく崩れた寒天をカップに入れいっぱいにしだす。再度、星型に型を抜くと、今度は指先の力の入れ方を調整し、星形の先端部分ではなく、中央に近い部分に指を添え持ち上げた。すると崩れずカップに移し替えることができ、満足そうな、そして誇らしい表情を見せた。

図2．星型をスプーンですくい取ろうとする3歳児

　「もの」に関わる過程には段階がある。一つは無自覚に感覚的に関わる段階。二つ目にその特性を受け止めイメージしたものを形づくったりするなど、様々な気づきをもとに思考しながら関わろうとする段階。3つ目は自分自身がその過程で「もの」への関わりを変容させてきたことを俯瞰し見られるようになる段階である。その結果、そんな風に工夫できた自分に気づき自信がもてるようになる。そうした過程で起きている子どもの経験内容や育ちを読み取り、それを子どもに自覚化させ、そのことがいかに価値あることなのかを伝える役割として、保育者の存在は非常に重要である。

3. まわりの人が「もの」に喜びをもって関わること

　まわりの人が豊かに「もの」に向き合いながら造形活動を楽しむ過程は、子どもにとって様々な感情を動かすきっかけとなる。子どもは心が動くこ

図3．小麦粉粘土で保育者が工夫して遊ぶ姿を見る4歳児

図4．パンづくりの活動中に小麦粉粘土にストローを立てるという課題が生まれ取り組んだ造形物

とで行動し始める。そのため、保育者自身が、造形活動に取り組むこと自体に喜びをもち、生き生き活動する一人の表現主体として存在すること、さらに、友達が造形活動に自発的に取り組む姿を身近に感じることが、子どもの豊かな表現活動を生み出す契機となる。

4．子どもの要求に応じること

子どもの表現活動が豊かに展開していくために、素材の存在は重要な意味をもつ。子どもはイメージしたことを具体的な操作によって目に見える形にしていく。子どもは自分のイメージしたものを現実のものとしていくために、必要なものを試行錯誤しながら選択し、それを利用していく。その際、子どもが要求した「もの」を可能な限り準備していくことが求められる。ある時は、指導計画上に示されたねらいに基づき、子どもが利用するだろう素材をあらかじめ準備しておくこともあろう。一方、活動途中に次々にイメージが変容していくという子どもがもち合わせた特性を考えた場合、突然変容したイメージを実現するために必要となった「もの」を適宜準備することも必要になる。このように保育者は幅広い視野で子どもの活動に向き合い、臨機応変に動かなければならない存在であることを自覚しておかなければならない。もちろん、子どもが自分の要求を素直に保育者に伝えられる関係性を築くことはいうまでもない。

5．技術的なつまずきを支えること

お絵描きが大好きな5歳児A子が、突然絵が描けなくなったことがあった。それまでよく利用していた描画材（クレパス）が絵の具に変わったからであった。最初、保育者は理由がわからなかった。しかし、ゆっくりA子の思いを聞いていくと、色が混じり合うことにとても抵抗があったことがわかった。そこで、保育者は絵の具が混ざらなくするために、一つの絵の具が乾いたことを指で触って確認してから次の絵の具を利用する方法を伝えた。それを理解したA子は、再び絵を描くことが好きになった。

図5．水に溶けたトイレットペーパーで形をつくろうとする3歳児

自分が表現しようとしていることが思い通りに実現できないことに気づくと、子どもはその活動に自ら取り組もうとしなくなる。そこには何らかのつまずきが存在する。そのつまずきはその子にとってその時乗り越えなければならない課題といえる。その課題は保育者にわかりにくいことがある。なぜなら子どもは明確にその課題を自覚し、言語化できる力を備えていないからである。そのため、子どもの内なる世界で起きている心の動きを丁寧に読み取り、その課題を乗り越えるために個々の発達に応じた技術的な援助をすることも、人的環境の一つとしての保育者の役割である。

6．子どもがどうするかな？という活動を仕組む

保育者は、子どもが主体として関わる姿を予想し、活動を生み出すための環境を適切に整えている。しかし、時に子どもは保育者の予想を超えた行動を起こす。造形活動の面白さは、むしろ保育者の予想を遙かに超えた活動に表われるのではないか。そのため、時には子どもの活動の流れや結果が明確に見通せない活動を仕組むのもよい。大きさの違う段ボールや、紙コップ、水に溶けたトイレットペーパーなどをたくさん置いておくと子どもは何をし始めるだろうか等、子どもがものと向き合いながら生み出す活動を見守り支えることも、保育者の役割の一つといえる。　[西垣吉之]

図6．図5の紙をペットボトルに移し替えようとする3歳児

| 1 幼児造形とは | 2 幼児の造形教育の方法 | 3 幼児の造形教育の教材 | 4 幼児造形教育への実践 | 5 幼児の発達と造形表現 | 6 幼児造形教育の歴史と海外の美術教育 | 7 幼児造形教育の広がり |

6.子どもの主体を生かす保育—ものとの関わりを中心に

　保育とは、子ども自らがまわりの人的・物的環境や事象と格闘しながら、生きる力の基礎を培う場である。そのために保育者は、子どもの普段の生活から子どもの実態をつかみ、ねらいを立てて環境構成を考える。子どもはその環境に関わりながら様々な活動を生み出し、その活動を通して様々な経験をする。子どもはその経験を積み重ねることによって、将来、人として生きていくための生きる力の基礎を培っていくのである。ここでは造形表現を通した子どもの主体を生かす保育について述べていく。

1. 保育を組み立てるということ

(1) 子どもの実態とは何か？

図1. 泥団子を並べる

　子どもの実態を的確に捉えることは、保育者の大切な業務の一つである。では、その【実態】とは何を指しているのだろう。まず思い浮かぶのは、子どものしている活動そのものではないだろうか。色水遊びをする。折り紙をする。お絵かきをする。泥団子づくりをする…など。しかし、たとえば「泥団子づくりをしている」という現象だけを捉えればよいのだろうか。ある子は泥団子を繰り返しつくることが楽しいのかもしれない。ある子は、一つの泥団子を丁寧に磨きながらぴかぴかにしていく過程が楽しいのかもしれない。ある子は、泥団子が園庭のどの辺りの土でつくると堅くなるのかを試すことに心が向いているのかもしれない。ある子は、まん丸の泥団子をつくりたいという強い気持ちをもってつくっているかもしれない。つまり「泥団子づくり」という活動名だけでは語りきれないドラマがそこにはある。すると実態の中には、子どもが今抱いている興味・関心、子どもの心の動かし方、子どもにとってその活動がどのような意味があるのか、さらにはその活動を通してどのような育ちが促されているのかなど、様々な内容が含まれることがわかる。

(2) 子どもの実態に影響を与えるもの

図2. 秋の自然物でケーキづくり

　子どもの実態は保育者や友達との生活を積み重ねることで変化していく。また、園にある様々な遊具、水・土・砂などの素材、折り紙や画用紙などの教材と向き合い、様々な体験を積み重ねることでも変化していく。それから、子どもの実態には、春夏秋冬、季節も大きく影響する。たとえば、初夏になり水が恋しくなると、子どもたちは自然に手洗い場にいる時間が長くなる。その気持ちよさを全身で味わう。夏になり日差しが強くなると、子どもは自然に木陰を求めて木の下に集まるようになる。秋になれば、砂場には落ち葉や秋の実で飾られたケーキが並んだりする。季節の移り変わりによる気温の変化、降雨量の多少、風の強弱など、自然環境の変化が子どもたちの実態に彩りを与える。保育者は、そうした季節の恩恵を受けて変化する子どもたちの実態をキャッチし、それに応じた環境を整えていくことも求められる。

(3) 子どもの今に応じる

　子どもは、過去でもなく、未来でもなく、"今""この瞬間"を生きる存在である。過去をふりかえることも、未来を見通して今を生活することも難

しいのが子どもである。しかし、今この瞬間を充実させることが次のその子を創造する土台となる。入園式の次の日の遊びの場面を通して、その点について触れてみよう。

> **事例1：風にはためくもの**
> この日は、園庭の片隅の机の上に蝶々やハートの形に切った白画用紙、広告紙を剣状に丸めた棒、それをつなぐためのタフロープやセロテープが準備してあった。一人二人の年長児がその場をかぎつけ活動を始めると、三々五々子どもたちが集まってきて、あっという間に、シート一杯に子どもたちがあふれ制作が始まった。制作物ができ上がると、その場から離れ、つくった蝶々を持って園庭を走りまわる子もいるが、それを肌身離さず持ってほかの遊びに加わる子もいる。友達とできた物を互いに見せ合っている子もいる。年長のＡ子は、できた物を持って遊ぶのはじゃまだと思ったのか、保育者に「これ持ってて！」と言って手渡してどこかに走っていき、お片づけの時間になると「返して！」と言って戻ってきた。また、お母さんから離れ、不安で泣いていた年少児Ｂ男は、年長の子がその物体を風になびかせるようにゆらゆらしている様子を見て、一瞬泣きやむ姿も見られる。その瞬間、Ｂ男を抱いていた先生が「一緒につくろうか」と言って遊びに誘うと、小さくうなずいた。でき上がってそれを手に持った時、その子の顔はニコニコになっていた。

図3. 何か持っていれば安心

図4. つくったものを風にはためかせる

❶みんな不安

　新年度はみんな不安である。新入園児はもちろんのこと、既に園生活を送ってきた子どもたちであっても、担任やクラスの位置、友達も替わるなど、幼い子どもにとってとても大きな試練の時期といえる。そんな不安を少しでも解消するために、とりあえず何かつくったり描いたりすることで子どもの気持ちが安定することがある。そのために保育者は、蝶々の形に切った白い紙をクレヨンで着色し、既に準備された広告紙でつくった剣にタフロープを利用してくっつけることで簡単に制作物ができ上がる環境を構成したのである。

❷ふわふわ・ワクワク

　つくった物体を持って走り回ったり、振り回したりすることは、子どもたちに様々な感情を呼び起こす。自分が走った後を追うかのように蝶々がついてくるということで、子どもたちは安心するようだ。また、フワフワと風になびいているその物体を見ていると、なんだか心も軽くなり、ワクワクするのではないだろうか。また、走ることでさらにそのワクワク感を実感できるのである。身体を動かすと、人は心（感情）が動き出す。なんだか気持ちが固くなっていたり、不安を抱いたりしていると、人は身体が強ばるものである。気分がめいったり、落ち込んだりしている時、身体の動きそのものがぎこちなくなるということがある。一方、身体を動かすと気持ちが解きほぐされる。身体の動きと心の動きは連動している。だからこそ、動いてみたくなるような遊びが生まれる環境構成をすることがこの時期には求められる。

❸自分の大切なもの

　４月早々は、家からいろいろなものを持ってくる子どもたちがいる。お気に入りのタオル・ぬいぐるみ・おもちゃ・キーホルダー等。お気に入りのものを持つことは心を和ませてくれるし、それがその子にとっての心の支えになることがある。子どもが不安を抱くこの時期、自分の力でつくり

上げたものは、自分の気持ちのよりどころとなる。保育者に自分でつくったものを預けてくれたＡ子は、それを保育者に託しながらも、一方で、それをちゃんと大切に預かってくれるという保育者への信頼があったのではないか。ちゃんと忘れずに取りに来たのは、こうした気持ちの表れだったと思われる。

❹まわりの遊びの様子や子どもたちの様子を見て自分の中に取り入れる

　まわりの子どもたちが楽しそうに遊ぶ姿も、不安を抱える子どもの心を動かす。「あの子楽しそう。自分もつくってみたい！」という気持ちになると、保育者のちょっとした援助によって、子どもは自ら動き出せるようになる。泣いている状態は心を閉ざしている状態である。閉ざされた心は何らかの手段を用いてそこに風穴を開けてあげなければならない。その一つの手だてが、楽しそうに遊んでいるまわりの子どもの姿を見せたり、保育者の楽しく活動する姿を見せたりすることなのである。

図5.なんか面白そう！

　保育において、保育者は常に子どもにとってふさわしい活動（遊び）環境を考えながら、保育を組み立てていくことが求められる。一つひとつの活動（遊び）において子どもが経験する内容の積み重ねが、"生きる力"を培うのである。そのために保育者には、子どもたちの"今"に応じる力が求められる。子どもたちの"今"の発達課題や興味・関心を捉えること、さらには子どもたちが"今"していることの意味を捉えながら新たな活動が生まれる環境を整え、子どもたちの育ちを促す具体的な援助を考えていくことが、保育者の最も大切な役割の一つと考える。

2. 豊かな造形表現が育まれるプロセス

　造形活動において、保育者は子どものどのような育ちを期待すればよいのだろうか。その指標となるものが、5領域の【感性と表現に関する領域「表現」】のねらいである。領域表現では、「感じたことや考えたことを自分なりに表現することを通して、豊かな感性や表現する力を養い、創造性を豊かにする」とされ、ねらいとして【⑴いろいろなものの美しさなどに対する豊かな感性を持つ。⑵感じたことや考えたことを自分なりに表現して楽しむ。⑶生活の中でイメージを豊かにし、様々な表現を楽しむ。】[1]と書かれている。ここに書かれているねらいは、幼稚園・保育所修了までに様々な活動や経験を通して達成されていくと考えられている。そのため、子どもたちがどのような活動や経験を積み重ねていくことが大切なのかを、幼児期の終わりまでに育ってほしい姿をふまえ丁寧に時期を追って捉えることが求められる。以下に3歳児期の子どもの姿を通してそのプロセスを捉えてみる。

　保育の基盤は、一人ひとりの子が保育者の温かなまなざしのもと、園あるいはクラスで安定し過ごせるようになることに尽きる。そのために、保育者は子どもが【私という存在】に親しみをもってくれるように働きかけていく。その子の抱える不安に対して手をつないで一緒にもちこたえてあげることや、困っていることに手を貸してあげることに始まり、これまで第1項で述べてきたような「もの」の提供や「遊びの場」の提供も、子ども

1）文部科学省「幼稚園教育要領」第2章ねらい及び内容 「表現」1 ねらいより

たちに「先生は自分たちのために時間をかけて準備をしてくれた」という
思いをもたせ、保育者への親しみや信頼を増す一つのきっかけになる。そ
して、少しずつ自己発揮できるようになった子どもたちは、自ら環境を探
索しながら「自分が好き」と思える遊びを見つけ、取り組むようになる。

　初夏が近づく頃には、暖かさに誘われて、水・土・砂など感触の遊びが
盛んになってくる。そして自己を解放する姿が見られるようになる。また、
この時期のその子なりの「もの」への感じ方やそれに伴う行為や言葉によ
る表現を大切に受け止めることを通して、安心して「もの」に関わるベー
スができ、それが意欲的に「もの」へ関わろうとする子どもの姿を創って
いく。同時に、この時期はまわりの子どもへの関心が開かれていく時期で
もある。

　この時期に培われた自分なりに「もの」に関わる「こだわりの姿」を大
切に受け止めることで、「もの」と対話することに喜びを感じることになる。
また、そうした受け止めが、創造的な表現への源にある。一方、子どもは
まわりの子が「もの」と対話する姿にも関心をもつ。友達同士の関わりが
広がり豊かになることで、ほかの子がしていることへの関心が生まれ、ま
わりの子がしている活動の姿を取り入れて、自分の表現の仕方に幅をもた
せていく。このように「もの」との関わりだけではなく、そこにまわりの
子の姿など様々な要素が加わることで、自分なりの表現が生まれていく。

　表現する喜びを感じ、表現したいという気持ちが高まることで、子ども
たちは果敢にいろいろな素材と出会い、主体的に様々な「もの」との対話
を広げ重ねるようになる。自分の表現を実現するために必要な材料を自ら
探し出すことや、こうしたいという自分なりの思いを実現するために繰り
返し「もの」に向き合うことで、知識や技能の基礎としての表現技術を自
然に習得し、それを基に思考を巡らせ、工夫したり表現したりしていくよ
うになる。そのため、保育者は常に必要な素材や用具を子どもたちの要求
や育ちに応じて提供することが求められる。

　保育は、子どもの実態に応じた環境構成と保育者の援助が適切に絡むこ
とで子どもの育ちが保障される営みである。そのために保育者と子どもと
の関係性や子ども同士の人間関係を基軸として捉えながらも、一方で「も
の」との関わりに見られる育ちを、時期を追って丁寧に読み取り、指導計
画に位置づけていくことが重要になってくる。

3. 子どもにとっての、「もの」のもつ意味

　本来、「もの」の存在は人にとってどのような意味があるのだろうか。人
にとって「もの」は、それに関わりをもって初めて意味を成す存在である。
また、その人にとってどのような意味があるのかは、関わり方によって異
なってくる。この項では、「もの」との関わりや「もの」の存在が子どもに
とってどのような意味があるのかについて、また、その時の保育者の援助
の在り方について、事例を丁寧にひも解きながら考える場とする。

33

(1) 感覚を開く

> **事例２：木のプール**
> 　丸みを帯びた桜・ヒノキ・カエデなどの木のブロックを、ビニールプールの３分の１くらいの高さまで満たすと、Ｃ男（１歳２か月）はプールの外から木に手を伸ばす。興味を示したところで保育者が抱っこして木の上に座らせてあげる。すると、しばらく何かを確かめるかのようにお尻を左右に動かす。その後、手が届く範囲にある木に手を伸ばし、口に入れたり、左の手で持った木を右の手に持ち替えたりする。時折においを嗅ぐような様子も見られた。いつもは泣いたりぐずったりすることが多いＣ男だが、この時はとても穏やかな表情でずっと木の上に座っていたことが印象的だった。

　　　　　　　　　　　木の上に座り込んだ時のお尻を自ら動かす行為は、自分のお尻を通して感じる痛みを、位置を変えることによって緩和し、心地よい状態を自らつくろうとしている姿として捉えることができる。口で確かめる、手で持つ、においを嗅ぐような仕草…。いずれも舌や唇、皮膚、鼻という感覚器官を通して、自分の感受性が開かれている様子と捉えられる。

> **事例３：プチプチのシート**
> 　１ｍ×１.５ｍのプチプチのシートを床に広げて置く。Ｄ子（０歳１１か月）は最初そのプチプチのシートに気づかなかったのか、普段通り歩いていたが、突然立ち止まり、シートの上に座り込む。そのうち両手でそのシートを持ち上げたかと思うと、不思議そうな顔をして今度は指先でつまんだり、手のひら全体を使い両手でクシャッと握ったりして感触を味わっていた。もう少し時間が経つと、立ち上がり、そのシートの上を歩いたり、立ち止まったりして何度も踏む。プチプチシートに関わるどの子も最初は不思議そうな顔をしていたが、そのうち自分なりの関わり方を見つけて遊び始めていた。

図6. プチプチの上を歩く

図7. プチプチをつまむ

　　　　　　　　　　　シートの上を歩いている時、Ｄ子は「いつもとは違う」という違和感があったことだろう。その違和感が歩きを止めさせることになった。そして、「何だろう」という感情の動きが０歳児なりの探索活動を始めるきっかけになる。時間が経つにつれ、指から手全体へ、自分の全体重がかかる足へと、大胆な行動をとるようになる。そこには「安全なもの」という、ものへの信頼が見て取れる。このように、子どもは安心できるからこそ、様々な試し行為を繰り返すことができるのである。

　子どもは「初めてのもの」と出会う時、その「もの」に対するイメージは形成されていない。そのため、どのようにその「もの」を扱うかについては、まずはその子の主体に任されることになる。そこではいろいろな試し行為によって、子どもが感じる世界が広がっていく。

　０歳児の時期は、まさに未知の世界を、５感（視覚、聴覚、触覚、味覚、嗅覚）を通して感じていく。しかし、触覚だけでも、皮膚の表層で感じる触覚や痛覚や温度、あるいは圧迫感や振動感覚など、その感覚は様々である。そうした感覚を子どもはこうした「もの」との出会いを通して開発していくのである。保育者は、子どもが多種多様な感覚を耕していけるように、保育環境を整えていくことが求められている。

(2) 一人ひとりの感じる世界が異なっているという前提

> **事例４：足つぼマット**
> 　子どもたちの通り道に、足つぼマットを置いてみた。Ｅ男（０歳１０か月）は気にすることなく乗りはじめ、少し痛そうな表情を見せるものの、２度ほど繰り返して歩いてみたり、ハイハイして通っ

たりした。この活動で、E男が歩く時には、転ばないように保育者がE男の手を握るなど援助していたが、2～3回繰り返していると"一人でできるもん"と言うかのように、保育者の手を振り払い自分なりに感触を楽しむ姿が見られるようになっていった。

図8. 支えられて歩く

もちろん0歳児の子どもは、その足つぼマッサージのマットにどのような意味があるのか理解しているわけではない。痛さが想像できる大人は用心してそっと足を乗せるのだが、E男は気にせずその上を歩き始める。今まで感じたことがない感覚を味わいながらも、不思議な感覚が足の裏や手のひらを通して感じられる。そうした感じ方をほかならぬ一人の主体として味わっているからこそ、E男は保育者の手を振り払い、自分がその時感じている世界を守ろうとしているように思える。

子どもは一個の主体として世界を感じていることが、この事例からもわかる。個が感じる世界は、ほかならぬその子が感じている世界であって、保育者やまわりの子が感じる世界とは異なっているということを前提として、子どもへの言葉がけや援助が求められるのである。

(3)気持ちを安定させる「もの」 －持っていることで安心！－

事例5：風船

3歳児入園のF男。入園式翌日は母親と離れて不安なようで、しくしくと泣き続けていた。しかし泣きながらもF男の目線は5歳児が手にしているひものついた風船に向けられていた。F男と一緒にいた保育者が風船を手渡すと少し表情が和らぐ。2～3分もしないうちに、そのひもつき風船をもって遊具の階段を上り、保育者の方を見てVサインをした。滑り台を滑り降りると、4輪の車に風船を乗せて中庭の方まで運んでいく。中庭でF男は保育者に風船を渡し、ウサギの遊具に乗る。しばらくすると保育者から風船を受け取り、プランターが並んでいる2段の階段を下りようとする。しかし、プランター同士の間隔が狭く、なかなか降りられない。少し躊躇した後、場所を移動して大きくまたいで降りた。その後、風船に加えてスコップや縄を両手に持って歩いていた。

図9. 風船を持ってご機嫌になったF男

図10. 風船・スコップ・縄を持って歩くF男

新しい人との出会いは、子どもにとっては不安なものである。その不安な気持ちを、保育者は手をつないであげたり、抱っこしたりしてほぐそうとするのだが、見ず知らずの人に手をつながれたり、抱っこされたりすることで、子どもの気持ちが安定するとは限らない。保育者は、F男の目線からひもつき風船への興味を読み取って手渡した。F男にとって風船を手渡されたことは、好きなものを手に持つことによる安心感と、自分の好きなものと理解しそれを与えてくれた保育者への信頼感をもたらしたのだろう。自分の気持ちを安定させてくれる風船という存在によって、F男はまわりの目新しいものへの関心を示し、探索活動をし始める。いろいろな遊具を保育者に見守られながら自分のペースで試し、少しずつ自己開放されていく。特に興味深いのは、プランターが並べられている階段をまたぐ時である。その様子は、まるで風船を手にしていることで勇気がわき、障害物を乗り越えようとする姿のように見受けられる。自分の好きな風船を持ち、いろいろな遊具に挑戦することで、彼の行動は大胆になっていったことがわかる。その後、ものを手にいっぱい持つことで、彼の心はさらに満たされ、自信をもって今・ここを楽しむことができたようである。

35

(4) 遊びの場同士をつなげる「もの」

事例6：おうち・バイクごっこ

おうちごっこの中で、料理で使ったお皿を洗うことに興味をもち始めたG子。それにつられるかのようにH子もI男もお母さんになりきって、ごしごしと磨きあげて「はい、ピカピカ！」と保育者に見せてくれる。一方、J男とK男は、そのお皿洗いに興味はあるものの、なかなかままごとグループに入れない。二人は「ブルルン、ブルルン」と言いながら、2人乗りのバイクを小型積み木で組み立てて遊んでいた。完成するとI男が「どこに行こう〜！」と後ろに乗っていたK男に問いかける。するとK君は「あっ、それじゃあ、あそこのお家に行こう！」と衝立で囲まれたお家を指さす。J男とK男はその後お家に行くと、プラスチック製の食材を分けてもらい、またバイクにまたがって食べる仕草をした。

図11. バイクに乗る子

図12. おうちごっことバイク

J男とK男は積み木を組み合わせてバイクづくりをすることが楽しいようだったが、おうちごっこにも興味があったと予測できる。しかしそれを素直に言い出せずにいたようだ。しかし、自分たち2人でつくったバイクにまたがっていると少し気持ちが大きくなるのだろう。G子たちの近くに行き一瞬だがままごと遊びを体験することができた。

子どもたちの遊びを見ていると、それぞれの遊び（活動）の枠を超え、行き来する様子を見かけることがある。そうした行き来が起こる要因の一つに「もの」の存在がある。子どもたちは「もの」を媒介にすることによって、自分がしている行為へのイメージをはっきりさせることができる。お皿があることでお皿を洗う仕草がはっきりと表現され、それによってままごとをしているという意識がさらに明確になる。それはその子にとってだけではなく、まわりの子にとってもその子の考えていることがイメージしやすくなり、結果その遊びに参加している子ども同士が共有の世界をもちやすくなる。

子どもたちは、同じ場で遊んでいても一人遊びのようにまったく違うイメージをもって遊んでいることが、年齢が幼いほど多いものである。この事例のように遊んでいる場が離れていれば、なおさらお互いに何をしているかが伝わりにくくなる。しかしこの事例のように、プラスチックの食器をままごと用の流しで洗う仕草、それをタオルでふく姿は、誰が見ても、食器を洗っているお家の人である。積み木にまたがり、ブルルンとバイクをまねた音を出すことで、バイクという明確なイメージがつくられていく。このように「もの」の存在は、それぞれの子どもが頭の中でイメージしている世界にはっきりした輪郭を与える。それによって相互に活動の中身が伝わり合い、結果、交流のきっかけをつくることになる。

(5) 共有の目的をもち、協力しようとする気持ちをもたせるきっかけとしての「もの」

事例7：木工

5歳児の2人の男児が20cm×60cmの平板の中央あたりをのこぎりで切ろうとしていた。1人が切る役、1人が板を押さえる役である。しかしなかなか1人の力では押さえきれないようで、切り役の子がのこぎりに力を入れる度に板が前後に動いてしまう。そのうち、2人が同時に「もう一人持ってないと切れないよ！」と言って、相棒を探し始める。少し手持ち無沙汰にしていた子を見つけ、板を持っ

てもらい切り始める。板が少し動くと暗黙の了解のように、さらに持ち手に力が入る。5分ほどしてようやく切ることができた。
※幼児に切るものを押えさせてのこぎりを使用させることは危険が伴うため、保育者の十分な指導と安全管理の上で行っている事例である。

図13. のこぎりで木を切る

　ものを変形させる時には力が必要となる。たとえば、自分の力でものが変形した時、子どもは、ものを制したことになる。ものを制することができた時、子どもは自己効力感を得、自己を肯定する気持ちが生まれる。この場面は、ものとの関わりの中で子どもが自己を肯定する気持ちが生まれる様子が描かれている。
　子どもは、一人でものを制することができない時、どうしたらよいかを考え始める。そして誰かの手を借りることを思いつく。手を借りようとする気持ちが起こるのは、本来、人は困った時に助けてくれる存在だという確信があるからである。それは人への信頼に根ざしている。ものを扱いながら自然に力を出し合うこと、共に作業を進めることの素晴らしさに気づき、協同で作業を行うことが、自分の欲求を満たすことになると知っていく。この活動には、そうした過程が存在する。
　昨今、保育では「協同的な活動」の重要性が叫ばれている。保育の構成員である子どもは、本来、その一人ひとりが異なる感情や意志、異なる物事の捉えの視点をもった存在である。そのため、互いの思いをぶつけ合い葛藤することがある。一方、人を信頼する気持ちが育まれていれば、子どもたちは互いに、喜びや悲しみを、また心の痛みを共有することができる存在ともなりうる。こうした気持ちの共有を基盤に、いずれは互いの「こうしたい」という意図を伝え合いながら、協力することができるようになる。その過程で互いの学びが形成され、互いに生き合うことが可能となり、幼児期の終わりまでに育ってほしい姿との関わりが見られるようになっていくのである。

(6)「もの」との関わりを通して自分を知る

事例8：中型積木

　3歳児クラスの2月のできごと。L男が中型積み木を数個床に並べ、その上に積み木をどんどん積んでいる。自分の背の高さと同じくらいになると、さらに上に積もうとして背伸びをし、腕をこれ以上伸びないくらいに伸ばして積んでいる。これ以上積めない状態になった時、L男は積み木から一歩下がったところでその高さを確認するかのように眺める。その後、てっぺんに積んだ積み木を手に取り、まるで裾野を広げるように積み木を広げ始める。

図14. 中型積み木を広げる

　ものに関わりながら自分には限界があることを感じる姿である。一方、限界は感じながらも、次はこうしようと裾野を広げるかのように横に積み木を広げて積む行動に移る。自分の限界を感じながらも、限界を受け入れ上手く乗り切ろうとする姿として捉えることができる。そこでL男は気持ちを切り替えるという作業をしているのである。「切り替える」という言葉は「あきらめる」という言葉とは異なり、発展的なそして創造的なニュアンスが含まれている。L男は自身の限界に出会いながらも、新しい世界を

創造していったのである。子どもがものに関わる様子を丁寧に捉えていると、その子の心の動きが表現されることが多い。そうした心の動かし方こそが、今のその子の育ちそのものを表現しているのである。筆者は保育の場で子どもが「もの」に関わり向き合っている時、そこには必ず意味があることを捉えてほしいと願っている。それは意味を捉えることで、子どもが「もの」との関わりを通して育ちが促されていることが見えてくるからだ。しかし、これらの事例からもわかるように、その育ちには、造形表現の育ちという観点だけでは納まりきらない発達の観点が含まれている。これが幼稚園教育要領解説でいう「遊びを通しての総合的指導」[2]、保育所保育指針解説でいう「生活や遊びを通しての総合的な保育」[3]と連動する部分である。つまり、幼児期には諸能力が個別に発達していくのではなく、相互に関連し合い、総合的に発達していくのである。だからこそ、「もの」に関わる姿を、造形活動や造形表現という観点のみから捉えるのではなく、多層な観点から見ていくことが求められることを確認しておきたい。

4. 表現意欲を高めるための工夫

　　表現意欲を高めるために、最も大切なことは、その子なりの表現を大切に受け止めるということにつきる。素材に関わっている過程、そしてその結果残された足跡を含め、それを保育者が一緒に楽しむことが最も大切なのである。また、年齢に応じた表現を生み出す環境を整えることも重要な視点の一つである。いつでも画用紙や色紙、廃材などの素材が目につくところに置いてあり、ハサミやノリなどの道具が安心して使えるということも、表現を生み出す環境としては大切である。子どもの要求に応じて素材や道具を提供していくということ、たとえば子どもがセロハンテープを欲しいと願った時、さっとテープカッター台が出てくることは、自分の思いをすぐに実現する機会となり、その後の表現意欲を高めることにつながる。また、保育者自身が表現することに喜びを感じている姿を見せるということも大切な視点である。

　　さて、ここでは表現意欲を高めるための手立てとして、素材との出会いを大切にするという点に絞って考えてみよう。

事例9：小麦粉粘土

　4歳児の、りす組の子どもたちが小麦粉粘土で遊んだ時のこと。保育者のまわりに子どもたちが集まっている時、園長先生が50㎝大の段ボールを抱え、「N先生（そのクラスの担任）、大きな荷物がりす組のみなさんへ届きましたよ」と保育室に入ってきた。子どもたちは何が届いたのだろうと興味津々。その宅急便のまわりに集まってくる。送り先には「りす組のみなさんへ」と書いてある。梱包を解くと、中からは手紙と共に5色ほどの小麦粉粘土、そしてプリンカップや紙コップなどの廃材、ほかにも毛糸や色紙、ビーズやボタンなどが入っていた。子どもたちの興奮は絶頂といった感じ。手紙は、3週間ほど前から保育室のまわりをうろうろするようになった猫のミーちゃんからだった。手紙には、「いつも可愛がってくれてありがとう。今度、猫の家族で遠足に行くことになったので、その時に持って行くお弁当をつくってほしいんだけど…」というものだった。いよいよ活動が始まると、かれこれ1時間、子どもたちはミーちゃんのためにいろいろなものをつくった。

　　この段ボールに入っていた小麦粉粘土は、よく子どもの遊びで利用する素材である。決して珍しいものではない。しかし、少し出会いの仕方を工

2）文部科学省「幼稚園教育要領解説」フレーベル館、2018、p.34 第1章総説　第1節　幼稚園の基本3　幼稚園教育の基本に関して重視する事項　より

3）厚生労働省「保育所保育指針解説」フレーベル館、2018、p.23 第1章総則　1　保育所保育に関する基本原則（3）保育の方法　エ　より

図15. 小麦粉粘土イメージ

夫すると、その素材は子どもにとって特別なものになり、思い入れが強い対象になる。思い入れができることで、子どもにこうしたいという意志が生まれ、活動意欲を増すことになる。

　また、この事例は本当にはあり得ない、うそっこの世界、空想の世界である。現実とは異なるうそっこの世界を楽しめるのは子どものもち合わせる力の一つといえる。この点を「現実ではないうそっこの世界にも感性が開かれている子ども」と肯定的に捉えるのか、それとも「いつまでもうそっこの世界を信じていて大丈夫？」と否定的に捉えるのか、みなさんはどのように考えるだろう。少なくとも筆者は、現実には見えない世界を信じる力をもち合わせていることや得体の知れない世界に気持ちを向けられるということは、人が豊かに生きるために必要な力だと考えている。つまり、いろいろな感性をもち合わせるということは、様々な判断基準をもつことである。様々な判断基準があることは、思考を豊かにするために必要なのである。子どもたちがこの夢見心地な活動に出会った意味は、こんなところにもあるのかもしれない。

5. 活動をどのように評価するか？

事例10：寒天

　3歳児5月。バットに3cmの厚さに固まった寒天を利用して遊んだ時のこと。保育者は子どもたちの前で、クッキーの型抜きを利用して型を抜いて遊べることを導入で伝えてから活動が始まった。子どもたちは、10分ほど型抜きをしてはプリンカップなどの容器に移し替えることを楽しんでいた。すると、しだいに子どもたちの姿に変化がみられるようになった。M男は、繰り返し型で抜いたゼリーをプリンカップにあふれるくらいに積み上げていく。そのうち、もう入らないと思ったのか、別のプリンカップを持ってきて同じ行動を繰り返す。N男はスプーンを見つけ、少しずつゼリーをすくってはそれを容器に移し変えていく。隣のグループでは、型抜きしたゼリーを机に整然と並べているO子。P子は型抜きしたゼリーの色を地層のように積み重ねていき、「ケーキできた」と見立てを楽しんでいる。さらに隣のグループでは、型抜きしたゼリーを机の上に出し、指先を使ってつぶし始めるQ男。それを見ていた同じグループのR男は手のひらでつぶす。そのグループはしばらくすると手全体でゼリーを握るようにする。握りながら指と指の間からぬるっと出てくる感触を楽しんでいるようだ。それから10分ほど経った時、先ほどケーキに見立てていたP子が、突然その型抜きゼリーを机の上に空け、それを両手で握るようにしてつぶし始める。

図16. 寒天をカップに移し換える

(1) 子どもがものと向き合った時の心の動かし方は様々

　この事例をその時の子どもの心の動きに沿って、少しふりかえってみよう。時間経過と共に子どもたちのゼリーの扱いに変化が生まれてきた。まず、子どもたちは、保育者が導入で示した行為に興味をもって活動し始めた。そのうち「面白い」と感じる要素が変わっていく。M男は容器を満たすことに、N男はスプーンですくうことに、O子は並べることに、P子は見立てることに、Q男はつぶすことに、R男はぬるっとする感触に気持ちを移していったことがわかる。子どもが「もの」と向き合っている時、心の動かし方は様々だということがこの事例からわかる。

(2) 幼稚園教育・保育所保育が大切にしている主体性

　さて、幼稚園教育要領第1章総説の幼稚園教育の基本の1には「幼児は安定した情緒の下で自己を十分に発揮することにより発達に必要な体験を

4）文部科学省「幼稚園教育要領解説」フレーベル館、2018、p.26 第1章総説　第1節　幼稚園教育の基本　より

5）厚生労働省「保育所保育指針」第1章総則　1　保育所保育に関する基本原則（3）保育の方法　オ　より

得ていくものであることを考慮して、幼児の主体的な活動を促し、幼児期にふさわしい生活が展開されるようにすること。」[4]と書かれている。また、保育所保育指針第1章総則　3．保育の原理(2)保育の方法のオには「子どもが自発的、意欲的に関われるような環境を構成し、子どもの主体的な活動や子ども相互の関わりを大切にすること。（後略）」[5]と書かれている。

(3) 保育における主体性の意味

　【主体的な活動を促す】【主体的な活動や子ども相互の関わりを大切にする】という表現からもわかるように、保育においては子どもの主体的な活動を基盤におくことが重要だとされる。それでは、子どもが主体的に活動する姿とは、どのような姿を指しているのだろうか？　まず、主体的という言葉から連想できることは、【主体である「私」が自分の判断に基づいて行動する様】と捉えることができる。ただ、私の判断で動くことを主体性とすると、自分勝手に物事を進めることもその人の主体性の表れとして捉えられる。すると保育という営みは成立するのだろうか、という単純な疑問がわいてくる。ここで大切な概念は、私にも主体が存在するが、私を取り巻くまわりの他者にも主体が存在するということである。つまり、主体と主体がぶつかり合い、ある時は相手の主張や提案に身を委ねることも、お互いの主張に折り合いをつけながら調整を試みることも、ある時は自分の主張を突き通すことも、主体的に生きるということなのだと考える。このように考えると、保育の場にいる子ども一人ひとりが主体であると同時に、保育者も主体者として位置づいているといえる。

(4) 主体のぶつかりあいとしての保育

　それでは、この活動においてどの部分が子どもにとって主体的だといえるのだろうか？　この3歳児の事例では保育者が寒天を型抜きする様子を見せている。その様子を食い入るように見ていた子どもたちは、早速同じ行動をし始めた。ここには【一表現主体としての保育者】と【一表現主体としての子ども】の間に、あるやりとりが成立したと予測できる。保育者は今日の活動にある願いをもって型抜きをする様子を見せたのだろう。その保育者の様子はまさに環境である。その環境に興味を示し、子どもは「やってみたい」という判断をすることになった。つまり、ここでは保育者という表現主体と子どもという表現主体が互いに主張し合う関係が成立していた。

　それでは次の場面はどのように捉えたらよいのだろうか。Q男やR男は、なぜ指や手で寒天をつぶし始めたのだろうか。彼らは型抜きをした寒天をプリンカップに移し替えたり、机の上に移し替えたりしている間に、指先や手のひらを通じて感じてきたひんやり感、なめらかな肌触り、少し力を入れると形が崩れるという感覚など、いろいろな感じ方をしたことだろう。そしてもっとそうした感触や感覚を味わいたいという思い、さらには崩したいという思いが生まれ、こうした行動をとったのではないだろうか。

　この時、寒天は子どもに向けて【私・自分】という存在を主張しているのである。子どもという【主体】が、寒天自体が主張する【私】を受けて、こうしたいという【私】の意志を表現することになった。それが、Q男や

図17. 感触を味わう

R男の行動の変容につながったのである。

　この事例では、いろいろな【私・自分】が主張し合っている。P子も周囲にいる一人ひとりの【主体】としての子どもたちが、楽しげに寒天の感触を楽しんでいる姿に刺激を受け、自分もしてみようという気持ちを動かし、行動に移したのである。

　このように考えると、子どもの行動の変化がなぜ起こったのか、その必然に目を向けることが、子どもの主体性を大切にした保育を考える上で、重要になってくることがわかる。また、保育者が子どもの行動の変化を認められるかどうかは、そこに【子どもという主体】と【環境（もの・ひと・事象）という主体】がぶつかり合った結果として起こっていることなのかどうかを見通すことが大切だということが見えてくる。保育者はそのことを捉えた上で、援助や言葉がけを行う必要がある。つまり造形活動では、子どもがものと向き合っている時、そのものが変化することが子どもの行動に変容をもたらすという特性があることを十分認識して援助を試みるとともに、幼児理解をする際の視点としてもっていることが必要となる。

⑸子どもの主体性を大切にすることと保育者の願い

　しかし、もう一方で、保育者が立てる【ねらいや願い】についてはどのように捉えればよいのだろうか。この活動においても、保育者は無目的に環境を構成したわけではない。この園は３歳児入園が多い。ようやく保育者に親しみをもち、保育者のことを"支えてくれる存在"として捉えるようになった子どもたちは、安定して少しずつ自分の生活の中で環境に向き合うことができるようになる。「面白そう！」「やってみたい」「自分はこうしたい」「試してみたい」「こうすると面白かった」…。こんな感情の動きができるようになる頃である。そのため、子どもがどう感じるかを大切することを基盤においた保育の組み立てが求められる。つまり、この時期、保育者は活動の具体的な内容を事細かく決めるのではなく、型抜きという最初の一歩の段階は、子どもを土俵に上げるが、そのあとは、それぞれの子ども自身が感じる世界を大切にしていくことがポイントだったのである。

　保育者が願いをもつということは、まさに、保育者の主体性を表現することである。保育者の主体性と子どもの主体性、ものの主体性の３者が絡み合うことによって、一つの保育という表現が生まれるということではないだろうか。ただ、確認しておきたいことは、活動はあくまで子どもの育ちに応じたものでなければならないこと、また、活動は子どもの育ちを反映したものでなければならないこと、さらに、活動は、その時の子どもの育ちを促すものでなければならないことである。つまり、それが、質の高い遊びの条件の一つになるものと考える。

〔西垣吉之〕

7.模擬保育とは

　幼稚園教諭や保育士養成校では保育現場での実習が数多く準備されている。しかし、授業で学んだ専門的知識や技能をもって実習に臨んでも、どのように保育してよいかとまどうことも多かろう。そこにはやはり、専門的知識や技能を駆使していける判断力や援助技術といったいわば保育実践力を養う何らかの経験が前もって必要ではなかろうか。そうしたことを踏まえて現在では各養成校において、いろいろな授業の中で模擬保育に取り組んでいるようである。ここでは、まずその模擬保育とは何か、また、模擬保育を行う意義について解説していく。

1. 模擬保育とは

図1. 模擬保育の様子

図2. 大学内につくられた模擬保育室

　模擬保育とは環境の構成技術やいろいろな援助方法、遊びの展開などといった保育の組み立て方を体験的に学ぶために、学生同士で保育者役と子ども役に分かれ、授業内で保育を模擬的に実施することである（図1）。設定保育を想定しているために、保育者役の学生は、題材を選定し、保育案を立案して、実践しなければならない。この場合、保育者役は必ずしも一人で行う必要はなく、数人で協力して取り組んでもよい。そして、ほかの学生は設定された年齢の子ども役を演じることになる。

　実施後は、反省会の時間を設け、保育者役の学生が、模擬保育を実施した感想や省察を発表する。また、子ども役からの質問や感想、担当教員からの批評を聞き、達成できた点や問題点を確認し、実践力を培っていくことが大切である。造形の模擬保育は、実際に材料や道具を使って、制作に取り組むことになるため、各養成校には、保育室を模した模擬保育室が設けられていることがある（図2）。

2. 模擬保育の意義

　保育者としての専門家像を表す言葉として、〈反省的実践家〉という言葉がしばしば使われる。それは、保育者が、子どもと関わっていく時に、これまでの子どもの姿を思い起こし、自らの援助方法等の選択をしながら関わりを進め、そうした中でも常に、自らの行為の意味を確認し、振り返り、修正を行っていく姿を指している。そうした経験を何年間も経て、プロになっていくのである。

　そのことを考えれば、模擬保育で学べることはたかが知れているかもしれない。しかし、それを通して、専門的知識や技術を駆使しながら保育の実践力を培うということ、その中で自己を省察し、足らなかった知識や技術、実践力を確認し学びつづけること、そしてそうした姿が大切であるとわかること、そこに模擬保育を行う意義がある。だから、模擬保育は、授業としてそつなく行うこと以上に、そこから何を学び、次の成長にどうつなげていけるかが大切となってくるのである。こだわりをもって模擬保育を追究すれば、めざす保育者像も明確になることだろう。保育者としての資質をもち合わせている人は、こうした経験を積むことで、また保育に魅力を見いだしていくことになるのである。

［石川博章］

8. 造形に関する模擬保育の実践 ―準備・実施・ふりかえり

　ここでは具体的に造形に関する模擬保育（設定保育）の授業について解説する。15回授業のうち、1・2回目はオリエンテーションや題材の設定、教材研究に使い、それ以降は1時限ごとに、学生が保育者役となり、計画した模擬保育を実施していく。実際の模擬保育は90分授業のうち60分程度とし、残り時間は、提出された保育案を基に、反省会を行っている。また、学びの総括として保育者役をした学生はふりかえりレポートを提出することが大切である。そして、クラスごとの模擬保育で終わらせず、ほかのクラスの学生とも共有するため、各クラスで実施した模擬保育の制作作品と保育案を掲示して公開する。

1. 準備（題材・ねらいの設定、保育案の作成と教材研究）

　造形活動では、子どもの自発性を尊重し、主体的な表現活動を通して心身の発達が促されるようにすることが大切である。そのため、どんな作品をつくるかよりも、どんな経験をさせてあげるかが求められ、幅広くいろいろな題材、多くの素材や道具を使った体験ができるように工夫することが大切になる。よって模擬保育では、まず対象年齢を決めたら、子どもの実態を想定し、題材・ねらいを決める。その時にポイントとなるのは発達の度合であり、今までの生活の流れや体験である。また、季節にも留意することが必要となる。その上で主体的な活動が展開されるように、導入・活動・まとめの具体的な計画を立てていかなくてはならない。模擬保育は、設定保育なので、子どもたちに主導性をもってもらうために、特に導入の工夫にも力を入れる必要がある。

　実際の保育案の記入は、時間の流れに沿って、〈環境構成〉、〈予想される子どもたちの活動〉、〈保育者の援助・留意点〉の各項目で用紙にまとめる。そして、準備や環境構成については、どこまでを保育者側が準備援助することが子どもの発達につながるかを考えなければならない。造形の保育案なので、〈制作物の過程図〉も描いて、誰が見てもわかりやすい工夫をすることも心がけたい（図1）。

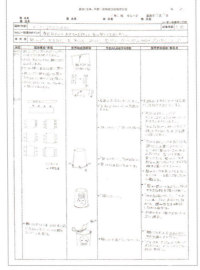 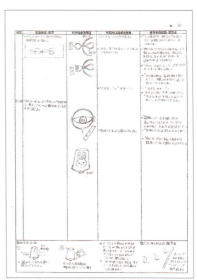

図1. 保育案の例

1)教材研究について以下のことに留意しよう。
・わかりやすい伝え方や説明（順序や方法）をしっかり考える。
・材料の性質や道具の特徴をしっかり把握し、伝えることを明確にする（図2）。
・完成後、動かして使うものをつくる場合は、動かなかった時などに、どのように対処するかなどしっかり考えておかなければならない。

図2．準備した材料

図3．制作したゴミ袋バルーンで遊ぶ

図4．絵本を使った導入の様子

保育案を入念に考えてつくることは、保育の流れを理解し、急な事態や子ども一人ひとりへの対応も可能となる。また、教材研究やほかの準備は、保育案に沿って、前もって十分に行っておくことが大切である。特に教材研究は全員が行っておかなくてはならない[1]。そうすることによって自信をもって進められることにもなる。使って遊べるものには、遊びの時間も併せて設定してみたい（図3）。活動の成否は、十分な準備と導入の工夫にかかっている。また、数人で保育者役をやる場合は、役割分担もしておかなくてはならない。

2．実施

造形活動における保育者の役割は、導入（誘い、意欲づけ）、援助（励まし、相談、アイデアの提供）、受け止め（承認、称賛、共感）である。そうしたことを念頭に置いて、具体的には以下のことに留意して取り組んでみよう。

(1)導入

導入は、子ども側が自然に活動に入っていけるように工夫する。まず、何をつくるかを告知する。しかし、単に「○○をつくります」ではなく、子ども側が主体的に取り組んでいけるようにすることが大切である。特に各活動ごとに「これから○○をするよ、時間は○○までだよ」など大まかな流れを伝えておくと、子ども側も自主的に活動することができる（図4）。

(2)活動

ねらいと援助の整合性を確認しながら進める。つくり方の指導は、誰もが無理なくできるようにわかりやすく細部まで説明しなくてはいけない。また、保育者役は、頭の中で実際の活動の見通しが立っていなければならない。予想外のこともたくさん起こるので、臨機応変に対応することも必要になってくる。しかし、保育者側の指示の声ばかり聞こえてくるだけではよい援助とはいえず、それぞれが自主的に活動してくれるようにしなければならない。

子どもは保育者を見ながら活動を進めていく。だから常に、良い見本となっているか、自分を見つめ直して確認することも大切である。また、逆に、制作の発想については、自由な子どもたちの発想力・想像力に教えられることもある。そういったことにも敏感に気づき、取り入れ、子どもたちに還元していける感性を常日頃から磨いておきたい。

一つの活動が終わり、次の説明をする時は、子どもたちがしっかりと集中して聞く環境を整えなくてはならない。説明後は、わからない子がいないか常に確認し、もしわからなければ、繰り返すか、わからない子の傍らに行って支援することも必要である。「ハサミは使い終わったらどうしますか？」と聞いて、数人が「カバーをかぶせて隅に置く」と答えるだけで先に進むのではなく、「じゃあ、みんなで一緒にやりましょう」と全員で一緒に行うくらいの確実さが求められる。常に全体に気を配り、子どもの反応をいつも確認して進めることが大切である。どうしたら、子どもによく伝わるのか、保育者側が魅せる力量をもつことも必要である。

また、保育者役の言葉かけも大切なポイントである。頭の中で理解した

つもりでも、言葉が出てこなかったり、補足の説明が必要な時も生じてくるからである。一方で、子どもの姿をしっかり捉えていなければ、言葉かけや適切な援助はできないだろう。子どもたちに話しかける時は、「〜しなさい」では、自主性や意欲が育ち難い。子どもたちがこれでいいかな？と自問できるような言葉をかけると、子どもたちが自ら判断し、自ら活動できることになる。加えて、以下のような具体的な言葉かけの習得も大切となろう。子どもたちに5cmといっても通じないので、親指の長さに例えなくてはならない。たとえばノリを使う時に、子どもは、ややもすると多く使ってべたべたにしてしまう。そうしないためにも親指の長さに例えるように、的確な言葉かけが必要である。ただし、「ノリは少しだけにしましょう」といっても、「少し」では抽象的なので、具体的に「指に豆つぶほどのノリをつけて」と言わなければならない。言葉かけ一つで結果が大きく違ってくるので注意が必要である。

(3) まとめ

終了時間が来た時、「できた子は作品を先生に見せて」と確認することは、保育者側は進み具合の確認ができ、子どもたちにとってはできたことを保育者に知らせることになり、達成感や充実感を味わうことができる。保育者は、そうした時はしっかり受容してあげることが大切である。

その時の言葉かけは、「上手だね」「かわいいね」など、通り一遍な言葉かけでは、子ども側も何も感じてくれないのではないだろうか。「この眼が大きくて上手なお化けだね」や「大きなリボンをつけたからかわいいウサギになったね」などと具体的な言葉かけを心がけよう。そのように子どもが自らまたつくってみようと思える言葉かけなのかをよく吟味する。最後に、造形の模擬保育は、多くの材料や道具を使うので、後片づけについてもよく留意することが大切である。

3. ふりかえり

反省会は、それぞれ（保育者役・子ども役・指導者）が、実施をしてみた感想、意見、批評を行い、それらの気づきを共有して、次に活かすようにする。造形は実際に作品をつくるというごまかしのきかない分野であるので、特に、ねらいに対して適切な活動計画であったか、十分な活動がなされたかを検討する必要がある。また、それに合った支援がしっかり展開できたかもチェックしなくてはならない。反省点がある場合は、次に活かすように原因を追究し、確認しておくことが大切である。保育者役をすることで多くを学ぶ場合が多いが、子ども役も自分が保育者だったらと照らし合わせることにより、気づくことも決して少なくないはずである。自身の保育実践力を客観的に捉えることができれば、新たな展望が開けてくる。保育者役は学んだことをまとめ、レポートとして提出をする。また、制作作品と保育案は、掲示して広く公開する（図5）。

[石川博章]

図5. 保育案と作品を展示して共有する

| 1 幼児造形とは | 2 幼児の造形教育の方法 | 3 幼児の造形教育の教材 | 4 幼児造形教育への実践 | 5 幼児の発達と造形表現 | 6 幼児造形教育の歴史と海外の美術教育 | 7 幼児造形教育の広がり |

9. 参観の方法、実習や教材研究の進め方

　園内の保育の場面に実習生が参観することは、大学で学ぶ子どもの姿と実際の姿とを照らし合わせる機会である。子どもと一緒になって保育に参加したり、保育者と子どもの関わる姿を観察したりすることで、子ども理解を深め、現場の保育の工夫を知る機会となる。

　園内での計画的に構成された人的・物的・空間的環境に対して、子どもが自発的に関わりをもち、遊びの中で主体的に身体の感覚器官を十分に働かせ、基本的な生活習慣を身につけるなど、発達段階や個別性に応じた保育による子どもの姿や、それを取り巻く実情、園の年間計画などに即した教材研究を行いたい。

1. 参観保育にあたって

　実習の最初の段階として、子どもたちや担任保育者の姿を観察し、記録するところから始まる。日々の記録を書きながら、登園から降園までの子どもの一日の流れを把握したい。その流れの中で繰り返される、朝の支度や給食前の手洗いなどの細かな活動を捉える中で、子どもの生活する様子を読み取りたい。その視点として①生活する姿はどうか、②遊びの興味・関心は何に向いているか、③友達との関わりはどうか、の3点が挙げられる。

　また、保育者の姿も観察する必要がある。子どもたちが活動に向かう姿の背景には、現状の子どもたちの姿、その時期に即したねらいや内容、環境の設定、指導上の留意点及び保育者の援助や配慮がある。保育者の言動にも目を向け、疑問点やわからない点は、保育中や反省会等で質問し、それらをまとめる過程を通じて、子ども理解及び保育の理解を深めたい。

2. 教材研究の進め方

図1. 子どもたちが学生と共に、造形活動の中で紙類やテープ類、ハサミ、ステープラーなどの多様な素材や道具に触れる様子

　造形表現の視点からは、子どもたちが多様な素材に触れることで感情を発散させ、情緒を安定させている点に注目したい。水や土や砂、小枝や葉などの自然物、空き箱や紙類、プラスチックケースやポリエチレン袋などの人工物、マーカーペンや水彩絵の具などの描画材等による、子どもたちの言葉にできない感情やイメージの表出に対し、保育者や保護者がそれを汲み上げ、受け止め、共感することは、子どもたちの「ここに存在していいんだ」という安心感や、自己肯定感へとつながるだろう。

　子どもがそんな安心できる状況下で存分に遊ぶことで、子どもの経験に伴う驚きや喜びは目で見てわかる形の表現へと発展していく。たとえば、でんぷんノリは感触の気持ちよさに加えて、紙同士を貼り合わせる機能のあることを、最初は保育者の設定した環境において知り、その先の活動では、子ども自身がイメージや発想を広げ、さらなる造形活動へと展開させていく。子どもが素材とのやりとりの中で獲得した表現は、やがて友達や周囲の大人たちとのコミュニケーションの方法の一つとなる。その表現が豊かであるということは経験の多様性と質の豊かさと結びつくであろう。

　何か目標をもって作品をつくる、描くだけが造形活動ではない。その子らしい育ちや発達の中で、感性を豊かにしていくことのできる造形活動であるための教材研究を行うことが重要である。自分で一から研究した題材は自由度もあり、手を加えやすく応用度も高い。また、雑誌や書籍などで

も多くの実践例が紹介されていて参考になるが、保育の対象となる子どもの姿や園の長期・短期指導計画も考慮しながら活動のねらいを考え、題材に手を加える必要があるだろう。

3. 教材研究の進め方の例

(1) テーマを選択する

生活体験の中で生まれる感動やお話など想像の世界を絵にするなどの平面表現や、身近にある自然物や廃材などで工夫して遊ぶものや飾るもの、使うものをつくる立体表現など、保育計画の中からテーマを選定し、それに見合う素材や道具を探究する。また、聴く、触れる、見るなどをキーワードに、テーマを絞り、具体的に素材を選択する。子どもが関心を示したできごとや遊びや素材から着想し、展開を考えるのもよい。一日の活動の静と動のバランス、友達との関わりなども考慮する。

図2. 学生同士で集まり、一緒に試作をしながら題材や製作手順について、互いに検討を行う様子

(2) 試作と指導案を起こす

自分で手を動かしてみると、考えていたよりも手間取る過程が必ず見つかるものである。また、対象児の年齢や発達など、その時の姿に見合った素材や用具かどうか、準備する素材の量は適切か、どこまでを実習生が準備し、どこから子どもたちに任せるかなどの検討を必ず行いたい。

(3) 指導案を検討する

指導案を起こし、園での活動を具体的にイメージする。準備するものや環境のレイアウトなどの物的環境、予想される子どもの発話や動きに対する声かけ、想定されるつまずきへの援助方法、前後の活動と合わせた時間配分などについて検討する。

(4) 模擬保育の実施とふりかえり

自分一人での試作と、実際の子どもたちの制作では違いが大きい。特に安全への配慮は欠かせないので、学内の授業での模擬保育の機会で他者に助言してもらい、素材や準備、指導案の内容を再検討するとよい。

空き箱や食品のトレイやカップ、紙袋やトイレットペーパーの芯などを普段から集めておき、教材研究のために使うとよい。これらがたくさんあれば、大きな作品制作や日常的な遊びの活動にも使うことができる。

図3. 学生と幼児が対話しながら関わる造形活動の様子

4. 実習に向けての準備及び実習中の着眼点

実習生にとって実習は、養成校での学びをより鮮明に体験から理解する貴重な機会でもある。実習を迎えるにあたっては、多様な素材や材料や用具に出会い、それらの面白さ、機能などを体験して良さを味わっておくことが重要である。自らの手や道具を使う、素材を切る、並べる、積む、指やペンや筆などを使い、大きな紙や園庭など広い画面に思いっきり描くなど、全身を使った造形表現の基礎的な活動に取り組みたい。

実習中においては、保育者の子どもたちに対する「こう育ってほしい」という願いと活動のねらいが、保育室内の環境構成などから読み取れるだろう。活動中の子どもに対する言葉がけはもちろんだが、壁面構成はどのようになっているか、材料は保育室のどこに置いてあるか、用具はどのように整理と配置がなされているかも造形活動の重要な要素であり、教材研究を進めるヒントとなるのでしっかりと見ておきたい。　　　　〔堀　祥子〕

図4. 子どもが並べる・積むなどの行為を楽しみながら、造形的な形や色の面白さを体験している様子

【2章参考文献】

◇**2章4節**「行事における造形活動─行事での造形、展示の在り方や方法」（執筆協力園）
　（1）学校法人　一宮女学園　修文大学付属藤ヶ丘幼稚園（愛知県江南市）
　（2）社会福祉法人　千代田会　千代田幼稚園（愛知県稲沢市）

◇**2章5節**「子どもの表現を生み出す人的な環境としての保育者の役割」
　（1）厚生労働省『保育所保育指針解説』フレーベル館、2018
　（2）内閣府・文部科学省・厚生労働省『幼保連携型認定こども園教育・保育要領解説』フレーベル館、
　　　2018
　（3）文部科学省『幼稚園教育要領解説』フレーベル館、2018

◇**2章6節**「子どもの主体を生かす保育─ものとの関わりを中心に」
　（1）寺見陽子・西垣吉之『乳幼児保育の理論と実践』ミネルヴァ書房、2008

第3章

幼児の造形教育の教材
——材料や技法の基礎理解

　幼児の造形教育では、いろいろな材料、用具、技法が取り扱われる。例えば、材料に絞ってみても、画用紙や絵の具のようにもともと造形材料であったもののほか、牛乳パックやペットボトルなどのリサイクル材料のもの、さらには砂、石、落ち葉など自然素材のものなど種々様々である。材料だけでもいろいろあり、これらを着彩したり接着したりする用具も多種多様である。このようにいろいろある材料、用具、技法は、大学等での授業や教育現場での体験や学びによって習得できるものである。新しい材料、用具、技法を恐れることなく、積極的に体験したり学んだりしよう。

| 1 幼児造形とは | 2 幼児の造形教育の方法 | 3 幼児の造形教育の教材 | 4 幼児造形教育への実践 | 5 幼児の発達と造形表現 | 6 幼児造形教育の歴史と海外の美術教育 | 7 幼児造形教育の広がり |

1. 絵の具―絵の具・筆の種類と基本的な使い方

　幼児期には発達段階を考慮して、保育者が用意した絵の具を幼児が共同で使用することが多い。「みんなで使う絵の具」等と称して200ml程の容量のプラスチックの溶き皿を、絵の具がこぼれないように配慮して準備される。幼児にとっては、水性の絵の具が扱いやすい。描く対象に合わせて選びたい。

1. 幼児のよく使用する絵の具の種類

　幼児は、思いや願いを込めて絵の具の色を選び、線描きや塗り込みをする活動が好きである。水の量にも着目させ、硬さによって食べ物に例え、ジャムやジュースなど合言葉があるとお互いの考えを伝えやすい。以下で幼児のよく使用する絵の具を紹介する。

(1) **ポスターカラーとそのほかの水性絵の具**（図1）

　ポスターカラーは、共同用に最適でポリチューブ入りの200ml程度の大型がよく使用される。制作物の大きさに合わせて量が調節でき、無駄なく使うことができる。

　工作用のポスターカラーもあり、ペットボトルや牛乳パック、ガラスにもはじかれることなく彩色できる。衣服などにつけない配慮が必要である。

　いずれも、基本色である12色程度を用意し、共同で使うためのカップ型の溶き皿があるとよい。

　※基本色…きいろ・やまぶきいろ・ちゃいろ・おうどいろ・しゅいろ
　　　　　　あか・きみどり・みどり・あお・あいいろ・くろ・しろ

図1. ポスターカラーを使った活動

(2) **こな絵の具**（図2）

　こな絵の具は、劇の背景画や共同画など、大量に絵の具を使用する場合に経済的である。必要量を適度な濃度に水で調節できるので便利である。

図2. こな絵の具を使った幼児の作品

(3) **小麦粉絵の具**（図3）

　幼い子どもは、ともすると絵の具を舐めてしまうことがある。安全性を考慮し、食品である小麦粉を使用した絵の具もある。指に直接つけて思いのままのびのびと描くことができる。

図3. 小麦粉絵の具でぬたくり絵

(4) **固形絵の具**（図4）

　固形絵の具はパレットと一体になったものが多い。筆に水を含み、直接固形絵の具につけて、絵の具を溶かしてすぐ描くことができ、個人用の絵の具としては、扱いやすく便利である。小学校で使用する個人用水彩絵の具の扱いへの前段階である。

(5) **そのほか・留意点など**

　ほかにも、「乾くと水で落ちない耐水性の樹脂でできた絵の具」があり、いろいろな素材に描くことができる。衣服などについた場合、水で落とせないなど安全面に留意して取り扱いたい。

　どの絵の具を扱う場合も、必ずそれぞれに対応した筆やパレット、筆洗いの水や筆ふきを十分用意し、服装も考慮しなければならない。

図4. 固形絵の具を使ってお絵描き

2. 幼児の扱う筆の種類

　幼児の扱う絵の具の筆には、大きく分けて丸筆と平筆・刷毛がある。適度なコシがあり、水含みとのバランスがよいナイロン毛や馬毛が幼児にとって描きやすい。

(1) 丸筆（図5）

　丸筆は万能の筆である。たとえば15号程度の筆であれば伸び伸びと自分の思いを描くことができ、6号程度の筆であれば線や細かいパーツを描くことができる。

図5. 丸筆　上（ナイロン毛6号）中（ナイロン毛14号）下（馬毛12号）

(2) 平筆・刷毛（図6）

　平筆は、広い所を面塗りしたり、濃淡をつけたりすることができる。とりわけ、広い面を塗るためには、水をたっぷり含むことができる刷毛が適している。

　※筆は使用したらすぐ洗わなければならない。放置すると穂先が乱れたり、絵の具が固まったりしてしまう。よく洗った筆は、必ずタオルなどでよくぬぐい形を整えて乾燥させることが必要である。また、原則として洗わないままで別の色の絵の具をつけるようなことをしてはいけないことをわかりやすく幼児に指導する必要がある。

図6. 平筆と刷毛　上（ナイロン毛6号）中（ナイロン毛14号）下（刷毛25mm）

3. 絵の具や筆の基本的な使い方の例〜ポスターカラー絵の具の場合〜

　ポスターカラーは水で溶くと滑らかで、共同使いでも個人使いでも扱いやすい。またスタンプのインクとしても活用できる。

(1) 絵の具を準備する

　幼児は、一般的にパレットを個人で利用するほど技量がない。そこで、保育者は、幼児が共同で利用できるようにカップ型やうめばち型の絵の具を出す容器を準備しなければならない（図7）。

(2) 共同で使う絵の具の基本色を理解する

　みんなで声に出して呼んでみると色に対する親しみがわく。たとえば「私はきいろ。元気な子です。ひまわりさんは、私の色。きりんさんも‥‥」等、子どもたちの実態に合わせてお話をつくるなどの工夫をして、それぞれの色への関心や親しみをもたせるとよい。

図7. 共同で使えるように準備した容器

(3) 筆の基本的な持ち方

　最初は鉛筆持ちと同様に親指と人差し指を使い、垂直気味に立てるようにして持つ（図8）。保育者は最初にお手本を示すとよい。その後、慣れるにしたがって、幼児が様々な持ち方を試し、いろいろな表現ができることに気づけるよう援助することに配慮する。

(4) 絵の具さんと筆さんはなかよし

　自由に描くことのできる紙を用意しておく。筆に絵の具を含ませ、その紙の上でゆっくりまたは、ちょっと速くしたりカーブさせたり、丸や点を描いたりして筆を自由に散歩させてみる。

　その際、スイスイ、ゴツゴツ、フワフワなど擬音語などを声に出して描いてみると気持ちが表現につながることが実感できる。

　色を重ねる時は、十分に乾いてから描くように保育者が示すとよい。

図8. 筆の持ち方

［安藤恭子］

| 1 幼児造形とは | 2 幼児の造形教育の方法 | 3 幼児の造形教育の教材 | 4 幼児造形教育への実践 | 5 幼児の発達と造形表現 | 6 幼児造形教育の歴史と海外の美術教育 | 7 幼児造形教育の広がり |

2. 絵の具の技法—絵の具や道具の活用

　絵の具は、発色が美しく表現も多様であり、子どもたちの色彩へのイメージを膨らませてくれる。そのため、子どもたちが生活の中で色や形について気づいたり楽しんだりする上で重要な色材であるといえる。配色によって色の感じ方が異なる、混色によって新たな色ができる、用いる技法によって多彩な表現が楽しめるなどの面白さを見つけ、色彩や形で子どもたちが思ったことを表現する楽しさへとつなげたい。

1. 水彩絵の具の種類

　水彩絵の具の種類は、透明水彩絵の具と不透明水彩絵の具（ガッシュ）があり、それぞれに特性がある。

(1) 透明水彩絵の具

　透明感のある色彩が特徴で、紙に描いた時に絵の具を通して紙の色が透けて見える。透明感のある白を表現する時は、水を多く加えて調整し、白色の絵の具を使用しない。

(2) 不透明水彩絵の具

　鮮明な色彩が特徴である。絵の具が透けずに紙を色が覆いつくすため、下地の色を気にせず塗り重ねることができる。

2. 絵の具の技法・活用

　水彩画は、水彩絵の具の使用方法が容易であることから、教育の現場では馴染みのある技法で、その表現力は多彩である。

(1) グラデーションと濃淡（図1）

　基本となる色に白色の絵の具を加える割合を調節して、明暗の調子を変えることができる。また、絵の具に加える水の量を調節し、色の濃淡を表現することもできる。赤色に白や水を加え、明るい赤・淡い赤など、赤色にも調子の異なるものがあることを保育者が子どもたちに伝え、色をつくってあげるのもよい。

(2) ウエット・イン・ウエット（図2）

　幅の広い平筆やスポンジなどで紙面に水や絵の具を引き、濡れた状態の紙面に、たっぷりと水分を含ませた絵の具を塗り、色を混ぜ合わせる。

(3) ドライ・オン・ウエット（図3）

　着色面が乾いた後にさらに色の層を重ね、色調や色の濃さを変える。

図1. 水を加えて濃淡を出したもの（上）、白を加えて明暗の調子を出したもの（下）

図2. ウエット・イン・ウエット

図3. ドライ・オン・ウエット

図4. ドライブラシ

図5. ウォッシュ

図6. バチック

図7. 洗剤を混ぜた絵の具で描く

(4) **ドライブラシ**（図4）

筆の穂先の水気をよく切り、色がかすれるように紙上に着彩する。

(5) **ウォッシュ**（図5）

たっぷりと水を含ませた絵の具を、紙の広い面積に淡く塗り広げる。

(6) **バチック**（図6）

ロウや油が水と反発する性質を利用して、クレヨン・パス・ロウソクで描いた後に水彩絵の具を重ね、絵の具がロウや油にはじかれた表現を楽しむことができる。

(7) **洗剤**（図7）

水彩絵の具に少量の洗剤を混ぜることで、界面活性剤の働きによりガラスやペットボトル、発砲スチロールなどにも描くことができる。

(8) **染料**

染料は水に溶解し、光を透過する性質がある。水に溶解した染料は、糸や紙などの吸収性のある物質に吸着する働きがあるため、色水遊びや染めつけ遊びなどに使用する。身近に入手できる染料としては、教材用染料や食紅、インクなどがある。

3. 筆・手・ローラー

絵の具は画面に定着させる手段や道具によって、でき上がってくる表情が異なる。下記以外の画材として、綿棒・歯ブラシ・ペン・スポンジ・布など、身のまわりにある素材でも多彩な表現を楽しむことができる。

(1) **筆の活用**（図8）

筆には丸筆や平筆などの形やサイズの違いがあり、選択肢は広いため、表現の用途に合わせて使い分けるようにする。筆の持ち方によっても、様々な表現が楽しめる。

(2) **手の活用**（図9）

指先や手の側面、手のひらなどの手形・指形を使って、いろいろな形の表現を楽しむことができる。

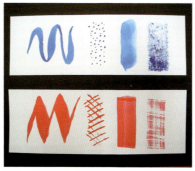

図8. 丸筆（上）、平筆（下）　　図9. 手を使ったいろいろな表現

(3) **ローラーの活用**

ローラーは、回転を利用した表現を楽しむことができる。描画には、発泡ポリエチレン製やスポンジ製のものが使われることが多く、形状は、筒状のものや球体、凹凸がついたものなど多様である。

［水谷誠孝］

| 1 幼児造形とは | 2 幼児の造形教育の方法 | 3 幼児の造形教育の教材 | 4 幼児造形教育への実践 | 5 幼児の発達と造形表現 | 6 幼児造形教育の歴史と海外の美術教育 | 7 幼児造形教育の広がり |

3. クレヨン・パス—材料、基本的な使い方

　クレヨン・パスは、幼い子どもたちにとって、とても身近な画材である。手に取り、擦りつけるだけで線や色、形が現れる。最初は口に入れてしまいそうな様子も見せるが、成長に伴い、自由に扱うことができるようになる。子どもの成長に寄り添うことができる画材であるといえる。1917（大正6）年にクレヨンが日本に輸入され、その当時、フランス留学から戻り、自由画運動という新しい図画教育を進めた山本鼎が広めた。また山本は、より使いやすいよう、桜クレイヨン商会（現株式会社サクラクレパス）に改良もすすめ、クレパス[1]が1925（大正14）年に誕生している。それ以降クレヨン・パスは、日本の子どもたちのみならず世界中の子どもたちに描くことの楽しさを提供している。また、調子の高い色鮮やかな発色は、独特な美しさを表現することができ、大人も楽しめる画材である。山本鼎をはじめ、多くの画家たちがすばらしい作品を残している。塗り重ね、混色、盛り上げができることで、タッチを活かし、油絵のような画面にすることも可能である。さらに、クレヨン、パスの性質を活かして様々な技法が考え出されている。それは、スクラッチ、ステンシル、フロッタージュ（擦り出し）、バチック（はじき絵）等、幼児期も含め、子どもたちが楽しんでいる技法である。発達に合わせて取り入れるとよい。

1. クレヨン・パスの材料

　クレヨン・パスは、顔料をロウや油脂で固めてつくったものである（図1）。顔料とは、着色に用いられる粉末である。水彩絵の具、油絵の具等々も、顔料を展色剤といわれる接着剤と混ぜてつくっている。顔料は、元々は天然の土や鉱石を砕いて粉末状にしたものが使われていた。それだけでは画面にくっつかず剥離してしまうので、展色剤といわれる接着剤を混ぜて絵の具をつくった。クレヨン・パスの展色剤は、油脂、ロウ等である。顔料を油脂またはロウで練り、棒状に固めてつくっている。ロウはろうそくのロウであり、蜂がつくる蜜ロウ、木ロウ、パラフィン等がある。近年は安全志向が高まり、自然素材である蜜ロウを展色剤とした蜜ロウクレヨンが注目されている。

　クレヨンは、パスに比べ、ロウ分が多い。やや硬めである。鉛筆のように先がとがっていて線を描くのに適している。塗ったものは、透明感がある。パスは、油分が多く軟らかい。伸びがよく、広い面積を塗るのに適している。塗った色は、不透明色になり、鮮明な色調をもつ。

　輸入された当時のクレヨンは、硬くてすべりやすく、ロウ光りして色が悪く、線描が中心で表現に限界があった。山本鼎は、「もっと軟らかいクレヨンが欲しい」と希望した。クレヨンは19世紀末〜20世紀始めフランスで発明され、ヨーロッパで大流行し、アメリカを経て日本に渡ってきた。当時のヨーロッパでは17世紀頃ヨーロッパで発明されたパステルが主流であり、フランスの画家達の間で普及していた。ドガの『踊り子』[2]などが有名である。パステルは、軟らかく画用紙の上で自由に混色、重色ができたが、白墨のように粉っぽく、紙に定着させるために後処理が必要であった。そのパステルとクレヨンの長所を備え、開発されたものがクレパスである。クレヨンのクレとパステルのパスとを合わせて名づけられた。クレヨンも今では美しい発色で、パスと比べて少し硬い程度に改良されてい

---

[1] クレパス
　クレヨンとパステルの長所を合わせた「クレパス」は、商標なので、学校など公的機関では、「パス類」と呼ぶ。（監修宮脇理『ベーシック造形技法』建帛社、2006、p.44）
　オイルパスは、学童用のクレヨンなど、油性のパステルの総称である。専門家用は高級な顔料、ワックス、オイルなどを原料としている。（『画材全科』グラフィック社編集部株式会社グラフィック社、1995、p.150）

図1. パス（18色）とクレヨン（12色）

[2] 『ドガの踊り子』
　ドガの踊り子は、『エトワール』をはじめ後半生多数描かれている。「彼がパステル画に傾倒するのは、1870年代なかばからのこと」であった。ちなみに『エトワール』は、明治9〜10（1876〜77）年に描かれている。島田紀夫監修『印象派美術館』小学館、2004、p.295）

る。それぞれ用途に合わせて使い分けるとよい。

2. 基本的な使い方

　クレヨンやパスは、線を引いたり面を塗りつぶしたりできる。指で擦ってぼかすこともできる。幼児にとっては、表現活動としてのみでなく、手の運動にもなる。1歳前後になると点や線を描くようになり、この頃は、表現というよりは手の動きによってできた点や線を楽しんだりする様子が見られる（図2）。腕の力の弱い3歳児未満の線遊びは、軟らかいパスの方が向いている。早く塗れるので、ぐるぐるまき（図3）等描き、形にとらわれず、色を楽しむ色遊びをするとよい（図4）。3歳児は頭足人と呼ばれる初期の人物画を描く（p.207参照）。4歳〜5歳になると筆圧ができてくる。線も塗りつぶしもできるようになる（図5）。写生などすると、細かい線を描きたくなるので、そういう時は硬い方のクレヨンがよい。持ち方も「握り持ち」や「つまみ持ち」などする子どももいるが、最終的には「鉛筆持ち」が正しくできるようになるとよい（図6）。

図2．点々（1歳1か月）

図3．ぐるぐる（2歳3か月）

図4．顔（3歳児）

図5．節分鬼の話（5歳児）

図6．鉛筆のような持ち方

図7．パスで描いた壁飾り
（図6、7写真提供：すずらん幼児園）

3. 使い方の応用（3歳児〜5歳児向け）

　クレヨンやパスを使い、フロッタージュ（擦り出し）や下の色を覆い隠せる性質を利用したスクラッチ（ひっかき）ができる（p.120参照）。
　また水彩絵の具と併用してバチック（はじき絵）を描くことができる（図8、9）。クレヨン・パスで描いた後、その上に水彩絵の具を塗ると、クレヨン・パスで描いたところは、油分が多いために水をはじく。クレヨン・パスの色と水彩絵の具の色を違った色にすれば、水彩絵の具を塗った時に美しい画面が現われ楽しい。色の組み合わせを考えることも楽しむことができる。保育者がパスで描いておき、その上に子どもが絵の具を塗る。パスが絵の具をはじくことによりパスの線を浮かび上がらせるバチックの造形遊びも2歳児くらいからできる。

図8．バチック（はじき絵）

図9．バチックを使った紙芝居の表紙

［松田ほなみ］

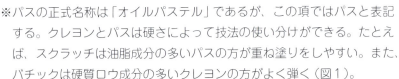

4. クレヨン・パスの活用

　描画材との出会いは子どもにとっての表現の始まりとなり、言葉と共に生きている世界を広げていくための重要なツールとなる。クレヨンやパスは誰もがその最初に出会う描画材であり、工夫次第で表現の幅を広げることができるのである。考えない指導、無造作な指導に陥ることなく、幼児の発達段階を十分に理解し、保育者自身がそれぞれの題材に対するイメージをもち、指導がうまくいかなかったところを振り返りながら、子どもたちが主体的に活動できる題材の創意工夫を続けていくことが重要である。

　クレヨン・パスという描画材は、年少〜年中にかけて題材を系統的に計画していくことが望ましい。また、クレヨン・パスと共に重要な水彩絵の具は、年中〜年長の年齢で慣れ親しむようにしていきたい。そのためには、年中を中心にクレヨン・パスとの混合技法を使う題材を取り入れ、子どもたちが十分な時間の描画材の経験をできるようする。

図1．クレヨンとパスを比較したバチックの効果

※パスの正式名称は「オイルパステル」であるが、この項ではパスと表記する。クレヨンとパスは硬さによって技法の使い分けができる。たとえば、スクラッチは油脂成分の多いパスの方が重ね塗りをしやすい。また、バチックは硬質ロウ成分の多いクレヨンの方がよく弾く（図1）。

1. 線遊び

目的：クレヨン・パスとの出会いを大切にし、慣れ親しみながら線の描き方や種類などを覚える。

(1) リズムに合わせて〈2歳〜3歳〉

準備：子どもたちが十分に活動できる広めの空間や環境をつくる。描画材が床や壁にはみ出してもよいようにビニールシートや古新聞などを敷き、ロール紙を壁に貼っておくなど工夫する。準備する材料・用具は、ロール紙（ロール紙がない時は模造紙をノリでつないだもの）、短くなったクレヨン・パス、布ガムテープ、古新聞など。

図2．古くなったクレヨン・パス

展開：❶使い古しの短くなったクレヨン・パス（図2）をつかんで、好きなように描く。❷「ギザギザ」「ぐるぐる」などの「オノマトペ」の音とリズムに合わせながら、最初は運動のようにして紙に軌跡をつくって楽しむ。❸慣れてきたら長い線を描いたり、両手で描いたりして線の描き方や種類などを遊びながら体験する（図3）。

備考：名前をつけてもらった新品クレヨン・パスは、子どもにとって美しく魅力的であるが、その使い方の指導をする前に、使い古しの短いクレヨン・パスから持ち方を自分たちで試しながら使い方を習得していくことを大事にしたい。

(2) 点をつないで〈年少〉

準備：画用紙、クレヨンまたはパス、水性マーカー

展開：水性マーカーなどで画用紙に点を打ち、それらをつないで遊ぶ（図4）。❶点をつないでいく。❷形が見えてきたら塗ったり描き加えたりして思いついたものにする。

図3．「リズムに合わせて」活動風景
（写真提供：田浦保育園）

備考：点の数を変えることによって、子どもたちへの難易度も変わる。また、偶然できた点を結ぶ方がイメージ発展につながるため、友達同士で点

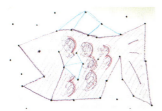

図4.「点をつないで」

図5.「長い線」
(写真提供：田浦保育園)

図6.ドリッピングによる雨の効果が現れたところ

図7.クレヨンをつまんで持ち、回転させてできるアジサイの花

図8.雨が現れた紙にアジサイの花や葉っぱを置いたところ

を打った画用紙を交換するのもよい。

(3) **長い線リレー〈年少〉**

準備：クレヨンまたはパス、ロール画用紙または模造紙（ノリで貼り合わせたものでもよい）

展開：大きな画面の両端に子どもたちが分かれ、クレヨンまたはパスを使い、様々な線を描いてリレーしていく。体を使って表現する。❶ロール画用紙または長くつないだ模造紙を用意し、壁面に貼る。❷子どもたちを二手に分け、好きなクレヨンまたはパスを使ってリレー形式で自由に（または保育者が直線や波線など指示して）線を描く（図5）。

備考：手先だけでなく体全体を使って線を引くように、保育者が見本を示すとわかりやすい。

2. バチックの活用

目的：季節に合わせたイメージを活かしてクレヨンの技法遊びを楽しむ。

(1) **あめのうた〈年中〉**

準備：白のクレヨン（ロウソクでもよい）、水彩絵の具、刷毛、太めの筆、画用紙、調味料用のタレビン

展開：梅雨の季節感を感じる課題にする。❶「あめふり」や「あめふりくまのこ」など雨の歌を歌って雨のイメージを膨らませる。❷おもいおもいの雨の降ってくる線や滴を白いクレヨンで白い画用紙を埋めるように描く。❸水を含ませた刷毛で塗る。❹濃いめに溶いた青の水彩絵の具をたっぷりつくり、筆につけて画用紙にたらしたり、タレビンに入れてたらしたりして遊ぶ（ドリッピング）。❺霧吹きでさらに水を吹きかける。❻にじんだ絵の具の中から雨の線が全体に現れたら乾かす。（この時、紙を傾けるとにじみや絵の具の複雑な模様ができて楽しめる）（図6）❼乾いたらカタツムリやカエル、傘、アジサイの花と葉などの絵を別の紙にクレヨンで描く。この時、短くなった紫や青、ピンクなどのクレヨンをつまんで持ち、回転させてアジサイの花をつくると違ったクレヨンの効果も楽しめる（図7）。❽色画用紙で葉っぱをつくったりして、切り取ってバチックをした紙に貼る（図8）。❾できた作品から一人ひとりの雨の表現を保育者が聞き取り、記録したものを作品の裏に貼る。❿全員の作品を展示する。

備考：水彩絵の具の中にははじく効果が出にくいものがあるので、事前に試しておく。また、アクリル絵の具も被膜をつくってしまいクレヨンをはじかないので使用しないように注意が必要。芯だけの色鉛筆を使うと、細かい線や模様のバチックがはっきり出るので、課題によっては併用すると美しい表現になる。

(2) **大きな画面でおばけ探し〈年少〉**

準備：クレヨン、水彩絵の具、ロール画用紙または模造紙（ノリでつないだものでもよい）、スポンジローラー小（4φ×3㎝）、バット（生鮮食品などのトレイなどでもよい）

展開：共同制作。白い紙に白いクレヨンであらかじめ描いたものを、ローラーと水彩絵の具を使ってみんなで探す。❶保育者が、あらかじめ模造紙またはロール画用紙に白いクレヨンを使っておばけの絵を描いておく。

57

図9.「おばけがでてきたよ！」

❷バット（生鮮食品などのトレイなどでもよい）に水彩絵の具を水で溶き、スポンジローラーを使って白い紙を塗っていく。❸みんなで協力していろいろなおばけを探し出す（図9）。

備考：スポンジローラーを小さくすることで、みんなで協力しておばけ探しを楽しむようにする。

3. ぼかし・指擦り（ステンシル）

目的：コンテによるぼかしやパスによるステンシルの技法で自分のイメージを膨らませながら描くことの楽しさを知る。

(1) ぐるぐるふわふわ〈年中〉（図10）

図10.「ぐるぐるふわふわ―うさぎができた」

準備：白のコンテ（ハードパステル）、色画用紙、ティッシュ、綿棒

展開：濃いめの色画用紙に白のコンテでぐるぐる描き、指やティッシュで擦って塗り広げ、偶然の中の形を発見する。❶濃いめの色画用紙に白のコンテを使ってぐるぐる輪を描くように塗る。❷塗りつぶせたら、指や手のひらや側面など手全体を使いながらティッシュや綿棒などで擦ることによって、様々な形ができることを楽しむ。❸偶然できた形をみんなで話し合いながら、具体的な作品づくりにする。

備考：指絵の具を使ったフィンガーペインティングと同様に、手を動かすことにより様々な形を連想しながら形を楽しむことが大切。コンテは削って粉にしてから使うことも効果があり、アレルギーのある子どもには配慮が必要である。

(2) 虹色のかたち〈年中～年長〉

図11. ちぎった紙の縁にいろいろな色のパスを塗ったところ

準備：画用紙（八つ切りか半分に切ったサイズ）、パス

展開：画用紙の上に縁をパスで塗った型紙を置き、指で擦って伸ばし、できた形はどんな形か想像して楽しむ。❶八つ切り画用紙の半分に切ったサイズのものを二つ折りにする。❷その紙をちぎって外側の形をつくる。❸折り目の内側をちぎっていく。❹広げてできた左右対称の型紙の内側と外側の縁をいろいろな色のパスで塗ってつなげていく（図11）。❺型紙を新しい画用紙の上に置きしっかり押さえて指で擦る。❻壁に全員の作品を飾り、「どんな形が見えるかな？」の鑑賞を楽しむ（図12）。

図12. 新しい画用紙において指擦りでできた「虹色のかたち」

備考：作業の工程が数種類に及ぶので、やり方は保育者が実演することが必要である。また、型紙を擦る時は、しっかり押さえないと型紙がずれてしまうが、それもまた偶然の面白い形になることもある。補助が必要かどうかは保育者が判断する。ただし、子どもの作品が保育者の指示通りの画一的なものにならないよう気をつけたい。

4. スクラッチの活用

目的：線描きにより隠された色が現れる驚きや楽しさを感じながら、具体的なかたちに表す。

(1) スクラッチでメダルづくり〈年長〉

図13.「スクラッチでメダルづくり」

準備：画用紙、パス、割り箸ペン、ハサミ、ノリ、段ボール（厚紙）、折り紙、リボン

展開：母の日や父の日に贈るメダルをつくる。❶あらかじめ5cm程度の円形に切り抜いた画用紙を白黒以外のパスを使って塗りつぶす。❷黒のパス

で下地の色を塗りつぶすようにきれいに塗る。❸割り箸ペンで自由に絵を描く。❹ダンボールや厚紙などを自由な形に切り抜き、スクラッチした画用紙を貼る。❺折り紙などで装飾し、リボンを通して完成（図13）。

備考：パスで黒く塗りつぶす以外に、版画用の油性インクをローラーで塗ると、作品が擦れても汚れない。

5. フロッタージュの活用

目的：子どもたちが積極的に教室に自然の中の生命を取り込み、イメージを共有しながら毎日の園生活を楽しむことができる。

(1) **育つ木〈年長〉**

準備：クレヨン、コピー用紙、色画用紙、片面段ボール、折り紙、セロハンテープ、ガムテープ、ハサミ、園庭や公園にある落ち葉や枝など

展開：子どもたちの日々の造形活動が見える壁面装飾の課題として、共同制作で行う。❶なるべく広い壁面を確保できるようにする。❷片面段ボールで最初に根をつくり、次に木の幹、最後に枝を伸ばして壁面いっぱいに伸びていく木をつくる（図17）。❸毎日2〜3枚ずつ拾ってきた葉っぱをクレヨンでフロッタージュして切り取る（図14）。❹葉っぱがたまってきたら裏にテープを丸めて枝に貼っていく（図15）。❺枚数が増えて葉が茂った木になったら、その木にやって来る鳥や虫などの生き物もつくって増やしていく（図18）。

備考：園庭に大きな木があれば、その木を実際に観察して太さや肌触り、葉の茂り方などから生命力を子どもたちに感じさせることができ、制作の動機づけがしやすい。また、園近くの公園などにも行って落ち葉や枝、セミの抜け殻、どんぐりなども拾ってきて装飾に利用してもよい。木の幹や枝を片面段ボールでしっかりつくれば、四季の変化をつくり変えていくこともできる。春には押し花や四つ葉のクローバー、夏にはセミの抜け殻といった子どもが好きな自然物をつけてみたり、秋には葉っぱを壁面の下に貼り直して落ち葉を表現したり、冬は落ちた葉っぱが木枯らしで舞い上がる表現を一緒に考えてみたりすると子どもたちのイメージも膨らむ（図16、19）。保育者をめざす学生などの協力を得られるとより装飾の質も高まるが、あくまでも子どもの発想や思いを引き出して子ども自身が表現を楽しむための活動である。一緒につくるコラボレーションはよいが、大人の手でつくり過ぎないよう注意したい。

図14. 葉っぱのフロッタージュ

図15. 枝に貼りつけた葉っぱ

図16. 木枯らしに揺れるミノムシ

図17. 壁面に木の幹と枝をつくったところ

図18. 葉っぱの茂った大きな木とそこに集まってきた生き物たち

図19. 木枯らしで葉っぱの舞い上がる大きな木

［藤岡孝充・矢野 真］

| 1 幼児造形とは | 2 幼児の造形教育の方法 | 3 幼児の造形教育の教材 | 4 幼児造形教育への実践 | 5 幼児の発達と造形表現 | 6 幼児造形教育の歴史と海外の美術教育 | 7 幼児造形教育の広がり |

5.マーカー・ペン

　西洋では中世以降、インクやペンを筆記から絵を描く道具として使い始め、これまでも多くの芸術家に愛用されてきている。太さに変化をつけた線や、平坦な面描やにじみなどの表現、水性・油性の特徴を活かした表現、障子紙や霧吹きなどと併用する表現など、筆記用具という概念にとらわれず、自由に使用することでマーカーやペンの楽しみ方が広がる。

1. マーカーの種類・特徴

　マーカーは、ペンの軸に入ったインクをペン先から吸い出して描く筆記用具である。ペン先にはフェルトが使われていたが、最近では耐久性の向上のためにナイロンやポリエステルなどの合成繊維が使用されている。太さは極太から極細まであり、形は角形・丸型・筆型がある。角形は広い面を塗りつぶすのに向き、筆型では絵筆を使ったような表現ができる。色の種類も豊富にそろっているため、幅広い色彩表現を楽しむことができる。マーカーの種類は、使用されるインクの種類により、水性マーカーと油性マーカーに分けられる。

(1)水性マーカー(図1)

図1. 水性マーカー

　水性のインクを使用したマーカーで、水性インクは発色の良さや透明感が特徴である。インクが水溶性であることを活かして、水をつけた筆でぼかすと水彩画のような表現もできる。顔料を使用した不透明のものもある。

(2)油性マーカー(図2)

図2. 油性マーカー

　油性のインクを使用したマーカーである。油性インクは耐光性・耐水性に優れていること、金属やプラスチックなどの素材に着色できること、インクが紙の裏に抜けたりにじんだりしやすいことなどが特徴である。油性インクは、不快なにおいのするシンナー系から、においの少ないアルコール系へと使用されるインクが変化してきているが、揮発性のため、換気に注意して使用する。

2. ペンの種類・特徴

図3. いろいろな木の素材のペン

　小枝をインクや墨汁に浸せば描くことができる。ヨーロッパでは6世紀以降から、筆記用具としてだけでなく絵を描く道具としても使用され始めた。様々な形にペン先を加工することや、太さの異なるものを何本もそろえておくことで、線の表現を幅広く楽しむことができる(図3)。インクをつけすぎるとたれ、少なすぎるとかすれた線となる。描きながらペンを回転させることで線に表情をつくることもできる。

(1)葦(アシ)ペン・竹ペン

　葦や竹を斜めに切り取り、墨汁やインクの溜まりをつくったもの。筒状のため、多量にインクを含むことができる。ペンを裏返して使うと細い線を描くこともできる。

(2)割り箸ペン・簾(すだれ)ペン・手づくりペン

　割り箸の先を削って割り箸ペンにしたり、古くなった簾を15cm程に切って簾ペンにしたりするなど、身のまわりの素材を加工することで気軽に

60

ペンをつくることができる。布やガーゼを割り箸の先に凧糸で固定したものや、竹串などもペンとして楽しむことができる。

3. マーカー・ペンの活用

(1)水性マーカーで、障子紙などに描画した後に、筆で水を加えてにじみを楽しむ。紙を折って重ねた状態でマーカーを浸み込ませて模様を描いたり（図4）、マーカーで描く時に空間を開けたりするなどの工夫をすることで様々な表現ができる（図5）。また、筆の代わりに霧吹きなども活用できる（図6、7）。水性と油性のマーカーを併用すると、にじんで淡い色になるところと、鮮やかなところができて美しい（図8、9）。ただし、油性のマーカーは、においの強いものもあるので換気に注意して使用する。

図4．紙を折って水性マーカーで描く

図5．色の置き方を工夫する

図6．霧吹きで

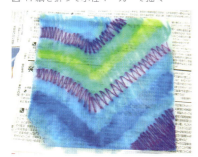
図7．霧吹きでにじませた様子

図8．水性マーカーと油性マーカーを使って

図9．霧吹きでにじませた様子

(2)油性マーカーを使って線描してから、水彩絵の具や色鉛筆などで着彩する描画の方法は、描いたものをはっきりとさせることができる。線描する際や縁取りする時などには、特に黒のマーカーを使って行うことが多いが、描かれているものの色、着彩する色にあったマーカーの色を使うなどして、黒一色の単調な硬い表現にならない工夫も考えたい。保育者の壁面づくりの時などにも活用したい。

図10．種類を増やして

(3)マーカーやペンは、すでに色ができているので、キャップをとればすぐに好きな色で描くことができ、子どもの描きたいという想いが表現に結びつきやすい画材といえる。また、描かれたものも発色が良く、鮮やかな表現が期待できる。しかし、子どもが持っているマーカーやペンの色数は、限られているので、表現されたものが似通ってしまいがちでもある。色数についての保育者の配慮が求められる（図10）。

(4)マーカー・ペンの先は、細いものから太く平たいものまであるので、活動の中でその違いを楽しむこともできる。線描きでぐるぐる円形に動かしたり、先の平たいものを使って波線を描いたりするなど、その効果を楽しむこともできる（図11）。

図11．ペン先の違いを活かして

［早矢仕晶子・水谷誠孝］

6. 鉛筆・色鉛筆——材料の特徴、活用

　鉛筆・色鉛筆は、衣服や手が汚れにくく扱いやすい身近な画材である。先端がとがっているため線描や細かな部分の着色がしやすく、少しずつ色づくため繊細な色や調子の変化をつくり出すことに適している。身近な画材ではあるが、鉛筆は描画より筆記に使用する機会が多く、色鉛筆についてもあまり知られていない種類や特徴がある。これらを踏まえ、鉛筆・色鉛筆の種類、特徴、活用について述べる。

1. 鉛筆

(1) 鉛筆の種類

　描画用の鉛筆には22種類の硬さがある。硬い方から、10H～H,F,HB,B～10Bである。専門的なデッサンを行う場合などは、すべての種類を使用するが、初歩的なデッサンや簡単な描画で使用するために1種類を選ぶ場合は、2Bが適している。2B鉛筆は、比較的淡い調子から濃い調子まで幅広くつくりやすいためである。

(2) 鉛筆の削り方

　鉛筆を削る時は、ナイフやカッターで通常より芯を長く削る。軟らかい芯の鉛筆は、通常の削り方ではすぐに芯が短くなってしまう。また、筆記の時のように線を用いるのみでなく、鉛筆をねかせて幅広く塗るような使い方もするため長く削る（図1）。

　削る時は、ナイフを持つ手でナイフの角度を調節し、反対の鉛筆を持つ手の親指でナイフの背を押し出して削る。ナイフを持っている手で押し出して削ると不必要に力が入り、勢いがついて危険である。

　鉛筆の軸の角に刃を当て、角度を浅く保ち少しずつ削る。一度にたくさん削ろうとしないこと。幼児に線描で使わせる場合は、芯が折れやすくなるため通常の削り方でよい。

図1. ナイフで削った鉛筆（上）と鉛筆削りで削った鉛筆（下）

(3) 鉛筆の活用

❶線描をする時、どのような線を描くのか意識的になってみるとよい。線の長短、直線・曲線、手を動かすスピードによる線の勢いなど、それぞれに異なった表情がある。また、線を集積することで面になる。線の集積を、規則的に、あるいは不規則にすることで面の表情が変わる（図2）。

❷鉛筆をねかせて薄く調子をつける方法をモダンテクニックのフロッタージュ（擦り出し）に用いることができる。凹凸のあるものの上に薄手の紙を置き、鉛筆をねかせて擦ると凹凸が浮かび上がる（図3）。

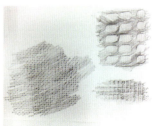

図2. タッチやスピード、筆圧を変えた鉛筆の線の表情　　図3. フロッタージュ

鉛筆に限ったことではないが、指導者は、作品だけでなく材料や用具の特徴や用法に対しても感性を働かせて感じ取る力をつけることが必要である。感覚や感性を広げることで、教材の楽しむべきところや、子どもに経験させたいことをつかみ、何に重点を置いて指導すべきかがわかるようになったり、子どもへのアドバイスの幅が広がったりするからである。

2. 色鉛筆

(1)色鉛筆の種類

色鉛筆には従来の色鉛筆と、水彩色鉛筆がある。水彩色鉛筆は着色後に筆などで水を塗ると、水に溶けて水彩のようになる（図4）。どちらの色鉛筆も色数が豊富で、描く際に汚れにくく気軽に使える画材である。

また、芯にワックスを多く含む紙巻きの色鉛筆がある。芯が軟らかいため、ガラスや写真などにも描くことができる（図5）。

図4. 水彩色鉛筆で着色し、右半分を水を含ませた筆でなぞったもの　図5. 紙巻き鉛筆　ダーマトグラフ

(2)色鉛筆の活用

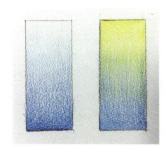

図6. グラデーション

図7. マーカーと色鉛筆を使ったイラスト

❶色鉛筆は着色の際、少しずつ色がつく。その良い点は、グラデーション（少しずつ色が変化すること）をつくりやすく、混色ができることである。全体に淡く着色したあとに、部分的に色を濃く重ねて徐々に淡い部分と同化するように筆圧を弱めたり、塗り重ねを減らしたりするとグラデーションになる。また、淡い色に別の色を少しずつ塗り重ねると、きれいに混色できる（図6）。

短所としては、色が薄くなりがちで、作品の仕上がりが弱くなることである。対策としては、輪郭線に濃い色や、強い線を用いて絵柄をはっきりさせる、または、筆圧を強くして塗り重ねることで色を濃く発色させることが考えられる（図7）。

❷色鉛筆は先端が細いため、線描や細かい部分の着色に適している。しかし、広い面をムラなく塗ることは困難である。その場合、広い面は水彩絵の具を併用するとよい。パスと同様に色鉛筆も水をはじくため、水彩を上から塗っても色鉛筆で描いた部分がそのまま残る。ただし、水彩色鉛筆は水に溶けてしまうため注意が必要である。

また、水彩で着色したものの上から色鉛筆を塗り重ねると色のなじみがよく、部分的に色を足したい場合や、線描を加えたい時に便利である。

絵の具がよく乾いてから用いること。

［桂川成美］

| 1 幼児造形とは | 2 幼児の造形教育の方法 | 3 幼児の造形教育の教材 | 4 幼児造形教育への実践 | 5 幼児の発達と造形表現 | 6 幼児造形教育の歴史と海外の美術教育 | 7 幼児造形教育の広がり |

7. 画用紙・和紙—紙の種類や特徴

紙には大きく分けて洋紙と和紙がある。原料や製造工程が違い、その違いから紙の特徴も異なる。

紙は、平面である。平面をそのまま利用して、ものを書きつけたり、描くための画面として利用することができる。加工が容易であることも特徴の一つである。ハサミやカッターナイフなどで好きな形に裁断できる。また、ノリなどの接着剤で貼り、つなげることができる。

平面である紙だが、折ったり、たたんだり、貼り重ねたり、組み立てたりすることで、立体的に扱うこともできる。折り紙、張り子、ペーパークラフト（紙立体）などが作例として挙げられる（図1～3）。

扱い方や加工によって利用の方法が多い紙だが、それぞれの加工に適した厚みや表面の質など、紙の種類を選ぶ必要がある。

洋紙、和紙ともに種類は数多くあるが、ここでは幼児の造形活動に関わりのある紙について取り上げる。

1. 洋紙

洋紙は、木や植物の繊維（パルプ）を取り出し、にじみを防ぐサイズ剤や、短い繊維の結びつきが強くなるよう薬品を加えてすいてある。あらかじめにじみ止めが施されているため絵の具がにじまない。

紙の表・裏は、用途によって紙の目が平滑であったり、ざらざらであったりする。水彩紙や、木炭デッサンをするための木炭紙などは、すかしが正しく読める側が表である。水彩紙は、水彩絵の具で着色した時に表情が出やすいように、また木炭紙やパステル用の紙などは、粉っぽい画材が定着しやすいようにざらざらな目のある方が表である。一般的な画用紙の裏に描いた場合、鉛筆は消しゴムで消した時に消えにくかったり消し跡がのびたりして汚くなりやすく、水彩を使用すると、紙が痛みやすく表面がはげてきたりする。購入の際などに表・裏を確認して使用したい。

(1) **学童用画用紙**

画用紙には、水彩用やパステル用など用途によっていろいろな種類があり、紙の厚みや目の粗さなどが違う。どの用途にもある程度かなう汎用性があり、価格を抑えた画用紙が学童用画用紙である。描きやすいようにハリもありながら、ハサミで切ったり、折り曲げたりもしやすい適度な厚みがある。絵の具から鉛筆まで、描きやすい目の粗さである。

(2) **ケント紙**

ピンとしたハリがあり、表面が平滑な用紙である。ポスターカラーやマーカーなどでムラなく均一に着色する時や、ペン画、ペーパークラフトなどに使用する。紙の表面が硬いため、水気の多い水彩などは絵の具の吸い込みが悪く適さない（図4）。

(3) **色画用紙**

あらかじめ色がついている画用紙である。色数が豊富で、工作に使用したり、暗色の画用紙に不透明な画材の明色で描いたり、不透明な絵の具で一版一色版画を刷ると色が鮮やかに映える。

図1. 折り紙

図2. 張り子

図3. 色画用紙での制作

64

図4. 左から画用紙・ケント紙・水彩紙に、上から色鉛筆・水彩色鉛筆・マーカー・ペンで描いた表情の比較

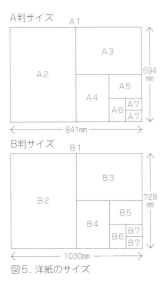

図5. 洋紙のサイズ

1) pH
　水素イオン指数。酸性・アルカリ性の度合いを示す。pH＝7が中性を示し、数字が大きくなればアルカリ性、小さくなれば酸性の強さの度合いを示している。

各種和紙サイズ

種類	寸法(mm)
半紙判	333×242
美濃判	394×273
小判	900×600
画仙紙全紙	1366×670
半切	1366×335

雲肌麻紙サイズ

種類	寸法(mm)
小判	1360×670
三六判（中判）	1880×970
三六判耳付	1960×1060
四六判	1820×1210
五七判	2120×1520
六八判	2420×1820
七九判	2730×2120

図6. 和紙のサイズ

⑷洋紙のサイズ

　A判とB判がある。Aサイズで最も大きいA0は、841mm×1189mm、Bサイズで最も大きいB0は、1030mm×1456mmである。このそれぞれの大きさを2分割するごとにA1・B1、A2・B2となり、数字が大きくなるごとにサイズは小さくなる（図5）。絵画用の紙は主にB判である。また、スケッチブックのサイズとして油彩のキャンバスサイズが元になっているFサイズもある。

2. 和紙

　楮（コウゾ）や三椏（ミツマタ）などを原料に日本の伝統的な製法でつくられた紙である。和紙の原料となる繊維は長く、繊維どうしが絡みやすいこともあり、ほとんど薬品の添加はない。そのため生の和紙はにじみ止めが施されておらず、ドーサ（膠〈ニカワ〉と明礬〈ミョウバン〉の溶液）を引いてにじみ止めとする。紙のpH[1]が中性であるため劣化が少なく長期保存に耐える。繊維の長さのため、紙自体がふんわりとしており、絵の具の吸い込みが良い。その特徴を活かしてにじみを利用した制作ができる。また、手でちぎった時、長い繊維が毛羽だって残るため、ちぎり絵のように貼り込んだ時に紙の端が周囲にきれいになじむ。

　本来、和紙は職人による手すきで希少な物であるが、大判の和紙や、量産のために機械すきの和紙も多くある。そういった和紙は、原料も全てが和紙の原料ではなく、パルプを加えてある。用途に応じて使用感や価格を考え合わせて選ぶとよい。

⑴画用和紙

　描いたり、版画を刷ったりするために使用される和紙。楮紙、麻紙など、原料やすき方によって、色合いや表面の風合い、厚みなども様々である。用途や好みに合わせて選ぶ。画用和紙は表面が平滑であるものが多い。

　和紙は、紙自体が洋紙と比較してふんわりと柔らかく、絵の具の吸い込みが良い。また、にじみ止めを施していないものは、紙の繊維に吸い込まれた絵の具がよく広がるため、にじみを活かした表現に適している。

⑵工芸用和紙

　紙をすく時に太さの違う繊維を混ぜて繊維のムラを活かし、模様をすき込むなどして紙自体の風合いを美しくすいてある和紙。工芸に使用する。

　和紙は繊維が長いため、紙をちぎると端に毛羽立ちが残り、貼り合わせた和紙どうしがよくなじむため、ちぎり絵や、張り子などにも適している。

⑶和紙のサイズ（図6）

　和紙のサイズは、それぞれ生産地のすき手が使用する、紙をすくための濾簀（すきず）や濾桁（すきげた）の大きさによって決まるため、統一した規格はない。大きなサイズの和紙は、ふすまなどの建材に関わることから、曲尺という建築に使われるサイズですかれている。

［桂川成美］

| 1 幼児造形とは | 2 幼児の造形教育の方法 | 3 幼児の造形教育の教材 | 4 幼児造形教育への実践 | 5 幼児の発達と造形表現 | 6 幼児造形教育の歴史と海外の美術教育 | 7 幼児造形教育の広がり |

8. 画用紙・和紙の活用—描画等への活用

　画用紙や和紙は、子どもたちが絵を描き始める際に出会う、最初の身近な画材の一つである。児童用の画用紙は、幼稚園や保育園で使用されるほとんどの描画材に適応している。ダイナミックな描画に適すよう表面が強くつくられ、絵の具の発色がほどよく適度ににじみ、水分を含んでもしわが出難いように加工されている。和紙は日本で古くからつくられてきた紙で、画用紙に比べて繊維が長いものが多く、柔らかい独特な風合いをもちながらも丈夫である。両者の特徴をふまえて、用途に合わせて使い分けることが大切である。また、どのような種類の紙でも直射日光で黄変するので、保管場所には注意が必要である。

1. 画用紙への描画

(1)クレヨン・パス・パステルなどでの描画

図1. パステル（上）、パスの上から削ったもの（下）

　児童用の画用紙は、ダイナミックな描画にも耐えることができるようにつくられているため、パスで画面を塗りつぶした後に先のとがったもので削ったり、パステルで描いた後に指で擦ったりするなど、多彩な表現が楽しめる（図1）。

(2)水彩絵の具での描画

　水彩絵の具で描画する際の用紙は、画用紙が典型である。水彩絵の具は乾燥後、色が淡く見えることがある。

(3)クレヨン・パス・ロウと水彩絵の具での描画

　ロウや油が水と反発する性質を利用して、水彩絵の具がはじかれた表現を楽しむことができる。クレヨン・パス・ロウで先に描画し、擦りすぎないように注意して水彩絵の具で着彩する（図2）。

(4)水性ペン・油性ペン・竹ペンでの描画

　水性ペンのインクが水に溶解する作用を利用して、油性ペン・水性ペンを使った表現を楽しむことができる。竹ペンと墨などを使い、描画することもできる（図3）。

(5)色画用紙への描画

　色画用紙は、パステル・パス・不透明水彩絵の具などで描画する際に最適である。白い画用紙に描画した時とは異なり、背景色によって色の見え方が変化することを楽しむことができる（図4）。

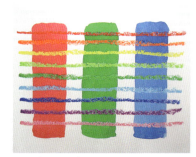

図2. 色の組み合わせを工夫する

図3. 油性マーカー（左上）、水性マーカーと水（右上）、竹ペンと墨（下）

図4. 水彩絵の具（上2本）、クレヨン（中2本）、パス（下2本）

2. 和紙への描画

　和紙は、その特徴を活かして染紙遊びや版画などに使用される。幼稚園や保育園では容易に入手できる障子紙などが使用されることが多い。

(1) たらし込み

　和紙のにじませたい部分に水をつけた後、絵の具や墨などをたらすと和紙特有のにじみの表現を楽しむことができる。俵屋宗達をはじめとした琳派が多く用いた手法で、にじみ止め加工のされていない和紙を使用する（図5）。

(2) ちぎり絵

　和紙は、洋紙に比べ原料の繊維が長いものが多いため、紙を裂いた時に切り口が毛羽立ったような表情になる（図6）。この特徴を活かしてちぎり絵を楽しむことができる。色のついた和紙や、和紙を染めたものを使用してもよい。ちぎりにくい場合は、切断したい部分を水で濡らし、ヘラなどで擦ると容易にちぎることができる。

図5. 墨と水彩絵の具でのたらし込み

図6. ちぎった和紙の断面

(3) 染紙

　和紙は水分を含んでも丈夫であり、色がよくにじむため、絵の具や染料と共に染紙遊びに使用される（図7）。

(4) 版画

　バレンなどで版を刷り出して表現を楽しむ版画の場合、刷っても破れにくく丈夫な鳥の子紙などの和紙が使用される。そのほかに、版画の用紙として様々な種類がある。

図7. 染紙

3. 紙をつくる

　紙をつくることで、身近な素材に親しむ心が養われる。児童用の画用紙は化学パルプを原料としており、牛乳パックからは良質のパルプがとれるため、紙づくりに最適である。シュレッダーで細かく裁断された紙や、段ボールも利用できる。原料のパルプに細かくちぎった色紙や絵の具を混ぜ、色紙をつくることもできる（図8）。

図8. パルプからつくった紙（左）、シュレッダーの紙からつくった動物（中、ウサギ）、段ボールの紙からつくった動物（右、クマ）

［水谷誠孝］

9. 版画①―版の種類や用具の使い方

　版画の種類は凸版や凹版、平版、孔版に大別することができるが、版画の材質、技法で区別すると多様な種類がある。しかし、幼児にとっての版画遊びは生活の遊びの中で自然に行われていることが多い。たとえば、粘土遊びの時に泥のついた手を粘土板に押しつけ手型押しをしていたり、水遊びの時にできた自分の足跡を発見し足跡をつけて歩き回るスタンプ遊びをするなどである。また、幼児の版画では、紙版画のために切り抜かれた紙の一方がステンシルの型になったり、ローラー遊びのパレットがモノプリントの版になったりするなど、自然に新しい版画の技法を発見していくことがある。このような自発的な版画活動を行うためには、技法にとらわれすぎず幼児の発達段階に応じてそれぞれの写す喜びを味わう方法で行うことが大切である。また、幼児の版画には特別な道具や材料を用意するのではなく、身近にあるあらゆる素材を版にして版画的遊びとして楽しむことで、物の形や表面の手触りなどに意識が働くようにしたい。

1. 版画の種類

(1) スタンピング（図1）

図1. スタンピング

　空き箱や野菜の断面、木片やプラスチックのフタなど、身のまわりにある思いつく面白い形や単純な形を組み合わせて型押しを楽しむことができる。手にした物の形からは想像できないイメージが型押しされることが面白い。幼児には、型押しで何かを描くことよりも、様々な物で型押しし、同じものが次々に表れることの不思議な世界を楽しませたい。

(2) デカルコマニー（図2）

図2. デカルコマニー

　紙を二つ折りにして、開いた一方の折り目の近くに自由に色をつけ、再び紙を閉じて、手で強く擦って再び広げてみると、色をつけた反対側に転写されて左右対称に偶然に生まれた不思議な形や色の模様ができる。その不思議な模様がいろいろなことを想像させることから、心理学のロールシャッハテストとして用いられている。

(3) モノプリント（図3）

図3. フィンガーペインティング

　モノプリントは、1枚の版で1枚の絵しか刷ることができない版画である。幼児の場合、指で描く絵の具遊び（フィンガーペインティング）から発展するとよい。プラスチックの板や水で塗らした画用紙を机に密着させて自由に絵の具をのせ、指やヘラ、割り箸などで模様をつけ、吸水性のある紙を上に置いて軽くなでて刷りとると、思いもよらない表現が現れる。

(4) 墨流し・マーブリング（図4）

図4. マーブリング

　平らな容器に水を張り、墨汁や油性の版画絵の具を油（灯油）で薄めたものや、市販のマーブリング用絵の具などを水の表面に数滴浮かして、水の上で流れる絵の具の模様を紙に写しとる技法である。人の手では描けない不思議な流紋が美しく表現できる。平らな紙以外にも、給水性のある素材なら紙コップや布にも写しとることができる。

(5) 擦り出し・フロッタージュ（図5）

図5. フロッタージュ

　木の皮や葉、凹凸のある壁などにトレーシングペーパーなどの薄紙をのせ、色鉛筆やクレヨンなどで擦り出し描く転写技法。幼児には先の細い色鉛筆よりもクレヨンが扱いやすい。普段生活している教室や園庭を探検し、

図6．ステンシル

図7．ローラー版画

図8．スチレン版画

図9．紙版画

図10．ローラー

図11．バレン

様々な凹凸を見つけ転写することで、物の材質を感じ取りながらイメージを超えた楽しい描画体験ができる。

(6) **ステンシル**（図6）

　ステンシルには、花や動物などの簡単な形を型抜きし、穴の中に絵の具を刷り込む内塗りと、型のまわりに刷り込む外塗りがある。それ以外にも紙切れや葉、毛糸、網などを画用紙に置き、絵の具をつけたローラーを転がすだけでもステンシルの表現ができる。

(7) **ローラー版画**（図7）

　ローラーの軌跡を描いたり、ローラーに直接たくさんの色を点でつけて転がして描いたり、木の葉の上でローラーを転がして表面についた凹凸を転写したりする版画で、様々なローラー遊びができる。幼児にとってローラーは、体全体で転がしたくなる動く玩具である。ローラー遊びから自然にステンシルなどのほかの版画技法の活動が行われるケースもよく見られる。

(8) **スチレン版画**（図8）

　加工しやすいスチレン板を、鉛筆や釘でひっかいたり切ったりして版をつくって印刷する技法。スチレンボードは軟らかく、幼児でもいろいろな材料や用具で跡をつけて版をつくることができる。肉や魚が入っていたトレイなど廃材のスチレン皿を再利用すれば、簡単に材料が準備できる。

(9) **紙版画**（図9）

　切ったりちぎったりした紙を貼り重ねるなどして版をつくり印刷する技法。凹凸のついた柄紙や、布や糸などを使う方法もある。ハサミを使うことができる幼児は、自由に紙を切り取り、見立て遊びで創造的な版画制作を行うことができる。ハサミがまだうまく使えない幼児は、手で紙をちぎって台紙に貼ることで紙版画の版を制作することができる。

2．版画の用具（図10、11）

❶ローラー…ローラーは、版画遊びの時にとても便利な道具。版にインクをつけたり、直接紙に絵を描いたり、様々な使い方ができる。材質や幅や形の違うものがあり、ゴムローラーや、発泡ポリエチレンローラー、スポンジローラー、円柱形、球形のローラーなどがある。洗ったローラーは、形の変形を避けるためにローラースタンドなどに吊るし、スポンジ部分に圧力をかけないように保存する。

❷インク…インクには版画用のものがある。紙版画などの刷りを行う時は、紙が貼りついてとれなくなってしまうことがあるが、版画用のインクを使用すると軽減される。また、インクの粘性が、版画の刷りやローラーなどで扱いやすいよう調整されている。油性インクと水性インクがあり、黒以外にもカラフルな色があって、混色もできる。水性インクの方が後片づけなどが簡単なため、幼児には扱いやすくてよい。

❸バレン…インクが塗られた版から紙に写しとる時に、刷り取り用の紙の上から擦って使用する道具。転写時にバレンをしっかり握って版全体に力を入れて擦ると、色のムラが減ってきれいに仕上がる。

［新實広記］

1	2	3	4	5	6	7
幼児造形とは	幼児の造形教育の方法	幼児の造形教育の教材	幼児造形教育への実践	幼児の発達と造形表現	幼児造形教育の歴史と海外の美術教育	幼児造形教育の広がり

10. 版画②―版や写し遊びの技法のダイジェスト

　版画や写し遊びの面白さは、何と言っても写ることの発見、驚きであろう。絵の具やインクがのった原版に紙を押し当て、そっとはがす瞬間のドキドキ・ワクワク感は子どもたちの意欲を引き出す。また、一部を除いて多くの版画は、一つの原版からいくつもの作品がつくり出せるという喜びもある。作品を仲間と共有したり、同じ図柄を何枚も刷って構成遊びに発展させたりすることもできる。版も身のまわりにある紙や、野菜、葉、食品トレイ、粘土、水と、絵の具やインクがのれば何でも利用できるので、普段子どもたちが気づかなかった形や模様、表面の凹凸に興味・関心をもち、発見するという魅力もある。

　画面に直接表現をしていく筆やクレヨン・パスでの描画活動とは違い、形やイメージを原版となるものを通して間接的に表す版画は、どんな形になるのか、もしくはこんな形にするにはどうしたらよいのかなどという、先を読む意図的な考え方が求められる。もちろん年齢にもよるが、こうした経験は子どもの知的好奇心や探究心、創意工夫する力を育む上で有効といえる。

1. 版画の技術について

　版画は、原版に絵の具やインクをのせ、紙に写し取るという過程に楽しさがあるが、その反面、そこにはある程度の技術が求められる。それゆえ子どもたちの活動に取り入れる時には、ほかの活動と同様、子どもの発達段階に加えて、技術面でも系統立てて取り入れていくことが重要である。まずはデカルコマニーやスタンピング、フロッタージュ、マーブリング、ストリングデザイン（糸引き版画）などを経験し、写すことの理解を深める。そして次に、ローラーを使ったステンシルを体験し、そして原版を意図的に操作することのできるスチレン版画や粘土版画へと発展させ、最後に原版づくりで先を読みながら創意工夫をすることで作品に大きな変化をもたらす紙版画や、布や木の葉など、様々な材料を組み合わせて原版をつくるコラグラフへとつないでいく。

　上記の技法のいくつかは後の紙面で解説があるので参考にしてほしい。

図1．コラグラフの原版が立体になった例（学生作品）

2. 原版作りについて

　幼児の表現活動は大人の想像を超えて進むことがある。版画の活動においても、イメージやアイデアが膨らみ、原版が保育者の用意していた刷るための紙よりも大きくなってしまったり、中には3次元の立体物ができてしまったりすることもある（図1）。こういった場合、紙はつないで大きくすればよいし、立体の原版ができたのならそこにインクをつけてそのまま刷り取ればよい（図2）。大切なことは、きれいな刷り上がりを第一に考えるのではなく、子どもが版画の活動を通して写ることの喜びや楽しみを味わいながら、その経験を得ていくことである。

図2．立体になった原版を刷った作品（学生作品）

3. 刷りの作業について

　スチレン版画や粘土版画、紙版画などの印刷は、版画遊びのクライマックスである。是非とも子どもたちがそこに集中し、楽しめるように、次のような環境設定を行いたい。

(1) **動線を大切にする**

　これらの版画はローラーにインクをつけ、それを使って原版にインクをのせ、刷る紙を置き、バレンで擦り、紙をはがして乾燥させる場所へと持っていくという作業を繰り返し行う。したがって子どもたちの動きが交錯しないよう、一方向に回って作業を行えるようにするとよい（図3）。

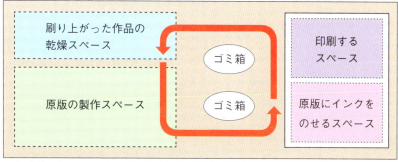

図3．動線の流れ

図4．汚れた新聞をめくっていく

(2) **効率よく汚れを防ぐ**

　刷りについては下に汚れてもよいよう新聞紙などを敷いて行うが、描画と違い版画は一か所で何回もインクをのせては刷る作業を繰り返すので、すぐに新聞紙は汚れ、そのままにしておくと次の紙や衣服を汚してしまうので取り換える必要が出てくる。切り取り版画にいたっては、一回インクを原版にのせるたびに交換しなければならない。そこで新聞紙は数枚重ねて敷いておき、汚れたら上からどんどんインクのついた面を内側に折りたたんで捨てていくとよい（図4）。汚れた新聞紙をすぐ捨てられるように、近くに大きめのごみ箱、段ボール箱などを用意しておく。

4. ほかの技法、造形遊びと合わせての活動

　版画はそれぞれの技法だけでも楽しめるが、版画の技法同士やほかの描画技法と併用するとさらに世界が広がる。たとえばデカルコマニーやストリングデザイン、マーブリングなどでは、その偶然性がもたらす形で見立て遊びをし、クレヨン・パス、マーカーなどで加筆したり、できたものを材料に切り取ってコラージュに発展させたりする。紙版画やスチレン版画とステンシルを併用しても面白い（図5）。紙版画の原版は言わば切り貼りによる平面作品でもあり、印刷する前に壁面に貼る、クリップをつけて磁石のついたひもで釣り遊びなどしてから刷るのもよい。また、フィンガーペイントの作品に新しい紙を当てて刷り取るということもできる（図6）。

図5．紙版画の作品（5、6歳児共同制作）

図6．フィンガーペイントの作品を原版にして刷る

［采睪　真澄］

II. 砂と土

砂や土、泥は、子どもたちの感性や創造性、表現力を培う上で最も身近にある素材である。砂場は、砂や土を手で触ってその感触を肌で味わうことから始まり、友達同士で山やお城をつくることまで、個人でも集団でも異年齢の子どもたちが一緒に遊べる場として多くの園に設置されている空間である。

1. 砂遊び・砂場

図1. 砂浜で砂の感触を味わう

小さな子どもが初めて砂と出会う時、握っては落とし何度も何度も砂の感触を確かめる。さらさらして気持ちよく、また触っているうちに指でなぞると線が描ける（図1）。それは、子どもにとっての新たな発見や驚きの瞬間ではないだろうか。また、子どもにとって砂場は、身体全体を使い仲間と一緒に山をつくったり、川をつくって水を流したりすることで、遊びを通して自分の世界観を広げ、友達との関わりの中から社会性を身につけることのできる大切な空間であるといえる（図2）。このように、砂場は一人静かに遊ぶこともできれば、友達とみんなで関わりながら遊ぶこともでき、乳児から幼児、また私たち大人までが楽しむことのできる貴重な場であるといえるであろう。

図2. 砂場で協力して山と川をつくる子どもたち

砂や土には独特の感触があり、クレイセラピーという言葉があるように、触っているだけで心が落ち着き、緊張感を和らげる効果もあるといわれる。また、平面的な表現だけでなく、立体的な表現もできるという特性もある。そして、つくったり壊したりするのが容易なことから、子どものイメージが展開しやすい素材であるともいえるだろう。

砂場や園庭で砂遊びをする上で留意したい点は、まず適度な湿り気をもたせることである。適度に湿っていることで形をつくりやすくなるため、砂場の管理には気を配りたい。さらに、危険なものが入っていないかなど、常に掘り起こして不要なものを取り除いておく必要がある。

図3. 砂場の道具

また、スコップや型などのちょっとした道具を用いることで、砂のご飯やプリンをつくるなど、イメージを広げる見立て遊びを楽しむことができるため、これらの道具を適宜準備しておくことも必要である（図3）。

刻々と変化していく子どもたちのイメージを保育者として受け止め、助言しすぎないことも砂遊びの展開に重要な視点である。砂場では、手や身体、道具を存分に使って、砂や土の質感や量感を五感で感じることができるような活動を展開していきたい。

2. 泥遊び・泥団子

図4. 泥のプールに浮かぶ全身での泥遊び

泥は、土と水が混ざった時にできるものである。子どもたちが日常の中で土と触れることができるのは、主に園庭や公園である。土の園庭では、線を引いて描いたり、描いた線を使ったゲームをしたりすることが楽しめ、また園庭に水をまけば泥遊びが楽しめるという利点がある。

キャンバスにしたり、泥でものづくりを楽しんだりできる土の園庭を利用してダイナミックな活動を行いたいものである。

図5. 泥って気持ちよい

図6. 泥団子に砂をかける

図7. バケツいっぱいの泥

図8. 泥団子の土台

図9. 光り始めた泥団子

(1) 泥遊び

　泥遊びに必要な材料は、土と水である。園庭で泥遊びを行う場合、すべてを泥にしてしまうのではなく、水分量の多いところや少ないところを意図的につくっておくと、子どもたちは水分量による泥の変化を体感することができる。水分量の多い部分では、手や足だけでなく背中や腹などを泥に浸して泥のプールに浮かぶような感覚でその感触を楽しむことができ(図4、5)、水分のない乾燥した土の部分では、泥に乾いた土をかけることで、泥が粘土のように固まることを実感することができる(図6)。遊びを通して、子どもたちが水の量による土の変化を自然に実感できることが泥遊びの良さであるといえるだろう。

　また、バケツや皿などの道具を用意しておくことで、泥の重さや砂との感覚の違いを知り、さらに砂場遊びと同様、見立て遊びからイメージを広げる活動ができる(図7)。

　このように、サラサラ、ジャリジャリ、ドロドロ、ベトベトなど様々な土・砂・泥の感触を、ダイナミックな活動を通して五感で感じ取ることが、泥遊びの醍醐味であるといえるだろう。

(2) 泥団子

　泥遊びからの発展的な活動として、泥団子づくりが挙げられる。泥団子は、泥を丸めて団子をつくり、時間をかけて磨いていくことによってつくられるものである。時間をかけて作品をつくり上げることで泥団子への愛着をもてることや、磨けば磨くほど輝きが増す楽しみを味わえることが泥団子づくりの魅力である。

　土（粘土）は半乾きの状態で磨くことで粒子が細かくなり滑らかになることから、このような磨きの技法は陶芸の表面効果の技法としても用いられる。

＜泥団子のつくり方＞

準備するもの：土（粘土分が多いもの。砂場のものは好ましくない）、水、泥団子をのせる布（タオルなど）、泥団子を磨く布（ジャージなどの目の細かい布）、ビニール袋

❶土台をつくる…土と水を混ぜて泥をつくる。それを丸めて握り締め固めながら団子をつくり、少し湿った土をまぶしながら表面を固める。

❷まんまるをつくる…土台の団子ができたら、乾いた土をまぶしながら、壊さないように注意して表面をこすったり、転がしたり、両手で握ったりしながら凹凸がなくなるまで丸くする。

❸休ませる…5～30分や泥団子を休ませる。

❹表面をきれいにする…表面が硬くなり滑らかになるまで❷を繰り返す。

❺サラサラした土をつける…地面の表面を擦った時に手についてくるサラサラした粉状の土を泥団子につけ、さらに磨く。

❻布で磨く…目の細かい布で泥団子の表面を磨くと輝きが増してくる。途中でやめたい時はビニール袋に入れて保管しておくとよい。自分の納得いくまで磨いてみよう。

（ひかるどろだんごHP参照　加用文男　監修）　　　　［西村志磨］

12. 粘土造形 —粘土の種類や用具、活用

　幼児にとって、粘土は日常的な遊びの素材の一つである。保育現場では様々な粘土を使って遊んだりつくったりする。保育者として粘土の種類や用具についての理解を深め、実践に活かせるようにしたい。

1. 粘土の種類

　粘土は「にぎる・つまむ・ちぎる・つける・まるめる・のばす」など、ほかの素材ではできないことが可能である。たとえば、ちぎった粘土をノリもつけずに接着したり、思うようにつくれなければ丸めてまた初めからやり直したりすることができる。失敗しても繰り返し取り組むことができるので、幼児期において適切な素材であるといえる。粘土には、原料により感触やつくりやすさなど様々な種類があり、発達段階やねらいによって使い分けるとよい。保育現場で一般的に扱われる粘土について、それぞれの特徴や欠点などを表をもとに理解していきたい。

図1. 油粘土でひたすら巻く

図2. 小麦粘土でランチタイム

図3. 紙粘土にビーズや小枝をつけて

	特徴	欠点とその解消法	硬化性	対象年齢
油粘土	いつでも何度でもくり返しつくることができる。	油脂のにおいがする。べたつく感触を嫌がることがある。	非硬化	3歳児〜
小麦粉粘土	軟らかい感触を楽しめる。誤って口に入れても無害である。	細かい工作ができない。保存ができない（保存はビニール袋に入れて冷蔵庫で2、3日程度なら可能である）。	硬化	2歳児〜
紙粘土	細かい部分もつくり込め、木やプラスチック等と組み合わせることができる。乾燥後に絵の具で着色できる。	乾燥すると再度つくることが難しい。大量に扱うことができない（乾燥を防ぐには濡れたタオルなどでくるんで保管する）。	硬化	3歳児〜
土粘土	自在につくることができ、大量に使うことができる。比較的安価に購入できる。陶芸用粘土は素焼きで土鈴をつくったり、釉薬をかけて食器やオブジェなど陶器制作したりすることもできる。	乾燥した場合も再利用できるが、管理の手間がかかる（乾燥したものは木づちなどで1cm程度に砕いて水の中に入れて溶かす）。陶芸用粘土は800℃程度の素焼きで埴輪や土鈴など、釉薬をかけて1230℃程度の本焼きで日常に使う陶器をつくることができる。	硬化	3歳児〜
樹脂粘土	合成樹脂でできており、色彩豊かで混色可能。細かい部分もつくることができ、特徴ある仕上がりになる。自然乾燥で硬化するものやオーブンで焼くことで固まる粘土もある。	高価なため大量に扱うことが難しい。樹脂粘土はオーブンで加熱し、120℃〜130℃を20〜30分で硬化する。オーブン陶土は160℃〜180℃で30〜60分程度加熱して硬化する。仕上がりはプラスチックのようになる。アクリル絵の具などで着色することができる。	硬化	4歳児〜
ロウ粘土	蜜ロウ粘土ともいう。温めると軟らかくなり混色も可能である。	冷たいと硬くつくりにくいので、ぬるま湯などに入れるとよい。夏期は軟化しやすいので保管に注意する。	非硬化	4歳児〜

74

| 石粉粘土 | キメが細かく、乾燥してからも削ったり彫ったりすることができる。 | 粘りが少ないためつくりにくい。親子で制作するとよい。 | 硬化 | 4歳児～ |

図4. 粘土ベラ

図5. 抜き型

図6. ヘラ

図7. 切り糸

図8. 葉っぱに押し当てた粘土

図9. お弁当など食べ物をつくろう

図10. 色粘土でお絵描きしてみよう

2. 様々な用具

　粘土で形づくるための用具には、市販のものから身のまわりのものまで、様々なものを使うことができる。その一例を挙げてみる。

- 新聞紙・キッチンペーパー…粘土板の代わりや作品の下に敷いて水分を吸収する役目として使う。陶芸用粘土では芯材として用いるが、紙粘土や小麦粉粘土では色や紙自体が粘土に入るので避けたほうがよい。
- 粘土ベラ…粘土を切ったり、ひっかいたりして跡をつけることができる（図4）。粘土をかき出す用途のものもある。
- 抜き型…お菓子づくり用に市販されている。花や魚、星など様々な形や大きさのものがある（図5）。
- ヘラ…使わなくなった下敷きやカードの角を丸く切ったもの（図6）。粘土を切り分けたり、板や机などについた粘土を取る。そうじを遊び感覚で促すことができる。
- のばし棒…麺棒として市販されている。平らに延ばすことができる。
- 切り糸…粘土を切り分ける道具。水糸（建築用糸）の両端を布の切れ端でとめたもの。両端を持って粘土を切る（図7）。

　そのほかに、割り箸、竹串、トイレットペーパーの芯、ねじ、ボルト、貝殻、木の実など、身のまわりにあるもので道具をつくってみるとよい。粘土は跡をつけることができるので、様々なものを試すことができる。また、自然の木の幹や葉っぱ等を押し当てたり（図8）、建物の壁や床の凸凹したところに押すことで写し取る行為で遊ぶこともできる。

3. 小麦粉粘土のつくり方

(1) 用意するもの

- 小麦粉 300g
- 水 100ml
- 塩小さじ1
- サラダ油少々
- 食紅（専用さじ3杯）
- お菓子の型抜き
- 紙皿
- 串
- つまようじ
- 箸
- ボウル
- タオル

(2) つくり方

① 小麦粉をボウルに開け、腐敗防止と粘りを出すための塩、着色のための食紅を入れて混ぜる。
② 水を少しずつ入れながらこねる（耳たぶくらい）。食紅を事前に混ぜた状態で水を入れると急に色が変わり、幼児の興味を引くことができる。
③ サラダ油を数滴落としてこねる。
④ 季節や気温によって水分を適宜調節し、好みの硬さや色に仕上げる。
⑤ それぞれつくった色の小麦粉粘土を少しずつ交換しながら粘土遊びを始める（図9～10）。型抜きや串などを使って形づくる。
⑥ 食品が材料なので後片づけに留意する。ボウルや道具についた小麦粉をしっかり洗い落としてふき取る。残った小麦粉粘土はビニール袋に入れて冷蔵庫で保管すれば3日ほどはもつ。夏期はカビに気をつける。

［江村和彦］

| 1 幼児造形とは | 2 幼児の造形教育の方法 | 3 幼児の造形教育の教材 | 4 幼児造形教育への実践 | 5 幼児の発達と造形表現 | 6 幼児造形教育の歴史と海外の美術教育 | 7 幼児造形教育の広がり |

13. 牛乳パックと段ボール箱

　子どもは、身近にある材料を使って、ものづくりを楽しんでいる。それは昔から変わらない光景である。かつては自然素材が中心だったが、今は様変わりして用を終えた廃品、たとえばここで扱う牛乳パックや段ボールである。いずれも厚い紙である。特に牛乳パックは、子どもたちが毎日牛乳を飲むので、園では、たくさん排出される。だから、子どもの造形の材料としてよく使われるし、保育者が保育室内の遊具や家具をつくったりすることもある。また、段ボール箱も容易に手に入り、保育ではよく使われる材料である。ここでは、それらについて取り上げる。

1. 牛乳パック

　素材としての牛乳パックは、一辺7cmの四角柱とサイズが決まっているので、計画を立てやすく、扱いやすいといえる。また、比較的に紙が厚く丈夫で、ポリエチレンでコーティングしてあるので、水を使う造形（じょうろ、シャワー、水車、船など）に適している。一方で表面にものを貼る時はでんぷんノリではなく、両面テープや、水を使う造形にはゴム系接着剤を使う工夫が必要である。全面に布やアルミ箔を貼りたい時は、アイロンで溶着することもできる。使うに先立っては、牛乳が入っていたものなので、洗ってよく乾かしておくことが大切である。

牛乳パックの船（5歳児）

つくり方

用意するもの
・牛乳パック2つ（1000mlサイズ）　・輪ゴム2つ　・ペットボトルのふた
・割り箸　・色ビニールテープ　・ゴム系接着剤　・ハサミ　・ホチキス

❶牛乳パックを縦に半分に切って、片方で船体をつくる。

❷もう1つの牛乳パックの底の部分で船室をつくり、また、ペットボトルのふたで煙突をつくって、船体に接着する。

❸船体横にゴム系接着剤で割り箸をつける。

❹輪切りにした牛乳パックを潰してスクリューをつくり、開かないようにホチキスで固定する。

❺2つの輪ゴムでスクリューを固定し、色ビニールテープで装飾する。

❻完成。

2. 段ボール箱

段ボールは、中空な特殊構造のため軽いけれども、適度に強度がある。かといって硬いわけでもなく、ぶつかってもケガをする心配もないので子ども向けの素材である。また、加工（折る、切る、貼る、彩色する）も容易で、子どもたちでも十分に使いこなすことができる。箱でもあるので保育の現場での大きな立体の制作に適している。

箱のまま子どもたちに切ってもらうならば、段ボールカッターが有効である（図1）。接合方法は、木工用ボンドによる接着やガムテープが適している。また、箱の場合は、穴を開けてひもでつなげたり、引っ掛ける部分をつくり太いゴムで連結したりしてもよい。着色については、子どもたちはクレヨンやポスターカラーでもかまわないが、擦ったりすると服につくので、その場合は水性合成樹脂絵の具（ネオカラーやスクールガッシュ）が適しており、乾燥後は耐水性になるのでお勧めである。

図1. 段ボールカッター（小・中・大）

段ボール箱で遊ぼう（5歳児）

子どもたちは狭い空間が大好きで、隙間や机の下に潜り込む姿をよく見かける。そこで段ボールを保育室に持ち込み段ボールに入ったり、くぐったり、積み上げたり、または扉をつくって建物をつくったりしていろいろ遊んでみよう。また、広く並べて迷路をつくるのも楽しいであろう。

ダンボールの断面は、手が切れてしまうほどシャープなので、テープで覆ったり、エッジをつぶしておく配慮も大切である。

用意するもの
・たくさんの段ボール
・段ボールカッター
・ガムテープ

　　　　　　　　　　など

図2. 段ボール箱をつなげてトンネルをつくる

図4. たくさんの段ボール箱を並べて迷路をつくる

図3. 段ボール箱を積み上げて基地をつくる

図5. 穴の開いた段ボール箱を使ってお店屋さんごっこをする

［石川博章］

14. 新聞紙・チラシ

　新聞紙やチラシは、幼児にとって身近にある材料の一つで描画の対象となり、クレパスやマーカー、水彩絵の具などで思いのままに描く活動が気楽に行える材料となったり、紙の大きさを活かして、包む・巻くといった活動にも活用できたりする。どちらの材料も手軽に準備することができるので、表現活動の材料として計画しやすく、活用の幅も広い。

1. 新聞紙の特徴

(1) 新聞紙は、画用紙などと比べると厚みが薄くしなやかで、手で裂いたりちぎったり、ハサミを使って切ることも容易である。また、新聞紙をよくもむと柔らかくなり、布のような素材に変化する（図1）。

(2) 新聞紙には、目があり、縦方向には裂けやすく、横方向には裂けにくい。

(3) 新聞紙の角から対角線の方向に固く巻いていくと、細い棒状のものができる。それらを何本か束ねたり、組み合わせたりすることで強度が増す。また、立体的な組み合わせが工夫できる（図2）。

(4) 新聞紙のカラー印刷の部分の色合いは、ほかの印刷物にはない風合いがある。

図1. もんで柔らかくした新聞紙

2. 新聞紙の活用

　新聞紙を裂いて大量に準備し、新聞プールをつくってその中に入り、そのにおいや触った感じを楽しむ活動がある。この活動は、身体全体を使い、五感を働かせて活動するものである。

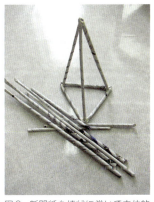

図2. 新聞紙を棒状に巻いて立体的に組み合わせる

　また、身近なものを新聞紙で包むという活動も、普段見慣れたものが新聞紙で覆われることで、細かい部分が隠されて、大きなものの形だけが意識されることとなり、いつもの見慣れたものとは違った存在感を表す。さらに、自分の身体を巻いたり包んだりして活動を広げ、仲間と楽しむこともできる（図3～7）。

図3. 扇風機を包む

図4. 身のまわりのものを包む

図5. 身体を包む

図6-1. 全身を包む

図6-2. 全身を包む

図7. お面をつけて完成

3. チラシの特徴

(1) チラシの紙質は厚いものや薄いもの、光沢紙やそうでないものなど様々である。画用紙に比べると新聞紙と同様に厚みが薄く、裂いたりちぎったりするなど、幼児が扱いやすい材料である。

(2) 印刷の際の色数にも違いがあり、2、3色の印刷でできているものから、フルカラーで色鮮やかなものもある（図8）。

(3) 印刷されたものは、身近なものの写真や数字、文字などで、サイズや字体も様々ある（図9）。

図8. 印刷物の色に注目して活用する

図9. 印刷物の内容を活用する

4. チラシの活用

チラシは、幼児の身近にあるものの写真や、興味・関心の深いもの（自動車や、おもちゃなど）の写真がまとまって印刷されているので、ハサミで切り取り、好きなもののカタログをつくったり、見立て遊びで、お店に並んだ商品として使ったりすることもできる（図10、11）。また、細かい文字や数字などの印刷部分は、模様や色として活用できる（図12）。

図10. イスの印刷物を切り貼りしてカタログにする

図11. 紙コップに貼って立体的に見せる

図12. スクラッチした裏から色で見せる

幼児が自分でカタログをつくって楽しむだけでなく、見立て遊びの活動の環境づくりとして、保育者が準備するなど活用の幅は広い。

［早矢仕晶子］

| 1 幼児造形とは | 2 幼児の造形教育の方法 | 3 幼児の造形教育の教材 | 4 幼児造形教育への実践 | 5 幼児の発達と造形表現 | 6 幼児造形教育の歴史と海外の美術教育 | 7 幼児造形教育の広がり |

15. 紙コップ・紙皿などの活用

障子、屏風、ふすま、提灯など、日本人は古来より生活の中に紙を使う場面が多い。それら道具のほとんどは半永久的に使用することを目的としており、取り替えることを前提とした部分に紙は使われる（張り替えられる）。しかし、現代においてはトイレットペーパーやティッシュペーパー、そして紙コップ・紙皿などのように、紙製品は使い捨てのイメージすらある。造形材料として活用したい。

1) バガス
サトウキビを搾った後の搾りかす

1. 紙製品を使った工作のねらい

たとえば最近では再生紙を使ったものや、非木材である竹、アシ、バガス[1]といったパルプの代替原料による製品も多い。そういった観点から環境問題への意識を高めることに結びつけていくこともできる。または、一般的に用途が決まっているものを造形素材として使うことで、ものの価値や用途は決まっているものではなく、それを使う人が決めることができるといった、生活の中にある小さな固定観念の打破が挙げられる。そのほかにも、製品となっているものを造形素材とすることは、何かに見立てたり、少し加工することで面白い形にしたり、工夫を必要とする教材になる。

2. 紙コップの工作（タコをつくろう）

紙コップを使ったタコのつくり方には、以下の手順のように、いろいろと応用して使える技法があるので紹介する。

(1) 2つの紙コップに折り紙を貼る

半分に切った折り紙を真ん中から貼り、余分な個所は切り落とす。なるべく白い部分が出ないよう注意する。

(2) 墨を吐く（図1）

折り紙を貼った紙コップの1つに鉛筆で穴を開ける。黒いストローを適当な長さに切り、先を細かく切って広げたものを穴に挿す。

図1. 穴が大きくなり過ぎないよう注意

(3) 8本脚をつくる（図2）

折り紙を三角形に3回折って広げると、8本の放射状の線ができる。紙コップを中心に置き、線に沿ったところに印をつけると8等分できる。

図2. 放射状の折り筋で8等分する

(4) 脚を丸める

8等分に切った脚に鉛筆を沿わせると、くるっとカールした状態になる。

(5) 頭と脚をつける（図3）

紙コップはスタックできる形のため、頭や脚として固定するには工夫が必要であるが、ホチキスを使って後頭部に留めれば簡単である。模様を描いたり貼ったりして完成（図4）。

図3. 後頭部に1か所ホチキス留め

3. 紙皿の工作（ゆらゆらおもちゃをつくろう）

紙皿を半分に折ると、ゆらゆらと揺れる形ができ上がる。ここではその動きを動力としてさらに工夫する工作を紹介する。反復して揺れる単純な動きは、そこからどんな動きに変えることができるか考えることができる良い材料である。

図4. 完成品

(1) 基本の形と仕組みを知る

紙皿を半分に折って揺れる形ができることを見せる。この揺れは作品の高さが出ると大きな動きになる。また、装飾する際に、左右の重さをバランス良くしなくては、きれいに揺れない。

(2) 揺れるパーツを考える

紙皿の揺れを動力として、どのような揺れるパーツをつけることができるか、全体的なイメージから揺れるパーツを、もしくはそのパーツから全体を考えていく。

(3) 揺れるパーツの注意点

紙皿は山型に折っているため、紙皿の斜面に触れるように揺れるパーツを取りつけてしまっては、摩擦で動かないことがある。また、揺れるパーツが地に接するほど大きいと動かない。折った紙皿に画用紙を2枚、逆Yの字になるよう貼り合わせて、画用紙で垂直面をつくったところに揺れるパーツをつけることが理想的である（図5）。

図5. ヒゲが揺れる作品

(4) パーツを揺らす方法

竹串を挿してパーツを留めたり、凧糸などで吊るしたりすることで、パーツを揺らすことができる。

4. 新聞紙でファッションショー

新聞紙は再生紙によってつくられている。造形素材としては、簡単に、しかも大量に手に入りやすい材料である。この新聞紙を使って、グループワークで服をつくってもらう。新聞紙は軽くてボリュームを出しやすく、切ったり貼ったりも容易である。また、よく見るとカラー刷りのところもあり、白黒の材料の中にアクセントとして使える素材を探す楽しみがある。4人ほどのグループで、はじめにどんなデザインにするかを話し合い、絵に描き起こしてつくっていく。こうした実践は身につけるもののデザインということで、つくり始めるとそれぞれに非常にこだわりが表現され、あれもこれもと装飾の追加があり、面白い作品を見せてくれる。また、筆者は発表の場として教室に花道をつくり、ライティングと音と映像で、「新聞紙でファッションショー」の演出をした（図6、7）。

図6. 身につけるものの制作にはこだわりが現れる

図7. 発表の場を演出することで、より良い鑑賞ができる

［加藤克俊］

| 1 幼児造形とは | 2 幼児の造形教育の方法 | 3 幼児の造形教育の教材 | 4 幼児造形教育への実践 | 5 幼児の発達と造形表現 | 6 幼児造形教育の歴史と海外の美術教育 | 7 幼児造形教育の広がり |

16. 切る ─ 紙とハサミを使って

　保育の造形では、紙の素材をよく使う。その種類を挙げるときりがないが、主なものには、色紙（折り紙）、上質紙、画用紙、厚紙、既成品や廃品（紙皿、紙袋、紙コップ、包装紙、新聞紙・チラシ、牛乳パック、空き箱、段ボール箱）などがある。ここではその紙を、加工する（ハサミを使って切る）ことについて紹介する。

1. 園で用いられる紙

　保育で紙をよく使う理由は、まず第一に何といっても入手が容易だからである。安価な値段で購入できるし、または購入しなくても廃品の新聞紙やチラシ、トイレットペーパーの芯や牛乳パック、段ボール箱など、簡単に入手できるからである。

　第二に、用途が広いことも挙げられる。本来の絵を描く紙としてや、立体物をつくる素材として使う以外に、トイレットペーパーなど軟らかい紙で紙粘土をつくることもできるし、強度のあるダンボールを使えば大型遊具にもなり、材料としての可能性を幅広くもっている。

図1. 紙を手で破る乳児たち

　第三として、子どもの発達度に適応した材料という理由からである。乳児であっても、紙をぐしゃぐしゃに丸めたり、破ったりすることによって、音や感触を楽しみ、材料とのふれあい活動ができる（図1）。日頃、紙を丸めたり、破ったりすることは禁止されているので、最初はとまどうかもしれないが、次第に楽しむようになる。この時ばかりは、思う存分に好奇心を満足させてあげたい。洋紙には製造時にできる紙の目があるので、破る時に目に沿って破れば、帯状に長く破ることができることを子どもたちに教えてあげるとよい。また、3歳以上になれば、破ることだけでなく、折ったり、ハサミを使って切ったり貼ったりする活動が行えるようになり、活動の幅を広げることができる。

2. 切る

　子どもたちが行う紙の加工方法を分類すると、❶丸める、❷破る・裂く、❸折る、❹巻く、❺切る、❻貼る、❼織る（図2）などがある。ここでは、その一つであるハサミを使った"切る"について解説をする。

　ハサミは子どもが初めて出会う刃物である。3～4歳ぐらいから園で使う。家庭ではあまり使わないと思われるので、園で使い方をしっかり教えなくてはならない。どんな道具もそうだが、使い方を教えないでおいて、危ないと遠ざけるのではなく、きちんと使い方を教えることが大切である。また、使い方を間違えると危ないということも十分に伝えなくてはならない。そして、使い始めたら、常に正しく使っているか等のチェックが必要である。ハサミは、紙を自由に切ることができる楽しさをもっている。だから、使う練習ではなく、紙を切るという楽しさを味わう中で、ハサミの使い方が身につくようにするとよい。

図2. 紙を織る

図3. 正しいハサミの持ち方
（右利きの場合）

(1) **ハサミの持ち方と使い方**

　ハサミは子ども用（先が丸く、カバーつき）を選び、手の大きさに合ったものがよい。左利きの子には左利き用のハサミがある。保育の現場では、箸や鉛筆と違い、ハサミの正しい持ち方にはあまり関心が払われていないようであるが、ハサミは刃物なので、正しく持って、使うようにしたい。ポイントは人差し指を前に出して、しっかり柄を抑えることである。そうすることによって安定性が増し、容易に力加減を調整できる（図3）。

　初めてハサミを使う時は、一人ひとり丁寧に指導しなければならない。場合によっては、保育者が手を添えて一緒に切ってあげることも必要である。以下は、段階的な教え方である。子どもたちは何回も使うことで、上手に使いこなす力が身についていく。うまく切れた時はしっかり認めてあげることが大切である。

ハサミの教え方

①最初に、ハサミの刃をくちばしに見立てて、パクパク動かせて使うことを教える。
②保育者が実際に使って見本を見せる。
③次に、開閉一回で切り落とせる幅の紙を準備し、切る練習をする（一回切り）。その後は、大きい紙を使い、刃を完全に閉じてしまうのではなく、何度も刃を開きながら進めて切っていく練習をする（連続切り）。
④最後は、線に沿って切ったり、厚いものや重ね切りにも挑戦する。

---

(2) **ハサミを使う上での注意事項**

　以下はハサミを使う上での、幼児への指導上留意すべきことである。

❶ハサミは正しく使う（片方の刃で物を削ったり、穴を開けたりするのに使わない）。
❷ハサミは梃子（手の力を倍増し刃先に伝える）の原理を使った上下の刃による剪断で物を切るので、少ない力できれいに切ることができる。しかし、牛乳パックなど厚いものを切る時などは、刃の元で切ると容易に切れることを教えてあげる。
❸形を切り抜く時は、紙を動かして切ることを教える。また、紙を持つ手を間違えて傷つけないように、少しずつ持つ位置をずらすことも教えてあげる。
❹複雑な形を切る場合は、2度切り（まず大まかに切り取った後、細部を丁寧に切る）をしたり、形によっては、切り込む方向を変えて切る（例：三角の切り込みを入れる時、それぞれの方向から切る）とよいことを教えてあげる。
❺振り回したり、刃先を人に向けたりしない。ハサミの持ち歩きはしない（特に、ポケットに入れたままにすると危険である）。友達に渡す時は刃の方を持って手渡す。
❻使い終わったらノリなどはふき取り、刃を閉じて（子どもは開きっぱなしが多い）カバーをし、机の端に寄せたり、お道具箱にしまったりするようにさせる。

［石川博章］

| 1 幼児造形とは | 2 幼児の造形教育の方法 | 3 幼児の造形教育の教材 | 4 幼児造形教育への実践 | 5 幼児の発達と造形表現 | 6 幼児造形教育の歴史と海外の美術教育 | 7 幼児造形教育の広がり |

17. くっつける — でんぷんノリ・木工用ボンド・ホチキス・セロハンテープ

　子どもたちは、いろいろなものづくりを体験する中で、ものをつくり上げるために必要な道具や材料の使い方を学んでいく。道具や材料を実際に使っていく工程の中で、それぞれの基本的な使い方を学んでいくことができるような造形内容や環境の配慮が必要である。たとえば、道具や材料について学ぶことができるものづくりの内容や効果的な場面を子どもたちに提供することが大切である。

1. でんぷんノリ（図1）

　でんぷんノリは、子どもたちが誤飲した時にも身体への害が少ない。また、ほかの接着用のノリと比べてよりベタベタしているために、たとえば紙などの一部に塗り残しがあってもくっつきやすいという特徴もある。これらのことから、でんぷんノリは子どもたちが使用するのに適した接着用のノリであるといえる。

❶紙の帯をどんどんつなげてみよう！…新聞紙を細長く切った後、それらをでんぷんノリで貼って、どんどんつなげていこう！（図2）
❷でんぷんノリをしばらく練ってから用いると！…でんぷんノリの粘性が強くなり、厚紙や段ボールでも接着しやすくなる！（図3）

図1. でんぷんノリ

図2. 新聞紙をつなげてみよう！

図3. 段ボールも接着することができる

2. 木工用ボンド（図4）

　木工用ボンドは、紙を接着する場合にもとても扱いやすい接着材である。少量で、しかも短時間で接着することができるという点で、とても子どもたちに扱いやすい接着材といえる。木工用ボンドは、そのまま使用する以外に、水で薄めてから紙の表面に塗ることによって、広い面を容易に接着し、つくるものの表面に薄い塗膜をつくって強度を増すことができる。

❶少量ずつ紙などに出して接着しよう！…木工用ボンドは、でんぷんノリなどと比べると早く乾くので、少量ずつ紙に出して用いる（図5）。
❷水で薄めた木工用ボンドを塗ってみよう！…刷毛や太い筆で広い面を塗ると、全体に塗膜ができ、強度も増す（図6）。

図4. 木工用ボンド

図5. 少量ずつ紙などに出して使う

図6. 水で薄めた木工用ボンドを塗った球体

3. ホチキス（図7）

「コ」の字形の金属の針を紙などに刺した後、針先の部分を両側から折り曲げて紙を綴じる道具であるホチキスは、ホッチキスとかステープラーとも呼ばれる。折り曲げられた部分が少し曲がったままの形をしているものや真っ直ぐな形のもの、軽い力でたくさんの紙を綴じることができるものなど、多種多様なホチキスがある。子どもたちがホチキスを使用する際には、指などを挟まないことや針の折れ曲がった部分で怪我をしないように注意することが必要である。

❶瞬時に留めるホチキス！！…ノリや接着材に必要な乾燥時間が全く必要のない点が、ホチキスの特徴である（図8）。

❷針が折れ曲がった部分での怪我に注意！！…針が折り曲がった部分で指や手などをひっかけることのないようにテープなどを貼る（図9）。

図7. いろいろなホチキス

図8. 素早く留めることができるホチキス

図9. 針先をテープで覆う

4. セロハンテープ（図10）

セロハンテープは、セロハンの片面に接着材が塗布されているテープである。テープカッターにテープを装着して用いることで、子どもたちでも容易にテープを切ることができ、容易に、また瞬時に紙と紙などを接着することができる。セロハンは、元々パルプからつくられることから経年変化による劣化を避けられないため、長期間保存するものに使用するには適さないが、子どもたちでも容易に、そして瞬時に使用することができ、また安価であることから、子どもたちのものづくりの場面で多く用いられることがある。

❶大人が切って渡す！！…子どもたちは、テープを切ることが楽しくなり無駄使いすることもあるので、大人が切って渡してあげよう！（図11）

❷セロハンテープを効果的に用いてつくる！！…いろいろな長さに切って用いたり、テープの光沢を活かしたりして作品をつくろう！（図12）

図10. いろいろな種類のテープ

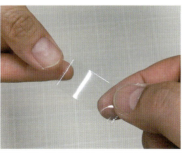
図11. 切っておいたテープを子どもたちに渡す

図12. テープの光沢を活かした例

［樋口一成］

| 1 幼児造形とは | 2 幼児の造形教育の方法 | 3 幼児の造形教育の教材 | 4 幼児造形教育への実践 | 5 幼児の発達と造形表現 | 6 幼児造形教育の歴史と海外の美術教育 | 7 幼児造形教育の広がり |

18. 木片・枝—板・木片・竹・実・小枝・葉、材料の特徴、活用法

　板や木片、竹、実、小枝、葉などは、当然のことながら人工的につくり出された造形素材ではない。いわゆる自然物そのものであるので、可塑性も低く、子どもの扱う造形の材料としては比較的扱いにくい部類に入る。しかし、そこには子どもが挑戦するという価値が存在し、また人工的なものにはない、自然物ならではの温かい、柔らかな感触やにおい、色合い、模様など、子どもの五感を刺激する要素をふんだんに含んだ素材といえる。どれ一つとして同じ色や形のものがないということも、子どもの興味・関心や表現に対する欲求を引き出す基となり、創意工夫へとつながる。実際、近年「木育」[1]という言葉も生まれ、「木や森との遊びや日常的な関わり」を通して「モノを創造する知恵や力を培っていく」という試みもされている。

　これらの材料は、子どもたちが屋外に出て風や光、空気を感じながら、そこで発見することのできるまさに「宝物」といえよう。是非とも積極的に子どもの表現活動に取り入れていきたい材料である。

1. 板・木片（製材）の特徴や活用法

　板・木片は幼児の造形材料としては固く、素材そのものを成形することは幼児には難しいが、十分な指導と安全管理、工夫のもと、のこぎりや釘と金づちを使って切る、つなぐという技術にも挑戦したい。たとえば、のこぎりは刃の細かい胴つきのこぎりを使用し、釘は直接手では押さえず、割り箸などに挟んで押さえてみるのもよいであろう。それが難しい年齢であれば、その様々な形状は構成遊びにも適した材料であるので、自由に並べ、組み合わせ固定していくのも面白い（図1）。接着は、木工用の接着剤を使用すれば特に問題なくできる。彩色もポスターカラーやクレヨン・パス、マーカー・ペンなど、何でもよく描ける。特に描画の支持体としては、普段使用する紙とは違う形状や感触があり、大変有効である。

2. 竹の特徴や活用法

　竹はその筒状の形状に特徴があり、しなやかで粘りのある性質は、生活の中の様々な用途に利用されてきた。幼児の造形活動の材料としては、筒状の形状を活かした「入れもの」にしてもよいし、叩いて音を出す楽器に仕立てても面白い（図2）。竹ひごにすれば、簡単に湾曲することもできる。ただし、接着はしにくい素材であるので、固定はひもで縛る、テープ類を使用するなどの工夫が必要である。彩色は板・木片同様の描画材料で問題なくできる。

1）木育
　平成16年に北海道庁が、協働型政策検討システム推進事業として「木育プロジェクト」を立ち上げ、「子どもをはじめとするすべての人が、『木とふれあい、木に学び、木と生きる』取り組み」として始めたもの。ここでは主に木そのものと材木がピックアップされているが、「森との遊び」を考えれば、実、小枝、葉まで含まれていると考えてよいであろう。

2）くっつく草の実
　布などにくっつく野草の実には、オナモミやセンダングサ、ヌスビトハギなどがある。いずれも人や動物などに付着して運ばれることで繁殖地を広げるために、実に繊維に絡まりやすい形状のとげがついている。

オオオナモミ

アメリカセンダングサ

図1. 板や木片を組み合わせる幼児

図2. 竹の楽器で遊ぶ幼児

3. 実の特徴や活用法

　木や草など、植物の実はどれも形状が美しく、実に様々な形態をしている。子どもたちにとって、これらと関わり観察・鑑賞することは感性や美に対する意識を育む上で大変有効である。子どもたちも好んで収集したり、並べたりするので、その形に対する気づきや発見を大切にしていきたい。また、爪楊枝や竹串と組み合わせて造形してもよい。どんぐりなどは代表的な木の実であるが、「どんぐりゴマ」や「やじろべぇ」など、昔から造形活動の材料に取り入れられてきた（図3）。どんぐりは表面がツルツルしているため接着はしにくいが、穴を空けて爪楊枝や竹串を差し込むことは比較的容易にできる。そのほかにも壁面製作の材料に使用したり、小箱にほかの自然物と共に収めて構成遊びをしたりしてもよい。彩色はクレヨン・パスか、油性のマーカー、また修正液などでするとよい。

　どんぐり以外では、衣服にくっつく草の実[2]を使って、布に描画するのも面白い（図4）。

4. 小枝・葉の特徴や活用法

　小枝や葉もよく子どもが収集する材料である。それだけ形状や色彩、葉脈の模様が美しいということであろう。特に初夏の新緑や、秋の紅葉の時の色彩は、誰もが心を動かされる美しさであり、感性の豊かな子どもたちには実に大きな表現のきっかけとなる（図5）。また、葉には「虫食い穴」という虫がつくった大変魅力的な形をもつものもある。これも、子どもたちの感性や美に対する意識を育む上で大変有効な素材である。これらも壁面製作の材料や構成遊び（図6）の材料にもなるが、葉はフロッタージュや版画（コラグラフやスタンピング）の原版に使用したり、画用紙の上に置いておいて上からローラーで絵の具をのせ、取り除く、要するにステンシルをしたりしても面白い。小枝もその形状を味わい、束ねたり、つないだりすると楽しいが、ほかの素材と組み合わせて、たとえば粘土に挿して遊んだり、逆に粘土をつけていくのもよい（図7）。それが紙粘土であれば、乾燥後にカラフルに彩色するとその自然と人工の対比が美しい。

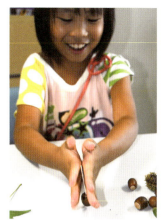

図3. つくったどんぐりゴマで遊ぶ（6歳児）

図4. ヌスビトハギで遊ぶ（6歳児）

図5. 小枝と葉を使った作品が、脱いだ靴に入れられて大切に守られている。この作品は、子どもが用意された活動の合間に目の前に落ちていた小枝と木の葉に気がつき、発想・工夫してつくったもので、その後、大切に保管して持って帰った。こうした自分のつくったものに愛着をもち、大切にする幼児の気持ちを受け止め、理解できるようになることが大切である。

図6. 小枝と葉を使った構成遊びから生まれた作品（2歳児）

図7. 小枝と新聞粘土を使った作品（学生作品）

［采睪 真澄］

19. 木工道具を使おう

　金づちで釘を叩いたり、のこぎりで木を切ったりすることは、子どもたちにとって好きな遊びの一つでもある。造形素材としての木は、つくる楽しさを学ぶ上でお勧めしたい素材である。そのためにはくっつけるための金づちと釘、切り離すためののこぎりと釘抜きをまずは用意する。

1. 木と木をくっつける

(1) 両口げんのう

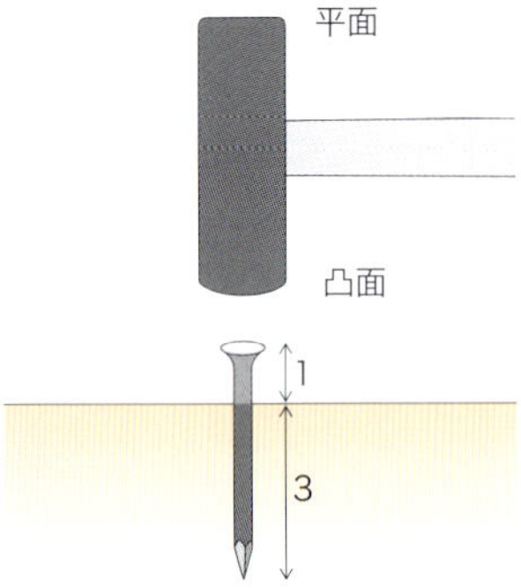

　木と木をくっつけるためには釘や接着剤を使う方法などがあるが、釘を打つなら両口げんのうが便利である。釘の打ち始めは、金づちの柄を短く持って平面側で打つことで釘をまっすぐに立てる。作用点と支点は離れるほど大きな力を生むので、その後、柄を長く持って釘の3/4位打ち込み、残りは凸面で打ち込むと木材に打ち痕が残らず、きれいに釘を打ち込むことができる（図1）。釘の長さは木材を貫通する長さでなくてはならないので、購入する前に木材の厚さを測っておかなくてはならない。

　木材の端に釘を打つと割れてしまうことがあるので注意する。どうしても打たなくてはいけない場面では、キリなどで下穴を開けておく。

(2) 接着剤

　一般に木と木を接着するには木工用ボンドが使われるが、通常のタイプと速乾タイプのものとがある。使う人の好みや用途の問題でもあるが、筆者としては通常のタイプのものをお勧めしたい。なぜなら、貼り合わせた後に位置を修正しやすいからである。

　子どもによくある失敗は、木口部分で接着をしようとすることである。この場合、木工用ボンドだけでは接着できない。釘を合わせて使うといいだろう。また、しっかりと接着するために、必要以上にボンドを出してしまいがちである。接着剤は接着面の大きさでくっつく力が決まるので、厚く塗っても乾くのが遅くなり、ボンドがはみ出て汚くなるだけである。

2. 木を切る・釘を抜く

(1) 両刃のこぎり

　木材を扱う上で意識しておかなくてはならないことの一つに木目がある。両刃のこぎりには刃の目が細かい横挽きと、刃の目が大きい縦挽きとがあり、木目（繊維）に対してどう切るかによって使い分ける[1]。のこぎりの刃をよく見てみると、左右外側に向かって少し開いている刃が並んでいる（図2）。「あさり」といって、切り進むうちに切断面とのこぎりが接して摩擦が起きないように、のこぎりの厚さよりも大きい幅で切っていくためのものである。また、これによって木屑が外にかき出されていく利点もある。

　のこぎりで木材を切る時は、その一端を台に押さえて切り落としていく。台の上に両端を橋のように置いて切っていくと、木材にのこぎりが挟まれて、挽けなくなってしまうので注意（図3）。子どもが扱う時は木材を押さえる力が足りないことがあるので、クランプを使用するか、保育者等に押さえてもらうなどする。

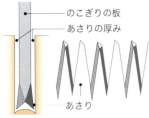

図1. 仕上げの打ち込みは凸面

1）のこぎりの刃による切り方の違い
　両刃のこぎりの刃には、目の細かい横挽きと粗い縦挽きがあり、木の繊維に対して平行に切る時には縦挽き、木の繊維に対して垂直に切る時には横挽きを使う。

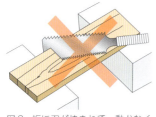

図2. のこぎりの「あさり」の刃の向き方

図3. 板に刃が挟まれて、動かなくなる

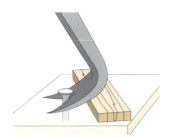

図4．釘抜き

(2)釘抜き

打ち込んでしまった釘や、途中で曲がってしまった釘を抜くためには、釘抜きを使うとよい。しかし、先がとがっており重さもあるため、扱いには注意しなくてはならない。釘の頭をすくうために2つに爪が分かれている構造をしている。釘抜きの支点には板を敷き、木材の傷やへこみを防ぐ（図4）。また、長い釘を抜く時は長さに応じて厚めの板を敷くとよい。

3．木に穴を開ける

(1)キリ

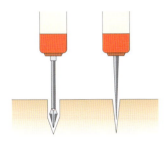

図5．三つ目ギリ（左）と四つ目ギリ（右）

キリには三つ目ギリと四つ目ギリがある（図5）。三つ目ギリは穂先に三角すいの出っ張りがついている形になっており、その回転の径の大きさのまま掘り進んでいく。一方四つ目ギリは穂先が長い四角すいの形になっていて、柄に近づくほど径の大きい穴に掘り進んでいく特徴がある。四つ目ギリの方が細いため回転の抵抗が少なく、力の弱い子どもなどが使うには適している。柄を回転させる際には、手を湿らせると滑らずに力がうまく伝わる。先端がとがっているので、取り扱いに留意する。

(2)ドリル

図6．ピンバイスを使わない時は回収する

木工用ドリル刃には先端に突き出た部分があり、そこにねじが切ってあるものと、切っていないものがある。また、金工用ドリルには鋭く突き出た部分はない。筆者がお勧めするのは、木工用ドリル刃のねじが切っていないものである。ねじが切ってあるものは、木に食い込ませて、どんどん掘り進んでいくための処理であり、電動ドリルにおいて穴開けを途中で止めたい場合は機械のスイッチを切らなくてはならないが、慣性が働いてすぐには止まらず、思ったよりも深く穴が開いてしまったり、ドリル刃が抜けなかったりする。ねじが切ってあるものはハンドドリルに使用するとよい。

10mmぐらいの深さで1～3mmの径の穴であれば、ピンバイスをお勧めする（図6）。手動で手に収まる大きさで、子どもも安心して使用できる道具である（図7）。ただし、扱いに慣れていない場合は余計な力がかかって、ドリル刃を折ってしまうことも考えられるので、1.8mmの径以上のものを使うと折れにくい。机から落とすと刃が折れるので、使わない時は回収しておく。

4．工作に適した木材の選び方

図7．ピンバイスで板に穴を開けているところ

小さな子どもが木工をする場合、「釘を打つ」、「のこぎりで切る」といった作業は、別々の時間で目標として設定するのも一つの手である。特にのこぎりで切る木は、太い・厚い・硬いといったものを選んでしまうと、切ることで精一杯になってしまう。ホームセンターなどに行くとSPF材と呼ばれる木材（北米大陸の針葉樹）が安く手に入る。5mm～1cmぐらいの厚さであれば、適度な硬さ、木目、接着剤のくっつきやすさから、木工を楽しむことができるはずである。または、普通のベニヤ板に比べ少し高くなるが、シナベニヤ（合板）と呼ばれる材料も扱いやすい。化粧板によって表面が美しく加工されており、色を塗るととても発色が良いのが特徴である。合板なので割れにくく、釘をドンドン打つこともできる。

［加藤克俊］

20. 繊維素材

　繊維は、天然由来のものと化学的なものに分けられる。天然繊維には植物性と動物性のものがある。化学繊維には、天然繊維の肌触りの良さなどをまねたものや、速乾性など利便性をもつものなどがあり、化学的に工場で大量につくられるものである。

　これらを用途に合わせた太さや長さで紡いだものが糸となる。紡ぎ出したそのままの糸を単糸（たんし）と呼び、細く軽いのが特徴である。このままでは強度がないので、複数の単糸をより合わせたり、引きそろえたりして紡いだ糸を双子（そうし）と呼び、近年では複数の繊維でできた糸を組み合わせた混紡繊維も多い。これらは快適さと機能性を兼ね合わせており、衣類などに使用される。ここでは、造形教材として比較的安価で加工が容易な天然繊維の糸の特徴を下記に示す。

1. 植物性繊維

(1) 木綿糸

　綿の種を覆う綿毛を紡いで糸にする。柔らかく肌触りに優れる。水や熱に対しての耐久性もある。染色も容易で、植物の藍で染めた濃紺の布地は「ジャパンブルー」と呼ばれ、海外でも認知度が高い。

(2) 麻糸

　麻の茎の皮を剥いで取り出した繊維を細かく裂き、糸にする。コシがあり、清涼感がある。吸湿と速乾性に優れているため、夏向きの衣類などに使用される。

2. 動物性繊維

(1) 毛糸

　ヒツジやヤギ、ウサギやラクダなどの毛を刈り、油分などを取り除いたのちに紡いだ糸である。保湿性と保温性が高いのでセーターなど冬向きの衣類などに使用される。引っ張りや摩耗に弱く、洗うと縮む。この性質を利用して、糸にする前の原毛を圧縮して不織布（フェルト）とする。堅牢度が増す。遊牧民族の移動式住居の壁材や敷物に利用されている。衣類や工芸品の材料として現代でも見かけることが多い。

(2) 絹

　蚕の繭から取り出した糸。一つの繭から長さ約1000m程度の極細の糸がとれる。これを数本そろえて操り合わせて糸にする。軽くて柔らかく、丈夫で通気性が良い。汗によりしみになりやすく、日光で変色しやすい。水に弱く、家庭での洗濯が困難である。

3. 織りと編みについて

　あらかじめでき上がりの大きさを想定して張った縦糸に、横糸を交互に絡ませていく「織り」（図1）や、一本の糸の端から輪をつくり、そこに糸を通して絡ませて、また輪をつくることを繰り返す「編み」（図2）などによって、糸が布になる。世界各地にそのための道具や工夫があり、鹿児島県奄美大島の大島紬のように、泥田に糸をつけ込むことで、植物に含まれるタンニンと反応させて糸を染め、その糸で織る布を用いた着物など、風土に合わせた様々な技法でつくられた布がある（図3）。

図1. 簡易織り機で布を織る様子

図2. 編みによる模様の例

図3. 大島紬の絣模様

4. 糸、布の染色

　古来より、藍や茜など天然染料が使われていた。自然の淡い風合いは季節や年によって変化に富む。明治期には、鮮やかな色合いと堅牢度の高い化学染料が日本にも入ってきた。染色の方法は、染液の中に布を浸し染める浸染や、空中に張った布を刷毛で染める引染がある。

　布に模様を白く染め抜く技術として、奈良時代には"天平の三纈（てんぴょうのさんけち）"と呼ばれる下記の技法が存在し、現在でも工芸として伝承されており、美術造形分野や生活科、家庭科などの教科教育の中で教材として取り扱われる場合もある。

- 﨟纈（ろうけち：図4）…ロウケツ染め。バチックとも呼ばれ、溶かしたロウをつけた木版や筆で布に模様を描くと、そこが白く染め抜かれる。
- 夾纈（きょうけち：図5）…折り畳んだ布を2枚の板で挟んで染液に浸すと、挟まれたところが連続模様となって白く染め抜かれる。
- 纐纈（こうけち：図6）…布の一部をつまみ、糸で強く括る、または絞り縮めることでその部分が白く染め抜かれる。

図4. ロウケツ染めによる模様

図5. 挟み染めによる模様

図6. 絞り染めによる模様

　また、糸の状態で染めることを先染めと呼ぶ。絣（かすり）は、糸に染める部分と染めない部分をつくることで、それを縦糸と横糸に計画的に配置し、織り上げた時に模様にする技法である。

5. 参考「布をリサイクルしてひもにしよう」

　端切れ布や着なくなったTシャツ類などを裂く。その場合、縫い目などをほどいて平らにし、余分なでっぱりを切り落として四辺形に近い形に整えておく。短い方の辺にハサミで切り込みを入れて、長い方の辺に沿って引っ張って裂く。切り離さないで端を残し、また同じ幅で切込みを入れて反対向きに裂くことを繰り返すと、長いひもができ上がる（図7）。布が切れても端を結んだり、糸で縫い継いだりすれば長いひもになる（図8）。

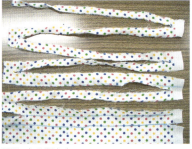

図7. 布の裂き方

図8. 縫い継いで長くする

［堀　祥子］

| 1 幼児造形とは | 2 幼児の造形教育の方法 | 3 幼児の造形教育の教材 | 4 幼児造形教育への実践 | 5 幼児の発達と造形表現 | 6 幼児造形教育の歴史と海外の美術教育 | 7 幼児造形教育の広がり |

21. ビニール―ビニール袋・スズランテープ等の活用法

　ビニール袋は大小様々ある。ゴミ袋やふとん、衣類入れなどに用いられる袋はかなり大きくて、袋に物を貼ったりダイナミックに描いたりすることができ、幼児にとって夢の広がる素材である。また、小さいビニール袋は、物を袋に詰めたりペンなどで絵を描いたりするのにちょうど幼児の手の大きさに合っていて、楽しんで制作ができる。

1. ビニール袋（ポリ袋）の種類や特質

(1) 大きなビニール袋

　一般的なごみ収集袋として使用される透明または半透明の大きなビニール袋は、子どもが家からも持参できる。横65cm、縦80cm程のサイズが多い。
　また、あか、ピンク、きいろ、あおなどカラフルなビニール袋は、教材カタログなどから入手できる。服に見立てたり、切り開いて敷物風にしたり、つないで大きな風船にしたりとダイナミックに制作できる素材である。

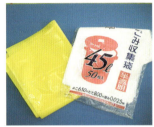

図1. 大きなビニール袋

(2) 小さいビニール袋

　家庭用品売り場には、本来、様々な食品を入れるための色々なサイズの小さいサイズのビニール袋が並んでいる。一袋で50枚入りなどたくさんの枚数が入っている。用途に合わせて入手したい。
　横18cm、縦25cmほどのSサイズの袋は、物を詰めたりするのにちょうど子どもたちが両手のひらで扱いやすいサイズである。
　透明なので、中に詰めたものが見えて楽しい。おはながみを詰めるとカラフルで美しい。中身が出ないように輪ゴムやモール、セロハンテープなどで口元を留めるなどしてからおもちゃとして様々に工夫して遊ぶとよい。

図2. 小さなビニール袋

2. ビニール袋を使った活用例

　大きなビニール袋を衣類に見立てて、季節の行事の際に着ることで楽しい変身ができる。首と腕が出るように袋をカットすれば簡単に服となり、カットした部分はほころびないようにカラフルな布テープなどで補強するとよい。色紙やスズランテープなどで飾りをつけると美しい（図3）。
　小さなビニール袋は、葉っぱを詰めるとちょうど幼児の両手に乗り、愛着がでてくる。その子らしさのあふれた作品が期待できる（図4）。
　葉っぱは十分乾燥した、清潔なものを使う。落ち葉のシーズンにケヤキやカエデなどの葉っぱを採集し、よく乾かして保管をしておくとよい[1]。葉っぱの代わりにおはながみや新聞紙を丸めたものなどでもできる。

1）木の葉の保管方法
　木の葉は、ビニールシートの上でよく日に当て十分乾燥させてから、段ボール箱やビニール袋に入れて保管しておく。

図3. ファッションショー

図4. 葉っぱのおともだち

3. スズランテープの特徴

　スズランテープは幼児の遊びの中で大活躍している素材であり、カラフルな色がそろっている。保育者は常備していて、束ねたものを結ぶひもとして使ったり、30cmほどに切ってしっぽとりゲームなどの日常の遊びをさせたりしている。また、運動会などで、スズランテープを使ってボンボンをつくり、ダンスや応援合戦に使っている。

　フワフワと軽く、幼児が簡単にハサミで切ったり、セロハンテープで簡単に接着したり、裂いたり、三つ編みなどに編んだりするなどいろいろな加工ができる造形の夢の広がる素材である。幼児にもできるポンポンのつくり方を見てみよう。

❶スズランテープを用意する

カラフルな色が数種類あるとよい。

❷芯に50回くらい巻きつける

巻く幅は用途に合わせる。芯には段ボールなどを利用する。

❸真ん中をしばる

❹両端を切る

輪の中にハサミを入れて切る。

❺テープを細かく割く

手で割くほか、くしを使うのもよい。

❻完成

4. スズランテープを使った活用例～「すんでみたいな6月のおうち」～

　梅雨時をさわやかに過ごすための季節感のある楽しいおうちづくりをする。透明のビニール傘にカットした好きなカラーのスズランテープを貼って雨に見立てたり、ポンポンをしずくに見立てて取りつけたり、カエルやカタツムリの折り紙や色紙に描いたものを貼りつけて一層楽しくする。でき上がったらお宅訪問ごっこなどして遊ぶとよい。

［安藤恭子］

図5. すんでみたいな6月のおうち

22. プラスチック—容器や活用法

私たちの身のまわりには、様々なプラスチック製品が使われている。ペットボトルや食品を梱包している容器等のプラスチック系の廃材は、切る、塗る、組み合わせることが比較的容易で、保育の現場でよく使用される。ここでは、それらプラスチックの種類や活用法について考えてみたい。

図1. ペットボトルを使った作品

図2. ポリ袋を使った作品

図3. 食品トレイを使った作品

図4. 卵容器を使った作品

図5. カップ麺の容器を使った作品

1. 容器の種類

プラスチックといっても、その種類は実に様々である。表にプラスチックの種類について示した。

[プラスチックの種類と特徴]（一般社団法人　プラスチック循環利用協会HPより抜粋）

分類	JIS略語	種類		特徴	性質	主な使い道
熱可塑性樹脂 ／ 汎用プラスチック	PE	ポリエチレン	低密度ポリエチレン		・水より軽い ・耐水性・耐薬品性に優れる ・耐熱性は乏しい	袋、ラップフィルム、食品チューブ、牛乳パックの内張りフィルム
			高密度ポリエチレン		・水より軽い ・耐水性・耐薬品性に優れる ・低密度より耐熱性・剛性が高い	フィルム、袋、食品容器、シャンプー・リンス容器、パイプ
	PP	ポリプロピレン			・最も比重が小さい ・耐熱性が比較的高い ・機械的強度に優れる	包装フィルム、食品容器、キャップ、日用品、ごみ容器
	PVC	塩化ビニル樹脂			・燃えにくく、軟質と硬質がある ・水に沈む ・表面の光沢に優れ、印刷適性がよい	水道管、雨樋、波板、壁紙、ビニルレザー、ホース、ラップフィルム
	PS	ポリスチレン（スチロール樹脂）	ポリスチレン		・透明で剛性あり（GPグレード） ・乳白色で耐衝撃性あり（HIグレード） ・ベンジン・シンナーに溶ける	CDケース、食品容器
			発泡ポリスチレン		・軽く剛性あり ・遮断保熱性に優れる ・ベンジン・シンナーに溶ける	梱包衝撃材、魚箱、食品用トレイ、カップ麺容器
	SAN	AS樹脂			・透明性、耐熱性に優れる	食卓用品、食品保存容器、化粧品容器
	ABS	ABS樹脂			・光沢、外観、耐衝撃性に優れる	OA機器、ゲーム機、電気製品
	PET	ポリエチレンテレフタレート（PET樹脂）			・透明性に優れ、強靭、ガスバリア性に優れる	写真フィルム、包装フィルム、総菜・佃煮・フルーツ・サラダ等の容器、飲料カップ、クリアフォルダー、ペットボトル
	PMMA	メタクリル樹脂（アクリル樹脂）			・無色透明で光沢がある ・ベンジン・シンナーに侵される	食品容器、照明板、水槽プレート、コンタクトレンズ
エンジニアリングプラスチック	PC	ポリカーボネート			・無色透明 ・酸には強いが、アルカリに弱い ・耐衝撃性に優れ、耐熱性も優れる	DVD/CDディスク、透明屋根材
	PA	ポリアミド（ナイロン）			・無色透明　・耐摩耗性 ・耐寒冷性　・耐熱性	食品フィルム、漁網、テグス、ファスナー
熱硬化性樹脂	MF	メラミン樹脂			・耐水性がよい ・冬器に似ており、表面が固い	食卓用品、化粧板、合板接着剤、塗料
	UF	ユリア樹脂			・メラミン樹脂に似ているが、安価で燃えにくい	ボタン、キャップ、合板、接着剤
	PUR	ポリウレタン			・柔軟〜剛直まで幅広い物性の樹脂から得られる ・接着性・耐摩耗性に優れ、発泡体としても多様な物性を示す	発泡体はクッション、断熱材 非発泡体は工業用ロール、塗料、防水材

※主な使い道の品名にアミふせしているものは、幼児造形でよく使われる種類です。

多様なプラスチック素材は、保育者のアイデアでいろいろな作品に生まれ変わる可能性がある（図1〜5）。日頃から素材の形状や特徴を研究し、どのような展開ができるかを考える姿勢をもって素材と関わってほしい。

図6．ペットボトル

図7．カップ麺容器

図8．発砲トレイ

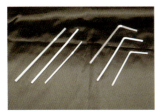

図9．ストロー

図10．着色・接着用品

2．活用法

　左の表のようにプラスチックには様々な種類があり、保育の現場ではその特徴を踏まえ、様々な活用法を検討する必要がある。次に、プラスチックの具体的な活用例について示すことにする。

❶ペットボトル容器（図6）：ペットボトルは、透明で水に浮き、丈夫である。また、様々な形状があるため、形の特徴を活かした造形を楽しめる。組み合わせて船をつくり水に浮かべてもよいし、カットして内側に着色し人形をつくるなどの活用例が挙げられる。また、熱を加えると変形するため、オーブントースターで軽く熱を加えると丸まってビーズのようにもなる。変形した形をつなげてアクセサリーづくりを楽しむこともできる。

❷プリンカップ、ヨーグルトカップ等：プリンカップやヨーグルトのカップは、二つの容器を組み合わせて中にビーズなどを入れるとマラカスに、紙でつくった玉に糸をつけ、容器につければ剣玉になる。装飾して室内に吊り下げて飾りにしても面白い。また、絵の具や素材を入れる容器としても活用できる。

❸カップ麺容器（図7）：カップ麺の容器は深さがあるためその形状を活かしたものづくりを行いたい。子どもたちは自然に頭にかぶったり顔に押し当ててみたりすると思われるため、その発想を生かした被り物やお面づくりに展開してもよいであろう。

❹発泡トレイ（図8）：肉や魚を入れるための発泡トレイは水に浮かぶため、二つの容器の端をテープなどで貼り合わせて水に浮かべる船をつくってもよい。また、平らな部分を切りとり、ボールペンなどで絵を描いて凹凸をつけるとスチレン版画になる。同じ形のトレイを用意し1枚に絵を描き適当な形にカットし、もう1枚を受け皿にするとパズルになる。ほかにも、細かく切って切り目を入れ、切り目同士を組み合わせることで、ブロックのようにも使える。

❺ストロー（図9）：ストローは空気で動いたり膨らませたりする仕組みの玩具の部品として活用することができる。また、曲がるタイプのものは、仕掛けのある玩具などに使用できる。

❻弁当の空き容器：弁当の空き容器などは、粘土遊びなどで具を詰めるために使用できる。

3．着色や接着について（図10）

　プラスチック系の素材は水をはじく性質があるため、着色はアクリル絵の具や工作用ポスターカラーなどを使用しなくてはならない。また、発泡トレイは油性マジックで描くと溶けて穴が開くため注意が必要である。接着については、一般的なノリでは接着できないためそれぞれの素材に合った接着剤を選ぶ必要がある。おおよそのものは木工用ボンドで接着できるが、水に使用する場合は溶けてしまうため、セロハンテープや水に強い接着剤を使用しなくてはならない。また、発泡トレイは専用の接着剤を使用するとよい。ホットボンドなども活用できる。

［西村志磨］

23. 金属の材料 —アルミホイルや針金・モール等

私たちの身のまわりには、様々な金属が使われており、生活になくてはならない素材の一つである。ここでは金属の種類や特性、材料として手に入る形状やその活用法について記す。金属の加工は特殊な工具を必要とすることが多いが、アルミホイルや針金などであれば簡単に加工ができる。ホームセンターなどでも材料として売られているため、上手に使えば金属でしか得られない表現が可能になる。

1. 金属の材料

身のまわりには様々な種類の金属（図1）があり[1]、いろいろな形状をしている。ここでは主な材料を取り上げる。

1）身近な金属の種類

図1. 金属の種類（左から①鉄、②銅、③ステンレス、④アルミ、⑤真鍮）

①鉄（鉄鋼）
　古くから使用してきた身近な金属で、建材や機械などの身のまわりの多くの製品に使われている。針金や釘などは時間が経つと表面から酸化しさびてしまうので、通常はメッキなどの表面処理が施してある。

②ステンレス（ステンレス鋼）
　鉄にクロム・ニッケルなどを添加した合金で、強度が高く、さびなどにも強い。研磨をすると鏡面になり、表面処理をする必要がないため、屋外などでの使用に適しているが、鉄鋼に比べると少し高価である。

③アルミニウム（アルミニウム合金）
　軽くて加工性がよい素材でさびに強く耐食性に優れているというメリットから、飲料缶をはじめ様々な場所で使われている。一円硬貨は純度100％の純アルミニウム製である。

④銅
　空気に触れると酸化が始まり、次第に褐色を帯び、美しい緑青へと変化する。電気をよく通すので電線等にも使われている。十円硬貨は銅とスズ等の合金である青銅製である。

⑤真鍮（黄銅）
　腐食しにくく加工もしやすいため、昔から建築資材や家具、仏具・金管楽器などに使用されてきた。水分に弱く、最初は美しい黄金色をしているが、徐々に黒ずんで黄土色に変色する。五円硬貨に用いられ、黄銅とも呼ばれる。

(1) 棒材
形状は丸パイプ・角パイプ・丸棒・平鋼・アングル（山形鋼）などで、様々なサイズや厚みのものがある。近年、電動工具を貸し出したり、切断や穴開け加工をサービスとして提供しているホームセンターもあるので、うまく活用するとよい（図2、3）。

図2. 様々な形状の鉄鋼材

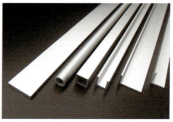
図3. 様々な形状のアルミ材

(2) 接合用材料（ボルト・ナット・ワッシャー・ねじ・釘など）
鉄鋼でできたものにメッキ（表面処理）が施してあるものが安価で一般的である。金属や木材などを接合する際に使うための材料だが、使い方を工夫して造形材料にすることもできる（図4）。

図4. 接合用材料

(3) 針金
太さや長さなどとともに、様々な種類の金属のものが販売されており、色や質感、用途や加工性などを考慮して選ぶ必要がある。金属由来の色から、メッキや塗装・ビニールコーティングが施してあるものなど様々な色のものがあるので、使用状況に応じて選ぶとよい（図5）。

図5. 様々な色の針金

(4) 箔
安価で保育現場で使用しやすいのがアルミホイル（アルミ箔）である。調理用として市販されており、手で破ったり丸めたりできて加工性も良く、キラキラと反射する金属質な表情は造形材料として魅力的である。金・銀・銅などの箔は工芸用に専門店で売られている。

(5)モール等

市販で売られている工作用のモールやラッピング用の材料の中には、針金を芯として、着色した繊維やビニール等によりコーティングされた材料がある。これらは針金同様に加工が簡単なため、幼児向けの工作などにも使用することができる（図6）。

図6．様々なモール等

2. 針金・アルミホイル・ナットやワッシャー等の活用例

本格的な金属加工をしようと思うと専門的な工具が必要となるが、ここでは保育の現場でも使用できる道具や材料を使った簡単な工作の例を示す。

(1) 針金工作

針金は材質によって硬さが変わるので、金属の特性や質感を考慮し、必要に応じて太さを選ぶとよい。アルミの針金はメッキ加工が容易なため、様々な色のものが量販店などでも売られており、軟らかくて素手でも加工が容易である。針金はペンチやニッパで切断後、紙やすり等で先端を丸めておくと子どもが触れても痛くない。ラジオペンチ等を使えば硬めの針金も曲げることが容易になり、細かい細工が可能になる。針金でフレームをつくり、紙を貼ってランプシェードやアルミホイルを貼りつけて張り子の造形作品などもつくることができる。また、モールもメタリックなビニール素材でコーティングされたものを使えば、キラキラした金属質な質感に統一した立体表現ができ、アイデア次第で様々な制作に活用できる（図7〜9）。

図7．ペンチの種類（左からペンチ・ラジオペンチ・ニッパ）

図8．ペンチを使った切断

図9．針金を使った造形

(2) アルミホイル工作

アルミホイルは安価で、子どもでも手で丸めて団子のような形にしたり、ヘビのように長細い形にしたりと自在に形を変えることが容易な加工がしやすい材料である。厚紙やボール紙等に貼って鏡やメダル、箱や紙管などの立体物に巻きつけるとトロフィーや刀などをつくることができ、保育の現場では利用価値が高い。セロハンテープや接着剤等で簡単につなげることもでき、油性色マジックやセロハンなどで色をつけることもできる。アルミホイルには光沢のある面と、光沢のない艶消しの面があり、また、手で丸めたあとに広げるとシワシワなテクスチャーになるため、うまく使い分ければ表現の幅も広がる（図10）。

図10．アルミホイルを使った造形

図11．ナットをモールで編み込む

図12．パイプにぶら下げたハンギング・オーナメント

(3) ナットやワッシャーを使った工作

接合用の材料であるナットやワッシャーなどの穴をうまく使えば工作の材料になる。ビーズのように糸を通してアクセサリーをつくることもできるし、針金やモールで編み込んで立体的な造形作品もできる（図11、12）。ワッシャーは丸くて薄いリング状だが、ナットは六角形で少し厚みがある。形の違いを意識してつなぎ合わせることが重要である。　　［佐々木雅浩］

【3章参考文献】

◇**3章3節**「クレヨン、パス―材料、基本的な使い方」
　（1）「クレパス画名作展」岐阜県美術館、2013

◇**3章5節**「マーカー・ペン」
　（1）クルト・ヴェールテ著、佐藤一郎監修『クルト・ヴェールテ：絵画技術全書』美術出版社、1993、
　　　pp.347-357
　（2）「美術手帖」増刊号編集部編『新しい画材ガイド　マーカー＆カラーインク』美術出版社、1998、
　　　pp.91-95

◇**3章11節**「砂と土」（執筆協力園含む）
　（1）学校法人　一宮女学園　修文大学付属藤ヶ丘幼稚園（愛知県江南市）
　（2）加用文男『光れ！泥だんご』講談社、2001
　（3）社会福祉法人　千代田会　千代田幼稚園（愛知県稲沢市）

◇**3章22節**「プラスチック―容器や活用法」（執筆協力園含む）
　（1）一般社団法人　プラスチック循環利用協会『プラスチックリサイクルの基礎知識』2018
　（2）学校法人　一宮女学園　修文大学付属藤ヶ丘幼稚園（愛知県江南市）
　（3）社会福祉法人　千代田会　千代田幼稚園（愛知県稲沢市）

第4章

幼児造形教育への実践
―― 大学での実技体験や教育現場での実践例

　保育者の養成を目的としている大学等での授業では、様々な材料、用具、技法を用いた教材研究や教材実践が行われている。幼児の造形教育の広がりや深さを体験したり学んだりできるように、ここでは、数多くの教材研究や教材実践を紹介する。それぞれの教材研究や教材実践の内容を取り入れるだけでなく、幼児教育や保育の現場の状況、並びに子どもたちの発達を踏まえて考察することが求められる。数多くの教材研究や教材実践を吸収するとともに、それらを基にして、自らが考えてつくり上げた教材の研究や実践ができるようにしたい。

| 1 幼児造形とは | 2 幼児の造形教育の方法 | 3 幼児の造形教育の教材 | 4 幼児造形教育への実践 | 5 幼児の発達と造形表現 | 6 幼児造形教育の歴史と海外の美術教育 | 7 幼児造形教育の広がり |

1. 並べる・組み合わせる

　子どもたちが造形活動に取り組む中で、繰り返しの要素に集中したり、順に並べたりして楽しんでいる様子を目にすることは多い。手に取ったものを比較して配置や組み合わせる行為は、制作者の意図が込められた、表現活動となる。子どもたちは生活環境の中で様々な素材に触れる機会があるが、固定概念にとらわれずすべてを造形素材と捉え、生活環境＝造形環境といった認識を子どもたちの中に育んでいきたい。

 みどりをかこう！

1. 実践のねらい

❶自然の色、形に触れ、季節の移り変わりを感じ、整った工業製品とは違った制作過程を楽しむことができる。
❷素材を集めるところから活動が始まることで、子どもたちはそれぞれの基準をもって選択し、素材を組み合わせながら制作することができる。

図1. 外に出て葉っぱを集める

2. 準備するもの

- 画用紙　・コピー用紙　・クレヨン　・絵の具セット
- ハサミ　・ノリ　・新聞紙

3. 実践の流れ

(1)汚れ防止のために机に新聞紙を敷く。机が小さい場合は床で活動する。
(2)作例を見せてフロッタージュ（p128、129）の説明をしておく。子どもたちと外に出て、5種類の葉っぱを採りに行く（図1）。変わった形の葉っぱを子どもが採っていたら、どこで採ったのか聞いてみると、まわりの子どもたちも面白い形の葉っぱを探し始める。子どもは採りにくい場所の葉っぱを好んで採ろうとするので、ケガがないよう配慮する。

図2. うまくできたものを切り抜く

(3)部屋に戻ったらコピー用紙とクレヨンを用意し、フロッタージュを用いて制作する。クレヨンを寝かして使う方法を説明する。子どもは葉っぱと紙を押さえながらクレヨンを使うことが難しい。はじめは手を取りながら指導し、できる子がいればできていない子に教えるよう促すのもよい。
(4)いろいろな色で写し取った葉っぱを切り抜き（図2）、画用紙に並べて貼っていく。しっかり貼るために新聞紙などを上に被せ、こすってはがれないようにする（押さえ紙）。カタログ的に並べる子もいれば、何かの形に見立てて並べる子もいる（図3）。

図3. 好きな形に並べてみる

(5)クレヨンや絵の具を使って描き足し、バチックを加えるなどしても楽しい（図4）。

4. 活動の留意点

　子どもたちの生活環境には様々な自然素材があり、手に取ることができるが、保育者、指導者があらかじめそれらを把握しておくことが必要である。また、子どもたちが自然との触れ合いを楽しめるよう、日頃から季節の移り変わりや、変化の様子を話に織り交ぜるなどして、子どもたちの視線がそちらに向くように促す。

図4. さらに描きこんで完成

図5. 枯れ葉の匂いを感じながら

図6. ボンドをヘラでのばして接着

図7. いろいろなデザインのメダル

図8. らせん状にくっつけていく

図9. 正方形の板に貼っていく

はっぱでつくろう冬のメダル

1. 実践のねらい

① 冬の枯れ葉や木の実の褐色の中にはそれぞれに特徴があり、手に取って比べるとその違いを見つけることができる。

② 素材を集めるところから活動が始まることで、子どもたちはそれぞれの基準をもって選択し、素材を組み合わせながら制作することができる。

2. 準備するもの

- 葉っぱ　・木の実　・丸く切った段ボール　・リボン
- ハサミ　・木工用ボンド

3. 実践の流れ

(1) 冬のメダルのつくり方を説明し、集めてきた葉っぱや木の実から、好きなものを選んでもらう(図5)。

(2) 丸く切った段ボールの上に、手に取った葉っぱなどを並べ、どんなメダルにするか配置を決める。

(3) 配置が決まったら、木工用ボンドで接着する(図6)。凹凸が大きいものはボンドを少し多めに塗る。余分なボンドはヘラでのばすなどし、早く乾くようにする。

(4) 好きな色のリボンを裏に貼り、ドライヤーでボンドを乾かして接着できたら完成。早くできた子は何個でもつくる(図7)。

4. 活動の留意点

葉っぱが乾燥しすぎて割れてしまうものがあったり、薄いものだとくるっと丸まるなどして、ボンドが塗りにくいものがあったりするので、別のものに交換したり、ボンドの塗布を手伝ったりすること。ボンドを塗りすぎると乾きが遅くなるので、ヘラでのばすやり方を見せる。

5. 発展

【ならべる+くらべる　しぜんの法則】

グルーガンを使うことで効率的に葉っぱや木の実を接着していくことができる(図8)。ただし、グルーガンは火傷の心配もあり、子どもだけで扱うことは避けたい。また、電圧の問題もあり、部屋によってはブレーカーが落ちないよう、使用可能ワット数を確認しておく。100円ショップなどで手に入るものはだいたい10W程度の低温タイプで、火傷の心配は少ないが、コードが短いこともあるので、延長コードを用意するとよい。500円以上にすると14～15Wのものがあり、熱量が大きい分、グルーがよく溶けて作業が早いが、扱いに注意してもらいたい。

効率的な接着ができれば、大きな作品にも挑戦することができる。葉っぱの形や色を見比べながら、同じものを等間隔に配置したり、グラデーションに並べたりしていき、最終的にシナベニヤのキャンバスに貼って完成。松ぼっくりなどは板に穴を開けて、針金で固定するとよい。キャンバスを正方形にするとどこからでも手が届きやすくなる(図9～10)。

［加藤克俊］

図10. 完成作品

2. ドロ紙の造形

　幼児の工作は、「素材の手触り」といった触覚的な行為と「見える、見る」という視覚的な行為が、探索行動となって表れ、感覚的な認知へ進む。そうした感覚的な認知をベースにして、造形表現が展開すると考えられる。現在の保育現場では、幼児の遊具や道具は、安全や利便性、経済性などから、樹脂製のものが多く見られるが、素材の感覚的な認知という観点からいえば、可塑性のある、より多くの素材の体験が望ましいだろう。ここでは、紙を製紙される前のドロドロとした紙素材（ドロ紙）に戻し、色や形に関する造形体験を通して工作へと展開する題材を考えてみたい。

1. 実践のねらい

① 紙の手触り（水に溶けた状態、乾燥した状態）を体験する（素材体験）。
② 紙を使っての、色や形の発見をする（探索行動）。
③ 自分でつくった紙を使って工作をする（表現行為）。
④ 友達と一緒に、楽しみながら大きなものをつくる（共同作業）。

2. 準備するもの（図1）

図1. 準備するもの

- トイレットペーパー
- ミキサー（ミキサーがない場合は、水につけて数日後、手で撹拌）
- バケツ、たらい
- 洗濯ノリ（使用、未使用は題材による）
- サランラップ（離形用）

※水分を多く含むため、床の防水、作業時の服装に注意することが必要。

3. 実践の流れ

(1) 紙でペースト状の材料（ドロ紙）をつくる

　ミキサーの中に水を入れて、回転させながら細かくちぎったトイレットペーパーを入れ撹拌する（図2）。水、ペーパーの配合は、うわ水が残らない程度を基準として、題材によって増減する。ノリは、この段階では入れない方がよい。接着が必要な題材に適時入れる。

図2. ミキサーで撹拌

(2) 色ドロ紙をつくり、混色やにじみを楽しむ

　ドロ紙に絵の具を混ぜて、色ドロ紙（図3）をつくり、サランラップを広げた上にのせて、フィンガーペインティングをする（図4）。また、白いドロ紙の上に色ドロ紙を垂らし、にじみや混色を楽しむ（図5）。

※色ドロ紙の留意点：色ドロ紙を乾燥させると、彩度が落ちるので、絵の具は多めに入れるとよい。また、絵の具とドロ紙は、乾燥、離形時にムラが出るので、しっかりと撹拌する。

図3. ドロ紙の基本的な状態

図4. 色ドロ紙のフィンガーペインティング（左）と乾燥させたもの（右）

図5. 色ドロ紙のドリッピング

図6．積み木の形を探す

図7．石の形を探す

図8．枝の形を残す

図9．ドロ紙の器

(3) **ドロ紙で形を探す**

　自然物や人工物などの形を、ドロ紙を使って写し取ってみよう。厚紙で枠をつくり、その中に立体的な物を入れて、サランラップで覆う（離形用）。その上からドロ紙をのせ、タオルで水分をふき取り、そのまま乾燥させる（季節にもよるが、3日～7日で乾燥する）。乾燥したら、枠からサランラップごと外し、最後にサランラップを外す（図6～8）。

※幼児造形への応用：薄い空き箱の中に、油粘土でいろいろな形をレリーフ状につくり、(3)と同様の手順で行えば、幼児の粘土工作を作品として残すことができる。

(4) **ドロ紙シートを立体にする**

　いろいろな形を写し取ったドロ紙のシートを切ったり貼ったりして、立体にしてみよう。参考作品（図9）は、牛乳パックにシートを切り貼りして、ノリを入れたドロ紙で接着した。乾燥したドロ紙に、濡れたドロ紙をつける時は、乾燥したドロ紙が水分を吸うため形が崩れやすいので注意する。

4．活動の留意点

- ドロ紙の新しい手触りを体験できたか。
- ドロ紙を使って、新しい色や形を発見できたか。
- ドロ紙を固めて、友達と楽しく工作ができたか。
- ドロ紙が水と時間によって変化することを、驚きをもって楽しめていたか。

5．ドロ紙工作の発展と幼児造形への応用

　紙と水とノリの配合を変えることで、造形の可能性を広げることができる。薄い状態に乾燥させれば、光を透し、水を絞って使えば紙粘土として使うことが可能である（図10～12）。着色することで、より多くの題材に取り組むことが可能になる。幼児造形の応用としては、保育者が題材に合わせてドロ紙を準備することが必要である。従来の紙や紙粘土より扱い難いだろうが、そうした体験と乾燥する時間を幼児が期待をもって楽しむことができればよい。

図10．ドロ紙の展開（鳥の巣①）

図11．ドロ紙の展開（鳥の巣②）

図12．ドロ紙の展開（動物）

［浅野秀男］

| 1 幼児造形とは | 2 幼児の造形教育の方法 | 3 幼児の造形教育の教材 | 4 幼児造形教育への実践 | 5 幼児の発達と造形表現 | 6 幼児造形教育の歴史と海外の美術教育 | 7 幼児造形教育の広がり |

3. 手や身体で触れる

　土や水や光や風や植物や虫といった自然の素材や環境との造形を通した活動は、子どもたちの活動を主体的なものにし、五感を通した環境との直接的な出会いによって、子どもたちの見方や感じ方、考え方はより深められていく。そして、身体を通した環境との直接的な関係は、子どもたちの心を開放し、足元にある素材との出会いが自分の存在を鮮明にしていく。特に年齢が低いほど、視覚よりも触覚を優先するため、幼児の造形活動においては、触るという直接的な活動を日常の生活や遊びの中で充実させたい。

1. 実践のねらい

❶材料の触り心地に気づき、材料に興味をもって関わる。
❷手や身体を通して材料と全身で主体的に関わる。
❸多様な触り心地を楽しみながら形をつくる。
❹材料との関わりからイメージを広げて活動する。

2. 準備するもの（園庭の環境を活かして活動する）

・土、砂、水、枝、草花、石、葉など、園庭にあるものや散歩で集められるもの。
・ビニール袋、でんぷんノリ、段ボール、容器、じょうろ、スコップ
・着替え

3. 実践の流れ

(1) 材料を集める

　散歩の時間や園庭の中での外遊びを活用し、草や石、葉っぱをビニール袋に集めて遊ぶ。色や形に興味をもったり、見立てからイメージを広げたりしながら材料を集める。

(2) 日常の園庭での土遊びから活動を広げていく

　日常の園庭での土遊びや砂場での遊びの延長で活動を広げていく。
　土場で穴を掘ったり、山をつくったり、水を流したり、団子をつくったりと各自が場所を見つけて活動する（図2）。できた川や山をつなげたり、容器の型でできた形を並べたりしながら、形をつなげ、広げていく。

(3) イメージをもって遊ぶ

　掘ったところを湖や川に見立てて、水を流したり、土でできた形を山やケーキに見立て、園庭の枝や草花や葉っぱを用いてイメージを広げたりして形にしていく（図3）。

(4) 集めた材料で遊ぶ

　保育室において、段ボールの上に、拾って集めた石、葉っぱ、草花を並べたり、組み合わせたり、でんぷんノリで溶いた土を用いて指や手で絵を描いたりしながら、イメージを広げ、形をつくりながら遊ぶ。

4. 活動の留意点

❶材料の触り心地を楽しみながら遊べたか。
❷手や身体を通して材料と関わることができたか。
❸材料と関わりながら行為を広げ、形をつくることができたか。
❹形からイメージを広げながら遊ぶことができたか。

図1．材料との出会いから生まれた行為が形を生成する

図2．材料の表層と状態が子どもの行為を誘発する

図3．生まれる形や色からイメージが広がっていく

図4．植物の芽を守るように造形がつくられている
　イメージは物語や生活経験と結びつき多様に広がっていく
（図1〜4写真提供：谷戸幼稚園）

図5.「砂場での活動」砂に身を委ね行為が生まれてくる（写真提供：安城市立安城北部幼稚園）

図6. 砂だけでなく他素材や用具と関わり造形が広がっていく（写真提供：安城市立安城北部幼稚園）

図7. 体全身を使って材料や環境と関わることによってダイナミックな造形が生まれる（写真提供：谷戸幼稚園）

図8. 園庭での活動が保育室での活動へと発展していく（写真提供：谷戸幼稚園）

5. 発展

　絵本で読んだ物語や育てている小動物との体験など、子どもたちがもっている共通の生活体験と結びつけ、イメージを共有させ、活動を全体に広げていくことができる。次の事例は砂場での展開である。

　日常的に行われている砂場遊びの中で、数人が穴を掘り、そこに水を入れる活動が展開していた。その水溜りは徐々に大きくなり、子どもたちは海に見立てバケツで水を運び流していく。運河ができ、島ができていく過程で保育者が葉のついた枝木を用意すると、その枝木を砂場に刺し子どもたちはそれをジャングルに見立てていった。保育者は、その活動を広げようと先に読んでいた絵本の登場人物を想起させて、その物語と結びつけていた。やがて、絵本に登場した動物や保育室で飼っている生き物がジャングルの中に登場し形がつくられていった。共通の生活体験を基にイメージを共有させることによって、子どもたちは会話をしながら砂場でさらにイメージを広げ、造形を広げていった。

　このような活動においては、光や風、絵具や紙、廃棄物や人口の材料等、子どもたちの身のまわりにあるものすべてが造形活動の対象となる。たとえば、風が吹けば、その風と一体化しながらひもや紙テープをなびかせたり、筆がなくても絵の具があれば手で描いたり、河原に行けば石を集めて並べたり、雪が降れば手で触ったりして造形をつくり出していく。子どもたちは主体的に事物に関わりながら事物を身体で感じ、あらゆる材料体験を造形活動によって構築させていく。そこで培われる豊かな感じ方が礎となって、子どもたちはイメージをもって主体的に表現を試みていくようになる（図9～12）。

図9.「紙テープ人間」

図10.「手で描く」

図11.「風と遊ぶ」

図12.「河と造る」

［磯部錦司］

| 1 幼児造形とは | 2 幼児の造形教育の方法 | 3 幼児の造形教育の教材 | 4 幼児造形教育への実践 | 5 幼児の発達と造形表現 | 6 幼児造形教育の歴史と海外の美術教育 | 7 幼児造形教育の広がり |

4. 描いてみよう① ― 描画の基本、見方・描き方

　幼児は一人ひとりの発達に応じ、周囲の環境に主体的に関わって遊ぶ中で、興味や関心につながる内容や事柄などを直観的に描こうとする。主体的で多様な遊びは、考えたりイメージを膨らませたりすることにつながり、新たな出会いや発見に結びつき、絵を描いたり、ものをつくったりするなどの表現力も豊かになる。描画指導する上で、遊びと描画の特質との関連を理解することが大切である。

1. 描画の始まり

　第一章で学んだように、子どもは五感の発達に伴い、身のまわりの物を叩いたり、破ったりするなど積極的に刺激を求めた動きをするようになっていく。乳児の段階で、卓上にこぼれたミルクや握ったクレヨンなどで所構わず指や手が動いてできた痕跡「錯画（スクリブル）」、これが描画の始まりで、幼児期から児童期にかけて描画発達の展開が見られるようになる。こうした児童期初期の描画発達の特徴として、ローダー・ケロッグ（Rhoda Kellogg,1898～1959）が、世界中から収集した膨大な量の子どもの「描画」を基に、民族、文化の違いを超えた万国共通のものであることを明らかにしている。5章の「3. 描画における発達段階」で具体的な発達の展開を示しているので、子どもの描画指導の参考にしたい。

2. 描画の見方

　幼児の活動（遊び）は発達段階と関わって、総合的に幅や広がりを見せて、展開していくことが特徴で、描画活動もその一つである。描画の発達段階の上で、まず地面を描き、その上に人や花や家、空、太陽などを描くようになり、空間を認知しているようでも、地面と空の間に描きたいもの以外は描かず着彩しない白い余白のままでも、子どもにとっては絵画として十分なのである。描画活動は、クレヨンや水彩絵の具などによる絵画（painting）作品（図4～6）に結びつく場合もあれば、遊びの説明や伝えたい内容を話しながら、落書きのように鉛筆やペンなどでイメージを描き留める線描（drawing）(図1～3)もあり、様々である。描く内容は描画の動機となる活動内容により異なり、思いを伝え形に表したいという直観的な表現となる場合が多く、活動の内容と描画を関連づけて見ることが必要である。

3. I幼稚園保育実践例

　図1から図3は、年長児が自分たちで考えた生活発表会の劇の相談をする活動の途中に描いたものである。
　あらすじは、「給食の後、保育室で居眠りをしてしまった。子どもたちは夢の中で秘密基地をスタートし、図1の迷路をさまよう中、落ちていた材料でつくったロボットが暴れだし、現れたダンゴムシが足を使ったくすぐり作戦でロボットを倒し（図3）、みんなが助かったところで先生に起こされ夢から覚める」という夢の中の探検物語だ。
　図2は、「アンテナがいるよ」「レーザービームだッ」など、どんな形のロボットがよいか、互いのプランを話し合いながら、一人ひとり想像するま

図1. 迷路のプラン（年長男児：記号的に書かれた人物）

図2. いろいろなデザインのロボット（年長男女児）

図3. ダンゴムシのくすぐり作戦で倒されたロボット（年長男児）

図4. 縦方向に切り取ったようにまとまったきれいな巣の形を描いている

図5. 空を飛ぶアリ、馬車、冷蔵庫、電灯、机、階段などが描かれている

図6. 空間を認知しているように交差する形の巣を描いている

まを次から次へと1枚の紙にみんなで描き込んだ絵である。描く様子は、まるで、会議で議論を積み重ねていくようだ。図1の「迷路のプラン」の人物は記号的に描かれている。これは幼児が消極的な態度の時にしばしば見られる描画の形であるが、ここでは、人物は特定されていない第三人称のため、このように表されていると考えられる。「ここからゆめ」の説明やロボットが小さくてもはっきり描かれていること、劇の内容全体を表していることから、これは決して投げやりで思いが希薄なための記号的な表現ではないと理解できる。

図1から図3を描きながら「電池を入れた、ガチャッ、動いた！」「こうやって」とロボットのぎこちない動作を首や手足を動かして表現し、描画と同様に台詞も変化して多くなり、内容が深まっていった。想像する楽しさが表現する喜びから創造する力を獲得し、遊びが展開していく保育の一場面である。

4. H幼稚園保育実践例

描画の動機となる活動内容により描画の内容に違いが現れる事例である。

アリなどの昆虫に関心をもったりする子どもたちの姿を捉え、年長児A、B、Cの3クラスで異なった内容の活動を行い、その思いを「アリさんのおうち」のテーマで描いた。

主に行った活動は、A組は昆虫図鑑やビデオ、精細なイラストによる絵本などを見たり読んだりする。B組はアリの物語や絵本5作品6冊を読みきかせたり、自分たちで好きな絵本を読んだり見たりする。C組はアリの巣づくりを観察する活動を中心とした。

図4はA組の絵で、図鑑で見られるような、リアルなアリの姿と縦方向にきれいに伸びた平面的な巣の形が特徴である。体の節数や足や眼の数、触覚や口の形の特徴、卵をくわえて運ぶ姿等が描かれ、「迷路みたい」「部屋が沢山ある」「卵がある」など、アリの生態について伝え合ったり、アリの真似をしたりする遊びを楽しむ姿が見られた。図5はB組の絵で、「ありひめさまのぎょうれつ」「ありのあちち」「ありとキリギリス」などの場面や顔の白いアリを描いているなど、絵本の内容に近い表現が特徴である。「アリは小さいからバナナの滑り台がちょうどいい」「きりぎりすは遊んでばかりだけど、アリさんはやさしい」など、絵本のストーリーを共有し、アリのダンスを楽しむ姿が見られた。図6はC組の絵で、巣の形の複雑な道筋が交差したり、奥に回り込んだりするように描かれ、細かい枝分かれや小さなアリの形が特徴である。子どもたちの前でケースを覆っていた黒画用紙を外すと、観察の中で「迷路みたい」「お菓子も運んでる」「うわっ、こっち（反対側）にもつづいてるよ」など、驚きや喜びの声でいっぱいだった。

図4から図6には異なった特徴のある表現が見られ、幼児の描画内容と描く動機となる活動（遊び）の内容が密接につながっていることを示している。幼児は、遊びを通して考えたり想像したりしながらものの特性を発見、獲得していくことが理解できる。保育者が、幼児の探求心を促し、世界を広げられるよう多様な遊びを工夫し、展開していくことが描画活動を豊かにすることにつながる。

［小林 修］

| 1 幼児造形とは | 2 幼児の造形教育の方法 | 3 幼児の造形教育の教材 | 4 幼児造形教育への実践 | 5 幼児の発達と造形表現 | 6 幼児造形教育の歴史と海外の美術教育 | 7 幼児造形教育の広がり |

5. 描いてみよう②―筆や手を使った描画の実践

　絵の具と描画材の組み合わせや使用方法によって、様々な表現を楽しむことができる。筆は、ねかせて広く塗ることや、穂先で線を引くこと、柄を使って点描することなどができる。手は、絵の具をつけてスタンプすることで様々な形を楽しむことができるため、手のひらを広げる・握る、手の側面を使う、指先を使うなどして、描き出される形や、点・線などの表現を工夫してみよう。描画材としてのローラーは、発泡ポリエチレン製やスポンジ製のものが使われることが多く、通常は絵の具を平坦にムラなく塗り上げることができるようになっているが、使い方を変え、筆のように使用したり、回転を利用したりする表現なども楽しむことができる。

「筆で食べ物を描く」

1. 実践のねらい
❶筆の使い方によって、様々な表現ができることに気づく。
❷配色や、点・線・面の組み合わせで絵を描く楽しさを知る。

2. 準備するもの
- コピー用紙1枚、画用紙1枚
- 丸筆、水彩絵の具、筆洗、パレット

3. 実践の流れ

⑴**筆の使い方に慣れる**
　筆はねかせて広く塗ることや、穂先で線を引くこと、柄を使って点描することができることなどを伝え、コピー用紙を使って筆の使い方に慣れるためにいろいろ描いてみる。

⑵**食べ物のシルエットをベタ塗りする**
　描く食べ物を自由に考える。筆はねかせて広く塗ることから始め、食べ物のシルエットをベタ塗りする（図1）。鉛筆で下描きしておいてもよい。

⑶**細部を描く**（図2～4）
　穂先で線を引く、柄を使って点描することで、食べ物の細部を描く。

⑷**グループで食卓にする**
　乾燥後、描いた食べ物を切り抜いて四つ切りの色画用紙の上に広げ、食卓に見立てる。

4. 活動の留意点
- 筆の表現に親しみ、自分なりに表現できたか。
- 食べ物の表情を自分なりに考えて表現しているか。
- 様々な色や点・線・面の組み合わせに気づくことができたか。

5. 発展
　今回は完成させた作品を並べて食卓に見立て、鑑賞する活動としたが、グループごとに「八百屋さん」「フルーツ屋さん」「お菓子屋さん」などのお店のテーマを設定し、お店屋さんごっことしての活動に発展させることもできる。

図1. 筆をねかせてベタ塗りする

図2. 点や線で細部を描く

図3. 穂先で細い線を描く

図4. 柄で点を描く

図5. 指に絵の具をつけて表現を試す

図6. 指先でスタンプする

図7. 指を筆のように使ってみる

図8. 様々な指の表現を組み合わせた作品

「指で花を描く」

1. 実践のねらい

❶手の使い方によって現れる、描画の様々な表情を楽しむことができることに気づく。
❷絵の具や画用紙に直接触れることで、触感を通じて素材感を知る。

2. 準備するもの

- コピー用紙1枚、画用紙1枚
- 水彩絵の具、雑巾、パレット（容器）

3. 実践の流れ

(1) 手を使って描いてみる

手のひらを広げる・握る、手の側面を使う、指先を使うなどして、描き出される形や、点・線などの表現を工夫することができることを伝え、コピー用紙を使って、手の表現に慣れるようにいろいろ試してみる（図5）。

(2) 花を考える

(1)で描いた様々な表現を参考にして、描く花の種類を自由に考え、花を描く（図6～9）。コピー用紙をもう1枚使って、試してから画用紙に描いてもよい。

4. 活動の留意点

- 指の表現を使い分け、その種類がたくさんあることに気づけたか。
- 花を自分なりに考えて表現しているか。

5. 発展

今回は画用紙に水彩絵の具で描いたが、指絵の具とB紙、ロール紙を使い、グループで大きな作品に取り組むほか、フィンガーペインティング等、のびやかに描くことでも表現を楽しむことができる。

6. その他の技法（ローラーを使った様々な表現）

ローラーは絵の具をつけて軽く転がすだけで、筆にはない独特な表現ができる（図10）。たとえば、ローラーの角の部分だけが画用紙に接するようにして転がすことで、細い線を描くことや（図11）、紙や葉っぱなどを敷いた上から転がすなど（図12）、回転を利用していろいろな表現ができる。

そのほかに、ひねる・叩くなどすることでもローラーの表現は広がる。さらにローラーの形は円柱の形をしたものだけでなく球の形もあり、様々な大きさのものがある。素材も発泡ポリエチレン製・スポンジ製のものがあるため、異なる表現効果を楽しむことができる。

図10. ローラーに絵の具をつけて転がす

図11. ローラーの角を使った細い線

図12. 型紙をあらかじめ敷き、ローラーを転がす

［水谷誠孝］

| 1 幼児造形とは | 2 幼児の造形教育の方法 | 3 幼児の造形教育の教材 | 4 幼児造形教育への実践 | 5 幼児の発達と造形表現 | 6 幼児造形教育の歴史と海外の美術教育 | 7 幼児造形教育の広がり |

6.想像の世界を絵で表す―イメージを膨らませて楽しく描く

　想像画とは、保育者からのお話や自分で表現したい空想のテーマなどから、イメージをわき出させて表す絵である。
　幼児期の想像画は、お話や空想といっても、絵本で見たり、テレビや映画などの映像で見たりといった経験や観察の記録の再現、イメージ化であるといえる。したがって、日常生活での様々な楽しい経験が、想像画を描いていく上で重要な要素となってくる。次に示す2つの題材を例に、子どもがイメージを膨らませながら想像の世界を描いていく実践を取り上げてみる。

▼「海の中をのぞいてみると・・・」

1. 実践のねらい
① 幼児の想像力を育てる。
② 幼児の考えて描く能力を伸ばす。

2. 準備するもの
- 画用紙〔水色・四つ切り（B3）サイズ〕
- クレヨン　　・サインペン　　・画板または新聞紙

3. 実践の流れ

(1) **海の中にいる生き物について発表する**

　幼児に「海の中をのぞいてみると、どんな生き物がいるかな」などの問いかけをして、海の中のたくさんの生き物を発表してもらい、みんなで想像を広げていく。

(2) **見立ててから描く**

　幼児それぞれに水色の画用紙を配り、水色の画用紙を海の中に見立てて、描いていくようにお話をする。海の中の世界をしっかり想像しながら描いていくことを伝えるとよい。画用紙の下には、汚れを防ぐために画板や新聞紙を敷き、クレヨンやサインペンを使って描いていく。
　幼児が描いている時には、魚、海藻などの発表で出てきた生き物のほかにも、こんな生き物がいたら楽しいだろうな、といった幼児の想像を膨らませるような声かけや支援をする。特に筆が止まっている幼児に対しては、想像を膨らませるために個別に声かけを行うなど、適切な支援ができるように配慮する。

(3) **完成した絵を発表し合う**

　描いた絵をみんなに見せながら、自分が描いた海の中の想像の世界（生き物や様子など）について発表する。なかなか声が出てこない幼児に対しては、問いかけをするなどして発表を促していく。

4. 活動の留意点
- いろいろな想像を膨らませて海の中の世界を描くことができたか。
- 画用紙の色を活かして想像の世界を表現することができたか。

5. 幼児の作品からのみとり

　描きたい生き物を大きく描いたり、たくさんの種類の生き物を画面全体に配置したりするなど、海の中の世界を想像して描いた個性的な作品が見

図1.実践作品クレヨン画①

図2.実践作品クレヨン画②

図3.実践作品クレヨン画③

図4.実践作品クレヨン画④

られる。また、描画材の特徴を活かして、大胆で生き生きとした線描による表現が見られる（図1～4）。

「乗ってみたいなこんな乗り物」

1. 実践のねらい
① 幼児の想像力、空想力を育てる。
② 幼児の考えて描く能力を伸ばす。

2. 準備するもの
- 画用紙〔白・四つ切り（B3）サイズ〕
- 水彩絵の具セット（絵の具、筆、パレット、筆洗等）
- クレヨン ・サインペン ・画板または新聞紙

3. 実践の流れ

(1) **乗り物について発表する**

幼児に「どんな乗り物があるか」「何に乗ったら楽しいか」「どこに行きたいか」などについて問いかけをして、いろいろな乗り物について発表してもらい、みんなで想像を広げていく。

(2) **画用紙に乗ってみたい乗り物を描いていく**

「空を飛んでみたい」「海の中も楽しそうだ」「飛行機、ロケット、電車、潜水艦…」「こんな乗り物があったら、楽しいだろうな」「シャボン玉に乗って、風船に乗って…」など、想像の世界が広がるような声かけをする。

乗り物に乗っている自分を描いたり、乗り物に乗って行きたい場所の様子などを想像して描いていくように促す。

保育者は、幼児が描画材（クレヨン、サインペン、水彩絵の具）の特徴を活かして想像の世界を表現できるような支援を行うとよい。

図5. 実践作品水彩画①

図6. 実践作品水彩画②

4. 活動の留意点
- 乗ったことのある乗物から、あったら楽しい乗り物など、想像を膨らませて描くことができたか。
- 乗り物に乗って行く楽しい世界を想像しながら描くことを楽しめたか。
- 描画材の特徴を活かして表現することができたか。

5. 幼児の作品からのみとり

幼児の作品には、実際に自分が乗ったことのある乗物から想像を広げて描いたものや、描画材の特徴を活かして描いたり、線描で大胆に表現したりするものなど、個性豊かな生き生きとした作品が見られる（図5～8）。

図7. 実践作品水彩画③

図8. 実践作品水彩画④

［小江和樹］

| 1 幼児造形とは | 2 幼児の造形教育の方法 | 3 幼児の造形教育の教材 | 4 幼児造形教育への実践 | 5 幼児の発達と造形表現 | 6 幼児造形教育の歴史と海外の美術教育 | 7 幼児造形教育の広がり |

7.平面技法の基本―32の基本技法

(1)指絵(フィンガーペインティング)

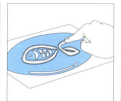

　指を使って絵を描くと、筆を使って描くことと違った楽しみがそこにあることに気づく。絵の具やノリの感触の心地よさ、自由に描くことの楽しさなどがそこにはある。でんぷんノリや洗濯ノリの上に絵の具を出してよく混ぜながら広げた後、指の腹や指先、爪などの部分の特徴を活かして描く。両手で同時に描いても面白い。乾く前には、元の通りに絵の具とノリを広げれば、失敗しても何度でも描き直すことができる。描き終わったら、四角（よすみ）をテープでしっかり留めて、丸まらないようにして乾燥させる。

(2)手形足形とり

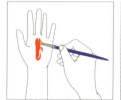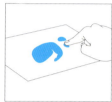

　片方の手に絵の具を塗り、その手を画用紙の上につけてできた形を活かすように、描き足したり色紙を貼ったりして作品をつくる。手を画用紙の上につける前に、塗ったところ全体にもう一度素早く絵の具を塗り、乾いたところがないようにすることが大切。手を画用紙に乗せたら、もう片方の手や指で端から端までしっかりと押さえるときれいに形をつけることができる。握った手の小指側の側面に絵の具を塗ってつけた形に5つの指の形を加えると、足のような形をつくることもできる。もちろん実際の足に塗って形を取ってもよい。手の一部や両手に絵の具をつけたりしても面白い。

(3)合わせ絵(デカルコマニー)

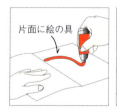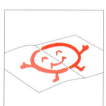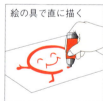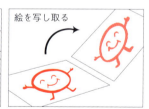

　半分に折った画用紙の片側にチューブ絵の具で絵を描いて、画用紙を折り畳む。全体を押さえるようにした後、画用紙を開くと、絵を描いていなかった側にも絵の具がついて絵が完成する。画用紙の片側に描く時、複数回に分けて少しずつ描き加えてもよい。折っていない画用紙全体にチューブ絵の具で絵を描いてから、もう一枚の画用紙を被せたり、ビニールシートを被せたりして絵を写し取ってもよい。ビニールシートであれば、さらにそれをガラス面に貼ってからはがすと、絵をガラス面に写すこともできる。

(4)ひっかき絵(スクラッチ)

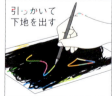

　画用紙に明るく鮮やかな色のクレヨンをしっかりと塗って下地を塗り、その上に焦茶や黒といった暗めのクレヨンで上地を塗る。上地のクレヨンも濃くしっかりと塗る。その後、爪楊枝や竹串など先の尖ったものや割りばしなど先の平たいものでクレヨンを削り取るようにして絵を描くと、下地の鮮やかな色が浮かび上がる。尖ったもので細い線を、平たいもので太い線を描いて表現を工夫したい。絵を失敗しても、上から焦茶や黒など同じ色のクレヨンで再度塗り潰せば元に戻すことができる。焦茶や黒のクレヨンの替わりに、同色のアクリル絵の具でも同様の制作をすることができる。

112

(5) たらし絵

  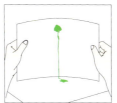  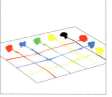

　多めの水で溶いた絵の具の色水を太筆で取って画用紙の上に置いた後、画用紙を傾けたり立てたりすると色水が流れて筋状の模様ができる。必ず新聞紙など汚れてもよい紙の上で制作する。色の筋をつくるとき、画用紙を振るのではなく少し持ち上げてから落とすことがポイント。色の筋を交わらせる場合には、最初の筋を乾かしてから次の筋を交わらせると色が混じらず、逆に最初の筋が乾かないうちに次の筋を交わらせると色が混じる。何本もの筋をつくってからできた模様を生かして作品をつくってみよう。例えば、筋を道路に見立てて町にしたり、服の模様にしたりと工夫してみよう。

(6) 吹き絵（ブロウイング）

 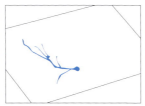  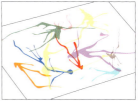

　(5)と同じく色水を画用紙の上に置いた後、色水の少し斜めからストローで息を吹き掛けると色水が筋状の模様となって吹いた方向に移動してく。最初に色水を置いたところや筋状の途中に新たに色水を置いてからさらにストローで息を吹き掛けて、筋状の模様をいろいろ増やしてみよう。また、画用紙の上に置いた色水を、ストローで真上から勢いよく一気に息を吹き掛けると、中心から広がるような模様ができ上がる。息の吹き方や息を送る方向を工夫していろいろな模様をつくってみよう。またできた模様に描き加えたり、色紙を貼ったりしていろいろな作品をつくってみよう。

(7) シャボン玉うつし

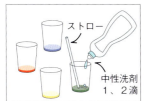   

　絵の具でつくった色水に食器洗い用中性洗剤を1、2滴垂らして溶き、シャボン液をつくる。シャボン液でストローの先に小さなシャボン玉をつくる。ストローから離れたシャボン玉を写すことは難しいので、ストローの先についたままのシャボン玉を画用紙の上に運んでいくか、シャボン玉に画用紙をくっつけていくと、小さな丸い模様が現れる。壁に大きな紙を貼りつけておいて、そこにストローの先に付いたままのシャボン玉を近づけていってもよい。シャボン玉ができにくい時は、洗剤を1、2滴追加するとよい。洗剤を入れ過ぎたり絵の具が少なかったりすると、上手くできないので注意。

(8) 泡うつし

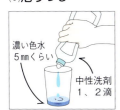   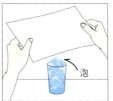 

　紙コップに底から5mmくらいの水を入れ、絵の具を多めに入れてからよく溶いて、濃い色水をつくる。そこに食器洗い用中性洗剤を1、2滴垂らしてからさらにしっかりと溶く。出来た液の中にストローの先を入れたままで息を吹き入れていくと、ぶくぶくした泡が盛り上がってくる。紙コップの縁を超えたらストローを抜いて素早く泡の上に画用紙を持っていき、被せるようにしてゆっくり画用紙を下ろすと、たくさんの丸い形がくっついたような泡の模様を写すことができる。パレットの上でも、同じような制作をすることができる。できた模様を活かして作品をつくってみよう。

113

⑼飛びちらし絵・ぼかし絵（スパッタリング）

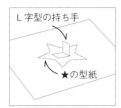    

　画用紙で模様をつけるためのいろいろな型（紙）をつくる。型ができたら持ち手となるL字状の画用紙を小さい型には一つ、大きな型には複数個貼る。型の準備ができたら画用紙の上に型を置き、その少し上から絵の具の色水を浸み込ませた歯ブラシのブラシに親指が触れる位置で握る。その状態でブラシを下に向けて真っ直ぐ縦に持ち、そのまま親指でブラシ部分を弾いてぼかしをつくる。割りばしでブラシ部分を弾いても、また専用の網にブラシを当てて弾いてもよい。ぼかしができたら、L字部分の紙を持って真上に型を外すと、そこだけ白く型が現れる。型を真上に取ることがポイント。

⑽飛ばし絵（ドリッピング）

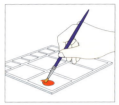  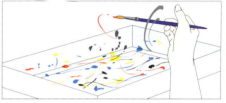

　絵の具を多めの水で溶いて色水をつくる。筆に色水を浸み込ませた後、画用紙の上に色水が落ちるように筆を勢いよく振ると、色水が飛び散るように落ちていって、画用紙に絵の具の飛び散った模様が現れる。筆の太さや種類、絵の具の色を変えて制作してみよう。色水は画用紙の外にも飛び散るので、画用紙のまわりに十分な広さを確保し、色水がまわりに飛び散ってもよいように新聞紙を敷いたり段ボール箱の中で制作をしたりする。自分自身やまわりの人が汚れないような注意も必要。「飛びちらし絵・ぼかし絵（スパッタリング）」のように、型を置いて模様をつけるのもよい。

⑾はじき絵（バチック）

　クレヨンで画用紙に下絵を描き、多めの水で溶いた絵の具の色水を太筆で全体に素早く塗っていくと、クレヨンで描いた絵の部分だけが色水を弾いて絵が現れる。夜空に星や花火を描いたり海中に生き物を描いたりするときに効果的な技法。絵の具を多めの水で溶くことと、同じところを何度もこすらずに太筆で素早く塗っていくことがポイント。白い画用紙の上に、白いクレヨンで下絵を描くと、何も描かれていないように見える画用紙の上に模様を現すことができる。白い小さな点をいくつも描いて雪を降らせたり、隠れている動物をパッと現わしたりするなど工夫してみよう。

⑿にじみ絵

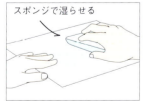 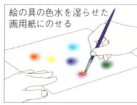  

　濡らしたスポンジで画用紙全体をなぞって、画用紙をしっかり湿らせた後、多めの水で溶いた絵の具の色水を筆に取って画用紙の上に置いていくと、色水がにじんで広がっていく。この後、画用紙を乾かすと、色水の色がにじんだ絵ができ上がる。いろいろな色をにじませてみよう。この他、水を浸み込ませた太筆で、葉っぱのような形に画用紙をしっかり濡らした後、多めの水で溶いた赤、橙、黄、黄土、茶、焦茶などの絵の具の色水を置いてからしっかり乾燥させると、いろいろな色がきれいに混じった秋の落ち葉ができ上がる。モチーフや形、色の組み合わせをいろいろ工夫してみよう。

⒀スポンジ画

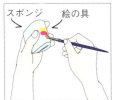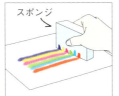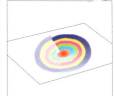

　描画用の薄手のスポンジや食器洗い用の厚手のスポンジにしっかり水を浸み込ませた後、一度スポンジを絞っておく。この時、スポンジには少し水が残っている状態にしておく。その後、薄手のスポンジは折り畳んで山折りになった真ん中の部分に、また厚手のスポンジは端の部分に、少量の水で溶いた絵の具の色水がしっかり浸み込むように、筆で何度も置いていく。この時、スポンジに塗る場所を少しずつ変えて複数の色水を置いていくとよい。用意ができたらスポンジを画用紙の上で滑らせるように動かしたり、波状に動かしたり、画用紙を回転させるようにしたりして描く。

⒁洗い流し絵（ウォッシング）

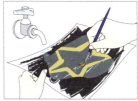

　はじめに、少量の水で溶いた絵の具で画用紙に絵を描く。この時、画用紙に絵の具を乗せるように濃く描く。それをしっかり乾燥させた後、太筆で素早く墨汁やアクリル絵の具を全面に塗り広げる。この時、同じところを何度もこすったり、筆で強くこすったりしないことがポイント。墨汁やアクリル絵の具を塗ったら、またしっかり乾燥させる。最後に、画用紙を水道水で太筆を使って洗い流すようにすると、最初に絵の具で描いた絵が浮き出てくるように見えてくる。筆を動かしながら好みの風合いまで洗い流したら、布で軽くふくようにして水分を取り、そのあと新聞紙の上などで乾かして完成。

⒂こすり出し（フロッタージュ）

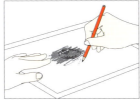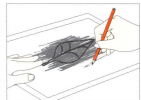

　はじめは色が塗りやすいように、机の上など堅くて平らな面の上に、凧糸や葉っぱ、硬貨などを用意する。その上に、コピー用紙やトレーシングペーパーなど薄い紙を被せるように置く。紙が動かないように片手でしっかりと押さえながら、被せた紙に色鉛筆、鉛筆、クレヨンなどで色を塗る。この時、力を入れ過ぎず、軽く色を乗せるようにして塗っていくと、下にある物の形が紙の上に現れてくる。紙を替えることで、同じ模様を何枚もつくることができる。慣れてきたら、紙を凹凸した形のある壁面などに当てて、同じように色を塗り、その形を写し取るのもよい。

⒃こすり絵（ステンシル）

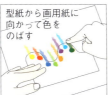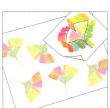

　画用紙で型をつくる。型の端に点を描くようにクレヨンを濃く塗る。この時、複数の色のクレヨンを使って塗るとよい。次に、型がずれないようにしっかりと押さえておき、指先を使って型の外側に向かって塗っておいたクレヨンをこすると、型の形に添って画用紙に模様をつけることができる。一本の指だけで複数の色を擦ると色が混ざり汚くなるため、新しい色のクレヨンをこすって伸ばす時には、きれいな指の指先を使う。また、同じ型を、画用紙の場所を変えて使いステンシルを重ねてもとてもきれいな模様ができあがる。穴の開いた型など、いろいろな型を使って制作しても面白い。

115

⒄ 球ころがし

 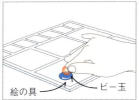 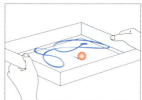 

　箱の中に画用紙を入れる。パレットの中で少量の水で溶いた絵の具をビー玉にしっかりとつける。そのビー玉を画用紙の上に置き、箱をいろいろな方向に少し傾けてビー玉を転がすと、画用紙にビー玉の転がった跡が現れる。途中で色を変えても、また複数のビー玉を同時に用いてもよい。画用紙にできた模様を生かして絵を描き加えたり、画用紙にできた模様の一部分を切り取って別の画用紙に貼ったりしてみよう。また、ドッジボールなど大きなボールを使い、大きな紙の上でボールを転がすダイナミックな活動もぜひ行ってみよう！この時も複数のボールを同時に使ってもよい。

⒅ 糸ころがし

  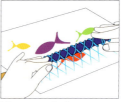 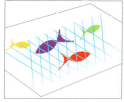

　画用紙にクレヨンや色鉛筆で絵を描いておく。太い丸筆の端に、凧糸を1周巻いてから結びつける。この時、結び目に残る側の糸は5cm程度出しておく。その後、凧糸を筆先に向けしっかりと巻き付けていき、先までできたら折り返していく。凧糸が一往復したら、5cm程度出しておいた糸ともう一度結び、余分な凧糸をハサミで切る。次に、凧糸に絵の具を浸み込ませるように塗った後、絵の上で筆全体に力が掛かるように両手で筆をしっかり押さえながら転がしていく。網目の模様だけをつくってから服の形に切り取るなどしても面白い。凧糸に絵の具を十分に染み込ませることが大切。

⒆ 糸引き絵

  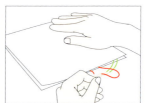 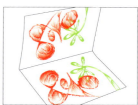

　画用紙を半分に折っておく。適量の水で溶いた絵の具に、50cmくらいの凧糸を浸し、凧糸に絵の具を十分に浸み込ませる。この時、凧糸の両端3cm程度は持ち手にするため絵の具をつけない。折った画用紙の片側に凧糸を置く。この時、糸の両端を画用紙から少し出しておく。画用紙を閉じ、片方の手を大きく広げて画用紙全体を押さえながら、もう片方の手で凧糸の両端を片方ずつ、または両方を持ってゆっくり引っ張っていくと凧糸の動いた跡が模様となって現れる。そこに絵を描いたり紙を貼ったり、また模様の一部を切り取って別の画用紙に貼ったりして作品をつくってみよう。

⒇ サインペンの水描き

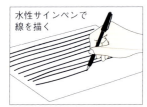  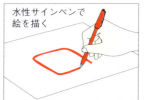 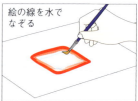

　水性サインペンで画用紙に幾筋もの線を描く。この時、線は規則正しく同じ間隔で直線を並べても、また不規則な曲線をたくさん描いてもよい。片手にサインペンを2～3本持って線を描いても面白い。この時、線の間隔を狭くすることがポイント。その後、線の上に水だけで絵を描く。しばらくすると、水で絵を描いた部分だけが水性インクが滲んで、絵が浮かび上がるように見えてくる。また、サインペンで絵を描いた線の上をなぞるように、水だけを浸み込ませた筆を動かすと、サインペンで描いた線がにじんでいき、サインペンで描いただけではできないような表現が生まれる。

㉑紙染め

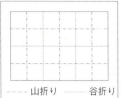 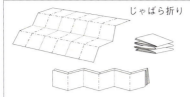  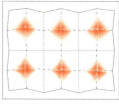

　複数の色の絵の具を多めの水で溶いておく。紙染めをする和紙や障子紙をじゃばら折り(山・谷折りを交互に繰り返す折り方)で折る。この時、紙の側面や角がずれないようしっかり合せることが大切。四角に折り畳んだ紙はさらに斜めに折り畳んでもよい。斜めの向きを変えることで模様が変わる。折り畳んだ紙は緩まないように指でしっかり挟んでおくか、輪ゴムでしっかり留めておく。絵の具を染み込みやすくするため、この折った紙を水に浸けて取り出し、余分な水は取り除く。その後、折った紙の端に色水を浸けて染める。破れないようにゆっくり開き、乾燥させて完成。紙染めした紙で、いろいろな作品を制作してみよう。

㉒色流し・墨流し(マーブリング)

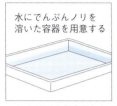  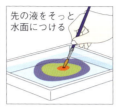 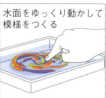 

　8つ切りを半分にした画用紙の場合。バットに水約1000mlと澱粉ノリ約200gを入れてよく掻き混ぜる。パレットで絵の具・水・少量の木工用ボンドを混ぜ、この液を浸み込ませた筆をバットの水面に触れさせると絵の具が水面に広がる。これを数回繰り返すと、絵の具がさらに広がっていく。指や筆で水面をゆっくり動かしてマーブル模様をつくる。画用紙を中央部分から水面に乗せた後、水中に沈めてから静かに引き上げると模様が現れる。その後、模様をくっきりさせるために画用紙を軽く水洗いし、乾燥させて完成。墨汁の場合、でんぷんノリと木工用ボンドを省いて同様の制作ができる。

㉓型押し(スタンピング)

　はじめに型をつくる。野菜を輪切りすると、玉ねぎでは輪、オクラでは星の形の型をつくることができる。また段ボールであれば、重ねて四角や、丸めて渦巻き状などの形の型をつくることができる。型が用意出来たら、パレットの中で溶いた絵の具に型の一つの面をつけたり、筆を使って塗ったりして色をつけ、画用紙の上に型を乗せて模様をつくる。ほかにも、身近にある素材を上手に用いるとよい。例えば、発泡ポリスチレンの容器や消しゴム、また芋の断面などを削ったり、模様をつけたりしてさらに手を加えると、いろいろな型から模様をつくることができる。型に着ける色も工夫してみよう。

㉔パッと絵

　白いクレヨンで画用紙に絵や模様をしっかり描く。このあと、画用紙を揺り動かさないようにして、描画用の網を使って絵の上にいろいろな色のコンテやパステルの粉を振り掛ける。描画用の網が無い場合は、金属製の目の細かいザルの底や側面の部分を利用することもできる。ここまでの制作過程において、画用紙を揺り動かさないようにすることがポイント。最後に、両手で画用紙を小刻みに激しく揺り動かすようにすると、最初に白いクレヨンで描いた絵や模様にコンテやパステルがついてパッと画用紙の上に絵が現れるようになる。最後に余分なコンテやパステルの粉を取り除いて完成。

117

⒉ビニール絵

　ビニールやガラスなどに絵を描くことができるクレヨンを用いる。それを使って透明のシートやいろいろな形のビニール袋に絵を描いていく。透明のシートに絵を描いた場合、シートの前側や後側に別の物を置いて絵を重ねてみたり、風景と絵を重ねてみたりすることができる。ビニール袋に絵を描いた場合、描いてから袋の内と外とをひっくり返すと、描いた絵が消えずに長く楽しむことができる。さらに、袋に中に小さく切った紙など別のものを入れて楽しんでも面白い。

⒆ガラス絵

　ガラスやビニールなどに絵を描くことができるクレヨン、または、絵の具とでんぷんノリや木工用ボンドを混ぜたもの、その他、アクリル絵の具など、ガラスに絵を描くことができる描画材料を用意する。クレヨンの場合は、そのままガラス面に自由に絵を描く。一方、絵の具にでんぷんノリや木工用ボンドを混ぜて粘性が強くなった絵の具やアクリル絵の具の場合は、筆や指を使って自由に絵を描いたり、ガラス面に置いた絵の具をさらに筆や指を使って塗り広げていったりすることができる。ものや風景と絵を重ねたり、ものや風景を活かして絵を描いたりしても面白い。

⑰紙版画

　画用紙を制作したい絵のパーツを切ってつくっていく。できた紙のパーツを組み合わせたり重ねたりして、版となる画用紙に貼っていく。この他、版となる画用紙の一部を切り抜くことによって版をつくることもできる。この版は、最後に版画として刷る紙（版画和紙や画用紙など）のまわりに白地ができるように、縦横とも刷る紙より少し小さい紙を使うとよい。版ができたら、新聞紙の上に置き、ローラーで版画用インクを版に乗せた後、版の表面に触れないように版の下側から持ち上げ、次に、新聞紙を折りたたんでからその上に版を置き、作品の周囲に少しの白地が出るように刷る紙を被せるようにして置いてからバレンで刷って完成。版画なので、同じものを複数枚つくることができる。

⑱ノリ版画（木工用ボンド版画）

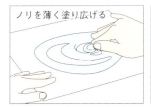   

　紙版画の版と同じ大きさの画用紙を用意し、でんぷんノリまたは木工用ボンドを薄く塗り広げる。この時、全面に塗り広げる必要はなく、まわりを残して塗り広げる。ノリやボンドが乾く前に、指、爪楊枝、割りばしなどで絵を描いた後、紙が丸まらないように四角にテープを貼って乾燥させる（凹版）。または、木工用ボンドの容器の口を画用紙に付けたまま、ボンドが出過ぎないように少しずつボンドを出しながら絵を描いて、同じく乾燥させる（凸版）。その後、これを乾燥させる。あとは、紙版画と同じように制作を進めて完成。版画なので、同じものを複数枚つくることができる。

118

㉙しわしわ版画

　一番大きく広げたときの1/4くらいの大きさの新聞紙を用意し、それをしわができるように強い力でしっかりと丸める。そのしわが残るようにゆっくり広げていき、少ししわが残るように注意しながらノリや木工用ボンドで画用紙に貼り、版の素材をつくる。それが乾いたら、制作したい絵のパーツに切っていく。あとは、紙版画と同じように制作を進めて完成。新聞紙のしわしわの凹凸が、版画作品に面白い模様となってきれいに刷り上がる。しわしわ版画と紙版画など複数の版画を組み合わせて作品を制作してもよい。版画なので、同じものを複数枚つくることができる。

㉚スチレン版画

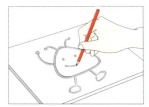   

　版となるスチレンボードを用意する。この時のスチレンボードは、最後に版画として刷る紙(版画和紙や画用紙など)の周りに白地ができるように、縦横とも刷る紙より少し小さいものとする。スチレンボードに尖った棒(筆の柄の先)などで窪みを付けるようにしながら版をつくっていく。スチレンボードは油性で溶けるため、油性ペンなどで描いてもよい。版ができたら、新聞紙の上で、版に版画用インクを乗せた後、版の上に刷る紙を置いて、バレンで刷って完成。窪みを付けた部分が白くなって絵ができ上がる。身近にある食品用トレイなどを使って制作することもできる。

㉛ひも版画(両面テープ版画)

 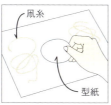   

　㉗の紙版画と同様につくった型と凧糸を用いて模様を写し出す版画をつくる。まずは台紙となる画用紙に、版と凧糸を付けるための両面テープを貼り付ける。このテープの凹凸も版として写すことができる。テープの両端は台紙からはみ出すように貼り付け、版の両端に合わせて余分な箇所を切る。台紙を用意したら制作したい絵の型に切った画用紙や模様の凧糸を貼る。この時、凧糸は数回程度であれば貼り直しができる。その後、インクを塗るための新聞紙を、しわができないように台紙に貼った後、台紙のまわりの余分な新聞紙を切って版が完成。新聞紙の面にインクを塗り、㉗の紙版画同様に刷る。両面テープの形と画用紙や凧糸などの形が浮き出るように刷り上がる。

㉜転写刷(ローラー版画)

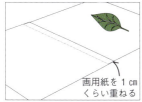   

　八つ切り画用紙2枚を1cm程度重ねて並べる。画用紙の端から5cm程度(ローラーを最初に置くため)を空けて、厚みのある葉を、葉裏が見えるよう(葉表が画用紙に接するよう)にして置く。次に、インクを付けたローラーを転がす。ローラーを画用紙に強い力で押しつけるようにしながら、ゆっくり画用紙の端から端まで転がすと、画用紙に葉の模様が次々に写っていく。葉は、最初の位置に置き去りにする。もし葉がローラーに引っついてきた時ははがすように取り除く。葉脈をはっきり写すために葉裏が見えるように置くことと、ローラーを強い力で押しつけてゆっくり動かすことがポイント。ローラーにつけるインクの量が多いと葉の模様がうまく写らないので注意。

［樋口一成］

| 1 幼児造形とは | 2 幼児の造形教育の方法 | 3 幼児の造形教育の教材 | 4 幼児造形教育への実践 | 5 幼児の発達と造形表現 | 6 幼児造形教育の歴史と海外の美術教育 | 7 幼児造形教育の広がり |

8.平面技法の応用①　にじみ

　にじみは、濡れた紙の上で絵の具が混ざり合って偶然にできるもので、紙の上の水分と水彩絵の具の水分によって混色されてできる美しい混色を楽しむ技法である。この実践は、にじみの技法を理解し、学生自身が実践して十分ににじみを楽しんだ上で、技法を用いてつくったものを素材として、何枚かを組み合わせ再構成して作品にするものである。にじみによってできた素材の良さに気づき、組み合わせを工夫することが求められる。幼児では、にじみによる色遊びが可能である。

図1.にじみづくりの準備

1. 実践のねらい
❶にじみによる混色の美しさを楽しむ。
❷水彩絵の具や画用紙など素材の良さに気づく。
❸配色や素材の組み合わせ方を工夫する。

2. 準備するもの(図1、2)
・八つ切り画用紙
・水彩絵の具、パレット、筆洗、筆ふきタオル
・ハサミ、カッターナイフ、カッター板、ノリ、新聞紙

図2.作品づくりの準備

3. 実践の流れ
(1)にじみ技法を楽しむ
　まず、水道で画用紙に水をかけて紙全体を濡らす。新聞紙で受けて制作場所に移動する。次に水彩絵の具をパレットに準備して、画用紙が濡れているうちに絵の具を紙の上にのせる。何色か紙の上に置くと、表面の水分によって混ざり合う。偶然にできた混色を楽しみ、美しさを感じる。色の組み合わせを変えて何回か行い、にじみの素材をつくる(図3～8)。

図3.水をかける

図4.新聞紙で受ける

図5.水彩絵の具をのせる

図6.色を増やしてにじみをつくる

図7.にじみの様子

図8.色の美しさを感じる

図9. 紙に穴を開ける

図10. 美しいところを切り取る

(2) 作品を切り取る

　乾いたにじみの素材の最も良い部分を切り取って作品にする。コピー用紙の真ん中に10cm×15cmのポストカードサイズの穴を開け、切り取るための額縁をつくる（図9）。これをにじみの素材の上に置き、切り取る部分を探す。額縁にした紙を移動させたり、素材の上下を変えたりするなどして美しさを感じる活動を充実させる。最も美しいと感じる場所を探し、作品1点を切り取る（図10）。

(3) 素材を組み合わせる

　異なるにじみ素材を組み合わせ、15cm×15cmの作品をつくる。
　それぞれの素材を組み合わせた時の配色を工夫し、素材の良さを引き出す工夫を考える。組み合わせる素材の大きさや、一つの作品にするための貼り合わせ方などを検討する（図11～15）。

図11. 素材を組み合わせる

図12. 色の組み合わせ方の工夫

図13. 貼り合わせ方の工夫

4. 活動の留意点

- にじみによる色の美しさを感じているか。
- にじみを行う際の配色や塗り方の工夫があるか。
- 水彩絵の具や画用紙の素材の良さを感じ取っているか。
- 構成する時ににじみの効果や色の変化を活かす工夫があるか。

5. 発展

　今回は、にじみやすくするために、紙全体を濡らしてからにじみを行ったが、太い筆を使って部分的に濡らすなどしてにじみの範囲を限定することもできる。この方法によって、コラージュなどの作品の背景に、にじみ技法を活用することも可能になる。また、にじみの素材を組み合わせて制作する際は、素材の数を増やし、作品のサイズを限定せずにイメージを膨らませて作品にすることも試してほしい（図16、17）。

図14. 素材を組み合わせた表現

図15. にじみ素材を組み合わせて

図16. 部分的ににじみをつくる

図17. にじみを背景に活かす

［早矢仕晶子］

| 1 幼児造形とは | 2 幼児の造形教育の方法 | 3 幼児の造形教育の教材 | 4 幼児造形教育への実践 | 5 幼児の発達と造形表現 | 6 幼児造形教育の歴史と海外の美術教育 | 7 幼児造形教育の広がり |

9.平面技法の応用② ドリッピング・デカルコマニー

　ドリッピングは、水を多めに加えた絵の具の水滴の特性を利用した表現技法である。たらしと吹き流しの2種類の技法がある。また、デカルコマニーは二つ折りにして広げた紙の左右どちらか一方に絵の具を置き、紙を閉じて再び開いた時にできる、押しつぶされて混じり合った絵の具の様子を楽しむ技法である。二つ折りにするために、模様が左右対称になることも特徴の一つである。

🖋「ドリッピング」の実践

1. 実践のねらい
❶たらしと吹き流しの特徴や面白さを感じ取る。
❷技法によって現れた形や様子から、技法の重ね方や色の組み合わせなどを工夫する。

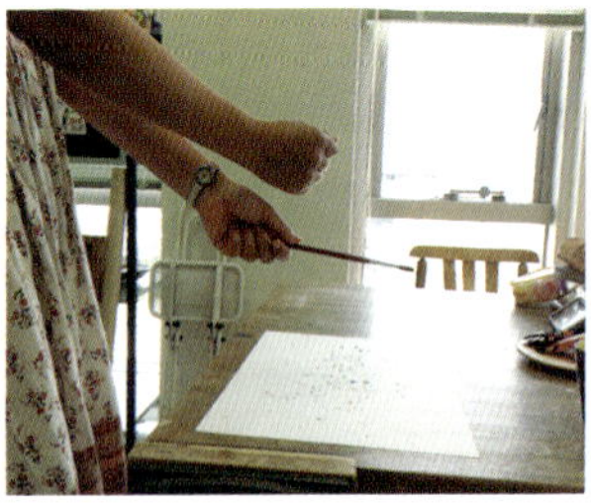

2. 準備するもの
・水彩絵の具　・紙コップ　・筆　・ストロー　・新聞紙

3. 実践の流れ
(1)机の汚れ防止のために新聞紙を敷く。紙コップに水彩絵の具と水で色水をつくり、画用紙、筆、ストローを準備する。

図1. たらしをしているところ

(2)たらし…画用紙の上で色水を含ませた筆を振り、しずくを振り落とす（図1）。振り落とす勢いによって、落ちたしずくの跡の様子が変わる。勢いをつけた場合は広い範囲に飛び散るため、汚れ防止の範囲を広くとる必要がある（図2～3）。

図2. 勢いをつけないたらし

(3)吹き流し…色水の雫を画用紙の上に落とし、ストローで強めに吹く。吹き飛ばされたしずくが紙の上を走った跡が残る。色水のしずくの大きさやストローで吹く強さの加減で様子が変わる（図4、5）。

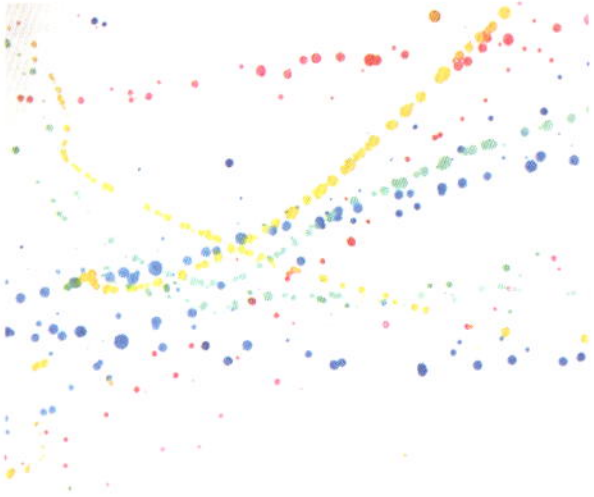

図3. 勢いをつけたたらし

図4. 吹き流しをしているところ 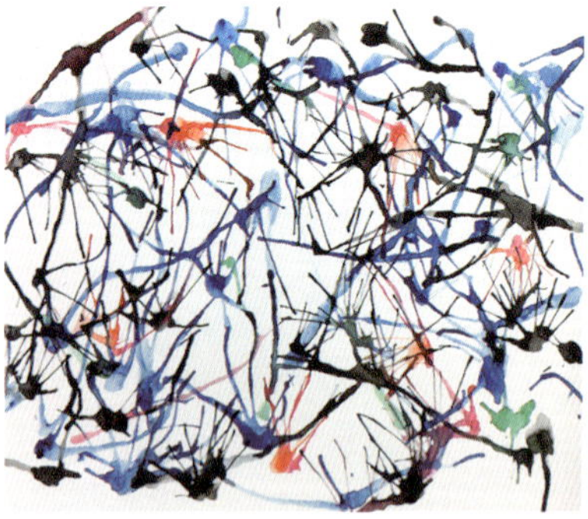　　図5. 吹き流し

(4)それぞれの技法の感じがつかめたところで、技法の重ね方を工夫し、配色を工夫してみる。

4. 活動の留意点
・技法の手順と、特徴をつかめたか。
・現れた様子からイメージを広げて配置や配色を工夫したり、技法の利用方法を考えたりすることができたか（図6）。

図6. 吹き流しを利用した作品

「デカルコマニー」の実践

1. 実践のねらい
1. デカルコマニーの特徴や面白さを感じ取る。
2. 絵の具が押しつぶされて広がることを考えて、紙の上に置く絵の具の位置や量を工夫する。
3. 絵の具が混じり合った時にできる色を予測し、配色を工夫する（図7）。

2. 準備するもの
- 水彩絵の具
- 画用紙

図7. 一般的なデカルコマニー

3. 実践の流れ
(1) 画用紙を二つ折りにする。
(2) 開いた画用紙の左右どちらか一方に、絵の具のチューブから直接色を置く（図8）。
(3) 画用紙を閉じ、上から絵の具を押しつぶす（図9）。
(4) 画用紙を開く（図10）。

図8. 二つ折りにした画用紙の片側に絵の具を置いたところ

図9. 画用紙を二つ折りにして絵の具を押しつぶしているところ

図10. 画用紙を開くと押しつぶされた絵の具が左右対称に広がっている

4. 活動の留意点
- デカルコマニーの特徴や面白さを感じ取ることができたか。
- 絵の具の配置や配色を工夫する事ができたか。

5. 発展
　デカルコマニーは左右対称の模様ができることが特徴であるが、制作に利用する時に、この特徴がイメージを限定してしまうという面もある。絵の具が混じり合った美しさのみを利用して楽しむために、二つ折りでない別の紙で技法を行い、上の紙をずらしたりひねったりすることで違った感じの効果を得ることができる（図11）。また、絵の具を少し薄めることで絵の具の質感や混ざり具合の違ったデカルコマニーができる（図12、13）。

図11. 左右対称でないデカルコマニー

図12. 薄い絵の具のデカルコマニー

図13. デカルコマニーを利用した作品

［桂川成美］

| 1 幼児造形とは | 2 幼児の造形教育の方法 | 3 幼児の造形教育の教材 | 4 幼児造形教育への実践 | 5 幼児の発達と造形表現 | 6 幼児造形教育の歴史と海外の美術教育 | 7 幼児造形教育の広がり |

10. 平面技法の応用③　スクラッチ—ひっかいて描く

　スクラッチ（Scratch）は、英語で「ひっかき傷」を意味する。パスまたはクレヨンを塗り重ねて二層にし、上の二層目を削り取って下の一層目の色を現す技法である。二層目は黒で塗ることが一般的で、一層目に塗った鮮やかな色に黒を塗り重ねることは驚きであるが、塗った黒をひっかいた時に下から現れる色が、さらに驚きと線への興味を引き起こす。塗り込めるという行為は、幼児の手の訓練にもなる。この技法を用いて、作品制作を行う。

1. 実践のねらい

① 様々な色を、パスやクレヨンで塗り込むという行為を楽しむ。
② 削ることによって出てきた線、偶然現れた色を楽しむ。
③ この技法を使い、線や、線の色を主とした作品を制作する。

2. 準備するもの

- 紙（画用紙）…塗り重ねて削り取るので、厚手のものの方がよい。
- パス、クレヨン…パスの方が軟らかく伸びがよい。黒い色をたくさん使うので多めに準備する。
- 削るための道具…割り箸、釘、ヘラ等。幼児が行う時は、ひっかく時に危険がないものを選ぶ。
- マスキングテープ…塗り込む時に、はみ出ることを気にしなくてすむように、まわりに貼っておくと便利。
- 新聞紙…削りかすが多く出るので下に敷いて行う。

3. 実践の流れ

(1) 小さい面積で試す

　塗り込めるのに適当なサイズで、今回は15cmの正方形で試してみる。紙に定規で線を引き、まわりにマスキングテープを貼る（図1）。貼ることにより、まわりにはみ出すことを防ぐことができて、でき上がりが美しく見える。テープを貼らない場合は、スクラッチを行ってから、残したい画面を切り取るという方法もある。マスキングテープは、レイアウトにも使用され、様々な柄がプリントされたものや、様々なサイズ（幅）、素材の違うものが販売されている。今回は無地の黄色、素材は和紙、幅1.8cmのものを使用した。

　枠をつくったら一層目に色を塗る。一層目にはなるべくいろいろな色を厚く塗った方が、ひっかいた時に現れる線の効果が美しく現れてよい。なるべく隙間のないように塗り込める（図2）。二層目は黒1色で、一層目の色を覆い隠すように塗りつぶす（図3）。黒でなくてもよいが、黒がいちばん覆い隠すことができる。塗り込めた二層目の黒を釘などの先のとがったものでひっかいて削り取る（図4）。ひっかく時に、線の太さや効果を試しながら、道具も工夫してみるとよい。ひっかくといろいろな色が出てくる。形など気にせず、どんどんひっかいてみよう。絵が完成したらマスキングテープをはがす（図5）。粘着性が強すぎるとはがす時に画用紙まで破れる場合があり、注意してゆっくりとはがさなければならない。

図1. マスキングテープを貼る

図2. テープの中を塗り込める

図3. 色の上に黒を塗る（二層目）

図4. 黒をひっかく

図5. マスキングテープをはがす

今回は五寸釘を使用したが、幼児が使用する場合は十分気をつけるか、ほかの道具を考える必要がある。釘は、先でも頭でも使用することができる。実習などで行う場合、広い面積を塗りつぶすと時間がかかり、幼児は疲れてしまう。年齢に合わせた適切な紙のサイズで行おう。

(2)イメージを形にして表現する

スクラッチは、色使いやその楽しさから花火をモチーフにして描くことが多い。今回は園児たちが、暗闇に浮かぶ花火を割り箸ペンでひっかき、楽しく表現している（図6、7）。（図7）の右端の子どもは割り箸ペンを握って持っているが、その方が力が入って持ちやすいのだろう。幼児にとってやりやすい方法で援助できるとよい。また、（図8）のように第一層目の塗り方も様々である。個性を生かした作品づくりに取り組みたい。

図6. 幼児がスクラッチをする様子①

図7. 幼児がスクラッチをする様子②

図8. いろいろな色使いの第一層目
（図6〜8写真提供：すずらん幼稚園）

図9. チョウ

(3)作品への展開

線の表現が応用できると考え、スクラッチのモチーフを昆虫に設定した。導入に、チョウをモチーフに制作した作品を挙げたが、各自が自由に昆虫を選んでよいことにした。図鑑などを参考にするよう指示を出した。サイズは、15㎝の枠内に1匹をなるべく大きく描いてもらった。でき上がった昆虫は、三原色染めの花との組み合わせを考え、色画用紙を台紙にして構成した（図9〜11）。

4. 作品を保管する時の注意

描いたパスや、クレヨンは、そのままでは固まらない。触ると手についたり、擦れて絵が痛んだりする。作品として長く保存したい場合は、市販されているスプレー式のコートを吹きつけ、表面を保護する方法がある。ボンドを同量の水で溶き、表面に塗る方法もある。作品の上に1枚コピー用紙を当てておいてもよい。ラミネーターを使う場合、留めるための熱で、パス、クレヨンが溶けることがあるので注意が必要である。

図10. トンボ

5. 材料の応用

二層目の黒を墨汁に替えることができる。その際、一層目のパス、クレヨンは油性で水性の墨汁をはじくため、墨汁を中和するために中性洗剤を一滴入れるとよい。

また、アクリル絵の具を塗ることもできる。パスや墨汁の黒は不透明だが、アクリル絵の具は透明なので塗り重ねても下の色（一層目の色）が透けて見える。版画用のインクを使って、ローラーで二層目の色を均一に塗ることもできる。

図11. ハチ

［松田ほなみ］

| 1 幼児造形とは | 2 幼児の造形教育の方法 | 3 幼児の造形教育の教材 | 4 幼児造形教育への実践 | 5 幼児の発達と造形表現 | 6 幼児造形教育の歴史と海外の美術教育 | 7 幼児造形教育の広がり |

11. 平面技法の応用④　マーブリング

　マーブリングは墨流しの技法で、日本では墨汁などを使い昔から行われている。水に浮かべた絵の具（墨）を写し取る技法である。バットに、墨や彩液、絵の具等を落とし、軽くかき混ぜ、紙で水面に浮かんでいる模様を写し取る。すると手で描いてできない模様をつくることができる。大理石のような模様ができるところから、その名がついた。

　水に色とりどりの絵の具をたらすだけでできる不思議な模様に、子どもたちは目を輝かせる。幼児にも簡単に取り組むことができ（図1）、次は、この色をたらしてみようとか、かき混ぜてみようとか、次々とやりたいことのアイデアを浮かべて活動する。それは、造形の重要な要素となる。

1. 実践のねらい

① でき上がった模様を楽しむ（図1、2）。
② 水面をかき混ぜたり、口で吹いたり、油を入れたりすることで、たらした絵の具のいろいろな模様の変化を楽しむ。

2. 準備するもの

- バット…水を張るためのもの。使いたい紙が入る大きさが必要。一回ごとにきれいな水に取り替えるため、持ち運びやすさも考える。
- きれいな水…排水施設が近くにあったほうがよい。
- 彩液（マーブリング用絵の具）、墨、絵の具等
- 筆…模様をかき混ぜるために軸の部分を使う。油をつける場合にもあるとよい。
- 写し取る紙（コピー紙、画用紙等）…白だけではなく、色がついたものもあるとよい。
- 少量の油（油絵の具のテレピン油等）…鼻を擦ってついた油を使うこともできる。
- 新聞紙…机の上をぬらさないため。
- 雑巾…ぬれたところをふき取るため。

3. 実践の流れ

(1) マーブリングをする

① 模様を写し取った紙を乾かすための新聞紙を広げておく。
② バットに水を入れる。水深2㎝くらいで、あまり多く入れなくてよい。
③ 水面に彩液をたらす（図3）。勢いよく入れすぎると、彩液が底に沈むこともある。はじめは、色が薄いこともあるが、次々と彩液をたらすと次第に模様が現れ色も濃くなっていく。表面張力で模様が広がっていく。
④ 棒（筆の軸）で静かに水面に浮いた模様をかき回す（図4）。口で吹くと模様に動きが出る。筆に油をつけて差し入れると、模様と模様の間が広がる（図5）。
⑤ 模様ができたら紙を当て、そっと写し取る。紙の両端を持って中心よりそっと水に落とすとよい（図6）。

図1. 模様を楽しむ幼児

図2. 模様を楽しむ学生

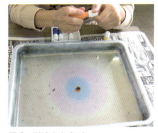
図3. 彩液をたらす

図4．模様をかき回す

図5．油をつけ模様と模様の間を広げる

図6．紙の中心からそっと水に落とす

❻水面に浮かべた紙をなるべく早く、そっと持ち上げ（図7）、新聞紙の上に広げて乾かす（図8）。

❼新しい模様をつくる時は水を取り替える。

図7．そっと紙を持ち上げる

図8．水面から写し取った模様

4．活動の留意点

- 色の組み合わせを考えることができたか。また、紙の色との組み合わせについても考えることができたか。
- つくったマーブリング模様の効果的だと思える部分を選んで紙を切って台紙に貼りつけ、作品を制作してもよい。

5．発展

マーブリング模様を使って作品を制作する。マーブリング技法を利用した紙芝居の一場面を見てみよう。

❶マーブリング模様を地（背景）として使い、海の中や、雲等、わき上がったイメージを表現する。マーブリング模様の上に、マーカーや、クレヨン、パス、絵の具で直接描いたり、ほかの紙を貼りつけたりする（図9）。

❷構図を考えた場面に切り抜いたマーブリング模様を貼りつける（図10）。

図9．マーブリング模様を背景に見立てる

図10．切り抜いたマーブリング模様で柄をつける

［松田ほなみ］

12. 平面技法の応用⑤ フロッタージュ—擦り出しで魚をつくる

　フロッタージュ（擦り出し）は、20世紀初頭のシュルレアリスムの画家マックス・エルンスト（Max Ernst, 1891～1976）が発見した表現技法である。凹凸のある面や物に紙を当てて鉛筆やクレヨンなどで擦ると、凸面が濃い模様となって紙の上に浮き出る。この技法を用いて、色鮮やかなうろこや背びれ尾びれを描き、オリジナルの魚をデザインする。

1. 実践のねらい
① 身のまわりの物が様々な手触りをもっていることに気づく。
② 凹凸を擦ることによって模様が浮き出る楽しさを知る。
③ 様々な色で自分の好きな模様の組み合わせをつくる。

2. 準備するもの
- 紙（画用紙またはコピー紙）…薄手の紙の方が形がはっきり浮き出る。
- 鉛筆、色鉛筆、パステル、クレヨン、ノリ、ハサミなど…色鉛筆の方が細かい形をくっきり浮き立たせるが、クレヨンの方が色が鮮やか。
- 太い黒マーカー…魚の輪郭をくっきり描くために太めがよい。

3. 実践の流れ

(1) 靴底でフロッタージュ（擦り出し）を試す

　フロッタージュに慣れるための練習をする。靴底はたいていゴムでできており、滑り止めの凹凸模様がある（図1）。紙が動かないように手で押さえてしっかり固定し、鉛筆を横にして隙間が空かないよう塗りつぶす。

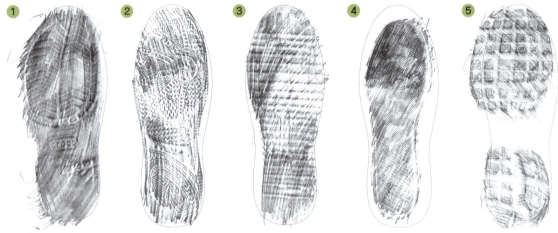

図1. 靴底をフロッタージュした例

図2. 魚の下絵をマーカーで描く

(2) 魚の輪郭を描く

　紙の上に魚の形を自由に描く。フロッタージュの範囲が広くなるよう、魚をなるべく大きく配置するとよい（図2）。まず鉛筆で下描きし、その上を太い黒マーカーでなぞって描いておくと、目やひれやうろこの形がわかりやすい。今回はゲームで遊ぶため、「魚のひらき」のように左右対称になるように表面と裏面を両方描いておく。タコやイカ、貝やうなぎなど、様々な形の魚介類を描くと表現の幅が広がる。

図3. 壁や床を擦り出す

図4. マンホールなど、文字の形を浮き出させてみる

図5. 切り抜いて貼り合わせる

図6.「魚釣りゲーム」で競う

(3) フロッタージュをする

　身のまわりの壁や床、様々な物の上に魚を描いた紙を置いてフロッタージュを開始する（図3、4）。教室の外に出てみるのも新しい発見につながる。細かな表面仕上げが施してあるコンクリートやレンガの壁、規則的な穴が開いた木製の吸音壁、金属製のスロープ板など、普段気がつかないところに面白い質感が潜んでいる。凹凸の形、深さ、硬さなど、実際に手で触ってみたり、予備の紙で試しに擦り出してみたりするとよい。また、マンホールやプレートなど、文字が突出して刻印してあるところを擦り出してみても面白い。表裏面の両方のフロッタージュを終えたら、魚の輪郭を切り抜いてノリで貼り合わせて完成（図5）。

(4)「魚釣りゲーム」で遊んでみる

　切り抜いた魚の口の部分にクリップをつけてテープで留める。1mほどの棒の先端に凧糸の端を固定し、糸の反対端に磁石を留めて釣り竿をつくる。つくった魚を互いに重ならないように床に置き、何匹釣れるかグループで競うことにより、つくったもので遊ぶ楽しさを知る（図6）。

4. 活動の留意点

- フロッタージュした模様の種類がたくさんあるか。
- 誰も見つけていない面白い模様を発見できたか。
- 模様と配色がうまく考えられているか。

5. 発展

　今回は「魚釣りゲーム」として遊びに結びつけたが、グループに分けて模造紙など大きな紙を海に見立てて魚を配置させ、一つの作品にまとめる方向も考えられる。魚だけでなく、宇宙人や動物をモチーフにしてみてもユニークな作品になるだろう。また、必ず5色以上を使う、裏表で違うデザインにするなどの条件を与えると、計画的な制作につながる。逆に、使用するのは黒色だけという制約は、工夫を要する課題になるであろう。ゲームでは、グループでフロッタージュのリレーを行い、どこで擦り出してきたのかを探るクイズ大会をすると、楽しい鑑賞につながる。

[山本政幸]

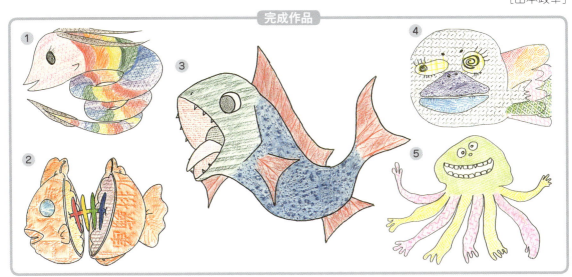

完成作品

| 1 幼児造形とは | 2 幼児の造形教育の方法 | 3 幼児の造形教育の教材 | 4 幼児造形教育への実践 | 5 幼児の発達と造形表現 | 6 幼児造形教育の歴史と海外の美術教育 | 7 幼児造形教育の広がり |

13. コラージュ

　コラージュとは「ノリづけ」を意味する言葉で、通常の描画材料で描くのではなく、様々な素材（新聞、雑誌、包装紙、楽譜、布など）の絵や写真、文字を組み合わせ貼りつけて表現する。2枚以上の写真や絵などを貼り合わせることで新たな意味の世界を表出させる技法である。キュビズム時代において、ピカソやブラックが始めた絵画技法パピエ・コレを発展させたものといわれている。この技法を用いて、様々な素材の絵や写真、色、質感を楽しみながらコラージュを制作する。

1. 実践のねらい

① 様々な素材の色や模様、質感の面白さに気づく。
② 貼りつける素材の色や形から想像を膨らませる。
③ 写真や絵を貼り合わせることで生まれる新たなイメージの世界を楽しむ。

2. 準備するもの

- 紙（新聞紙、広告、包装紙、楽譜、雑誌など）…様々な模様や色、質感のあるものを用意する。
- 布（古着、毛糸、フェルト、綿）…古着、手芸用品などのいらなくなった材料を活用する。
- ノリ、木工用ボンド…布やフェルトなど厚みのある素材は、木工用ボンドを使用する。
- 鉛筆、色鉛筆、パステル、クレヨンなど…コラージュした作品に描き加える。

3. 実践の流れ

(1) コラージュ素材の収集

　新聞や広告、包装紙、楽譜、雑誌、布から、好きな絵や写真、模様をおおまかに切り抜き、多めに収集する（図1、2）。収集した素材は、仲間と見せ合ったり交換し合ったりすることで、互いの興味を知ることができる。

図1. 収集した写真素材

図2. 収集した布素材

図3. コラージュ制作風景

(2) 収集した素材を見立てて貼る

　収集した絵や写真、模様から、魚やチョウなどの形に見立て、ノリで画用紙に貼りつける。布などの厚みのある素材はボンドを使用する（図3）。最初に描いた輪郭線にとらわれすぎないように、写真や絵の特徴を活かし、面白い組み合わせを楽しみながら貼っていく（図4）。

図4. コラージュ素材から見立て

(3) **鑑賞会**

完成した作品を鑑賞する（図5～8）。鑑賞方法は、グループで作品を交換し仲間の作品タイトルを考える。自分の制作したコラージュ作品が仲間からいろいろな作品タイトルをつけてもらうことで、様々な見え方ができることを体験する。

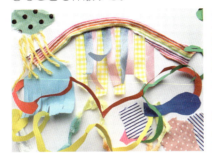

図5. 作品1　紙、布、毛糸

図6. 作品2　雑誌、布、毛糸

図7. 作品3　布、毛糸

図8. 作品4　古着

4. 活動の留意点

- コラージュした作品には、写真や絵、模様の種類がたくさんあるか。
- 面白い写真や絵、模様の組み合わせを発見できたか。
- 様々な素材の質感を組み合わせて楽しむことができたか。

5. 発展

発達段階において、ハサミが使えない年齢では、保育者があらかじめ写真や色紙などの素材をいろいろな形に切り、見立て遊びからコラージュを始めるのが取り組みやすい（図9）。コラージュするテーマを魚や昆虫、動物と設定し、完成したコラージュを画用紙から切り取り壁面に貼ることで壁面装飾にまとめる方向も考えられる。今回は紙や写真などの素材でコラージュを行ったが、扱う素材を替え、季節の植物（花や葉、枝）、不要になった既製品（容器やフタ、菓子箱）などを組み合わせる立体的なコラージュ（アッサンブラージュ）に発展することもできる。個々の興味ある絵や写真などの組み合わせで制作するコラージュは、心理療法にも活用されている。

［新實広記］

図9. 3歳児のコラージュ

| 1 幼児造形とは | 2 幼児の造形教育の方法 | 3 幼児の造形教育の教材 | 4 幼児造形教育への実践 | 5 幼児の発達と造形表現 | 6 幼児造形教育の歴史と海外の美術教育 | 7 幼児造形教育の広がり |

14.切り紙・切り絵

紙は、生活の中でも特に身近な材料である。絵を描くことだけでなく、折る、切る、ちぎる、貼るなど、様々な造形活動をすることができる。紙をあらかじめ折り、重ねた状態でハサミやカッターナイフで切る切り紙では、紙を開いた時に出てくる形に感動することができる。切り絵は、絵の描画線を残すようにカッターナイフで余白部分を切り落としていく。描画には出せない味わいの作品を制作することができる。

「切り紙」

1. 実践のねらい

① 紙を折る、切る、切り抜くことによってできる形を思い浮かべ、造形的な発想を広げる。
② 線対称、点対称による構成を知り、それを組み合わせるなどして工夫する。

2. 準備するもの

- コピー用紙（白）　・ハサミ　・カッターナイフ
- カッターマット　・折り紙、または色画用紙　・ノリ

3. 実践の流れ

(1) **紙の準備をする**

コピー用紙を折る。折り方は、二つ折り、四つ折り、六つ折り、八つ折り、蛇腹折りなど、様々な折り方で制作することができる（図1）。

(2) **ハサミやカッターナイフを使って、作品を制作する**

二つ折りの場合、線対称（シンメトリー）の作品になる。折った紙を重ねたまま、ハサミで切る。切り抜きたい部分があれば、カッターナイフを使用する。四つ折り、六つ折り、八つ折りの場合、完成図を予測することが難しくなってくるため、思いつくままに適当に切ってみる。蛇腹折りの場合、左右両方の折り目の一部は切り取らず必ず残るように構成を工夫する（図2）。折り目が残らないように切ってしまうと、作品がつながらずバラバラになってしまう。

(3) **作品の展示・鑑賞**

切った紙を広げると、作品が完成する。折り紙や色画用紙など色のついた紙に作品を貼ると、見やすくなり展示もしやすい（図3、4）。同じ折り方で制作した作品をまとめて展示すると、表現上の工夫に気がつきやすい。鑑賞活動を通して、作品の違いや良さを見つけることができる。

4. 活動の留意点

- 折って切るという切り紙の制作手順を知ることができたか。
- 道具を正しく使い、作品を制作することができたか。
- 偶然生まれる模様の面白さに気づき、制作を楽しむことができたか。

5. 発展

二つ折りの切り紙は線対称の作品ができるので、例えば自然物をテーマに制作をする。対象物としては、野菜や果物、植物、昆虫などは子どもたちがイメージしやすく、つくりやすい場合が多い。六つ折りは、雪の結晶

図1.蛇腹折り

図2.左右の折り目を残すように切る

図3.背景に色画用紙を貼って見やすくしたシンメトリーの作品①

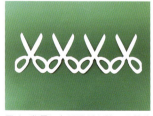
図4.背景に色画用紙を貼って見やすくしたシンメトリーの作品②

図5. 保育室の窓に飾ったトランスパレントペーパーの切り紙

をテーマに、冬の壁面飾りに応用することができる。また、偶然できた切り紙の作品から何に見えるか考え、見立て遊びをすることも面白い。

ほかにも材料を変えた切り紙制作を展開するとよい。例えば、光を通す折り紙「トランスパレントペーパー」を使えば、窓ガラスに貼ってステンドグラス風の飾りを制作することができる（図5）。通常の紙より薄くできていて、2枚重ねると混色することも可能で、子どもの工夫を引き出すことができるだろう。ただし、作品は破れやすいのでラミネート加工をして耐久性をもたせる必要があるが、それにより子どもの心にも手元にも残すことができる活動になると考える。

「切り絵」

1. 実践のねらい
① 切り絵として作品制作するための構成を工夫する。
② カッターナイフを安全に正しく使う。

2. 準備するもの
- 紙（下絵を描くため）
- 黒画用紙
- 色画用紙など黒以外の紙
- カッターナイフ
- カッターマット
- マスキングテープ

3. 実践の流れ

(1) 下絵を描く

コピー用紙など薄い紙に下絵を描く。描いた線を残して切ることになるので、線は太くする。切り絵作品がばらばらにならないようにするため、すべての線がつながるようにデザインを工夫する。

図6. すべての線がつながるようにデザインする

(2) 黒画用紙を切る

黒画用紙の上に下絵をマスキングテープで貼り、固定する。黒い線と白い部分の境目にカッターナイフを入れて、白いところをすべて切り抜く。細かい部分から切り抜くと制作しやすい（図6）。

図7. グラデーションの紙を作品の下に敷いたところ

(3) 仕上げ

すべて切り抜くことができたら、テープをはがして下絵を外す。色紙などを、色をつけたい部分の形に沿って切り、作品の裏から貼る。模様のついた紙を敷いてもよい（図7）。

4. 活動の留意点
- 絵の中の線がすべてつながるように作品構成を工夫できたか。
- カッターナイフを正しく使い、線に沿って紙を切ることができたか。

5. 発展

画用紙や色紙などの不透明の紙ではなく、セロハンやトランスパレントペーパーなどの光を通す素材を貼れば、ステンドグラス風の作品にすることができる（図8）。その際、セロハンは紙用のノリでは接着が難しいので、プラスチックにも使える工作用接着剤を使用するとよい。窓に飾ったり、ペットボトルに貼ってランプシェードにしたりと応用することができる。作品をラミネート加工をすることで、切り紙と同様に耐久性をもたせることができる。

[鈴木安由美]

図8. 光を通す素材を使用した作品

| 1 幼児造形とは | 2 幼児の造形教育の方法 | 3 幼児の造形教育の教材 | 4 幼児造形教育への実践 | 5 幼児の発達と造形表現 | 6 幼児造形教育の歴史と海外の美術教育 | 7 幼児造形教育の広がり |

15. 厚紙で仮面・かぶりものをつくる

仮面やかぶりものをつけるだけで、いつもの自分とは違う、別のものに変身することができる。保育現場でも、子どもたちは仮面やかぶりものをつけて、ごっこ遊びや劇の発表会、行事等の中で、別のものになりきる遊びや活動を楽しむ。紙袋や薄手の画用紙を使って子どもでも簡単につくることもできるが、ここではボール紙を使った頑丈な仮面やかぶりものを制作する学生の実践を紹介する。

図1．仮面：ボール紙に切り込みを入れて膨らみをもたせる

図2．かぶりもの：頭のサイズを測る

図3．かぶりもの：頭の形に沿うように骨組みをつくる

図4．新聞紙で骨組みの隙間を埋める

図5．新聞紙を貼って立体感を出す

1. ねらい

- 身につけることで別のものに変身できるような、仮面やかぶりもののいろいろなデザインをイメージし、発想や構想を広げる。
- 厚紙を使用した立体工作の方法を知り、工夫してつくる。
- 自分の思いを表した仮面やかぶりものをつけて、なりきってごっこ遊びを楽しむ。

2. 準備するもの

- ボール紙…仮面の場合、顔を覆う大きさ、かぶりものの場合、2cm×30cm程度の帯状の厚紙が6本ほどあるとよい。頭のサイズによって調整する。
- 新聞紙　・コピー用紙（白）　・ハサミ　・カッターナイフ
- カッターマット　・ホチキス　・セロハンテープ
- 木工用ボンド　・水…木工用ボンドを溶かす。　・絵の具セット

3. 実践の流れ

(1) 変身したいものを考える

制作者自身が変身したいと思うもの、または保育現場で使用する場面を想定して、つくるものを決める。細かな凹凸も表現するため、正面から見たところと横から見たところのアイデアスケッチを描く。

(2) **ボール紙で骨組みをつくる**

①仮面

ボール紙の例えば上下（左右）に切り込みを入れ、少しずらしてホチキスで留めることで膨らみができることを利用し、仮面の膨らみを表現する。切り込みの数や深さ、ずらす幅によって膨らみ方が変わってくるので、つくりたいものに合わせて調整する（図1）。仮面をつけた時に目に当たる部分に穴を開け、仮面の四隅を丸く切って仮面の輪郭を整える。動物をつくる場合、耳など大きなパーツは別のボール紙でつくり、この時点で骨組みにホチキス留めする。

②かぶりもの

ボール紙を幅2〜3cmの帯状に切る。そのうち2本は端をホチキスで留め、長い帯状にする。それを額の位置に巻いて、頭のサイズから少しゆとりをもった長さでホチキス留めし、かぶるための土台となる輪をつくる（図2）。できた土台の輪に帯紙の端を垂直方向に留め、頭の形に沿うように帯紙の反対側の端を土台に留めていき、かぶりものの骨組みを制作する（図3）。

134

図6. 新聞紙は少しずつ重ねる

図7. コピー用紙を貼って表面をなめらかにつなげる

図8. 着色をする

図9. 完成した作品例

図10. 仮面・かぶりものを身につけて、変身をする

仮面・かぶりもののどちらの制作でも、ホチキスの針先で頭や顔をけがしないよう、必ず針先が外側に出るように留める。

(3) **新聞紙で肉づけをする**

先に、かぶりものは、骨組みの部分にボンドをつけ、新聞紙を貼って隙間を埋める（図4）。その後、仮面とかぶりもののどちらも、つくりたい形に合わせて、新聞紙を丸めるなどしてセロテープで貼り、肉づけしていく（図5）。一度に大きな塊を貼ると形の微調整が難しいので、少しずつ重ねて高さや形を調節していくことが大切である（図6）。

(4) **コピー用紙で表面を滑らかに整える**

そのままでは凸凹しているので、新聞紙の部分がすべて隠れるように、コピー用紙を小さくちぎった紙片を貼る。土台のボール紙や帯状の紙と肉づけした新聞紙の境目も、なめらかにつながるように表面に貼っていく（図7）。コピー用紙を端までしっかりと接着するために、木工用ボンドは器に入れて、水を少し混ぜてやわらかくしておくとよい。またこの時、骨組みの際に外側に出ていたホチキスの針先にコピー用紙を貼りつけて覆っておくと安全である。

(5) **絵の具で着色する**

木工用ボンドが完全に乾いたら、絵の具で着色をする。絵の具は濃いめに溶いて塗ると、ムラが少なくきれいに塗ることができる（図8）。

(6) **仕上げ**

仮面は、かぶりものの骨組みの時に使ったものと同様の帯状のボール紙を2枚用意する。それぞれの片方の端を2cmほど折り返し、その折り返しに1つの輪ゴムを通してホチキス留めする。輪ゴムをつけていない端を、かぶるサイズの長さに合わせた後、仮面の左右の縁にホチキス留めする。新聞紙で肉づけされていてホチキスが入らない時は、ボンドでしっかりと接着する。

かぶりものはそのままでも着用できるが、外れることが心配ならば、帽子用のゴムをつけてもよい（図9、10）。

4. 活動の留意点

- 仮面やかぶりものを身につけた姿をイメージし、デザインを工夫することができたか。
- 材料に合った加工の方法を理解し、道具を正しく使って作品を制作することができたか。
- 作品を身につけて楽しみ、造形的な工夫を鑑賞することができたか。

5. 発展

かぶりものの骨組みの長さを伸ばすことにより、頭からすっぽりとかぶることのできる骨組みをつくり、目や口に当たる部分に穴を開けて制作すると、仮面とかぶりものの両方の性質をもった作品をつくることができる。

［鈴木安由美］

135

16.発想を形にする—紙を使った見立て遊び

　子どもは、特徴のある形を見ると、「ウサギみたい！」「タコだ！」「カタツムリ！」と、自分の知っているイメージと結びつけ、遊びに取り入れていく。

　この活動は、子どもの見立て遊びをベースにしたものである。「どのようなものをつくるのか」という完成形を保育者が決めず、それぞれの子どもの発想で作品づくりを楽しむ。活動のポイントは、子どもにとって簡単な操作で、見立てやすい「特徴のある形」に変形する切れ込みのある紙を使うことである。子どもたちは紙を折ったり曲げたりしながら、どことどこをつなげたら、どんな形になるのか、何に見えるのかと、イメージを膨らませていく。イメージを自分なりに表現するために手を動かし、考え、できた形を見ながら、さらに新しいイメージを膨らませていくことができる、想像力を育む活動である。

🖋 何に見えるかな？　変な形・変な生き物

1. 実践のねらい

❶ 切れ込みのある紙を折ったり曲げたりしてできた形を見ながら、何に見えるのかを想像し、イメージを膨らませる楽しさを知る。

❷ ハサミ、ノリ、ステープラーなどの道具を使って、イメージを自分なりに形にする体験をする。

❸ イメージを形にすることを通して、自分のイメージを友達や保育者、保護者に伝える楽しさを知る。

2. 準備するもの

- あらかじめ切り込みを入れた色画用紙（図1）や、まわりを切り抜いた紙（図2）
- 様々な形の紙片（図2の切れ端など）、紙テープなど
- ノリやステープラーなど、接着する道具
- ハサミ（普通のハサミ、ピンキングハサミ＜刃のギザギザなもの＞）
- カラーマーカー
- 白い丸シール（飾り用：見立てたものの目や模様として使用）

3. 実践の流れ

(1) 切り込みを入れた紙の一部をつなげたり、紙を変形させたりしてみる

　切り込みを入れた紙の一部をつなげると、切り込みの形によって様々な形ができる（図3）。どこをつなげると、どんな形になるのか、何に見えるのかをいろいろと試しながら、形の変化を楽しみ、イメージを膨らませる。

(2) つくりたいものを決め、本体となる形をつくる

　ノリやステープラーなどで接着したい部分をつけ、作品の本体となる形をつくる。

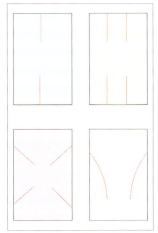

図1. 切り込み例

図2. まわりを切り抜いた紙

図3. 切り込みを入れた紙の一部を接着すると、特徴のある形になる

図4. 様々な形の紙片　　図5. 長く・たくさんつなぐ

図6.ギザギザドラゴン

図7.シールやマーカーを使って仕上げる

(3)**本体に他の材料をつなげながら、イメージを膨らませる**

本体に紙片や紙テープなどを接着し、できた形を見ながら、さらにイメージを膨らませ、自分なりの作品づくりを楽しむ。ピンキングハサミなどを用意しておくと、自分で紙片をつくり、その紙片の形からイメージした作品をつくるなどの活動へと展開する姿も見られる（図6）。

(4)**仕上げ**

ペンなどで目や模様を書き込み、作品を仕上げる（図7）。

4. 活動の留意点

- この活動では、子どもの発想と、それを形にする体験を大切にしている。イメージしたものを自分なりに表現できるように、材料を多めに用意する。十分な材料があれば、子どもたちは、イメージに近づけるために工夫する体験、友達のアイデアをまねてよいところを取り入れる体験、色や大きさを変えてデザインの違いを楽しむ体験など、豊かな造形体験を重ねることができる。

  また、一度きりの活動としてではなく、繰り返し取り組む活動にすることで、紙や道具の扱いに慣れ、身につけた造形技法を応用・工夫する姿が期待できる。

- 完成形が決まっていない活動のため、多様な作品ができてくる（図8、9）。保育者は、自分がもつ作品イメージに近づけるような誘導を避け、それぞれの子どもが取り組んでいる表現活動を認め、各々の表現のよさを大切にしながら、子どもの発達に応じた援助を心がける。

図8．1枚の紙から　完成作品4点　　　　　　　　　図9．組み合わせて

【本実践データ】
- 実践・撮影協力：くわな幼稚園
- 対象：年中/22名
- 活動時間：1時間
- 実施月：6月
- 使用した色画用紙：B5/80枚

5. 活動を通した子どもの育ち

(1)**形 ➡ イメージ**

切れ込みのある紙でつくった形からイメージを膨らませ、見立て遊びを楽しむことができる（本実践）。

(2)**イメージ ➡ 形**

自分のイメージを表現するために、紙を切る、折る、貼るなどの工夫しながら、造形活動を楽しむことができるようになる。

［山本麻美］

| 1 幼児造形とは | 2 幼児の造形教育の方法 | 3 幼児の造形教育の教材 | 4 幼児造形教育への実践 | 5 幼児の発達と造形表現 | 6 幼児造形教育の歴史と海外の美術教育 | 7 幼児造形教育の広がり |

17. 紙皿や紙コップと色画用紙を使った美容師ごっこ

　紙皿は軽くて割れないお皿である。行楽などでもよく使われているので子どもにもなじみのあるものといえる。大きさ、深さ、色も多種多様であるため、制作しようとする作品の内容に応じて適切なものを用いることができる。また、紙皿は簡単に折ったり、ハサミで切ったりすることもできることから、半円、4分の1円などの形をつくることも容易で、それらの形からさらに作品のアイデアやイメージが広がっていく場合も多い。これらのことから、子どもたちの造形表現の活動に、紙皿を積極的に用いていきたい。

1. 実践のねらい

<u>豊かにイメージを膨らませ、表現する楽しさを味わう。</u>

　「美容師さんになって、ハサミで髪の毛をチョキチョキしてみたい」とは、多くの子どもたちが一度は胸に思うことであろう。本教材は、幼児期の子どもたちが大好きな「何かを真似る」「何かになりきる」という行為と造形表現を組み合わせた活動である。さらに紙皿や紙コップといった身近な材料を使って手軽に特別感満載の表現ができる活動でもあり、子どもたちが思う存分楽しみながら表現ができるものといえる。

2. 準備するもの

- 紙皿……深さのない、浅い紙皿が制作しやすい。
- 紙コップ……450ml程の大きいサイズを使うと、紙皿がより安定する。
- 装飾用の素材……折り紙、包装紙、モール、リボン、ビニールテープ等。
- 色画用紙　　・ノリ　　・ハサミ

3. 実践の流れ

(1) **保育者による下準備**

　下準備は危ないので保育者が準備するとよい。可能なところは、子どもに手伝ってもらってもよい。

❶ 髪の毛の下地になる部分をつくる。まず、色画用紙に切るための下線を描く。上部は紙皿に沿って円形に、下部は底辺に向かって垂直に下す（図1）。色画用紙を下線に合わせて切る。なお、髪の毛に使う色紙を、黄色以外にしたり、子どもたちが色を選んだりしてもよい。

❷ ❶の垂直部分に縦に何本か切り込みを入れる（図2）。裁断機を使用すると効率的である。裁断機の代わりにカッターナイフを使用してもよい。

❸ ❶～❷の手順で同じものをもう1枚つくる。1枚は顔側に、もう1枚は後ろ側になる。

❹ 紙コップで頭部（紙皿）を乗せる土台をつくる。紙コップの底部分にハサミ（またはカッターナイフ）で斜めに切り込みを入れて、紙皿が差し込めるようにする（図3）。

(2) **人形をつくる（子どもを中心に作業を行う）**

❶ 紙皿の外周の上半分にノリをつける。ノリしろに蛍光ペン等でしるしをつけておくと子どもがわかりやすい（図4）。

❷ 紙皿の表面・裏面の両方に(1)の髪（紙）を貼る。裏面も同様。

図1. 色画用紙を切り取るための下線を描く

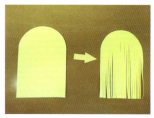

図2. ❶でつくった下地に切り目を入れて髪の毛となる部分をつくる

図3. 紙コップの底に斜めに切れ込みを入れる

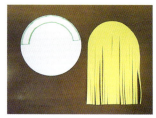

図4. 紙皿の上半分の外周にノリをつけ、髪（紙）を貼る

❸ ❷でつくった頭部を、紙コップでつくった土台に差し込む（図5）。
(3)「美容師さんごっこ」の実際
❶美容師さんになりきって、思い思いのイメージを浮かべながら髪（紙）を切っていく。以下のような声かけ（アドバイス）をすると、子どもの自由な発想が広がるだろう。
・ハサミを使って、前や後ろの髪（紙）を自由に切る。
・ノリやセロハンテープで髪（紙）を固定して髪形をつくる。
・色画用紙や折り紙等で帽子やカチューシャなどをつくり、ノリで貼る。シールなどを貼ってもよい。
・モール、リボン、毛糸等を使ってまとめ髪にする。
・毛先をペン等に巻きつけてカールさせ、パーマスタイルにする。
・ペンやクレパス等を使って顔を描く。または色紙を貼って顔をつくる。
・髪の毛に好きな色を塗る。
❷制作過程の段階から友達の制作工程を見たり、子ども自身のひらめきを友達や保育者に伝えたりと、子どもが友達や保育者と関わりながら造形活動に取り組むことができる教材でもある。相互鑑賞を通して子どもたちが友達の作品に興味をもつこともできる。

4. 活動の留意点

・髪型のデザインを自分なりに工夫しているか。
・友達と共に活動を楽しんだか。

5. 発展

土台の紙コップ部分を飾ることによって、身体部分も工夫することができる。「美容師さんごっこ」に限らず、「スタイリストごっこ」なども組み合わせると一層面白くなる（図6）。

～身体づくり実践例～（図7〜図9）
❶マーカーペン等で紙コップに直接服などを描き込む。
❷色画用紙、折り紙、包装紙等で洋服をつくる。子どもたち自身が染めたり着色したりした紙を使ってもよい。
❸子どもがのびのびと想像を膨らませて、思う存分つくって楽しめるよう、保育者は材料を十分に用意しておく。子どもの自由な創作活動ができる環境づくりがとても大切である。

図5. 紙皿の両面に、髪の毛を貼りつけ、紙コップに差し込んだところ

図6. 思い通りの髪型をつくろう
　このようなやり方もある。保育者は細長く断裁した色画用紙を各色準備する。子どもは、それを思い思いに貼りつける。貼りつけるのも簡単で、多様な色づかいや表現が生まれることから、子どもの個性をさらに引き出すことができるだろう。

図7. 完成作品①　左は、リンゴのネットを利用してドレスをつくったもの

図8. 完成作品②　右は、マーブリングで着色した紙を利用したもの。左は、モールを使って腕をつくったもの

図9. 完成作品③　右は、美容師ごっこで切り落とした髪（紙）を服に再利用した。左は、絵の具遊びで着色した紙で着物をつくった

［加藤愛子］

| 1 幼児造形とは | 2 幼児の造形教育の方法 | 3 幼児の造形教育の教材 | 4 幼児造形教育への実践 | 5 幼児の発達と造形表現 | 6 幼児造形教育の歴史と海外の美術教育 | 7 幼児造形教育の広がり |

18. 画用紙を使って①―Z折り、回転する絵、パズル的な絵

　画用紙は、保育園や幼稚園、小学校などの造形表現活動で最も使用される材料の一つである。用途によって紙質や大きさ、厚みなど多様な種類がある。また、安価なものは大量に手に入りやすく、存分に描画や工作が楽しめる。

　この画用紙を折りたたむ、または切り込みを入れてたたむことで一枚の画面を複数に分割し、それを閉じたり開いたりと動かすことで、一つの作品の中でいくつかの場面の展開が可能になる。これを利用し、物語性のある描画を楽しむことができる教材となる。

　下記に示すように、画用紙を真横から見た時にアルファベットのZに見えるように折り曲げたものは、制作過程が単純ではあるが2つの場面に展開ができ、幼児でも制作が容易である。また、保育者が対象児の年齢や発達を考慮した上で制作したものは、たとえば、歯磨きや着替えなどの生活体験の促しや、絵本の読み聞かせの場面等、保育実習や実際の園での保育の導入の場面で使用することもできる。

1. 実践のねらい（Z折りの描画）

① 紙の特徴を知る。紙の表と裏の区別（p.64 参照）、材質に見合った描画材は何かを考える。
② 物語の展開を発想する。折りたたんだ時や広げた時の動きから、自由に空想を広げる。また、子どもの年齢や発達、生活場面から保育の内容を想定し、イメージを広げる。

2. 準備するもの

① 紙（画用紙、ケント紙）…厚手のものは丈夫であり、閉じ開きの繰り返しの動作に長く耐える。薄手のものでも十分に描画できる。
② 色鉛筆、マーカーペン、カラーペン、水彩絵の具など…用途に合わせて選択する。複数の子どもの前で見せる時は、図柄を濃く、はっきりと描くのがよい。

3. 実践の流れ

(1) **用紙を折りたたむ**（図1〜3）

　まず、長辺方向に半分に折る。次に上だけを半分折り返す。真横から見た時にアルファベットのZの下部が伸びたような形になるようにする。

(2) **イメージを広げる**

　用紙を広げる方向は、発想を促す手がかりとなる。同時に、画面を閉じた時と広げた時の柄のつながりを考えると面白い。

・上方向に広げる→伸びる、上る、登る、昇る（図4）

図1. 長辺方向に半分に折る

図2. 上の一枚を半分折り返す

図3. Z型になるようしっかり折る

図4. 上へ開く

140

- 下方向に広げる→下方に広がる、下がる、降りる（図5）

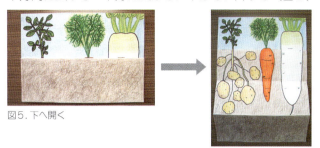

図5.下へ開く

- 横方向に広げる→前後に進む、時間の経過（図6、7）

図6.右へ開く

図7.左へ開く

(3) **絵を描く**

重なり部分の絵柄と広げた時の絵柄がつながるように描画する（図8、9）。場面が展開する際の物語性や子どもの発達に応じた絵柄を考え、描画材の特徴を活かした表現ができるとよい。折りたたんだ際に、パス類の描画は色が移るので、使用は最小限にとどめるのがよい。

図8.保育の場面で　絵本の読み聞かせ導入

図9.保育の場面で　虫歯予防

4. 応用編：回転する絵、パズル的な絵

用紙に切り込みを入れた上で折り曲げることで、より複数の場面に展開できるようになる（図10～12）。絵合わせパズルや、仕掛けを取り入れて画用紙を加工することで画面を回転させることが可能である。また、難易度が生まれ、子どもだけでなく大人まで広く楽しむことができる。このようなパズルは、伝承遊びとして広く愛されているものも多い。

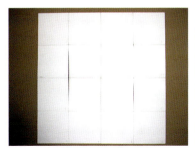

図10.切り込みを入れたところ

図11.切り込みを入れて折りたたんだところ

図12.さらに折りたたんだところ

［堀　祥子］

19. 画用紙を使って② ─動くペーパークラフト「テープの動変換」

　子どもたちは、動くものに関心を抱くことが多い。ここでは、画用紙とホチキスを使ってつくる簡単な動く仕組みを学んだ後、この仕組みを使った動く作品づくりに取り組んでいく。ホチキスを上手に使うことで、ホチキスが物を固定するための道具だけではなく、動く作品づくりにも便利な道具であることを学ぶ。基本形のつくり方を体験し、発想を広げよう。

1.実践のねらい

❶ 紙を使った作品づくりを通して、紙という素材の加工の仕方や加工する際に用いる道具の使い方に慣れる。
❷ ホチキスを使って紙を留めることで、簡単に動く仕組みをつくることができることを学ぶ。
❸ 簡単な仕組みを制作し、それを手にして何度も動かしながら、作品のアイデアを考えていく工程を体験する。

2.準備するもの

- 画用紙…厚口の八つ切り画用紙　・色画用紙　・ハサミ
- 木工用ボンド　・ホチキス　・30cm定規　・新聞紙
- 鉛筆　・消しゴム　・カッターナイフ（または小刀）
- 割り箸（一膳・ノリづけ時に使用）

3.実践の流れ

(1) 動くペーパークラフト「テープの動変換」の基本形を制作する

❶ 机など、制作する場所に新聞紙を敷く。
❷ 画用紙の接着時に使用する割り箸を準備する。片側をカッターナイフや小刀で斜めに削った割り箸（図1）をノリづけ時に使用する（図2）。
❸ 図のような大きさで各部の紙を八ツ切り画用紙から切り取る（図3）。
❹ 切り取った細長い紙を折り畳んで接着する（厚みのある細い帯状の紙〈テープ〉をつくる）。このあとの接着時には、作品や子どもたちの身体を汚さないようにするため、3回折り畳んだ新聞紙の上で行う。その後、細長いテープのうち1本を半分に切る（図4）。
❺ 長方形の紙を図5のように折り目に沿って折る（図5）。
❻ 図5のように折り畳んだ長方形の紙の中で、折り返しの長い側の2か所に、長さ2.5cm、幅0.1～0.2cmの大きさの切り取り部分をつくって切り取り、2か所の細長い穴をつくる（図6）。

図1. 片側を斜めに削った割り箸

図2. 割り箸を使って余分なボンドを取り除く

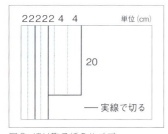

図3. 切り取る紙のサイズ

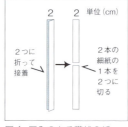

図4. 厚みのある帯状の紙

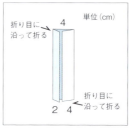

図5. 折り目に沿って折る

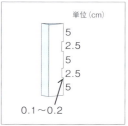

図6. 細長い穴をつくる

❼これまでにつくった各部の紙を、図のように並べる（図7）。
❽細長い帯（テープ）3本を、図のようにホチキスで留める（図8）。
❾長方形の紙の一部に木工用ボンドをつけ、袋状に接着して、動くペーパークラフト「テープの動変換」の基本形が完成（図9）。

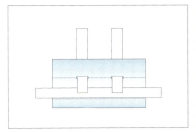

図7. つくった紙を並べる

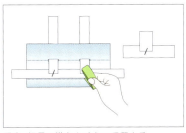

図8. 細長い帯をホチキスで留める

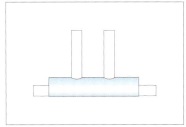

図9. 引っ張る帯のある部分を袋状に留める

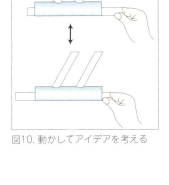

図10. 動かしてアイデアを考える

(2)「テープの動変換」の動きを使った作品を考える

❶基本形を何度も動かしながら作品のアイデアを考える（図10）。
❷この時の動きの様子と作品のテーマが自然に合致するように考える。

※作品のアイデアを先にイメージするのではなく、基本形を手にして何度も何度も動かしながら、「テープの動変換」の基本形の動きをよく見て、その動きを活かすことができるような作品のアイデアを探る。

4. 活動の留意点

- 「テープの動変換」の動きが活かされた作品であるかどうか。
- 作品が汚れずに、きれいにでき上がっているかどうか。
- 作品のアイデアが独創的かどうか。
- 色画用紙の色が適切に使われているかどうか。

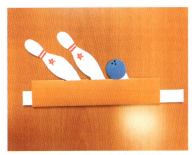

図12. 作品例②　ボールとピンが動く

図13. 作品例③　パンダと笹が動く

図11. 作品例①　手が動く

5. 発展

細長い帯状の紙（テープ）の長さや数を変えることによって、さらにたくさんの作品をつくることができる。

図14. 作品例④　ワイパーが動く

図15. 作品例⑤　人とカブが動く

図16. 作品例⑥　足と頭が動く

［樋口一成］

| 1 幼児造形とは | 2 幼児の造形教育の方法 | 3 幼児の造形教育の教材 | 4 幼児造形教育への実践 | 5 幼児の発達と造形表現 | 6 幼児造形教育の歴史と海外の美術教育 | 7 幼児造形教育の広がり |

20.画用紙を使って③ ―動くペーパークラフト「アニマルフェイス」

　子どもたちの好きな動物を、画用紙を使って制作する。ここでは、動物の口が大きく開いたり閉じたりする仕組みのある、動くペーパークラフトの作品づくりを行っていく。子どもたちが強い関心を抱く動く作品づくりを通して、いろいろなアイデアが生まれてくることが期待される造形内容である。基本形を基にして、形や動き方に工夫を加えるとよい。

1. 実践のねらい

❶紙を使った作品づくりを通して、紙という素材の加工の仕方や加工する際に用いる道具の使い方に慣れる。
❷簡単な仕組みを制作し、それを手にして何度も動かしながら、作品のアイデアを考えていく工程を体験する。
❸完成した作品を手に持ち、何度も口を開閉させてみることによって、でき上がった作品で楽しむことができることを知る。

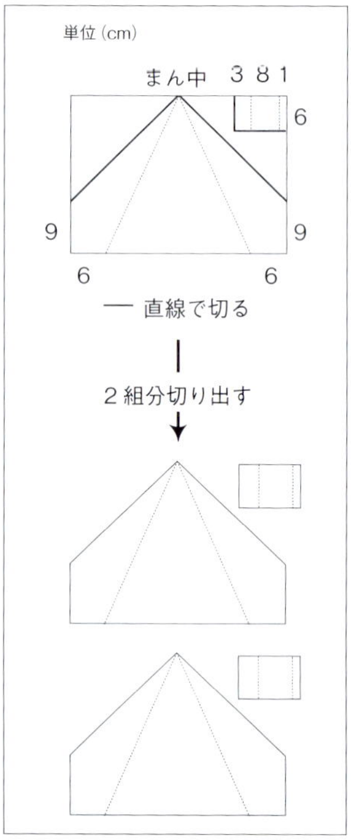

2. 準備するもの

- 画用紙…厚口の八つ切り画用紙　・色画用紙　・ハサミ
- 木工用ボンド　・30cm定規　・新聞紙　・鉛筆
- 消しゴム　・カッターナイフ（または小刀）
- 割り箸（一膳・ノリづけ時に使用）

3. 実践の流れ

(1) 動くペーパークラフト「アニマルフェイス」の基本形を制作する

❶机など、制作する場所に新聞紙を敷く。
❷画用紙の接着時に使用する割り箸を準備する。カッターナイフや小刀で割り箸の片側を斜めに削り、ノリづけに使用する。
❸図1のように、各部の紙を八つ切り画用紙2枚から切り取る（図1）。
❹切り取った大小2組の紙のうち、動物の顔となる大きい紙から先に組み立ていく。まず、机の角を使って紙に曲げ癖をつけた後（図2）、重なっている部分がわかるように鉛筆で線を引き、その後、重なっている部分に木工用ボンドをつけて接着する（図3）。
❺❹でき上がったものの接着する部分に定規を当てて線を引いた後、その部分に折り癖をつける（図4）。
❻❺で、折り癖をつけた部分に木工用ボンドをつけて接着し、動物の口が開閉できるようにする（図5）。
❼接着した部分を1cmだけ残して、切り取る（図6）。

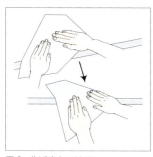

図1. 各部を切り出す

図2. 曲げ癖をつける

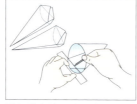
図3. 重なるところを接着する

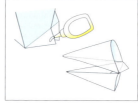
図4. 線を引いて折り癖をつける

図5. 折り癖の部分を接着する

図6. 接着した部分を少し切る

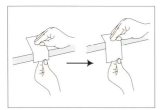

図7. 残りの紙に曲げ癖をつける

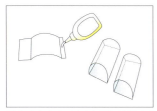

図8. トンネルのような形に接着する

❽残りの2つの小さな画用紙を使って、指を差し込む部分を組み立てていく。まず、図のように机の角を使って紙に曲げ癖をつけた後（図7）、1cmのノリしろ部分に木工用ボンドをつけ、トンネルのような形に接着する（図8）。

❾3cm幅の部分に木工用ボンドをつけ、図の位置に接着する（図9）。

❿動くペーパークラフト「アニマルフェイス」の基本形が完成（図10）。

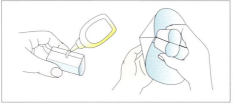

図9. 木工用ボンドをつけて接着する

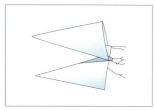

図10. 基本形の完成

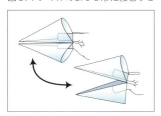

図11. 動かしてアイデアを考える

(2)「アニマルフェイス」の動きを使った作品を考える

❶基本形を何度も動かしながら作品のアイデアを考える（図11）。

❷この時、動きの様子と作品のテーマが自然に合致するように考える。

※作品のアイデアを先にイメージするのではなく、基本形を手にして何度も何度も動かしながら、「アニマルフェイス」の基本形の動きをよく見て、その動きを活かすことができるような作品のアイデアを探る。

4. 活動の留意点

- 「アニマルフェイス」の動きが活かされた作品であるかどうか。
- 作品が汚れずに、きれいにでき上がっているかどうか。
- 作品のアイデアが独創的かどうか。
- 色画用紙の色が適切に使われているかどうか。

図12. 作品例①

図13. 作品例②

図14. 作品例③

図15. 作品例④

5. 発展

動物の顔をつくる場合、「アニマルフェイス」の基本形の一部の形を変えたり、動く場所を口ではなく耳の部分に変えたり、さらに身体全体を加えたりすることによって、基本形の動きに近い作品とは違った作品へと発展させることができる。

図16. 作品例⑤

図17. 作品例⑥

図18. 作品例⑦

［樋口一成］

| 1 幼児造形とは | 2 幼児の造形教育の方法 | 3 幼児の造形教育の教材 | 4 幼児造形教育への実践 | 5 幼児の発達と造形表現 | 6 幼児造形教育の歴史と海外の美術教育 | 7 幼児造形教育の広がり |

21.画用紙を使って④―画用紙と和紙の違いを活かした活用

　画用紙の活用として、「私の木」をテーマに、自由に木の姿を考え、画用紙で様々な表現を楽しむことを目的とする。クレヨン・パスや水彩絵の具、水、スポンジなどとの組み合わせから生まれる表現を体験する。
　和紙の活用として、「シャボン玉」をテーマに、和紙による表現を楽しむことを目的とする。水に濡らすことで、画用紙とは素材が異なり、にじみの表現に適していること、丈夫であること、絵の具が乾いた後に淡く色調が変化することなどに気づくようにする。
　それぞれの実践例から、画用紙と和紙の違いについての理解を深めたい。

🖋 画用紙の活用「私の木」

1. 実践のねらい

❶画用紙で様々な表現ができることに気づく。
❷バチック・にじみ・ぼかし・もみ紙・色の混ざり合い・貼り絵などの表現の楽しさを知る。

2. 準備するもの

- 画用紙、コピー用紙　・ハサミ　・クレヨン・パス
- スポンジ　・水彩絵の具、筆、筆洗、パレット
- ボウル（バケツ）、水　・新聞紙　・ノリ

3. 実践の流れ

(1)画用紙を2つに折り、ハサミで切る。1枚目は背景となり、2枚目は木と葉（花）の部分となることを伝える。
(2)スポンジと水彩絵の具を用意する。スポンジの使い方を工夫することによって、波形や円形、濃淡や多色などの様々な表現ができることを伝え、コピー用紙で試した後、画用紙に背景を描く（図1、2）。
(3)2枚目を半分にした折り目を境に木と葉（花）となる部分に分けることを伝え、自分で考えた木や葉（花）の色をクレヨン・パスで描く（図3）。
(4)ボウル（バケツ）に水を半分ほど入れ、(3)で描いた画用紙を水に浸け、軽くもむ。
(5)新聞紙を敷いて水気を軽く切り、注意深く画用紙を広げる。木と葉（花）、それぞれの色をクレヨン・パスの上に水彩絵の具で彩色する（図4）。
(6)背景の絵が乾いているのを確認してから、木や葉（花）を貼りつける。まず、木の幹の部分からノリで貼りつけ始める。(3)(4)でつくった木の素材を手でちぎり、根元の部分から順に、自由に幹や枝を考えて貼りつける。
(7)葉（花）を貼る（図5）。

4. 活動の留意点

- 画用紙での表現を使い分け、工夫しているか。
- 絵の具の表現を使い分け、自分なりに考えて表現しているか。
- 木や背景を自分なりに考えているか。

5. 発展

　ここではクレヨン・パスと水彩絵の具の組み合わせを使い、バチックによって木を表現したが(図6)、乾くと耐水となるアクリル絵の具や油性の

図1.スポンジで背景を描く

図2.スポンジの使い方を工夫する

図3.木と葉をオイルパステルで描く

図4.水彩絵の具で彩色する

図5.葉や花を貼りつける

図6. 完成

版画絵の具などを先に塗り、後で水彩絵の具を重ねれば、今回とはまた異なった表現を楽しむこともできる。完成後、木を並べて展示し、「みんなの森」として鑑賞することもできる。

🖋 和紙の活用「シャボン玉」

1. 実践のねらい

① 画用紙と和紙の素材の違いに気づく。
② 実際のシャボン玉に多彩な色が見えることに気づき、見えた色を絵の具で再現する楽しさを知る。

2. 準備するもの

- 和紙、色画用紙　・ハサミ　・水彩絵の具、筆、筆洗、パレット
- 新聞紙　・ノリ　・ボウル（バケツ）、水　・シャボン玉液、モール

3. 実践の流れ

(1) シャボン玉液と輪の形にしたモールを用意し、シャボン玉に多彩な色が見えることを促しながら、教室の外で遊ぶ。

(2) ボウル（バケツ）に水を半分ほど入れ、和紙を水に浸け、軽くもむ。

図7. 濡れた和紙に彩色する

(3) 新聞紙を敷いて水気を軽く切り、和紙を広げる。この時、和紙が丈夫であり、画用紙と異なる素材であることなどを伝える。先ほど遊んだシャボン玉の色を思い浮かべながら、水彩絵の具で彩色する（図7）。

(4) (3)を乾燥させ、着彩していた時より色が淡くなったことに気づくよう促す。遊んだシャボン玉の形を思い浮かべ、鉛筆や灰色のクレヨンなどで下描きし、丸く切り抜く（図8）。

図8. 和紙が乾いたら切り抜く

(5) 色画用紙の色を自由に選び、つくったシャボン玉をノリで貼る（図9）。

(6) シャボン玉で遊んだ様子を思い出して、オイルパスで描き加える（図10、11）。

4. 活動の留意点

- 画用紙と和紙の素材の違いに気づくことができるか。
- シャボン玉に見える多彩な色や形、飛んでいる様子などを自分なりに考えて表現できているか。

図9. つくったシャボン玉を画用紙の上に置き、配置を考える

5. 発展

和紙と画用紙を同じように水に濡らすことで、それらの異なる特徴を知るきっかけとなることを目標とした。和紙が薄くて丈夫なことを活かし、下地を透かした表現なども楽しめる（図12）。

図10. クレヨン・パスで描き加える

図11. 完成作品①

図12. 完成作品②

［水谷誠孝］

| 1 幼児造形とは | 2 幼児の造形教育の方法 | 3 幼児の造形教育の教材 | 4 幼児造形教育への実践 | 5 幼児の発達と造形表現 | 6 幼児造形教育の歴史と海外の美術教育 | 7 幼児造形教育の広がり |

22. 版で表す──紙版画の特徴を活かした共同制作「海の生き物」

　紙版画は、切ったりちぎったりした画用紙を貼り合わせることで版をつくることができるため、力や器用さがない幼児にも版づくりが可能である。また、紙を貼り合わせてつくる過程では、モチーフの部品を並べて組み方を検討してつくることができる。ほかの版のように、画面となる四角い形の版ではなく、モチーフそのものを版として扱い画面上の配置を検討することもできる。

　これらの特徴を活かし、グループでテーマに沿ったモチーフを個々につくり、画面上の配置を検討して作品を制作する。

1. 実践のねらい

❶紙版画の制作手順を知る。ローラーやインク、バレンの扱い方を身につける。
❷紙版画の特徴を活かした作品づくりを考察する。
❸グループでそれぞれの版を持ち寄り、構図を工夫する。

2. 準備するもの

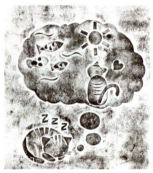

図1. 薄い画用紙でつくった紙版画

図2. 厚い画用紙でつくった紙版画

- 画用紙…(版用)厚みがあるほど　貼り合わせた紙の段差が大きくなるため、刷った時のインクがつかない白い部分が増える(図1、2)。
- ハサミ…ハサミを使うのが難しい場合は、手でちぎってもよい。その場合、切りとった端が柔らかい印象になる効果もある。
- 木工用ボンド…版の接着に使用する。ノリでの接着は、ローラーでインクを盛る時にはがれる可能性があるため、接着力の強い木工用ボンドを使用する。
- 新聞紙…刷り場所の汚れ防止のために、刷り場に敷く。
- ローラー…インクをムラなく盛るためには版の幅より大きいものがよいが、子どもに使わせる場合はローラーの重さや扱いやすさを考え合わせ、版より小さいローラーで繰り返しインクを盛ることで対処する。
- 練り台…インクを広げる平らなトレイ
- ヘラ…インクの中に入ってしまったチリを取り除いたり、インクの量の調整、片づけの時などに使う。
- バレン
- 版画用紙

3. 実践の流れ

(1) テーマに沿ってグループで会話しながら個々のつくるモチーフを決める(モチーフが重複しないように考えたり、グループでつくる絵の世界観を共有したりしていく)。

(2) モチーフを画用紙に描き、胴体や本体など、大きな面積を占める部分を切り取る。モチーフ全体を描いた場合、後で取りつける部分(例:手足や、目鼻口など)は別につくるため、この時は無視して本体のみを切り取る。子どもにつくらせる場面では、下描きしたものから部品をつくらせることが難しい場合もある。モチーフの種類をいくつか想定し、胴体・頭・手足といった部品の型に合わせてつくらせてもよい。

(3)先につくった部分に取りつける部品をつくり、貼り合わせる。取りつける部品を貼り合わせる時、大きさや貼りつける角度など、先に切っておいた本体に合わせて調整することができる。

(4)版画用紙と同じサイズに書かれた枠の中に、グループのメンバーの版を並べ、構図を考える。加えるとよいと思いついたモチーフがあればつくり足す。子どもにつくらせる場合は、構図の調整を指導者が行う。良い構図を選ぶためには、地（画面の余白）と図（モチーフ）を意識し、図と同時に地のバランスにも注意を払うとよい。

(5)版にインクを盛って並べ、版画用紙を上からかぶせて刷る。インクを盛る刷り場のセッティングは、作業しやすいように用具や版を配置する。版が不定形なため、ローラーがはみ出て下に敷いた新聞紙が毎回汚れる。そのため、毎回新聞紙を取り替える必要がある。また、インクの量は多すぎても少なすぎてもきれいな刷りができない。練り台にローラーで均一に延ばされた状態を保つことが大切である。インクが波打っている場合は多すぎである。インクを必要以上に多く盛ると、版が潰れて（白くなるべきところまでインクが入り込み、黒くなってしまうこと）しまう（図3～6）。

図3．インクを盛り、並べたところ　　図4．バレンで刷っているところ

図5．刷り上がり　　　　　　　　　図6．構図を変えて刷った作品

4. 活動の留意点

- 紙版画の制作行程を理解することができたか。
- 紙版画の特徴に気づけたか。
- テーマに沿ってグループでイメージをもち、構図などを工夫できたか。

5. 発展

　紙版画の発展として、画用紙以外に薄い別の材料を貼りつけて版をつくるコラグラフがある。レース、ガーゼ、糸など、材料の材質感を刷り取ることができる。貼りつける材料の中に厚すぎるものがあると、その周辺のみインクがつかず大きく白く抜けてしまうため、材料の厚みに配慮が必要である（図7）。

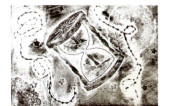

図7．コラグラフでの作品

［桂川成美］

| 1 幼児造形とは | 2 幼児の造形教育の方法 | 3 幼児の造形教育の教材 | 4 幼児造形教育への実践 | 5 幼児の発達と造形表現 | 6 幼児造形教育の歴史と海外の美術教育 | 7 幼児造形教育の広がり |

23. スタンプ遊びの実践

　スタンプ遊び（型押し版画）は、野菜（オクラやレンコン、ブロッコリー、ピーマン、玉ねぎなど）や人工物（段ボールやゼリーの空き容器など）、指や手のひらなどに絵の具をつけて、その形を写し取る行為の連続によって表現活動を展開させていく実践である。

　身のまわりにある様々な素材を版として取り上げることによって子どもはものの形に目を向けるようになり、版として使えそうな素材を自ら探すようになると楽しさはより一層広がっていく。偶然できた版の形や意外なものの形がイメージを想起させるきっかけとなることも多く、スタンプ遊びの魅力といえよう。

1. 実践のねらい

❶ 身のまわりにある様々な素材がスタンプ遊びの版として活用できることを知る。
❷ スタンプ遊びを通して、様々な素材がもっている形の面白さに気づく。
❸ 版の形や絵の具の色からイメージを膨らませながら、スタンプ遊びを楽しむ。
❹ スタンプ遊びの版になりそうなものを探したり、自分で版をつくったりして創意工夫を試みる。

2. 準備するもの

図1. 切り口に変化のある野菜

- 紙（画用紙またはコピー紙）
- スタンプする素材…切り口に変化のある野菜、段ボール、ラップなどの芯材、ペットボトルのキャップ、ゼリーの空き容器など（図1、2）。

図2. 芯材や空き容器など

- スタンプ台…食品用のトレイやタッパーの中に、絵の具を染み込ませたスポンジやガーゼを入れたもの。絵の具は、赤・青・黄の3色程あるとよい。
- キッチンペーパー…版についた絵の具や余分な水分をふき取るため。
- 下敷き…タオルやガーゼ、板状の段ボール、新聞紙など。
- 手ふき用のタオル…あらかじめ水で湿らせてトレイなどに入れておく。

3. 実践の流れ

図3. フタつきのタッパーを使ったスタンプ台

(1) 版（スタンプする素材）とスタンプ台を用意する

　スタンプ遊びに使えそうな素材を探し、適量用意する。段ボールや野菜などは、持ちやすい大きさに事前に切っておくとよい。野菜は、いろいろな形になるように角度に変化をつけて切ると面白い。ただし、インクをつける面が平らでないとスタンプをした形がはっきりと出ないため、準備する際には注意が必要である。

　スタンプ台には食品用のトレイが手軽に用意できて便利である。ただし、前日に準備をしておいたり、数日間にわたり同じスタンプ台を使用したりするのであれば、密封できるフタつきのタッパーが最適である（図3）。

図4. 紙の下に新聞紙やタオルを敷く

(2) 版に絵の具をつけて紙に押す

　版の素材や大きさ、形状によって、版につける絵の具の適量は異なる。また、紙が少し沈むように、紙の下にタオルなどの柔らかいものを敷いておくと、形がきれいに写りやすい（図4）。

150

図5．いろいろな形や色の組み合わせ

図6．段ボールやペットボトルのキャップでスタンプした作品

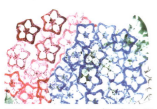

図7．オクラでスタンプ遊びをしてつくった「あじさい」

図8．スタンプ遊びを楽しむ子ども

図9．スタンプ遊びでつくった電車とスタンプした手形

　絵の具が乾燥してしまうときれいに印影が出ないこともあるので、なるべく手早く押すように心がけるとよい。大きめの版は、ずれたりかすれたりしないように両手でしっかりと押すことがポイントである。

(3) 形や色を組み合わせる

　同じ形を連続してスタンプしたり、異なる形どうしを組み合わせたりすることによって、様々なイメージを表現することができる（図5～7）。子どもが自らスタンプ遊びの版になりそうなものを探したり、版をつくったりする活動も大切にしたい（図8）。また、使用する絵の具の色を替える際には、版についた絵の具をキッチンペーパーでふき取るとよい。形や色を組み合わせていくうちに新しいイメージが生まれてくることもあるので、紙を多めに用意するなど、子どもが思う存分スタンプ遊びを楽しめる雰囲気や環境づくりにも配慮できるとよい。

　絵の具が指につくことによって、指によるスタンプ遊びや手形のスタンプへと興味が移っていく子どもの姿も予想される（図9）。

4. 活動の留意点

- 様々な素材を使ったスタンプ遊びを保育者が事前に試しておくことによって、必要となる指導や援助について理解することができる。
- 汚れることを想定してエプロンを着用するなど、制作時の服装にも留意しておくとよい。
- 活動前に机の上に新聞紙を敷いておくと、後片づけが行いやすくなる。
- できあがった作品を乾燥させる棚やスペースを、あらかじめ確保しておくとよい。

5. 発展

- スタンプ遊びによって構成された様々な形や色を活かして、イメージを広げながらクレヨンやサインペンなどで絵を描き加えていく。
- スタンプ遊びによってでき上がった作品を活かして、帽子や手提げ袋などを制作する（図10）。
- ロール画用紙や模造紙などの大きな紙を用意し、みんなでスタンプ遊びを楽しむ実践へと展開する（図11）。

図10．「スタンプ帽子」

図11．共同制作によるクリスマスツリー

［藤田雅也］

| 1 幼児造形とは | 2 幼児の造形教育の方法 | 3 幼児の造形教育の教材 | 4 幼児造形教育への実践 | 5 幼児の発達と造形表現 | 6 幼児造形教育の歴史と海外の美術教育 | 7 幼児造形教育の広がり |

24. ステンシル&ローラー遊び

　画用紙を切り抜くことで版ができるステンシルやローラー遊びは、幼児から楽しめる版表現の一つである。タンポやローラーによる着色は、押したり転がしたりする行為によるものであり、幼児の表現意欲や関心を高める手法である。形や色の重なりを楽しみながら版表現の面白さに気づくことができる実践であり、共同制作へと展開することも可能である。

1. 実践のねらい

① 画用紙を切り抜くことによって、ステンシルやローラー遊びの型紙がつくれることを知る。
② タンポやローラーを使った版表現の面白さに気づく。
③ ステンシルやローラー遊びによって偶然できる形や色の重なりを楽しむ。

2. 準備するもの

図1. タンポ

- 画用紙（またはロール画用紙）
- 版画用絵の具（水性）
- 練り板（もしくは食品用のトレイ）
- タンポ…布またはガーゼを巻いて輪ゴムで留めたもの（図1）
- ローラー
- キッチンペーパー…版についた絵の具などをふき取るため
- ハサミ
- マスキングテープ
- スティックノリ
- 新聞紙

3. 実践の流れ

(1) 型紙をつくる

　Ａ4もしくはＢ5サイズ程度の大きさの画用紙を使って型紙をつくる。切り紙のように画用紙を半分に折り、自由な形を切り抜いて型紙をつくってもよい（図2）。丁寧に切り抜けば、切り抜いた形と型紙のどちらも版として活用することができる。

図2. 切り紙による型紙の例

(2) 画用紙の上に型紙を置き、タンポやローラーで着色する

　画用紙やロール画用紙の上に型紙を置き、ずれないように気をつけて、タンポを使ってステンシルをする（図3～5）。切り抜いた形は図6のよ

図3. タンポを使ったステンシル

図4. 型紙を取り外したところ

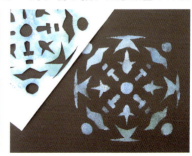

図5. 図2の型紙を使った作品

うに置いて、ローラーで着色する（図7、8）。

　ローラーに絵の具をつける場合は、版画用の練り板が扱いやすいが、タンポに絵の具をつける場合は、食品用のトレイなどの方が、適量の絵の具を準備しやすい。

図6．切り抜いた形

図7．ローラーによる着色

図8．型紙を取り外したところ

(3) **いろいろな型紙を組み合わせて、表現を楽しむ**

　同じ型紙を繰り返し使ったり、友達同士で型紙を交換したりして、表現を楽しむことができる（図9）。同じ型紙でも色を変えたり、タンポの押し方やローラーの転がし方に変化をつけたりすることよって、でき上がる作品の雰囲気は異なる。タンポやローラーにつける絵の具の量を加減しながら、にじみやかすれなどの表現効果を試みることもできる。

図9．同じ型紙を繰り返し使う

4．活動の留意点

- ハサミに慣れていない子どもに対しては、あらかじめ型紙を用意しておくとよい。
- マスキングテープや少量のノリで版を仮留めしておくと、版がはがれたりずれたりすることが少ない。
- タンポやローラーに絵の具をつけすぎてしまうと、きれいに版の形が写らないことがある。つけすぎてしまったら、キッチンペーパーで余分な絵の具をふき取るようにするとよい。

5．発展

- 葉っぱなどを版として使うこともできる（図10）。
- 混色によるグラデーションも可能である。
- 様々な魚介類を題材とした「海の世界」や、黒い画用紙を使った「星空」など、多様な実践へとつなげることができる（図11、12）。

図10．葉っぱを版にした作品

図11．「海の世界」

図12．「星空」

［藤田雅也］

| 1 幼児造形とは | 2 幼児の造形教育の方法 | 3 幼児の造形教育の教材 | 4 幼児造形教育への実践 | 5 幼児の発達と造形表現 | 6 幼児造形教育の歴史と海外の美術教育 | 7 幼児造形教育の広がり |

25. スチレン版画の実践

　スチレンは、生鮮食品のトレイにも使われている素材で、柔らかい材質である。スチレンのボードに油性ペン等で輪郭線を描いて、先のとがったものでひっかくと版になる。凸面にインクをつけてバレン等で擦って刷る。身近な材料で比較的手軽に版になることから、幼い子どもにもでき、取り組みやすい版表現である。

1. 実践のねらい

① 身のまわりのもので、手軽に版ができることに気づく。
② スチレンボードをひっかくなどして、版づくりを体験する。
③ インクをつけて刷ることで、版としての表現効果を得る。

2. 準備するもの

図1. アクリル板の上にインクを出す

- スチレンボード…教材カタログから100〜200円で購入できる。身のまわりの素材で簡単に手に入る食品トレイをリサイクルし、平らな部分を使ってもよい。
- 油性ペン…スチレンボードに輪郭線を描くのに細めのペンを使用する。
- ニードルやカッターナイフなど先端がとがったもの…輪郭線に沿って刻むために使用する。
- 版画用の水性インク
- インクの容器…アクリル板などを用いてもよい（図1）。
- ローラー　　・バレン　　　・コピー用紙
- 新聞紙　　　・手ふき用のタオル

3. 実践の流れ

(1) スチレンボードに図案を描く

　油性のペンを使って、スチレンボードに絵、イラスト、模様などを描く。油性ペンで描くとスチレンボードの表面が溶けるため、少しの力でくっきりとした線になり、そのまま版ができる。また、スチレンボードは木や紙と比べると表面が柔らかく凹凸をつくりやすいため、いろいろな形のものを型押ししてもよい。ただし、あまり細かい図案には適していない。

　鉛筆、シャープペンシル、ボールペン等でも描くことができる。アイデアスケッチを転写したい場合には、版とスケッチの間にカーボン紙を挟んでスケッチの図柄をなぞると薄い線の跡がつく。

(2) 絵の表現効果を工夫する

図2. ニードルで線を刻む

1）図と地のバランス
　図は見せたい図柄の部分、地とは背景の部分のこと。図柄と背景の大きさなど、バランスが良くなるように描けるとよい。

　版に描いた絵やイラスト・模様の輪郭線に沿ってニードルやデザインナイフなど先がとがった用具で線を刻むと（図2）、ひっかいた部分はくぼんでインクがつかなくなるため、刷ると白くなる。その際、輪郭線をなぞりながら線としての表現効果（強弱、太い、細い）や、図と地のバランス[1]を工夫するとよい。インクをつけてそのまま印刷したい部分は指で触らないほうがよい。カッターナイフでスチレンボードを切り取ると、切り取った部分が完全に白くなる。幼児の場合には、刃物を使わないで鉛筆等でやや力を入れてゆっくり動かすと、線を描いたところがへこんで凹凸になる。

154

(3) **インクをつけて刷る**(図3～8)

あらかじめ新聞紙を広げて、刷る場所や乾かす場所を用意する(図3)。

ローラーで版に水性インクをつけてコピー用紙に刷る。まず、ローラーを2～3回動かして水性インクを版にしっかりつける(図4)。コピー用紙を版の上にのせ、コピー用紙の裏からバレンで擦る(図5)。版画なので、刷り上がった時には図案の左右が反転する(図6)。同じ色であればすぐに複数回刷ることができるので、濃度など刷り具合を調節するとよい。

版のインクが完全に乾いていない状態で移動したい時には、新聞紙の間に挟んで移動する。

図3. 刷る場所と乾かす場所を準備する

図4. ローラーでインクをつける

図5. コピー用紙をのせて上からバレンで擦る

(4) **観賞をする**

刷った作品を並べて鑑賞をする。コピー用紙は薄いので、白の台紙や色画用紙等にスティックノリで貼りつけると、掲示や保管がしやすい。

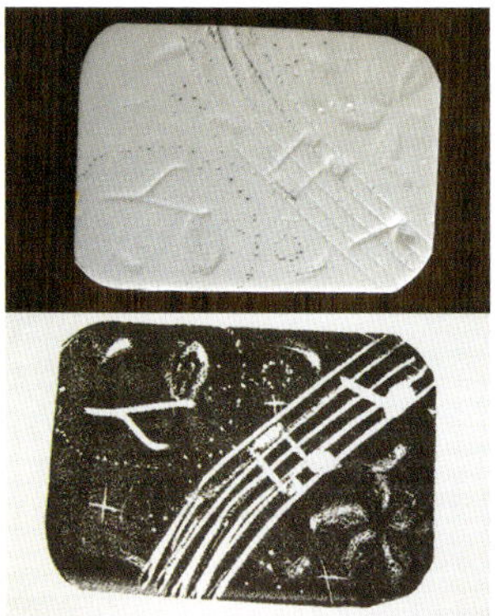

4. 活動の留意点

- 線の跡の強弱や図と地のバランス等、表現効果を活かして版をつくることができたか。
- 図案を描く、版をつくる、刷るといった版画の各工程を楽しく体験することができたか。

5. 発展

スチレンボードの柔らかい材質を利用して、自在の形に切る場合もある(図7)。四角い形の画面だけではなく、丸や不定形など、いろいろな形にしてもよい。版のサイズが小さいものであれば、スタンプ台でインクをつけてスタンプ遊びをすることも可能である(図8、9)。

パズルのようにボードを切り離していろいろな形の部分を複数つくり、画面上で各部分の形や色を組み合わせて刷ると新しい版の形や多色刷りができる。スチレン版画の発展として、パズル的な版画にも挑戦してみたい。

図6. 版(上)と刷り上がり(下)

図7. 自在形

図8. いろいろな形に切り出す

図9. 切り出した版(左上)とスタンピング(右)

[松田ほなみ]

| 1 幼児造形とは | 2 幼児の造形教育の方法 | 3 幼児の造形教育の教材 | 4 幼児造形教育への実践 | 5 幼児の発達と造形表現 | 6 幼児造形教育の歴史と海外の美術教育 | 7 幼児造形教育の広がり |

26. ゴム版をつくろう

　保育の現場では、保護者へのお便りや子どもたちの日誌などに、様々な模様や絵柄のハンコを使用する機会がある。市販のハンコを押すだけでなく、子どもたちとの生活の中での会話やできごと、話題に沿った消しゴムハンコをデザインし、押してあげることで、子どもたちとの大切なコミュニケーションの手段にしたい。ハンコ制作には、石、木、プラスチックなど様々な素材があるが、ゴム素材は、石や木、プラスチックと異なり軟らかく弾力があるため、デザインナイフなどで容易に加工ができ、版を制作することが可能である。ここでは、消しゴム板を使って消しゴムハンコのつくり方を紹介する。

1. 実践のねらい

①ゴム素材の特性を理解する。
②消しゴムハンコのつくり方を習得する。
③制作した消しゴムハンコでの遊び方、使い方を考察する。

2. 準備するもの

- 消しゴム板（図1）…消しゴムハンコ用の大型サイズで、裏表が異なる色に塗られた消しゴム板も市販されている。
- デザインナイフ、カッターナイフ、三角刀、小丸刀、包丁…主にデザインナイフを使用するが、小丸刀は広い面を彫り取る時に使い、包丁は消しゴムを切断する時に便利。
- 鉛筆…下絵を描く。2Bの鉛筆で先が丸い方が、線が太く便利。
- カッターマット…消しゴムを切る時や作業をする時に、テーブルを保護するために使用。
- トレーシングペーパー…安定して転写するため厚みがあるものを使用。
- スタンプ台…インクには、紙以外にも、布、プラスチック、ガラスなどの素材に押せるものがある。
- 粘着テープ、ピンセット…細かい彫りカスを取り除くために使用。ピンセットは先の細いものが、細かなカスを取り除きやすい。

3. 実践の流れ

(1) 図案を決める

　ハンコにしたい図案を下絵に描くか、図案となる素材を準備する（図2）。

(2) 図案をトレーシングペーパーに写す

　図案の上にトレーシングペーパーを置き、鉛筆でなぞって描き写す（図3）。

(3) 消しゴム板の粉をとって表面に色を塗る

　消しゴム板の表面には粉がついているので、図案を転写する前にウェットティッシュなどで軽くふき取るか水洗いをする。表面が乾いたら彫った部分と彫り残された部分がわかるように、油性マジックで消しゴム板の表面に色を塗る（図4）。

(4) 図案を消しゴム板に転写する

　彫る図案を消しゴム板に逆像で転写するために、図案を写したトレーシングペーパーを鉛筆で描いた面を下にして消しゴム板の上に乗せ、上から擦りつけて消しゴム板の表面に転写する（図5）。また、下絵が細かい線

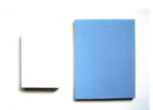

図1. 消しゴム板

図2. 消しゴムハンコの図案

図3. トレーシングする

図4. マジックで表面に色を塗る

図5. 図案を消しゴム板に転写する

図6. 外周に沿ってナイフを入れる

図7. いらない部分を切り取る

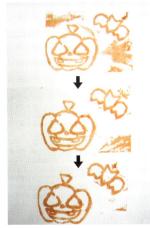

図8. 試し捺しの修正過程

図9. 完成した消しゴムハンコ

図10. 完成作品

図11. 様々な完成作品

の場合は、この方法だと擦る時にズレるため、その場合は平らなところにトレーシングペーパーの下絵が描かれた面を上にして置き、位置を確認しながら、上から消しゴム板を押し当てる方法もある。最後に、転写した後、文字や下絵が反対になっていることを確認する。

⑸ **彫りやすい大きさにカットする**

　図案がハンコの真ん中になるように、多少の余白を残してカッターナイフや包丁で彫りやすいサイズに、消しゴム板をカットする。

⑹ **図案を彫る**

　彫る時にデザインナイフ、カッターナイフ、三角刀、小丸刀などがあれば、それぞれの用途に合わせて作業が効率的にできるが、シンプルな図案であればデザインナイフだけでも彫ることは可能である。作業するテーブルの上にはカッターマットや切れても大丈夫な敷物を置く。準備ができたら、まず、図案の外周に沿ってナイフを入れる（図6）。この時、垂直にナイフを入れるのではなく、刃先をラインの外側に傾けるようにすると印面が台形型になり、壊れにくい消しゴムハンコができる。曲線を切る時は、左手で消しゴムをゆっくり回転させながら彫ると、安定した滑らかなラインになる。最後にまわりのいらない部分を三角刀、小丸刀で切り取る（図7）。この時に、力を入れすぎて残す部分を削らないように注意。

⑺ **消しゴムの彫りカスを取る**

　布製粘着テープやピンセットを使い、余分な消しゴムの彫りカスや、転写した鉛筆の線を取り除く。

⑻ **試し押しをする**

　試し押しをして、彫り残し部分がないか、形がきれいにできているかを確認し、必要なところを彫りなおして調整をする（図8）。消しゴムハンコにインクをつける時は、力いっぱい押しつけてしまうと印面以外にもインクがついてしまうため、数回インクをトントンと軽くつける程度にする。ハンコを押す時は、真上からしっかりと全体に力を加えて押す。

⑼ **完成**

　完成した消しゴムスタンプ（図9〜11）を組み合わせてスタンプ遊びをしたり、メッセージカードやポストカードなどをつくったりして楽しむ。

4. 活動の留意点

- ゴム素材の特性を理解して制作に取り組んでいるか。
- 道具を正しく使い、消しゴムハンコの彫り方を習得できているか。
- 消しゴムハンコの楽しみ方、利用の仕方を工夫できているか。

5. 発展

　インクには、紙以外にも木や革、布、プラスチックなど、様々な素材に押せるものがある。いろいろな素材、形状のものに消しゴムハンコを押して、遊びの幅を広げることができる。布には洗っても色が落ちない布用インク、プラスチックやガラスに押す時は油性インクを使用するとよい。

［新實広記］

| 1 幼児造形とは | 2 幼児の造形教育の方法 | 3 幼児の造形教育の教材 | 4 幼児造形教育への実践 | 5 幼児の発達と造形表現 | 6 幼児造形教育の歴史と海外の美術教育 | 7 幼児造形教育の広がり |

27. 粘土で表す―粘土による表現の基礎

　ちぎったり、丸めたり、くっつけたりして形を自由に変えることができる粘土は、指先の力が弱い幼児にも扱いやすく魅力的な素材である。水分の加減によって粘性や軟らかさを調節することができるため、手に伝わる感触を楽しむことができる。
　ここでは、幼児が粘土に対して行う行為に基づきながら、粘土による遊びと表現について紹介する。

1. 粘土との出会い

図1. 粘土遊びを楽しむ子ども

　粘土の塊に出会うと、子どもはその存在を確かめるかのように指で押したり、穴を開けたりしながら、素材と関わろうとする。そして、ちぎったり、叩いたりする行為を繰り返していく中で、粘土の感触を楽しみ、遊びや表現を探究していくのである（図1）。力を加えることによって形が変化するという粘土の特性に気づくと、子どもたちは粘土の塊を力いっぱい叩いて遊ぶようになる。手のひらや拳、時には肘を使って粘土を叩く姿は、あたかも素材を相手に格闘しているようにも見える。
　このように粘土と出会い、粘土に触れる機会を重ねていく中で、子どもたちは、自分の行為や働きかけが目の前の形や世界を変化させていることに気づくのである。

2. 粘土による遊びと表現

　粘土に対して、主体的に関わりをもつようになるのは、おおむね2歳頃からである。指や手の運動機能の発達に伴いながら、つくり出す形や表現にも少しずつ変化が見られるようになってくる。

(1) 2歳頃の子ども

　粘土を指で押したり、ちぎったり、叩いたり、つぶしたりする行為を楽しむ（図2～4）。形は行為によって偶然できることが多く、つくる行為と同じくらい破壊する行為も楽しむ時期である。

図2. 押す

図3. ちぎる

図4. 叩く

(2) 3歳頃の子ども

　粘土を手のひらで丸めてお団子のような形をつくったり、ヘビのように細長くのばして、ひも状の形をつくったりすることができるようになる（図5、6）。また、つくったものを並べたり積み上げたりして、遊びを展開する姿も見られるようになる（図7、8）。

158

図5. 丸める

図6. のばす

図7. 並べる

図8. 積み上げる

(3) 4歳頃の子ども

　形を組み合わせたりくっつけたりしながら、少しずつ大きさや高さのある作品づくりに挑戦するようになる（図9）。でき上がった作品に名前や題名をつけたり、お話をつくったりするようになる時期でもある（図10）。

図9. 四角すいを組み合わせて木をつくる

図10.「ぞうさんのおはながすべりだいになったの」

(4) 5歳頃の子ども

　糸や粘土ベラを使って粘土を切ったり、型押しによって模様をつけたりするなど道具の活用にも慣れ、自分のイメージした世界を表現するために試行錯誤を繰り返す時期である（図11）。自分の作品と友達の作品を組み合わせて、より大きな作品へと展開させたり、イメージを共有しながら共同による遊びや表現を楽しんだりすることもできるようになる（図12）。

図11. 糸で切る

図12. 共同作品「どうぶつえん」

3. 粘土に触れる環境づくり

　自分の行為や働きかけによって形を変化させることができる粘土は、子どもにとって魅力的な造形素材である。粘土の感触を楽しみながら遊ぶうちにイメージが広がり、様々な表現が生まれてくる。保育者は、日々の生活の中で子どもたちが繰り返し粘土に触れることができるように、材料や道具の管理などを含めた環境づくりに努めることが大切である。

〔藤田雅也〕

| 1 幼児造形とは | 2 幼児の造形教育の方法 | 3 幼児の造形教育の教材 | 4 幼児造形教育への実践 | 5 幼児の発達と造形表現 | 6 幼児造形教育の歴史と海外の美術教育 | 7 幼児造形教育の広がり |

28. 粘土遊び─体全体を使って

人間は土と共に生きてきた。土は人間にとって、古くからなじみ深い物質である。土を掘り、耕し、形づくり、その上に文明を築いてきた。我々が土を手にする時、土の感触から懐かしい時間や場所を思い出す。幼児が砂場で穴を掘り、迷路のような道をつくり、そこに水を流して遊ぶのは、人間が大地と共に生きてきたことを思い出しているのかもしれない。幼児に粘土遊びの中で原初的な体験をさせたい。

1. 実践のねらい

1. 粘土の感触を体全体を使って体験する。
2. 手や足や道具などを使って造形活動による粘土の可塑性を体験する。
3. 粘土の中から自分のイメージする形を探す(形をつくる)。
4. ドベ(粘土のペースト状のもの)を使って、一体化や形が消えることを体験する。
5. 友達と楽しく粘土遊びをする(一体感)。

2. 準備するもの

- 粘土一人500g(お代わり粘土100g×2回)
- 麺棒(2.5cmφ×35cm)各自1本
- ドベ(バケツ2杯程度)

3. 実践の流れ

(1) 環境の設定(場所)

土粘土は、大地に近いものである。できれば屋外が望ましい。森の中で樹木や土に囲まれて、幼児たちが伸び伸びと粘土遊びをする風景は、理想的であろう。屋内では、保育者は幼児たちが活動しやすい空間を確保する。幼児たちに合った距離感や配置を考える。

(2) 粘土の感触を楽しむ

保育者の語りかけで、粘土に指を突っ込んだり(図2)、手のひらで叩いたりして感触を楽しむ(図3)。幼児たちは日常、油粘土でいろいろなものをつくっているが、土粘土は初めてに近い。質感にはかなり違いがあるので、驚きをもって粘土の質感を確かめるように、手やひじを使って丸めたりのばしたりする。その後、麺棒を利用し、粘土(お代わり粘土)をのばして平らな面をつくる(図4)。

※留意点:麺棒が重ならないように、安全に配慮する。幼児たちの個々の距離に注意する。

(3) 粘土を足で踏んで、大きな「島」にする

じゃんけんをして、交互に粘土の上に乗り、足で粘土の柔らかさを体感する(図5)。粘土に足の形をつけたり、かかとで粘土をのばしたり、飛び上って形を壊したりして楽しむ。友達と一緒に踏んだり、飛んだりするのもいいだろう。幼児が立ち上がることで、身体的な動きが大きくなる。

(4) 一つになった粘土の「島」から形をイメージする

保育者の語りかけで、島のイメージを広げていく。トンネル、隠れ家や見張り台、島に住んでいる動物、島の植物など、幼児たちと交流を図りな

図1. 全体の環境

図2. 指で触る

図3. 叩いたり手で持ったり

図4. 麺棒で平らな面をつくる

図5. 足で踏んで楽しむ

160

図6. 形が生まれる

図7. 風景がつながる

図8. ドベで風景が一つになる

図9. キリンさん

図10. カバさんの親子

がら、身体的な活動から、個々が形をつくる方向へ展開する。保育者（3名）が各グループを回り、幼児一人ひとりと話をしながら、いろいろな形を島の中につくっていく（図6）。滑り台や家といった身近なものや、犬、猫といったペット、粘土をひも状にしてアーチや蛇といったものがつくられてくる。そうして形をつくるうちに、お話が生まれ、粘土の上にそれぞれの風景をつくっていく（図7）。

※留意点：身体的な活動からイメージが広がる活動へと展開する。保育者の語りかけと、話す内容やテンポに配慮する必要がある。

(5) **ドベを各グループに配る**

幼児たちが、今までと違う感触の粘土を突いたり、広げたり、手の中で握ったりして、ドベの感触を楽しむ。また、全体にのばすことによって、個々の風景を一体化する（図8）。結果的には、形が消えていく。

4. 活動の留意点

- 体全体を使って、粘土の感触を体験できたか。
- いろいろな形をイメージし、つくることができたか。
- 友達と交流しながら、粘土遊びを楽しむことができたか。

5. 発展

粘土遊びは、粘土の感触と可塑性を幼児たちが知覚していく課題である。粘土の可塑性とは、形が変わるということと、形をつくるということである。形をつくるためには、粘土に加える力を制御しなければならない。幼児たちはそうした力の制御を、遊びの中から覚えていく。粘土遊びをしてから少し時間をおいて粘土工作をした。

(1) **テーマ「大きな動物」**

- 粘土の塊から粘土をつまみ出し、塊から形をつくり出すように伝えた。
- 語りかけを少なくし、幼児から出てくる動物のイメージを大切にした。
- 個人制作で粘土工作をする。保育者は、幼児の語る言葉を聞くことで幼児と交流を図り、作品のできるプロセスや形を観察した。

(2) **まとめとして**

粘土という素材に限らず、体感的な造形活動と主体的な造形活動を連動させることは、発達段階や環境を考慮する必要はあるが、幼児の主体的な造形的知覚には有意義である。

粘土作品テーマ「大きな動物」

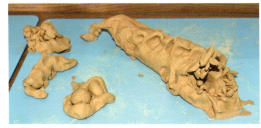

図11. ワニ

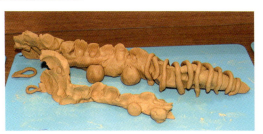

図12. ドリルのついた怪獣

［浅野秀男］

29. 立体　粘土による表現の可能性

　幼児にとっての土粘土遊びはとても大事な体験である。ずっしり重く、土のにおいがして、ひんやり冷たい感触、叩けばペタペタ音がするといったように、自分のもつ経験や感覚を使って素材を興味深く感じ取ろうとする。思わず指で穴を開けたり、つかんでみたり、ほじったり、ちぎったりと次々と素材と自分との距離感を縮めようと全身を使って造形的な行為で格闘を始める。そして、本来人間がもつ創造的な行為の魅力に目覚めていくのである。

　この課題は大学での、小学校教諭、幼稚園教諭・保育士養成のための土粘土を教材にした授業実践である。土粘土で遊んだ経験や粘土という素材に対する知識もほとんどない学生がほとんどであるが、この演習を通して「土粘土」という素材とはどういうものかを理解する。制作という行為によって、観念からの解放や、土粘土が子どもの成長にとって有効な表現素材であることに気づき、現場で積極的な活用ができるようになることを目的としている。

図1. 材料と用具の一部

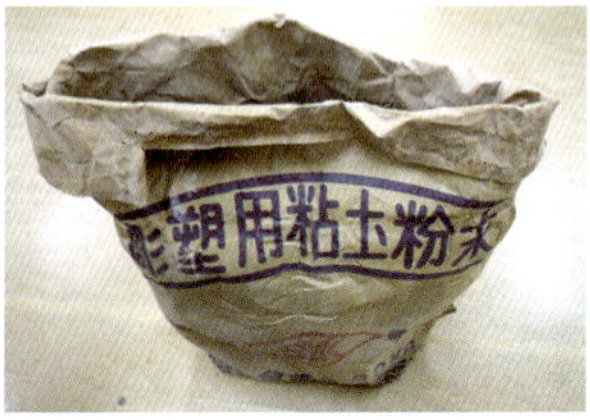

I.「土粘土をつくる」

(1)準備

- 塑造用粘土…完全に乾燥させた塊。量の調整をするため、割りやすいよう薄く伸ばしておいたもの（図1）。
- 金づち…粘土を砕く時に使用するが、錆びやすいので終わったら丁寧に乾ぶきすること（図1）。
- 丸棒…砕いた粘土をさらに細かく潰すのに両手で転がして使う（図1）。
- 鉄製の大きなインクベラ…ベニヤについた粘土をはがすためのもの（図1）。
- 三六判シナベニヤ（厚み5.5mm）…塑造板として使用する（4人で1枚）。ラワンベニヤは、吸水性は良いが表面がめくれることがあることと、ヘラで粘土がはがしやすいことなどでシナベニヤを使っている。また、薄いと水分で反ったり、金づちで粘土を砕くうちに割れることがあるので厚めのものを使用する。
- 2ℓペットボトル…水を入れて練る時に使う。4人で1本あれば十分。
- 新しい粉末の塑造用粘土…作業が遅れたり、量が少なかったり、練る時に水を足し過ぎて困っている学生に元気を与える"魔法の粉"（図2）。
- ビニール袋、油性ペン
- バケツ、たわし…あらかじめ半分程度水を張っておく。粘土のついた手や道具を、最初にバケツの中である程度粘土を落としてから流しで洗うため。
- 掃除用具（ぞうきん、ほうき、手ぼうき、ちりとり、掃除機、モップ）

図2. 魔法の粉

図3. 乾燥した塊の粘土を砕く

(2)授業の流れ

❶乾燥させ保管していた土粘土の容器から1人ずつ夏ミカン程度の量をベニヤ板の上に用意する。

❷金づちや丸棒を使って粘土の塊を砕き、粉状に細かくする（図3）。

❸水を徐々に入れ粘土に浸透させながら（図4）、均一に耳たぶの軟らかさになるようしっかり練り上げる（図5）。

❹立方体に整え、ビニール袋に入れて油性ペンで名前を書き、保管する。

❺かなり汚れるので、掃除を念入りに行う。

図4. 粉になった粘土で丸く土手をつくり、水を加えて練り始めたところ

図5. 均質な柔らかさになるまで粘土を手で練り込む

図6. 制作風景

2.「土粘土でつくる」

　前回準備した土粘土を使って「オノマトペ」のイメージを抽象的な形で表現する。空気（風）、水、火、光など具体的な形にならないものを１次的イメージとして提示することもある。

※オノマトペ：フランス語で擬音語及び擬態語のこと。「ペタペタ」「ふにゃふにゃ」など反復する表現が日本語には多くある。

(1) 準備

- 前回準備した土粘土　・三六判シナベニヤ　・粘土ベラ　・掃除用具
- コピー用紙（B６判）…表面にはオノマトペのイメージを考えさせ、裏面には完成後写真を撮る時に使用する題名、学生番号、氏名をはっきり書かせる。　・感想のレポート用紙

(2) 制作

❶配布された紙に、繰り返しのオノマトペを思いつくまま書き出す。
❷形のイメージが膨らんだオノマトペを選び、形にしていく（図６）。
❸完成したら名札を入れて写真を撮る（図７-１、７-２、７-３）。
❹乾燥が早くなるよう薄く潰して別のベニヤ板に並べ、掃除を行う。
❺２回分の土粘土の課題について感想レポートを書く。

図7-1. 学生の作品「ムクムク」

図7-2. 学生の作品「ザワザワ」

図7-3. 学生の作品「ヒューヒュー」

3. 課題のまとめ

　子どもたちが育つ環境が大きく変わり、粘土などで手が汚れることを嫌がる子どもたちもいるが、幼児の造形活動という行為は、素材と身体が格闘するうちに一体感が生まれ、造形的な本能や感覚を心地よく刺激して素材を理解しながら自分の世界を広げていく、つまり創造力を高めていくのである。保育の現場でも土粘土が使われることがほとんどなくなったが、造形の基本教材としての価値は損なわれることはない。

　「土粘土をつくる」では、土粘土の乾燥した塊を造形ができる教材に変えるための準備を楽しみ、そこにいろいろなものやことを発見することで造形遊びの意味を考える。この楽しさを子どもたちに味わわせるためにも指導者の体験は重要である。「土粘土でつくる」では、オノマトペのイメージを抽象化した形で表現するのであるが、想像力を働かせて抽象的な形をつくるという行為は、学生たちは苦手である。キャラクターや具体的な形をつくって安易で説明的な表現になってしまい、純粋な抽象的表現の面白さに気づけないことが多い。言語の補助的なツールではなく、形そのものが伝えることのできる意味とは何かを考えさせるための大事な課題である。

［藤岡孝充］

30. 陶芸—身近な道具を使って器をつくろう

保育現場では様々な種類の粘土が使われている。粘土は幼児の力でも容易に形づくることができ、特別な道具を必要としない。その中でも、土粘土は成形した後に焼くことができる素材である。陶芸は、土粘土で器やオブジェなどをつくり高温で焼く技術のことである。つまり、陶芸は年齢を問わず制作でき、つくった形を半永久的に保存することができるといえる。しかし、成形から焼成まで多くの工程を経てつくられるので、完成まで時間のかかる素材であるといえる（表1）。

現在市販されている土の多くは、成形しやすいように加工されている。保育現場でよく使われるのは、テラコッタ土と呼ばれる鉄分の多い土や、信楽土と呼ばれる焼き上がりが白くなる土である。テラコッタ土は、粒子が粗めで素焼きするとオレンジや赤褐色になり、人形や鈴などをつくるのに適している。信楽土は、成形しやすく高温で焼くことができるので、釉薬をかけて様々な色で表現することができる。

次に、陶芸用粘土を使ってつくる際の注意点を三つ挙げる。一つ目が乾燥に注意することである。粘土は、空気や手に触れることで水分が蒸発する。乾くと固くなってつくりにくくなるので、濡れタオルで手を冷ましたり、粘土を使う分だけ袋から取り出したりするようにする。二つ目に粘土の厚みを均等にすることである。粘土の厚みに差があると変形しやすくなり、厚すぎると焼成時に爆発することがある。三つ目が、作品は両手でしっかり持つことである。作品が完成した時はもちろん、乾燥時や素焼き後もとても壊れやすいため、注意が必要である。

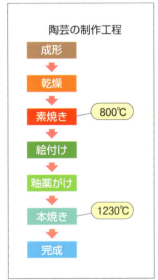

表1．成形から完成までの陶芸の制作工程

1. 実践のねらい

① 紙粘土や油粘土と、土粘土との感触の違いを感じる。
② つくった作品を焼くことによる変化を知る。
③ 焼き上がった器を使って、身のまわりの食器との違いに気づく。

2. 準備するもの

- 土粘土500ｇ
- 新聞紙見開き1枚
- ガーゼ20㎝×20㎝
- アルミボウル（底が平らなもの）
- 粘土ベラまたは竹串
- ヘラ（プラ板など、ペンのフタやドライバー、型抜き）

3. 実践の流れ

① 型を準備する…アルミボウルを伏せて上からガーゼをかぶせる。ガーゼは伏せたボウルの内側に巻き込む（図1）。
② 粘土を平らにのばす…新聞紙に丸めた粘土を置き、手のひらの下の方で叩いて広げる（図2）。少し平たくなったら、粘土を回転させながら中心から外側へ押し出すように叩くと広げやすい。

図1．型を準備する（アルミボウルにガーゼを巻く）

図2．粘土を平らにのばす

図3. 型にのせる

図4. ヘラでならす

図5. ペンのフタなどで模様をつける

図6. 成形のでき上がり

図7. 素焼き後に釉薬をかける

図8. 本焼きして完成

❸型に粘土の板をのせる…広げた粘土の板を型にのせて押し当てる。型の曲面に沿うように押し当てていく（図3）。

❹器の底に厚みをつける…器の底部の外縁に、粘土のひもをのせて指でならし、継ぎ目をヘラなどで整える（図4）。厚みをつけることで焼成時のゆがみを防ぐ。

❺仕上げ…ボウルに当てた粘土の外縁を自由な形に切り取って、器の形をつくる。ボウルをひっくり返し、ガーゼを外して型から外す。

❻器の内側に模様をつける…抜き型でつくった花や星などを、泥を接着剤にしてつけたり、ペンのフタやドライバーなどを押し当てて（図5）模様をつけたりして完成（図6）。

❼素焼き後…風通しの良い場所で2週間ほど乾燥させて素焼きをした後に、サンドペーパーでバリを落としてから釉薬をかける（図7）。器の底についた釉薬は濡れたスポンジでふき取る。

❽本焼き…窯で約15時間から20時間かけて焼く（図8）。現在使われる窯の多くはガス窯と電気窯である。作品は近隣にある専門業者に依頼したり、陶芸家や工房などに焼いてもらったりすることができる。ただし、釉薬は溶けなかったり、溶けすぎたりすることがあるので十分注意する。

4. 活動の留意点

- 模様を工夫しながらつけているか。
- つくったものを大切に扱っているか。
- 友達の作品のいいところを見つけたか。

5. 発展〜鑑賞会・茶話会を開こう〜

でき上がった作品を並べてみんなで鑑賞会を開く。そこでお互いの作品を見ることで、自分にはない工夫を発見したり、ものの見方やつくった友達について知ったりするきっかけにもなるだろう。子どもたちのつくった器でお茶会など開けば、普段使っているお茶碗を丁寧に扱うことで特別な経験になる。また、器にお菓子や飲み物を入れて食事をすることで、自分でつくったものを使う喜びを味わう経験ができる。それらを通して、生活の中の様々なものに興味を抱くことが重要である（図9）。

図9. 鑑賞会の様子

［江村和彦］

| 1 幼児造形とは | 2 幼児の造形教育の方法 | 3 幼児の造形教育の教材 | 4 幼児造形教育への実践 | 5 幼児の発達と造形表現 | 6 幼児造形教育の歴史と海外の美術教育 | 7 幼児造形教育の広がり |

31.木を切る・打つことからの展開

　のこぎりや金づちを使用する木工遊びは、安全を重視している保育の現場では危険が潜むものとして抵抗があるのは事実である。しかし、必要以上に危ないことを避けて通るより、体験を通して安全に対する学習をすることを大切に考えたい。保育者が適切な材料、用具を準備し、木工道具の取り扱いに十分注意しながら指導することにより、それらの問題は軽減される。のこぎりや金づちを使って、木を切り落とした時の喜びや釘が曲がらずに最後まで打てた時の喜びを感じながら、木の材質に親しみ木工遊びを楽しむ。

1. 実践のねらい

① 安全なのこぎり、金づちの使い方を覚える。
② 様々な木の種類（堅さ、色、香り、形状）があることを知る。
③ 切断した木片と釘でいろいろな遊びを工夫して楽しむ。

2. 準備するもの

- 木（角材、板材）…ホームセンターで購入できるが、大工さんや家具を製造する木工所に端材を分けてもらうのもよい。いろいろな種類（堅さ、色、香り）の木があるとよい（図1）。
- 金づち…金づちにはいろいろな種類（図2）があるが、扱い易い両口げんのうを使用する（p.88参照）。
- 釘…いろいろな太さや長さのものを用意する。
- ビー玉、毛糸、クレヨン…釘を打ちつけた木に組み合わせて装飾する。
- テーブル…重みがあり安定したものを使用。
- のこぎり…両刃と片刃の2種類があり、用途によって多様な種類がある（図3）。刃は縦挽きと横挽き兼用のものが使いやすく、柄から刃が抜けないものを選ぶ。
- ボンド…木を積み上げていく遊びには、速乾性のものがよい。

図1. いろいろな種類の木

図2. いろいろな種類の金づち（下が両口げんのう）

図3. いろいろな種類ののこぎり（下が両刃のこぎり）

3. 実践の流れ

(1) **ルールを伝える**

　保育の現場では、一度に多くの幼児がのこぎりや金づちを使うことは難しいため、安全に活動を行うには以下のようなルールづくりをするとよい。

- のこぎり、金づちは4～5人のグループで一人ずつ順番に行う。（順番を待っている幼児は、木片をボンドで接着して遊ぶ（図4～7）。
- 道具は振り回さない。　・刃先を人に向けない。
- 釘は落としたら必ず拾う。　・上履きや靴を履く。

図4. 木の板にボンドを出す　図5. 木の棒でボンドを塗る　図6. 木を接着して遊ぶ　図7. 積みながら形を考える

(2) **木を切ってみる**

　木の固定を行う。材料が動いてしまうとうまく切れないため、テーブルに取りつけた万力で木をしっかりと固定する（図8）。力の弱い幼児が両手で柄を握れるように万力を使用するとよい（図9）。友達が木を押さえることは、刃がぶれてしまった時に危険なため行わない。幼児が両刃ののこぎりを使って挽き始めの溝をつける時などは、大きな目の縦挽き刃では、木が刃にひっかかり切ることが難しい場合もある。この場合は、常に小さな目の横挽き刃を用いて切るようにするとよい。のこぎりの扱いに慣れてきたら、のこぎりは挽く時に力を入れると切れることを伝える。

(3) **釘を打ってみる**

　木片に、大小の釘を打ってみる（図10）。金づちの持ち方は、釘の打ち始めは柄のくびれ部分を握り、最初は軽く打つ。強く釘を打ち込む時は柄尻の近くを握る。力の弱い幼児は、安定して打つために柄のくびれの部分を常に持って打つとよい。うまく打てない子は、金づちの頭が斜めになった状態で打っていないか、柄を持つ位置が柄尻ではないか、金づちを大きく振り上げすぎて打っていないかなどを確認するとよい。板が割れるのも楽しみの一つではあるが、割れを防ぐためにはキリで下穴を開ける。打ち始めがうまくできない幼児にも保育者が下穴を開けると安定して打つことができる。

　はじめは釘をまばらに打ち、自信をもって打てるようになれば木片に釘を並べて打ち、ビー玉転がしの迷路を製作するのも面白い（図11）。2本の木片を重ねて釘でつなぎ合わせて打つなど段階をもって進めていく（図12）。※安全を確保するために必ず保育者の目の届くところで活動を行う。

4. 活動の留意点

- 木をのこぎりで切り落とす喜びを味わえたか。
- 釘を打ち込む楽しさを味わえたか。
- 木の材質の良さや違いを知ることができたか。

5. 発展

　木をのこぎりで様々な形に切ることから始め、木片をボンドで接着して毛糸やひもを絡めて遊んだり、釘打ち遊びから始め、釘を打った木を動物に見立てたりするなど、発達段階に合わせて木片遊びを行うことが大切である（図13、14）。釘を打つことに慣れたら自分で好きな形を切り出し、生活で用いる簡単な家具や鳥のえさ台をつくることにも挑戦したい。木を切る時にできるおがくずも大切にとっておき、造形遊びに活用したい。

図8. 万力で木を固定する

図9. 両手でのこぎりを握る幼児

図10. 釘打ちを初めてする幼児

図11. 木の端材と釘でビー玉迷路

図12. グニャグニャ動く接続

図13. 木片遊び

図14. 釘打ち遊びの動物たち

［新實広記］

| 1 幼児造形とは | 2 幼児の造形教育の方法 | 3 幼児の造形教育の教材 | 4 幼児造形教育への実践 | 5 幼児の発達と造形表現 | 6 幼児造形教育の歴史と海外の美術教育 | 7 幼児造形教育の広がり |

32. 木で表す

　木を使った制作は、加工が難しかったり、道具の準備が大変だったりするのではないかというイメージがあるかもしれないが、のこぎりで切ったり、釘を金づちで打ったりする活動は、物理的な知識や経験がないとできない場面もあり、そうした知識や経験を感覚的に身につけるためにも、子どもたちには積極的に取り組ませたい。まずは木に慣れ親しむためにも、木に触れることから始め、簡単な加工から段々と注意が必要な道具を使えるようにする。

🖋 流木でつくるどうぶつランド

1. 実践のねらい

❶海を漂って丸みを帯びた流木に触れることで、時間の経過を感じることができる。単なる素材ではなく、物語をもって手元に届いていることを感じる。

❷自然素材が不ぞろいなものであることを実感しつつ、つくりたいイメージに向かって、毛糸を使って組んでいく楽しみを感じることができる。

2. 準備するもの

- 流木　・毛糸　・目玉シール（自作の印刷したもの）
- ハサミ　・木工用ボンド

図1. 手ごろな流木を選ぶ

3. 実践の流れ

(1)流木は外海（そとうみ）の海岸によく見つかるので、そうした所に集めに行く。サーフポイントの近くなどを探すとよい。

(2)集めた流木を会場に積んでおくと、子どもたちは自然と手に取り、どの形がいいか品定めをし始めるので、開始まで自由に触れる時間を設け、子どもの中の完成イメージを膨らませる（図1）。

(3)見本作品の紹介と、毛糸の巻き方を説明し、開始。流木の形に沿って丁寧に毛糸を巻くのが難しいので、特に手が小さい子どもは手伝ってあげるとよい（図2）。

(4)毛糸でポンポンをつくって飾りをつけるなど、工夫が見られる作品については、他の子にも紹介する（図3）。

(5)目玉を印刷した紙を切って、ボンドで貼って完成（図4）。

図2. 毛糸を巻いてつなげていく

4. 活動の留意点

　低学年ぐらいまでの子どもにとって流木を毛糸だけで縛って固定するのは難しいかもしれないが、その場合は少ない人数や、親子でのワークショップなどにて実践してもらいたい。

　流木という素材は、海の近くに住んでいない限りには、なかなか触れることのない素材である。木ではあるが、木材のように四角く加工されているわけではなく、自然のカーブでできたどれもが違う形の素材のため、扱いにくいということもできる。しかし、時間の経過によってできたフォルムの魅力について子どもたちにも伝わるよう、開始前の説明(3)において、流木をじっくり手に取りながら、話してほしい。

図3. 毛糸を頭に乗せた作品

図4. 目玉シールを貼って完成

図5. ピンバイスの使い方に注意

図6. 板に刺しゅうをする

図7. かわいい名札の完成

図8. へらを使ってボンドをのばす

図9. 好きな絵柄を描く

図10. 釘や端材で玉の道筋をつくる

🖋 木の板にかわいい刺しゅうをしよう！

1. 実践のねらい

❶ 木材がもつ硬いイメージを、刺しゅうという行為によって払拭することができる。
❷ 1本の刺しゅう糸が、ひと筆書きのように絵を形づくっていく楽しみを感じることができる。

2. 準備するもの

- 板（バルサ）　・ピンバイス　・1.8mmΦドリルビット
- 作業板　・刺しゅう糸　・先端を切って削った針　・鉛筆
- 折り紙　・木工用ボンド

3. 実践の流れ

(1) 作例を見せながら、つくる図案を決め、板（バルサ）に穴を開ける位置に鉛筆で印をつける。名札にするのもよい。
(2) 作業板の上でピンバイスを使って穴を開けていく。板（バルサ）は軟らかいので、簡単に穴を開けることができる。
(3) 刺しゅう糸を通していき、糸の両端を縛って閉じるようにする。糸がうまくはじめの位置に戻ってくるように縫い進めていく。
(4) 板の裏側の刺しゅう糸が、ぐちゃぐちゃで気になる場合は、折り紙などを貼って隠す。

4. 活動の留意点

　図案を考えるには、はじめは単純な形にすることをお勧めする。穴の間隔が短いものは、板が割れることがあるので、図案を直してあげるとよい。
　ピンバイスを初めて使う子がほとんどだと思われるので、余計な力が入っていないか注意する。作業板まで貫通していたり、ドリルビットを折ったりしてしまうこともある。

5. 発展

【はじけ！　コリントアタック】

　パチンコの台は釘を並べて打って、玉の道筋をつくるが、そうした活動もいずれ楽しんでもらいたい。木の板に枠を貼り、好きな絵を描いて釘を並べていく（図8〜10）。ビー玉を転がせば、それだけでできあがる。もちろん釘だけでなく、端材をボンドで貼れば、いろいろなコースを考えることができる。写真はゴムを使った発射口をつけているが、単に上からビー玉を転がすだけで十分楽しむことができる。釘をひたすら打つ活動は、手先の微妙な感覚を研ぎ澄ますことにつながる。
　金づちの扱いは注意をしたいが、思いきり力を必要とする活動ではないので、比較的安心できる。しかし、逆に差し込みが甘くなり、釘が抜けてしまう子もいるので、しっかりと打てているか確認をする。
　この活動ではのこぎりを使用させていない。準備を工夫することで、釘を打つ活動、のこぎりで挽く活動と、主題を分けることができる。すると子どもたちの学びもより安全で、集中的なものにすることができる。

〔加藤克俊〕

| 1 幼児造形とは | 2 幼児の造形教育の方法 | 3 幼児の造形教育の教材 | 4 幼児の造形教育への実践 | 5 幼児の発達と造形表現 | 6 幼児造形教育の歴史と海外の美術教育 | 7 幼児造形教育の広がり |

33. ビニール袋—コップからモコモコ飛び出す

　ビニール素材は、現在の私たちの生活の中で必要不可欠の素材である。同時に、幼児にとっては身近に遊べる素材で、種類も多様である。一般にビニールと呼んでいるものにはポリ塩化ビニール素材とポリエチレン素材があるが、私たちの身のまわりのほとんどのものは、ポリエチレンやポリプロピレンでできている。塩化ビニール素材を使用する場合は、安全面において配慮しなければならない。

　ビニール素材の特徴は、透明性、耐水性、耐久性が挙げられる。いろいろなものを入れて中を見ることができる。色紙やセロハンを入れて透けて見えることを楽しむことができる。袋状であれば水を入れて水風船のように遊んだり、糸をつけて凧のように風をはらませて遊んだりすることもできる。

　このように、ビニール素材は種類も特徴も多様である。透過性や耐水性などを利用してつくって遊べるように、素材の特性を理解したい。

「コップからモコモコ飛び出す」

1. ねらい
❶ビニール袋に空気を入れると膨らむことに気づく。
❷袋に自分の好きな色で模様を描く。
❸膨らむおもちゃで友達と遊ぶことを楽しむ。

2. 準備するもの
- ビニール傘袋（家庭用ごみ袋20cm×30cm程度でも可能）
- 紙コップ　　・ストロー　　・丸い事務シール
- 色紙　　　　・油性ペン

3. 実践の流れ
❶傘袋を半分の大きさに切る。
❷吹き口をつくるために、袋の口にストローを差し込み、袋の口をたたみながらセロハンテープで留める（図1）。（袋から空気がもれないようにしっかり留める）
❸袋に顔を描くために目をつくるための丸い事務シールを2個貼り、目を油性ペンで描く。
❹紙コップの底から1cmのところに、ストローを通す穴を開けるために鉛筆を差し込む（図2）。（幼児には保育者の個別援助が必要）
❺ビニールをつけたストローをコップの内側から穴を通して止まるところまで押し込み、ビニールをコップの中に仕舞い込む（図3）。
❻ストローに息を吹き込んで、顔が飛び出すように吹いてみる（図4）。
※幼児の吹く力を考慮してストローの長さを調節する。短いと吹きやすいが、膨らむ様子が見えないことがある。

4. 活動の留意点
- ビニール袋に、自分なりに絵や模様が描けているか。
- 膨らむ仕掛けを理解してつくることができたか。
- みんなと楽しく遊ぶことができたか。

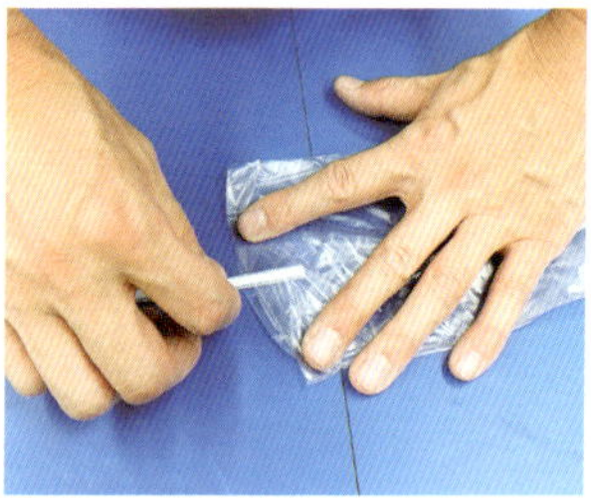

図1. 吹き口をつくる

図2. ストローを通す穴を開ける

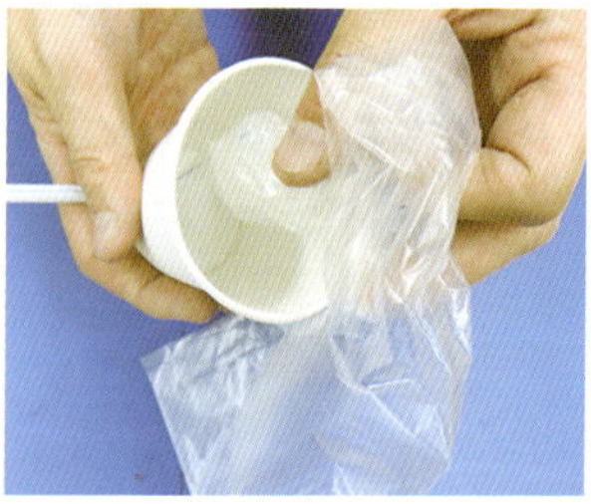

図3. コップの穴にストローを通す

図4. 息を吹き込むと顔が飛び出す

「ビニール袋ロケット」

1. 実践のねらい
① 空気を入れたビニール袋が浮かぶことを知る。
② 袋に自由に思い思いの飾りや色をつける。
③ ビニール袋ロケットを友達と飛ばして遊ぶ。

2. 準備するもの
- ビニール傘袋
- 丸い事務シール（赤・青・黄色など）
- 色紙
- 油性ペン
- スズランテープ（赤や黄など複数色）

3. 実践の流れ
① ビニール傘袋の両面に油性ペンで好きな柄を描く。丸い事務シールで色とりどりの水玉模様をつける（図5）。
② 色紙を2cm×2cmくらいに切ってビニール袋に入れる（図6）。
③ 袋に空気を吹き込んで膨らませ、袋の口をねじって空気が漏れないようにしてから口をセロハンテープで留める（図7）。
※ セロハンテープで留める方が先頭になること、留める方に絵を描くと見えなくなることを伝える。

図5. ビニール袋に好きな柄を描いたり模様をつくったりする

図6. 小さく切った色紙をビニール袋に入れる

図7. 膨らませたビニール袋の口をねじってセロハンテープで留める

④ テープで留めた先頭の反対部分にスズランテープ（15cmの長さのものを3本）をセロハンテープで貼りつける（図8）。
⑤ ロケットの真ん中部分を持って斜め上方向に飛ばして遊ぶ（図9）。

図8. スズランテープを貼りつける

図9. 斜め上方向に飛ばして遊ぶ

4. 活動の留意点
- ビニール袋に、自分なりに工夫した絵や模様が描けているか。
- ビニール袋にしっかり空気を吹き込んで留めているか。
- ロケットを飛ばして友達と仲良く遊べているか。

［江村和彦］

34. ビニールを使った実践

ビニール袋にはいろいろな種類がある。小さなものから大きなもの、細長いものから太くて短いもの、透明なものから色が濃くて不透明に近いもの、さらに薄いものから厚みのあるもの、ツルツルしたものや少しサラサラした手触りのものなどあることから、それぞれの造形活動に適したものを用いることが大切である。比較的丈夫な素材でありながら、ハサミで簡単に切ることができたり、テープを貼って簡単につなぎ合わせることなどができるビニール袋を上手く使って、いろいろな造形活動に取り入れてみよう。

ビニールバルーン

1. 実践のねらい

1. 大勢で協力して大きなものをつくる。
2. ビニール袋を切る、つなぎ合わせる、膨らませて立体物をつくる。
3. ビニール袋の色、ビニール袋を通して見える光の色などの美しいものに気づく。

図1. 体育館の床面いっぱいのシート

2. 準備するもの

- ビニール袋…教材用のカラーのビニール袋がよい。
- セロハンテープ…幅広のものがよい。
- ハサミ
- 扇風機（家庭用のもの）

3. 実践の流れ

(1) **ビニール袋を1枚の大きなシート状にする**

カラーのビニール袋の側面の片方と底の2辺をハサミで切って1枚のシート状にする。シート状のビニールを幅の広いセロハンテープでつなぎ合わせることを繰り返し、長い帯状のシートにした後、さらにそれをつなぎ合わせて、最後は1枚の大きなシート状のビニールをつくる（図1）。

(2) **大きなビニールバルーンをつくる**

1枚の大きなシート状のビニールを、みんなで協力して半分に折り畳んでから、折り目以外の3辺をセロハンテープで貼り合わせて袋状にする。

図2. 協力してつくった大きなビニールバルーン

(3) **大きなビニールバルーンを膨らませる**

袋状のビニールの1つの角に、扇風機の羽根の部分が入るくらいの大きさの穴を開けて、ビニールバルーンの中に風を送り込んでいくとビニールバルーンが膨らんでいく（図2）。ビニールバルーンが十分に膨らんだら、扇風機を外して穴部分を手で縛るように閉じる。

図3. バルーンの中に入って遊ぶ

(4) **大きなビニールバルーンの中に入る**

できるだけ穴を小さい状態に保ったまま、1人ずつビニールバルーンの中に入っていく（図3）。時折、扇風機で風を吹き入れる。

図4. 色の光が生まれるバルーン

(5) **その他の活動**

暗くした体育館で、ビニールバルーンの中から懐中電灯で照らすと、きれいな色の光が生まれる（図4）。また、ビニールの吹き流しが自然の風で揺れることを感じたり（図5）、太陽の光がビニールの吹き流しを通って、砂浜の上にきれいな色の光となって現れるのを見たりすることを体験するのも面白い（図6）。

図5. 風で揺れる吹き流し

図6. 太陽光を通して砂浜の上に現れたきれいな色の光

そのほか、いろいろな形のバルーンも制作することができる。切り開いたビニール袋を上手に切って貼り合わせて、いろいろな形のバルーンをつくる活動を行うとよい。

ビニールの花と洋服

1. 実践のねらい

① 丸めたり、切ったり、貼り合わせたりする加工の体験を通して、ビニール素材を知る。
② ビニール素材を使って、イメージを膨らませて立体物をつくる。
③ 数名が協力して花や洋服の作品をつくる。

2. 準備するもの

- ビニール袋やビニールシート…カラフルな多種をできるだけ用意する。
- セロハンテープ　　　　・ハサミ

3. 実践の流れ

(1) **ビニールを使って花をつくる（個人での制作）**

　カラーのビニールで、各自が1つの花をつくる。図7の場面では、大学生による制作であったことから、「切る」「貼る」「折る」「丸める」「ねじる」「編む」などの動詞を意識して（図8、9）、試行錯誤しながら制作を進めたが、子どもたちの場合には、輪ゴムを使ってビニールを束ねるなどつくりやすいところから花に仕立てていくと楽しい。

図7. 試行錯誤しながら花をつくる

(2) **ビニールを使って洋服をつくる（共同での制作）**

　カラーのビニールを使って5名1組で洋服をつくる。1名がモデルとなって制作を進める（図10）。子どもたちが洋服をつくる際には、ビニール袋の底の部分に頭を出すことができるくらいの穴を開け、シンプルなビニール袋の洋服のようなものをはじめにつくっておき、そこにいろいろな色や形のビニールを貼っていくことを初めに伝えておくと、子どもたちにとって洋服づくりがより容易に感じられる。また、そのことから造形意欲も増し、面白いアイデアが生まれることにつながっていく（図11）。ビニールが透けるなど素材のよさも生かしたい。

図8. 丸めたり、束ねてから、広げたり、膨らませてつくった花

(3) **つくった花を壁に貼り、洋服を着たモデルが並んでの記念撮影**

　壁面にビニールの花を貼って飾りつけ、その前にモデルが並んでの記念撮影する（図12）。洋服を着たモデルだけではなく、その背景を思い思いに飾ることによって、写真がよりきれいに、より華やかになる。これよって、子どもたちの達成感がより大きなものとなり、その後の造形的な意欲が増すことにもつながっていく。

［樋口一成］

図9. 重ねてから切り込みを入れたり、色の違う素材を重ねてから切って成形した花

図10. 素材を当ててアイデアを検討する

図11. 切り込みを入れて編み、飾りをつくる

図12. 笑顔でポーズを決めるモデルたち

35.羊毛フェルトを使った造形

　羊毛フェルトとは、羊の毛に水分や圧力、摩擦及びアルカリ性成分の条件を与えると縮んで固くなる性質を利用し、布状にしたものである。その特徴を利用し、最初はふんわりとした羊の毛が形を変えていく感触を手のひらで味わいながら、カラフルなボールをつくる（図1）。
　いくつもつくり、並べる、積む、転がすなどの遊びや、ゴムひもを通して髪飾りなどのアクセサリーづくりに応用ができ、毛糸針に通した毛糸でいくつもつないで壁面に飾る、高いところから吊るすなど、保育の環境に取り入れることもできる。

図1. 羊毛のフェルトボール

1. 実践のねらい
① 羊毛のもつ柔らかな風合いと手触りを味わう。
② 羊毛の特徴を活かした加工方法を知り、その不思議さを知る。
③ 様々な色の羊毛を混ぜ合わせ、自分の好みの模様をつくる（図2）。

2. 準備するもの
- 羊毛…白や様々な色合いに染色されたもの、羊固有の毛色のままのものなどが手芸専門店などで入手できる。
- 石けん水…500mlの水に1、2滴程度の液体洗剤を入れたものを準備する。ボウルなどに入れておく。
- ポリエチレン手袋…食品などを入れるポリエチレン袋でも代用可。

図2. 様々な色合いの羊毛

3. 実践の流れ
(1)羊毛をほぐし、繊維の方向をそろえる
　羊毛の扱いに慣れるために、羊毛の束を両手で左右に引っ張って割きながらほぐす（図3）。これを繰り返していくと、繊維の方向がそろった状態になる。慣れるまでは少量の羊毛で行い、徐々に増やしていくとよい。繊維の方向をそろえることで、厚みを均等にしやすくなる。

(2)羊毛を混色する
　2色のほぐした羊毛の束を重ね合わせて割いていくと、徐々に混色されてマーブル模様になる（図4）。繰り返すほど均一な色合いになる。慣れてきたら、数色の羊毛で自分の好きな色合いをつくる。

(3)羊毛を丸める
　羊毛の端から少しずつ巻く（図5）。ひとかたまりになるようにまとめていきながら、形を丸く整えるためにいろいろな角度から巻く。しっかりと巻くと型崩れしにくくなる。

図3. 羊毛を割きながらほぐす

図4. 羊毛同士を混色する

図5. 羊毛を丸める

⑷ **丸めた羊毛を石けん水に浸す**

　ボウルに入れた石けん水に丸めた羊毛を浸す（図6）。丸めた羊毛の芯までしっかりと水分をいきわたらせるようにする。

⑸ **手のひらで丸める、転がす**

　両手にポリエチレン手袋をはめて、手のひらでやさしく丸める（図7）。丸くなったら、しばらくはゆっくりと手のひらで転がす。固くなっていくので、徐々に力を入れながら転がす速度を早くする。好みの固さになるまで繰り返す。

⑹ **すすぎと乾燥**

　水でしっかりと石けん水を洗い流し、タオルで水分を吸い取り、よく乾燥させる（図8）。完成。

図6. 石けん水に浸す

図7. 手のひらで転がす

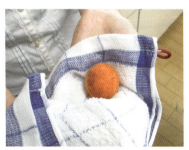
図8. 水分を吸い取る

4. 応用編：「羊毛フェルトでカラフルおとだまをつくろう」

図9. カラフルおとだまで遊ぶ様子

　羊毛のボールの中心に音が出る仕掛けを入れた、楽器のマラカスのようなおもちゃをつくる。お手玉のようにして遊ぶこともできる（図9）。ケースの中に入れるものは、水分が混入しても影響のないものがよい。また、隙間をふさぐビニールテープなどは、ケースの曲面に沿わせながら、指でしっかりと擦りつけて貼る。乾燥させるのは室内外問わないが、よく乾くように時々返しながら行う。

⑴ 市販のカプセルトイのケースに、小石や砂、缶のプルタブ、プラスチックビーズなどを入れ、ビニールテープなどでしっかりと隙間をふさいだのちに、アルミホイルでくるみ、羊毛を巻きつける（図10、11）。こうすると羊毛が巻きつけやすくなる。

⑵ ボールをつくる手順と同じ要領で、羊毛をフェルト化する（図12）。

⑶ 石けん水を洗い流し、よく乾燥させて完成。

図10. おとだま・音のなる工夫

図11. おとだま・プラスチックケースの隙間をビニールテープで留める

図12. 巻きつけた羊毛をフェルト化させたカラフルおとだま

［堀　祥子］

| 1 幼児造形とは | 2 幼児の造形教育の方法 | 3 幼児の造形教育の教材 | 4 幼児造形教育への実践 | 5 幼児の発達と造形表現 | 6 幼児造形教育の歴史と海外の美術教育 | 7 幼児造形教育の広がり |

36. いろいろな材料の造形①―紙を使って、絵画遊びと技法の造形

　幼児期は身体機能が次第に分化するとともに、手指の機能が高まり、造形活動の内容も多岐にわたっていく。さらに、いろいろな素材や材料を手や肌を通して感じ取り、工夫する力も備わってくる。工夫をすることで自分なりの表現を楽しみ、そのことが活動の目的にもなっていく。しかし、絵を描いたりものをつくったりする活動は、設定的な活動として取り上げられることが多く、そこだけを切り取ったように保育に取り入れがちである。たとえば、真っ白な画用紙を目の前にした時、何を描こうか戸惑うのは、大人に限らず幼児も同じであろう。そんな時、偶然にできる色と形の絵画遊びはもってこいの技法といえる。偶然にできる絵画遊びは、楽しく絵を描き出すきっかけづくりとして基本的な技法である。
　ここでは、偶然にできる絵画遊びを発展させ、「鯉のぼり」と「魚つり」を考えてみたい。

「鯉のぼり」をつくろう

1. 実践のねらい

❶偶然にできる絵画遊びを楽しむ（図1、2）。
（フィンガーペインティング、デカルコマニー、ローラー遊び、ドリッピング、スパッタリング、ブラッシング、ステンシル、スタンピング、プリンティング、ウォッシング、スクラッチ、フロッタージュ等）
❷いろいろな画材や素材に触れ親しみ、身近なものを新たな素材として楽しむ工夫をする。
❸丸筒に上手に巻きつけられる工夫をする。
❹自分の好きな鯉のぼりの模様とデザインを考える。

2. 準備するもの

- 各種の絵画遊びの用紙（半紙、広告紙、包装紙などを使用し、ここではA4判を基本とした）。折り紙であれば15cm×15cm
- 丸筒…各種リサイクル製品（図3）
- 針金…半紙A4判であれば、長さ12cm×太さ0.6mm、（折り紙では長さ10cm×太さ0.4mmを参考）
- シャインテープ（15mm幅）　・ハサミ　・ノリ
- 竹ひご（長さ約30cm）　・グルーガン

3. 実践の流れ

　ここではキッチンペーパー用丸筒《直径4cm×長さ22cm》とA4判のワラ半紙を基本として説明する。
(1)絵画遊びでつくった用紙を確認する。
(2)丸筒に上手に巻きつけられる工夫をし、ノリづけをする（図4）。
(3)針金（12cm×0.6mm）の一方の端をペンなどに巻きつけるなどして丸くしておく（抜けないための工夫）。
(4)鯉のぼりの先頭にシャインテープを巻きつける。この時、針金を取りつける（図5）。
(5)丸筒を抜き取り、鯉のぼりのしっぽ、背ビレなどのデザインを考える。
(6)同様に2、3匹の鯉のぼりをつくり、竹ひごに取りつける。
(7)竹ひごから針金がずり落ちないようにグルーガンで固定し完成（図6）。

図1. 畳を「フロッタージュ」している

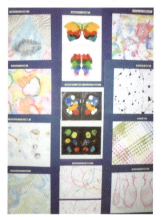

図2. 偶然にできる絵画遊びいろいろ

図3. 各種丸筒（リサイクル製品）

図4. 丸筒に巻きつける

図5. 針金を取りつける

図6. 鯉のぼりの完成

図7. 魚の原稿と完成した魚

4. 活動の留意点

　子どもの表現活動を考えた時、どのようなものでも材料になる可能性がある。保育者が、保育を念頭に置いた保育者の目をもつことが大切になる。
- 自分の思いを素直に表現できる活動の場を設定する。
- 子どもの活動を見守り、状況に応じて変化させていく柔軟な姿勢をもつ。
- 安全が前提。慣れることによる安全な使いこなしを身につけさせる。
- 材料が子どものイメージを広げられる工夫をする。
- 子どもたち一人ひとりの発達程度と、使用経験の有無を考慮する。

「魚釣り」で遊ぼう

1. 実践のねらい

① 偶然にできる絵画遊びを楽しむ（「鯉のぼり」と同様である）。
② ハサミを使って、思い思いの形に切る。
③ 魚を立体的に組み立てる。
④ 慎重に魚釣りを楽しむ。

2. 準備するもの

- 絵画遊びの用紙…事前に魚の形を印刷しておき、その裏面に絵画遊びをさせる（図7）。
- ハサミ　・ノリ　・ゼムクリップ
- 魚釣り用竿…指導者が事前に準備しておく。竹ひご（約30㎝）の先に、たこ糸（約60㎝〜70㎝）を結び、1㎝幅のペットボトルの輪切りを取りつける。ペットボトルには磁石をつけておくとよい（図8）。

3. 実践の流れ

(1) 絵画遊びを楽しんだ後、用紙裏面に印刷してある魚の背を中心に折り曲げ、対称になるようにハサミで切る。

(2) 絵画遊び面を表にして魚を組み立てる。切り取った口の部分は胸ビレに、しっぽは背ビレに利用する（図9）。

(3) 魚にゼムクリップをつける（磁石用につけるが、年長児には磁石無しで、慎重に輪を魚の口にひっかける釣りを楽しませたい）。

4. 活動の留意点

- 鯉のぼりと同じ

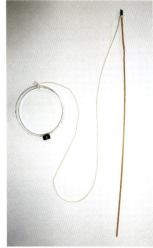

図8. 釣り竿

図9. 胸ビレ、背ビレの工夫

図10.「魚釣りであそぼ」完成

［江﨑榮彦］

| 1 幼児造形とは | 2 幼児の造形教育の方法 | 3 幼児の造形教育の教材 | 4 幼児造形教育への実践 | 5 幼児の発達と造形表現 | 6 幼児造形教育の歴史と海外の美術教育 | 7 幼児造形教育の広がり |

37. いろいろな材料の造形② ― 自然物(木育)と人工物(ビニール袋)を活用した実践

　自然物や人工物を活用した造形活動は様々なものがあるが、ここでは子ども同士のつながりや心の教育などを通して、子どもたちの感覚を育む活動を取り上げる。自然物では"木育"による「おまもりづくり」、人工物では「ビニール袋で楽しもう」を紹介する。

"木育"による「おまもりづくり」

1. 実践のねらい
① 木の手触りや香りを確かめながら、自然の木がもつ面白さに気づく。
② 誰のために、どんな願いを込めてつくるかを考えながら楽しむ。

2. 準備するもの
- クスノキの板…香りが強く、表面は切りっぱなしの板材がよい（図1）。
- 紙やすり…150番、220番、320番。番数の低い順から丁寧に。
- アクリル絵の具…色ごとにボトルキャップに入れ、綿棒を使って描く。
- 穴を開けるためのキリ、装飾のための革ひもやビーズなど。

図1. 準備する材料

3. 実践の流れ
(1) 木のイメージを膨らませるよう、絵本の読み聞かせなどで導入する。
(2) 紙やすりを使い、クスノキの板材を削る（図2）。削ることにより出るクスノキの香りを確かめながら、板材の表面を触覚で楽しむ。
(3) 削ってスベスベになったクスノキ板材に、誰のために、どんな願いを込めてプレゼントするか、子どもたちと話し合い、意見を共有する。
(4) 話し合いの後、綿棒の筆とボトルキャップのパレットを使い、アクリル絵の具でそれぞれの願いを込めて絵を描く（図3）。
(5) キリで穴を開けて革ひもを通す。板の穴開け、ひもの結びについては、保育者が支援する。ビーズで装飾して仕上げる（図4）。

図2. 紙やすりを固定してやする

図3. おまもりに願いを込めて絵を描く

図4. 完成作品

4. 活動の留意点
- 木の手触りや香りを楽しみ、自然の木がもつ面白さに気づいているか。
- 誰のために、どんな願いを込めて、おまもりをつくっているか。

5. 発展
　後日、どのように作品をプレゼントしたか話し合うことにより、その状況を絵画で表現することができる。また、園庭や近隣にある木を利用することにより、子どもたちの地域理解へとつながっていく。

〔本実践はJSPS科研費　15K04324 の一部である〕

🪶「ビニール袋で楽しもう」

1. 実践のねらい
① ビニール袋をのばす、クシャクシャにするなど、感触を楽しむ。
② ビニール袋を活かしてものづくりをする楽しさを味わう。
③ 空気を入れる、風を利用するなど、様々な表現を共有して楽しむ。

2. 準備するもの
- 45ℓビニール袋…赤、青、黄など色つきのものがよい。
- ボトルキャップや木の実、ビーズ等、音を楽しむことができる材料。
- ビニールテープやセロハンテープ。
- 色画用紙や油性マーカーなど、装飾のための材料。

3. 実践の流れ
(1) ビニール袋に空気を入れる、のばす、クシャクシャにする、ひっかくなど、ビニール表面のツルツルや凸凹などの手触りを楽しむ（図5）。
(2) ビニール袋に音の出るものを入れ、様々な音を発見する（図6）。
(3) ビニール袋を風になびかせる、テープ類で留めて大きくなびかせるなど、子どもたちで話し合いながら、作品づくりの意見を共有する。
(4) 2～4名でグループをつくり、作品を具体化して、友達と楽しむことができる作品をつくる。

図5. ビニールの手触りを楽しむ

図6. 音の出るもの

- 作品例1「ぽんぽんボール」（図7）
  ビニール袋に空気とペットボトルのふたやドングリなどを入れてボールにする。ビニール表面を指でのばしてできたしわの感触を楽しんだり、中に入れたものの音を楽しんだりしながら、友達とトスして遊ぶ。
- 作品例2「虹をかけよう！」（図8）
  色つきのビニール袋をつないで筒状にし、友達と協力しながら風を利用した作品をつくる。触覚や聴覚、さらには嗅覚で感じる活動を楽しむ。

図7. 表面をツルツル、デコボコにしたボール

図8. 風を感じて子どもたちで協力して飛ばす

4. 活動の留意点
- ビニール袋の感触を確かめながら作品づくりを楽しみ、その作品で楽しく遊ぶことができたか。
- 友達と共に活動を楽しむことができたか。

5. 発展
今回の活動は、感覚を育みながら個性豊かな作品になることが魅力であり、友達とのコミュニケーションを通じた作品づくりにより、ほかの共同で行う作品づくりへと展開することが可能である。

［矢野 真］

| 1 幼児造形とは | 2 幼児の造形教育の方法 | 3 幼児の造形教育の教材 | 4 幼児造形教育への実践 | 5 幼児の発達と造形表現 | 6 幼児造形教育の歴史と海外の美術教育 | 7 幼児造形教育の広がり |

38. いろいろな材料の造形③ ― プラスチック容器やスチロールなどの実践

　プラスチック容器や発泡スチロールは、廃材として私たちの身のまわりに沢山の種類がある。形状も様々で、保育者のアイデア次第でいろいろな作品に生まれ変わる可能性を秘めた素材であるといえる。ここでは、その中でもペットボトルと発泡トレイを用いた実践例を紹介する。

🖋「ペットボトルドールをつくろう」

1. 実践のねらい

① 身のまわりにある素材の形の面白さに気づく。
② 素材の形を活かしてものづくりをする楽しさを味わう。
③ 様々な素材を活かして表現することを楽しむ。

2. 準備するもの

- ペットボトル…形状を活かした作品を考える。
- ハサミ、カッターナイフ…ペットボトルを切るために使う。カッターナイフで切る時は、保育者が援助する。
- アクリル絵の具…プラスチック素材に描ける絵の具を用意する。
- フェルト、モール、ビーズ、スパンコールなど装飾素材
- ビニールテープ
- 木工用ボンド

3. 実践の流れ

(1) ペットボトルの形状から何がつくれるかをイメージする。年齢が低い場合はあらかじめ保育者が考えたものを用意する。
(2) ペットボトルを輪切りにする（図1）。保育者が事前に切っておいてもよい。
(3) つくりたいものに合わせ、ペットボトルの内側にアクリル絵の具で色を塗る（図2）。
(4) 絵の具が乾燥したら、ペットボトルを組み合わせてビニールテープで固定する。
(5) ペットボトルの外側にフェルトやスパンコールなどを木工用ボンドで接着して、作品を仕上げる（図3）。

4. 活動の留意点

- ペットボトルをいろいろなものに見立てることができたか。
- ペットボトルの形を活かして、自分なりの工夫や表現ができたか。
- 友達と一緒に楽しみながら活動に取り組めたか。

5. 発展

　着色しなくても、周囲に装飾するだけで個性豊かな作品になるのがこの活動の魅力である。特に低年齢の子どもはペットボトルをカットすることが難しいため、むしろ装飾することに活動を絞ることが必要である。
　また、保育室に子どもたちの作品を並べてお話の世界を表現したり、つくった人形で劇遊びを楽しむことも可能である。

図1. ペットボトルをカットする

図2. ペットボトルを着色する

図3. 外側を装飾する

図4. 完成作品

「発泡トレイでパズルをつくろう」

1. 実践のねらい
1. 身近な素材を用いてつくる楽しさを味わう。
2. 色や形を組み合わせることを楽しむ。
3. つくったもので友達と遊ぶことを楽しむ。

2. 準備するもの
- 発泡トレイ…同じ形のものを2枚用意する。食品が入っていたものはよく洗ってから使用する。
- カラーペン、クレヨン…発泡トレイに描くことができる描画材
- ハサミ、カッターナイフ…発泡トレイを切るために使う。
- ビニールテープ…発泡トレイの周囲を固定する。

3. 実践の流れ
(1) 一枚の発泡トレイの平らな部分に、カラーペンやクレヨンで好きな絵を描く(図5)。
(2) 描いた部分をハサミやカッターで切り抜き、いくつかのピースに切り分ける(図6)。ピースをあまり細かくしすぎると組み立てにくいので、保育者が絵に合わせて切り取る線を描いておくとよい。低年齢の場合は、保育者が切り取る。
(3) もう一枚のトレイをカットしたトレイの下に重ね、周囲をビニールテープで固定する(図7)。
(4) 切り取ったピースを入れたり外したりしながら、パズルを完成させる。

4. 活動の留意点
- 自分のつくった作品で楽しんで遊ぶことができたか。
- 友達と共に活動を楽しむことができたか。

5. 発展
パズルは、子どもたちの好きな玩具の一つである。図柄を予測しながら手で組み合わせていくという作業は、思考力や判断力、手先の器用さなどを養うという点において、発達上大切な活動であるといえるだろう。

発泡トレイには、平面作品だけでなく立体的な表現もできるという利点がある。発泡トレイをいくつかのパーツに切って、切り込みを数箇所に入れて組み合わせることで、ブロックのような立体的な構造物をつくることもできる(図10、11)。

図5. トレイに絵を描く

図6. 適当なサイズに切りとる

図7. トレイを重ねて枠をつくる

図8. パズル完成作品

図9. 作品例(トレイパズル)

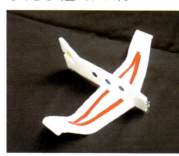
図10. 作品例(飛行機)

図11. 作品例(切れ込みを入れてパーツを組み合わせた動物)

［西村志磨］

| 1 幼児造形とは | 2 幼児の造形教育の方法 | 3 幼児の造形教育の教材 | 4 幼児造形教育への実践 | 5 幼児の発達と造形表現 | 6 幼児造形教育の歴史と海外の美術教育 | 7 幼児造形教育の広がり |

39. いろいろな材料の造形④ ― プラスチック容器やスチロールなどの活用

　輪投げは、今も昔も幼児にとってとても人気のある遊びである。ここでは、新しい発想でピンにペットボトルを使用する。ボトルの中に色水を入れて美しいピンができる例を紹介する。ボトルに水が入るために安定感があり、様々にデザインを施すことができるので、アイデアの広がりのあるピンができる。輪を投げる位置や点の取り方等を発達段階に合わせて工夫すれば、誰もが楽しく遊ぶことができる。

1. 色水を使ったペットボトルの輪投げピンのつくり方

❶ ペットボトルを準備する

いろいろな形や大きさがあるとよい

❷ 水彩絵の具で色水をつくる

水を入れてかくはんし、絵の具を溶かす

❸ いろいろな種類の色水をつくる

動物などをイメージしてそれに合った色水を準備するとよい

❹ ペットボトルの飾りつけをする

動物の目、口、耳などを色画用紙などでつくって、テープなどで貼りつける

❺ 投げ輪をつくる

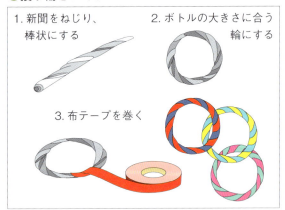

1. 新聞をねじり、棒状にする
2. ボトルの大きさに合う輪にする
3. 布テープを巻く

2. 楽しく輪投げで遊ぶ様子

　幼児は、自分でつくった好きな動物のピンをどのように置くか工夫するなどして、楽しく輪投げで遊ぶことができる。

3. スチロール材を使ってダイナミックにつくる

　電化製品などの梱包材料として、いろいろな形の発泡スチロールが使われているが、多くは廃材となる。それらが入手できたら、どんどんつないで道路や迷路をつくったり、積み上げて塔や家などに見立てて遊んだりできるとよい。接着するための発泡スチロール用の接着剤は、保育者が補助的に使用することはよいが、幼児には、つなぎ目の接着に布テープなどのテープ類を使用させるとよい。布テープは、色数が多いので目的に合わせて選ぶとよい。

4. スチロール材の活用例〜ドライブが楽しいなフラワー道路〜

❶発泡スチロールを集める

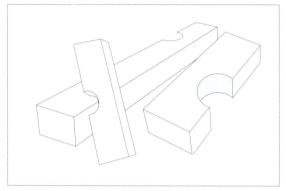

❷布テープでつなぐ

セロハンテープやガムテープなど、遊び終わったら解体しやすい接着の仕方がよい

❸テープや竹串を使って飾りをつける

発泡スチロールの切れ端などをお花や木、家などに見立てる

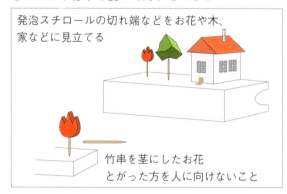

竹串を茎にしたお花
とがった方を人に向けないこと

❹ハンドルをつくる

段ボールの断面は手を切りやすいのでテープで必ず覆うこと

段ボールなどを利用してつくるとよい

◎そのほかの活用例〜迷路づくり〜

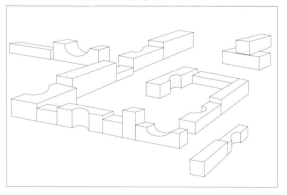

◎そのほかの活用例〜お家づくり〜

　　※スチロール系の材料に油性ペンで描くとスチロールは溶けるので、注意すること。

［安藤恭子］

| 1 幼児造形とは | 2 幼児の造形教育の方法 | 3 幼児の造形教育の教材 | 4 幼児造形教育への実践 | 5 幼児の発達と造形表現 | 6 幼児造形教育の歴史と海外の美術教育 | 7 幼児造形教育の広がり |

40.いろいろな材料の造形⑤―アルミホイルや空き缶の実践

　アルミホイルや空き缶など金属系の素材は、その質感を活かした存在感のある作品に仕上げることができる。空き缶は、叩いた時の金属音を活かして楽器などにしても面白い。
　硬い缶は加工が難しいが、形や特性を活かして効果的に利用することで、面白い表現が楽しめるだろう。

🖋「アルミホイルのレリーフ」

1. 実践のねらい
①身近な素材を組み合わせて立体（半立体）をつくる楽しさを味わう。
②自分の好きなものを作品にすることを楽しむ。

2. 準備するもの
- アルミホイル　・油性マジック、水性耐水ペンまたはクレヨン
- 発泡トレイ…同型のもの4枚　・画用紙…発泡トレイと同じサイズ
- サンドペーパー　・発泡スチロール用接着剤　・ハサミ、カッター

3. 実践の流れ

(1)同じサイズの発泡トレイ3枚を、発泡スチロール用接着剤で貼り合わせる（図1）。

図1.トレイを接着する

(2)自分の好きなものを、発泡トレイの平らな部分に合わせて切った画用紙に描いて型紙をつくり、型紙をパーツごとに切り取る（図2）。

(3)(1)で接着したトレイに切り取った型紙を貼りつけ、型紙に合わせてカッターやハサミでトレイを切り取り、周囲をサンドペーパーで丸く削る。

図2.型を切る

(4)アルミホイルを丸めて軽くしわをつけてから広げ、(3)の型に巻きつける（図3）。

(5)(4)でつくった型のアルミホイル部分に、油性マジックで色をつける。

(6)残りのトレイ1枚の平らな部分（内側）に、(4)のパーツを組み合わせながら貼りつけてレリーフを完成させる。

(7)耐水性の水性ペンやクレヨンで土台のトレイに模様をつけたり、ビニールテープを周囲に貼りつけたりして額にする（図4）。

図3.アルミホイルを型に巻き、マジックで着色する

4. 活動の留意点
- アルミホイルの質感を楽しみ、作品に活かしていたか。
- 友達の作品から、いろいろな表現の方法があることに気づくことができたか。

5. 発展

　アルミホイルは丸めることによりしわができ、それが効果的な表現を生み出す。セロハンとビニールシートでステンドグラスをつくり、その後ろにしわをよせたアルミホイルを貼ることで、光を反射したアルミホイルのステンドグラスができる。
　また、物を包むこともできるため、いろいろなものを包むことで金属的な表現をすることもできる。

図4.完成作品

184

「空き缶 de 魚釣り」

1. 実践のねらい

① 身近な素材を組み合わせて自分なりのものづくりを楽しむ。
② つくったものを使って友達と遊ぶ楽しさを味わう。

2. 準備するもの

- 空き缶…プルタブのついたものが使いやすい。
- 画用紙、色画用紙、モール、フェルト等…缶を装飾するもの。
- 木工用ボンド、または合成ゴム系接着剤
- 割り箸　　・凧糸　　・針金

3. 実践の流れ

(1) 空き缶に好きな素材を貼りつけて海の生き物をつくる。接着は木工用ボンド、または合成ゴム系の接着剤を使うとよい。低年齢の場合には、空き缶一周分サイズの用紙に魚の目やウロコなどの模様を描いたものをつくっておき、クレヨンやペンで色をつけて巻きつけるとよい（図5、6）。

(2) 年長児や年中児では、モールやフェルトを切ったり丸めたりして接着剤で貼りつけて、面白い生き物をつくるとよい（図7）。

(3) 割り箸に凧糸を結びつけ、その先に針金を釣り針状に曲げたものを結びつけ、釣り竿をつくる（図8）。磁石を利用してもよい。

(4) 空き缶のプルタブ部分に釣り針を引っ掛けて、魚釣りを楽しむ（図9）。

4. 活動の留意点

- 素材を組み合わせて自分なりの作品がつくれたか。
- 友達の表現を認め、楽しみながら作品がつくれたか。
- つくった作品を使って遊びを楽しむことができたか。

5. 発展

アクリル絵の具で直接缶に模様を描いても魚をつくることができる。また、プラスチック容器やストローなどと組み合わせて、ロボットや笛のような音の出るおもちゃをつくったりすることもできる（図10）。カットして利用することもできるが、切り口が危険なため幼児にはあまり好ましい利用法とはいえないであろう。

共同制作などでは、同じサイズの缶を集め、色分けをし、つなぎ合わせることで、空き缶アートを楽しむこともできる（図11）。

図5. 壁紙に描く

図6. 壁紙を巻きつける作品

図7. モールやフェルトなどと組み合わせた作品例

図8. 釣竿

図9. つくった作品で魚釣りを楽しもう

図10. 空き缶笛

図11. 空き缶アート（空き缶とペットボトルとの組み合わせ）

［西村志磨］

| 1 幼児造形とは | 2 幼児の造形教育の方法 | 3 幼児の造形教育の教材 | 4 幼児造形教育への実践 | 5 幼児の発達と造形表現 | 6 幼児造形教育の歴史と海外の美術教育 | 7 幼児造形教育の広がり |

41. いろいろな材料の造形⑥ — アルミホイルや空き缶などの活用

　アルミホイルは、表面がキラキラと輝き、しわを入れても乱反射して美しい。自在に切ることができるほか、ものを簡単に包み込むことや丸めて団子状にすることができるなど、幼児にとって扱いやすい素材である。キラキラとよく目立つという特徴を使って、おもちゃのマイクづくりを紹介する。

　今、幼児教育では、1日のはじまり朝の会の充実が注目されている。朝、元気にスタートできることがその日のやる気元気につながるからである。そんな朝の当番活動をサポートする元気マイクをつくってみよう。

1. アルミホイルを使った「げんきマイクはまほうのマイク」のつくり方

❶ 材料を準備する

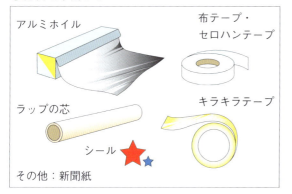

アルミホイル／布テープ・セロハンテープ／ラップの芯／キラキラテープ／シール
その他：新聞紙

❷ マイクのヘッド部分をつくる

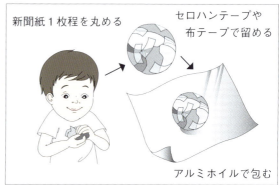

新聞紙1枚程を丸める → セロハンテープや布テープで留める → アルミホイルで包む

❸ マイク本体をつくる

布テープでヘッドと芯棒をつなぐ（アルミホイルでヘッドを包む前に固定してもよい）
芯棒もアルミホイルで包んでもよい
モールをつなぐ

❹ マイクの飾りつけをする

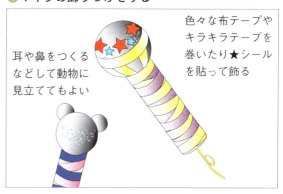

色々な布テープやキラキラテープを巻いたり★シールを貼って飾る
耳や鼻をつくるなどして動物に見立ててもよい

2. つくったマイクで遊ぶ様子やその他の造形

　幼児は自らつくったマイクを使うことで、園の活動に積極的に参加するようになる。キラキラメダルをつくり、園の様々な活動に用いても面白い。

3. 空き缶を使った実践例

　幼児がおもちゃとして扱う空き缶には、主にスチール缶とアルミ缶がある。そのまま扱ったり切ったりすると、手等を怪我する危険性があるので、ここでは、包んだり、つぶしたりして楽しむ造形を紹介する。

🖌 スチール缶を使った「おしゃれなさかなたち」 釣りもOKだよ！

❶材料を準備する

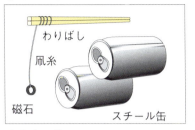

わりばし／凧糸／磁石／スチール缶

❷飾りをつける

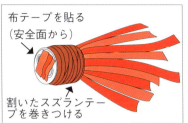

布テープを貼る（安全面から）／割いたスズランテープを巻きつける

❸魚の形に仕上げる

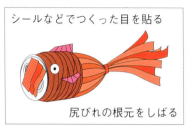

シールなどでつくった目を貼る／尻びれの根元をしばる

❹実際の作品

❺釣りをして楽しむ様子

🖌 アルミ缶を使った「踊るレッドマン・ブルーマン・イエローマン」

❶缶の底を軽くつぶす

❷底を顔に見立てる

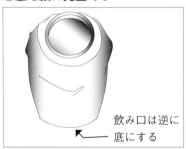

飲み口は逆に底にする

❸手足をつける

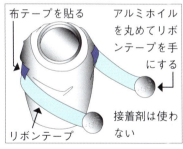

布テープを貼る／アルミホイルを丸めてリボンテープを手にする／リボンテープ／接着剤は使わない

❹顔を描いて仕上げる

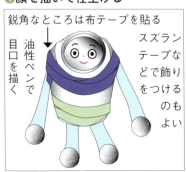

鋭角なところは布テープを貼る／油性ペンで目口を描く／スズランテープなどで飾りをつけるのもよい

❺実際の作品

❻仲良しロボット集合

［安藤恭子］

| 1 幼児造形とは | 2 幼児の造形教育の方法 | 3 幼児の造形教育の教材 | 4 幼児造形教育への実践 | 5 幼児の発達と造形表現 | 6 幼児造形教育の歴史と海外の美術教育 | 7 幼児造形教育の広がり |

42. 光・影絵——ボンド・セロハン用いた実践

切り抜いた紙に光を当てると様々な形の影ができる。また、色ボンドで描いたビニールシートや色セロハンに光を通すと光の色は変化する。影の形や色を楽しんだり、場所や光の当て方を考えたりすることを通して、空間や環境の雰囲気が変化することを子どもが感じ取るようにしたい。

🖋「光を透す絵の具で描こう」

1. 実践のねらい

❶ 身近な材料で透光性のある絵の具をつくり、色の混色や大きなビニールシートに自由に描くことを楽しむ。
❷ 乾いた色ボンドに光を透すと、光の色が変わることに気づく。
❸ 飾ったり窓ガラスに貼りつけたりして空間の雰囲気の変化を感じる。

2. 準備するもの

- 木工用ボンド　・食紅（赤・青・黄があると良い）　・割りばし
- 中性洗剤　・水　・空き容器　・筆や刷毛　・新聞紙
- 透明ビニールシート1m×2m程度（又は透明ビニール袋を切り開く）

3. 実践の流れ

(1) **色ボンドをつくる**

❶ 空き容器に食紅を耳かき1杯程入れ（色の濃さにより量を調整する）、水を数滴入れて溶かす。
❷ ボンドを50ml程入れ、中性洗剤を1滴入れて割りばしで静かによく混ぜる。激しく混ぜると気泡ができやすいので注意する。

食紅（赤・青・黄）を混色すると様々な色をつくることができる。食紅の濃さを変えるとグラデーションをつくることができる（図1）。

(2) **ビニールシートに色ボンドで描く**

❶ 机・床等に汚れ防止のために新聞紙を敷く。その上に描画用のビニールシートを敷き、セロテープ等でビニールシートが動かないよう固定する。
❷ 筆・刷毛・手などで自由に描く（図2、3）。色ボンドののびが悪ければ、水を数滴加えて調整をする。

(3) **乾燥させる**

ボンドが乳濁色から透明になり固まるまで、半日～1日程度乾燥させる。

(4) **光を透かして、カラフルな光を映し出す**

ビニールシートごと屋外に持ち出し、光を透かして壁、木、人などに映し出された色の影を楽しんだり（図4、5）、暖簾やカーテンのように展示し、空間の変化を楽しむ。また、色ボンドを厚く塗るとシート状に固まり、ビニールシートからはがしやすくなる。簡単に貼ったりはがしたりでき、窓ガラスに貼って楽しむこともできる（図6）。

4. 活動の留意点

- 日光で遊ぶ時は、直接太陽の光を見ないように注意する。
- シート状に固まったボンドが乾燥して貼りつきにくい時は、窓ガラスを軽く水ぶきすると貼りつきやすくなる。

図1. 混色してつくった色ボンド

図2. ビニールシートに筆で描く

図3. ビニールシートに手で描く

図4. シートに光を透かしてみる

図5. 太陽光で映し出された模様

図6. 窓に貼りつけて室内に水族館をつくり出す

図7. 二つ折りにして切り取る（上）四つ折り、部分折り（下）

図8. 広げた状態

図9. 色セロハンをノリづけする

図10. 映し出された光の色や形

図11. 太陽の光を透かしてみる

5. 発展

着色剤として、透光性に優れた食紅の他に不透明水彩絵の具で色ボンドをつくると、光が透ける部分と透けにくい部分ができ、作品表現の幅が広がる。シート状に固まったボンドの上にさらに油性ペン等で描き加えてもよい。

「光の世界ステンドグラス」

1. 実践のねらい

1. 紙を折りたたんで切ると、穴を開けられることに気づくようにする。
2. 紙を2つ以上に折りたたんでから切り、広げた時にできた形を楽しむ。
3. 色セロハンに光を通すと、光の色が変わることを知る。
4. 光の色や型抜きした紙による影の形や美しさを楽しむ。

2. 準備するもの

- 色画用紙（黒など濃い色）
- 色セロハン
- スティックノリ
- ハサミ（カッターナイフ）
- 新聞紙
- 重石になる本等

3. 実践の流れ

(1) **色画用紙を切り抜く**

1. 色画用紙を、中心または、部分的に2つ以上に折りたたむ（図7）。
2. ハサミで自由な形に切り取り、広げる（図8）。

(2) **色セロハンを貼る**

1. 穴の大きさよりも1cm程大きくセロハンを切る。複雑な形の場合は、おおまかな形でよい。
2. 穴の周辺1cm程にノリを塗り、セロハンを貼る。台紙の下には新聞紙を敷き、ノリは穴からはみ出さないよう少しずつ塗るとよい（図9）。

(3) **乾燥させる**

ノリが乾く際にセロハンが縮み、色画用紙が丸まることがある。作品は新聞紙等で挟み、重石を乗せて乾燥させる。

(4) **作品に光を透かして、光の色や形を映し出す（図10、11）**

屋内や屋外で光を透かして色の影や形を様々な場所に映し出して楽しむ。どこに貼りつけると光の影が美しいか、光の通り道を探しながらステンドグラスのような効果を楽しめる場所を見つけ、窓ガラス等に貼りつける。

4. 活動の留意点

- 水分の多い水ノリを使用するとセロハンが縮みやすいので、スティックノリやスプレーノリなど水分の少ないものを使用するとよい。
- カッターナイフは、安全に配慮して設計された子ども用のものを使用するとよい。使用の際は、カッターマットを敷いて切り抜く。

5. 実践の流れ

セロハンに油性マジック等で描き加えると、より豊かな表現ができる。また、カッターナイフの使用に慣れていれば、台紙に下絵を描き切り抜くことでより自由な表現ができる。

子どもがそれぞれ作品をつくるだけでなく、個々の作品をつなげて大きな作品に仕上げて楽しむこともできる。また、一つのデザインを共同制作によって子どもみんなで制作することもよいだろう。

［本田郁子］

| 1 幼児造形とは | 2 幼児の造形教育の方法 | 3 幼児の造形教育の教材 | 4 幼児造形教育への実践 | 5 幼児の発達と造形表現 | 6 幼児造形教育の歴史と海外の美術教育 | 7 幼児造形教育の広がり |

43. 魅力的な壁面装飾の制作を求めて

　多くの幼稚園や保育所では壁面や空間を魅力的な絵や模様や立体で飾ることによって、子どものより良い生活環境を保障しようとしている。子どもと保育者、子どもと保護者、保護者と保育者、保育者同士、保育者とほかの職員との最良のコミュニケーションの場は、壁面装飾をきっかけにして実現させることが可能である。保育者をめざす大学生にとって壁面装飾の制作体験は単なる技術の獲得に留まらず、保育そのものの重要な在り方を学ぶ場になる。

1. 壁面装飾のより良い在り方を目指して

　壁面装飾は子どもの保育環境に欠かせない。多忙な保育現場にとって「短時間で質の高い壁面装飾を実現する」ことが難しい。実際に幼大連携の活動として壁面装飾のより良い在り方を探ることは、保育者養成にとって重要な課題といえる。

2. クリスマス用の保育実践事例

　クリスマスに向けた壁面装飾を大学生が年少児である子どもと行った保育実践事例を紹介する。

- 日時：平成24（2012）年11月
- 場所：長崎大学教育学部附属幼稚園
- 対象：年少クラス23名（男児12名、女児11名）

　附属幼稚園はこれまで壁面装飾の制作に重点をおいてきたこともあり、幼大連携の活動として、季節感を大切にした作品、子どもの実態に応じた作品の制作活動になることを期待した。そのため、活動のコンセプトはクリスマス用の壁面装飾を子どもと大学生とが協同で制作しながらクリスマスを待ち望む気持ちを高めることに決まった。実際には大学生が普段の保育に参加し子どもとのコミュニケーションを図りつつ、半年間かけて保育準備を行ったのである。その成果として、日頃の子どもの実態に応じた教材を使用することになったり、子どもが興味を示すような工夫を行ったり、保育者同士が協力し合うことができる保育内容を計画することができたりしたのである。

　保育実践の流れは、❶説明を聞く（図1）、❷折り紙に絵を描く（図2）、❸クリスマスツリーの飾り物をつくる（図3）、❹活動をふりかえる（図4）、❺実践の終了後に子どもの作品を用いた壁面装飾をする（図5）である。

　❶の説明は折り紙でつくった顔がないサンタクロースにクレヨンで顔を描くことを伝えるものである。❸の飾り物は飾り物がないツリーに装飾を施したり飾り物そのものを折り紙でつくったりするものである。❹の場面で参加者全員の記念写真を撮影したのは❺の活動に活かすためである。❺の活動は大学生と担任の保育者が保育室の壁に装飾を施すものである。装飾後、登園してきた子どもは指さしながら鑑賞し、お互いに自慢していた。その後、飾り物を増やそうと折り紙を折り始める子どもが多く見られた。保護者は自分の子どもの作品が飾られていることもあり、じっくりと鑑賞

図1.「なにがでてくるかな？」

図2.「すてきなサンタクロースさんだ！」

図3.「きって、ひろげると、かざりのできあがり」

図4.「みんなでがんばったね…」

図5.「今度は私たちの出番…」

1）北村真理、中川泰『魅力的な壁面装飾を探る』日本保育学会第66回大会要旨集、2013、p.196

図6. 大学でのパネル展示の作業風景

図7. 大学でのパネル展示

図8. 幼稚園でのパネル展示

したり、子どもと共に作品の前で記念撮影をしたりしていた。

3. 子どもと大人が協力して壁面装飾を制作するためのポイント

　幼大連携の保育実践を通して、子どもと大人が協力して壁面装飾を制作する重要なポイントは以下のようにまとめることができる。

- 子どもが親しみやすい道具や素材、教材を用いる
- 子どもが喜びを感じることができる工夫をする
- 安心して楽しく活動ができる環境を整える
- 活動に興味をもたせる工夫をする
- 子どもの発達に基づいた計画を立てる
- 活動後の子どもを想定した計画を立てる

　また、短時間で質の高い魅力的な壁面装飾を実現する重要なポイントは以下のようにまとめることができる。

- 子どもの作品や感性を活かした壁面装飾を企画する
- 子どもと保育者が協同して制作する
- 子どもと保育者が共に楽しむ
- 子どもに対して保育者が想いを込める
- 子どもの実態を考慮した教材にする

　今後の課題は「写真を活用して子どもの作品を構成する手法の開発」と「折り紙の立体感を表現する段ボール等の効果的な活用法の開発」にある。

　以上の保育実践は平成25（2013）年5月に日本保育学会第66回大会（於中村学園大学・中村学園大学短期大学部）で発表されたことを付記する[1]。

4. 写真で撮影した子どもの造形活動の場を壁面装飾に活かす事例

　玉木学園長崎玉成幼稚園のアートクラブ（造形遊び）で講師を担当する北村真理が通常の保育で撮影した写真を活用し、大学生による壁面装飾の制作を実施した事例を紹介する。テーマはシャボン玉で、シャボン玉を吹いている動物を配置し、そのまわりにシャボン玉を貼っていくものである。そのシャボン玉には、紙皿に写真を挟んだものと画用紙を丸く切ったものの二種類がある。広い意味で幼大連携の保育実践である（図6～8）。

　子どもにとってはアートクラブの活動成果を発表する機会と位置づけられていたのであるが、アートクラブのふりかえりができる最高の環境を提供することにつながり、結果として子どもの表現意欲を増大させることになった。大学生はほかの人と協力することの大切さを実感しつつ、将来、保育者として役立つ重要な姿勢やスキルを習得できた。保育現場の子どもや保育者に喜びを与えることは、大学生にとって得難い達成感や充実感となり、保育現場で指導者となった時の在り方を考える良い機会となった。この事例は幼大連携の保育実践がめざすべき一例であり、大学生が壁面装飾の体験を積みつつ、保育現場での造形の実態を学ぶことができる。しかも保育現場に対して貢献することができ、好意的な反応を期待することができるのである。

［中川　泰］

44. 紙芝居制作 ─ストーリーと絵、制作とパフォーマンス

　紙芝居は、昭和初期に日本で考案され、現在は幼稚園、保育園、小学校等で教材として活用されている。一度に大勢の子どもたちに読み聞かせをするのに向いており、複数の子どもたちと対話形式で進める紙芝居も人気がある。また、手づくり紙芝居も上手、下手を問わず味わいがあり、絵本づくりと同様、よい課題になる。

1. 実践のねらい

　お話を考え、イメージを膨らませ、絵にすることにより、表現する楽しさを味わう。

2. 準備するもの

- 原稿用紙またはコピー用紙…お話を書くため。お話は、あらすじ（要点）でよい。箱書き（絵と文を一緒にした下書き）を書くための用紙はコピー用紙などでよい。
- 八つ切り画用紙　・絵の具

3. 実践の流れ

(1) お話づくり

　紙芝居は、子どもたちに生活習慣を教えるものや、身近なお話を題材にしたもの、対話型のもの等、様々なジャンルがある。伝えたいことを盛り込み、描いた絵に芝居をさせ自由に表現することができる。今回は、昔話を題材にして制作する方法について述べる。

　まずは、お話をつくるために、自分の地域に伝わっている昔話を探す[1]。資料を集めたらあらすじを書き出す。「いつ、どこで、だれとだれが出会ってこんなことが起こって、こうなった」という"すじ"である。「いつ」は、「むかしむかし」や「今は昔」など、具体的な時代が書かれていないものが多いかもしれない。全体の話から想像力を働かせて時代を設定すればよい。

(2) 登場人物の設定

　登場する人物の髪型、身なり、体形、年齢、性別等を考える。着ているものは、"着替える"等のストーリー展開でなければ、最後まで同じもので通す。紙に書き出し、イラストにする（図1、2）。

※イラストを切り抜き、割り箸をつけるとペープサートになる。ペープサートの前身も紙芝居の前身も「立ち絵」だといわれている。「立ち絵」は、担いで、あるいは自転車にのせて、移動自由な舞台で演じられた。

(3) 場面割り、箱書きづくり

　箱書きとは、映画で用いられたものであり、脚本（シナリオ）を執筆する時、あらかじめ各場面のあらすじを書き留めておく方法である。箱文と箱絵に分けられ、箱文は場面割りしたところに書く文であり（図3）、箱絵は、箱文に合わせて絵を描くことである（図4）。コマ絵、コマ割ともいい、絵コンテともいう。昔話のあらすじを書き出したら場面割りし、コマ絵を描く。

　紙芝居草創期に活躍した堀尾青史は、箱書きについて「紙芝居の脚本を

---

1) 探し方
　現在はインターネットで簡単に調べることができるが、身近な地域のものは、ない場合もある。やはり、地域の図書館や公民館、民俗資料館、歴史民俗資料館などに足を運び、書籍や資料を探すことが望ましい。

図1．人物設定：主人公（左）、と藩主（右）

図2．人物設定：脇役（左）、脇役夫婦（右）

図3．箱書き

2) 堀尾青史・稲庭桂子編『紙芝居―想像と教育性』童心社、1972、p.141

図4．箱絵

3）お話を書く位置

お話は、その内容を描いた絵の裏に書くのではない。引き抜いた絵の裏に書かれている話が、次に見える場面の話である。たとえば、始まりの表紙のお話（タイトルだけの場合もある）は、最後の絵の裏に書かれている。

図5．引き抜く方向に歩く構図で動きを出す

4）「遠景」「中景」「近景」「大写し」
・「遠景」…現在の場面がどんな場所なのかわかるように、人物を小さくして背景を中心に見せる。
・「中景」…登場人物の服装、表情などがわかる。
・「近景」…これだという1つの場面を大きく描き出す。
・「大写し」…現在の場面の状況がわかるように、登場人物や場面のアップを描くこと。たとえば、主人公の困った顔など。

図6．幼児に読み聞かせる様子
（写真提供：有馬幼稚園）

受け取った時は、まず、第一に全体で幾枚の絵に仕切られているか注意を向け、その1コマ1コマに、これに該当する絵、略画をはめこんでいく」と述べている[2]。1コマ1コマが紙芝居の1場面1場面になる。あまり場面が多くなると描くのに時間がかかる。12場面が市販されている中で多い。「あらすじ」から「お話」を考えていく。1場面のお話は、見る人を飽きさせないためにあまり長くない方がよく、演じた場合、1場面1分以内で収めるのが望ましい。お話は、原稿用紙など別の紙に下書きを書き、絵が完成したら、絵のうしろ[3]に書く。お話は、話し言葉中心に考える。

(4) **画用紙に描く**

箱書きを基に八つ切り画用紙に下書きを描く。紙芝居は、舞台に入れて演じるのが基本であり、舞台に入るサイズが八つ切りである。遠目が利くように、構図は大胆に描くとよい。離れて見て、見えなくなるような細かい描写は省略してよい。紙芝居は、演じる者が右側に引き抜くため、たとえば歩いて行く方向を左向き等（図5）にすると動きが出てよい。映画の場面を創造し、「遠景」「中景」「近景」「大写し」とアングルを変えると面白くなる[4]。人物（登場するもの）には動きを出すとよい。具体的な人物表現が苦手と感じている人は、資料を模写する方法がある。しかし、キャラクターをそのまま写すことは、利用方法によっては著作権を侵害する場合がある。あくまで参考にとどめ、オリジナルのものを創造することに意義がある。

下描きができたら、色を塗る。色は、絵の具でしっかりと塗った方が遠目が利く。ベタ塗りでよい。

パス類を使うと、色がほかの場面に移りやすいので、しっかりと定着させる必要がある。プリントアウトする方法もある。色鉛筆は色が薄く、遠目が利きにくい。コラージュ（貼り絵）を行う場合は、厚みが増し、余り出っ張ると、引き抜く時に引っかかってしまうことを考慮に入れる。

対応する場面に注意して裏にお話を書き、完成。

(5) **演じてみる**

クラスでの発表もよいが、実習に行った時に実習園で演じてみよう（図6）。紙芝居を見つめる子どもたちの真剣な表情が忘れられなくなるほど、とても感慨深いものになるだろう。園の先生方に実演の確認をとる必要があるが、「是非演じてください」と、ほとんどの場合、答えてくれるだろう。

4．活動のふりかえり

話の作成には時間がかかり、描く時間が削られてしまう。できる限り、話は授業外で作成するのが望ましい。文学専門の先生の授業と共同で制作した時は、すんなりと絵を描き出すことができた。

どうしても人物表現が苦手な人に、高橋五山作の紙芝居を紹介する。保育紙芝居の先駆者といわれている人物で日本画家でもあった。『○と△と□ちゃん』や『ぶたのいつつご』等の作品がある。簡単な形、単純化をし、貼り絵や切り絵で制作している。『てんからおだんご』は、おばあさんをみごとに単純化し貼り絵で表現している。『ねない子だれだ』の作者、瀬名恵子は、その貼り絵の技法を引き継いでいる。

［松田ほなみ］

| 1 幼児造形とは | 2 幼児の造形教育の方法 | 3 幼児の造形教育の教材 | 4 幼児造形教育への実践 | 5 幼児の発達と造形表現 | 6 幼児造形教育の歴史と海外の美術教育 | 7 幼児造形教育の広がり |

45. 一人遣いの指人形制作 ― 世界に一つの指人形で子どもたちと楽しい会話をしよう

　人形（ニンギョウ）とはヒトガタと文字では書く。しかし、別に人の形をしていなくても人形と言っている。それは、人の考えや思いを型どっているという意味において人形であり得るからである。また、「つかう」とは「使う」と「遣う」がある。人形を単に道具として使うのなら使うでもいいのだろうが、操る人の考えや思いを司っていることからすれば「遣う」と言いたい。人形劇の分類は、遣う人形によるもの、テーマによって分けられるもの、また同じ人形劇の中には種類の違う人形が混在したりすることもあり、大変複雑で多岐にわたっている。ベトナムには水の上で演じる水上人形劇がある。光と影による影絵も人形劇に含まれるのではないだろうか。文化が違えば無数の人形劇が存在することになる。

　ここでは身近な素材で簡単につくれ、楽しむことのできる「一人遣いの指人形」の制作を考えてみたい。

1. 実践のねらい

① 指人形について知る。
② 一人遣いの指人形制作の企画を立て、手順を理解する。
③ 指人形のイメージ画＝デッサン（頭・手・服）を描く。
④ 超軽量粘土の感触とイメージ画に合わせた粘土着彩と制作。
⑤ 服のデザインとコーディネートを考える。

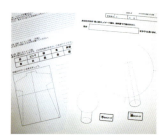

図1．イメージ画下図

2. 準備するもの

- イメージ画…画用紙（B5判）、ロウ色鉛筆
- 指筒用…ケント紙（丈夫でしなやかな紙：10cm×10cm）、針金（線径：0.7mm×長さ約45cm）、麻ひも（長さ約25cm）、ホチキス、セロテープ、四方キリ
- 粘土用…超軽量粘土（CEC製品「天使の粘土」一人1袋）、水彩絵の具、筆、ビニール袋（粘土保存用）、粘土ヘラ（竹串を使用）
- 衣装用…カラーポリ袋（65cm×80cm、厚0.03mm：10色を用意する）
- 補助材料…竹串、爪楊枝、木工用ボンド、モール、ビニールテープ、リボン、ハサミ、両面テープ（1cm幅）、耐水性工作ニス

図2．机の角を利用してケント紙を曲げる

3. 実践の流れ

(1) 指人形の演者と鑑賞者の関係、操作について学ぶ。

(2) デザインを考える。制作する指人形の「頭（かしら）」「手」「服」のデザインを考え、イメージ画を描く。頭・手のイメージ画を下図（B5判の画用紙）にほぼ原寸大で描く（図1）。着彩にはロウ色鉛筆を使用する。

(3) 指筒をつくる。指筒の善し悪しが人形の動きを左右する。自分の利き腕の指にフィットした指筒が大切なポイントになる。ケント紙を曲げやすくするためは机の角を利用するとよい（図2）。「頭」は人差し指に、「両手」は親指と中指にはめる。粘土が抜けないように、頭用指筒の先にはキリで穴を開けて針金を巻きつけ、両手用には麻ひもを巻いてホチキスで留めておく（図3）。

図3．操作の指と指筒について

(4) 粘土制作。着色を始める前に色別・パーツ別に小分けしておくとよい（図4）。粘土への着色は、水彩絵の具でつくった色水で行う。色水を粘土の表面に筆で塗ったあとに練り込む（図5）。色を濃くしたい場合は練り

図4．粘土の分量を見当する

194

図5. 色水を粘土へ練り込む

図6. 竹串による補強

図7. 服の色選定

図8. 服の制作

図9.「く」の字の法則

込み回数を増やせばよい。

(5)指筒に粘土をつける。指筒から粘土が抜けないように、針金・麻ひもにしっかりと絡ませる。指筒と粘土を安定させるためには、指筒の中程まで粘土をつけるとよい。

(6)人形の耳など、飛び出しているパーツの補強には竹串が最適である。細かいパーツなどは木工用ボンドで接着させるとよい（図6）。

(7)ニスの塗布。粘土が乾燥したら耐水性工作ニスを塗っておく。人形に汚れがつきにくく、シミにならない。補強にもなる。

(8)服づくり。服にはカラーポリ袋を使用した。布が適しているが、カラーポリ袋は多人数学生の服デザインの要望に応じることができる。色数が多く、扱いが容易で、多様なデザインにも適応でき、人形操作時のガサついた音もしないなど利点も多い（図7）。服は型紙に合わせてカラーポリ袋を切り、両面テープで貼り合わせる（図8）。この時点での注意点は、まだ服の裏であり、反転させてからデザインに取り組ませることを確認したい。

(9)完成。操作時の注意点、「くの字の法則」について学ばせる。人形の目線が観賞者に向くようにすること、人形の腰の線をはっきりさせること、指人形の操作のポイントは指ではなく手首であることなど、手首を「く」の字にすることは操作の基本であることを学ぶ（図9）。

4. 活動の留意点

- 人形と服のデザインがイメージ通りに制作できたか。
- 指筒が指にフィットして操作がしやすいか。
- 粘土への着色はよいか。
- 手順通りに完成させることができたか。

5. 発展

幼児の活動は、環境の構成の仕方によって方向づけられる。世界でたった一つだけ、私だけの指人形を遣って子どもたちに語りかけ、幼児の発想やそこに展開される活動を見守りながら、喜びを分かちあえる教材になることを願っている。演じてみなければただの木偶（でく）になってしまう。

指人形の完成

［江﨑榮彦］

46. 技法から絵本へ──モダンテクニックから絵本制作へ

　この「歌の絵本」の課題は、幼稚園教諭・保育士をめざす学生が「造形表現」を主体的に学ぶための大学での授業実践である。学生が保育の現場に出た時に、自分たちがつくったオリジナルの教材を自信をもって実践できるようにすることを目的としている。また、制作した絵本の教材が現場で活かされ、フィードバックされて教材研究を深めることができるようになることを期待している。

学生が制作した歌の絵本の表紙

※小学校以下の現場では、造形活動を「製作」と慣習的に使うことが多いが、造形活動は工作であっても、本来幼児が外界に働きかける主体的な創作活動であり、ここでは学生が自分の作品としての意識をもち、お互いにその価値を尊重し合い、指導に自信をつけることを目的としているので「制作」としている。

1. 授業のねらい

❶モダンテクニックの代表的な技法の効果的な使い方を理解し、指導に役立てることができるようになる。
❷絵本に合わせて歌や振付を工夫し、一体化した表現ができる。
❸モダンテクニックの応用や発展的な課題を自ら考えられるようになる。

2. 材料の準備

- 紙（八つ切り画用紙）　・色画用紙　・コピー用紙　・アート紙
- 八つ切りボール紙、折り紙など（図1）　・クレヨン　・パス
- 水彩絵の具　・ハサミ　・カッターナイフ　・ノリ
- 両面テープ　・その他（マーブリング液、ブラシ、網など）

図1．紙は技法により効果の出やすい材質の異なる紙を用意する

3. 制作の流れ

(1) モダンテクニックの代表的な技法を体験し、効果的な表現を理解する

　スクラッチ、マーブリング、バチック、フロッタージュ、ドリッピング、デカルコマニー、スパッタリング、指擦り（ステンシル）、スタンピング

(2) 曲を選ぶ

　幼児たちとゆっくり歌いながら楽しめる曲を2～3曲選ぶ。曲が決まったら、曲名と歌詞を必ず確認する。たとえば「南の島のハメハメハ大王」の曲名を実在のカメハメハ大王の名前と間違えたり、「どんぐりころころ」の曲では「どんぐりころころドンブリコ」の歌詞をドングリコと間違って覚えてしまっていることがあるので、正しいものになるよう確認させる必要がある。また、作詞者・作曲者も表紙に入れるようにするため調べておく。保育系の音楽の授業でも扱っているテキストから曲を選ぶと楽譜もあり、実演がやりやすい。

図2．絵コンテの用紙で紙やストーリーのアイデアを練る

(3) 絵コンテをつくる

　表紙と裏表紙を含め、歌の絵の頁が7～8枚、歌詞の頁が5～7枚に収まるようにし、歌いながらゆっくりめくることができるよう歌詞の割り振りを考える（繰り返しが多い歌や何番もある歌は工夫が必要）。絵は画面が大きく見えるよう構図を考える（図2）。絵コンテのデザインができたら、6種類以上のモダンテクニックを入れて制作するので、どのページに

図3．歌詞のレイアウトを工夫しているところ

196

図4. クレヨンと水彩絵の具のバチックを背景にした学生作品の一部

図5. 大きさのある見やすい構成（制作風景）

図6. スクラッチの表紙が完成したら水性ニスを塗る

図7-1. あとがきと自分のトレードマークを説明しているところ

図7-2. 作品の実演

どの技法をどのように入れていくかを決めていく（複数枚に1つの技法を使用したり、違う技法を1枚に組み合わせて入れてもよい）。歌詞の部分は見開きの左ページに統一し、読みやすい文字のかたち、大きさ、レイアウトを考える（図3）。

(4) **絵本の制作**

❶ 絵コンテのデザインに沿って、コラージュに必要なモダンテクニックの素材や背景をつくる（図4）。

❷ 色画用紙を使って発色の良いデザインを引き立てるためには、絵の細かさよりも、大きな形の見やすい構成を意識して制作をする（図5）。最後の見開きには左にあとがき、右側には自分のトレードマークを作成する。

※注意すること：スクラッチをした表面は、クレヨン・パスが擦れたりして汚れが広がるので、ニスを塗るなどコーティングが必要である（図6）。

❸ すべてのページが完成したら、見開きで左が歌詞、右が絵になるように順番を確認して、ボール紙を芯にして両面テープで貼り合わせる。最後に穴を開け、リングを通して使えるようにする。

4. 実演によるまとめ

完成後、最終回の授業で全員が一人ずつ実演発表を行う。初めに曲目の選択理由、見てほしいところ、あとがきにまとめたことなどを口頭で発表（図7-1）してから、用意した電子ピアノの伴奏で歌う（伴奏は事前に友人に頼んで合わせておく）。全員で一緒に発表者と共に歌を歌って盛り上げる。制作には納得がいかなかったり、失敗をして何度もやり直しをしたりするといったこと（図8、9）で、授業以外の時間を費やすことも多くあり、大変な思いをしながら制作していたが、発表時の学生の顔はどの学生も明るく生き生きとしている（図7-1、7-2）。

5. 評価について

絵本の作品をそのまま成果物として評価すると、作業性や美術的素質が目立つものだけがよく見えてしまいがちであるが、「歌の絵本」の作品を実演するところを見ていると、それぞれの学生の作品には見えていない別の部分の発見があり、実践のための教材としての面白さがそこにあることがよくわかる。

図8. 学生作品「森のくまさん」の一部（ドリッピングやマーブリングなど）

図9. 学生作品「とんでったバナナ」の一部（スクラッチ、スパッタリング）

［藤岡孝充］

47. 絵本づくりと読み聞かせ—原画の制作と簡単な製本

　絵本は子どもの成長に欠かせない。誰もがおそらく子どもの時に読んだ、もしくは読んでもらった絵本の一冊を覚えている。絵本は、子どもが新しい世界に出会い、形や色彩の美しさ、言葉やお話の楽しさを知る大切なステップであり、読み聞かせは保育者がそうした感性を伝える大切な時間となる。ここでは保育者や学生が簡単なオリジナルのお話をつくり、イラストレーションを描いて綴じることで、世界で唯一の手づくり絵本を制作する。

1. 実践のねらい
❶絵本のもっている造形要素の豊かさを知る。
❷手づくりの絵本を使って読み聞かせの方法を学ぶ。

2. 準備するもの
- 原画をつくるための画材（水彩・油彩・写真など）
- 編集するためのパソコン、プリンター、及び専用出力用紙
- ノリ（またはスプレーノリ）とカッター

3. 絵本づくりのコツ

(1)テーマ
　まだ文字の読めない子どもは、読んでもらうお話を聞きながら絵を見て絵の世界に入り込む。内容がすぐに子どもに伝わるとは限らないが、大人が面白いと感じた絵本であれば、繰り返し読んでもらうことでやがて理解できるようになる。子ども、家族、生き物、乗り物、食べ物、自然や季節、言葉遊びからしつけにかかわることまで幅広いテーマが考えられるが、発達段階（表1）に応じたわかりやすいテーマがよい。子どもが興味をもっていることや、遠足や運動会といった園の行事を描くのも、絵本の中のできごとを身近に感じるであろう。

(2)行動の繰り返しと物語の展開
　お話の設定は複雑でなく、子どもが主人公に感情移入できるわかりやすいストーリーがよい。時間が自然に経過するのがよく、途中で回想が入って時間が前後したり複数の時間が並行して展開したりすると、子どもには内容が伝わりにくい。また『ももたろう』や『おおきなかぶ』のように物語の冒頭で仲間が増えていくなど行動や話の展開が繰り返すと、子どもは次の展開を予想しやすく、楽しみながら言葉やイメージを印象にとどめる。

(3)言葉のテンポ
　話を声に出して読むと、言葉の一つひとつに響きやテンポが生じる。テンポのある言葉を選ぶと、子どもも一緒に楽しく読むことができる。『ジャリおじさん』のように、主人公が決めゼリフを反復すると子どもは喜び、一緒にセリフを言いながら絵本の世界に入り込むことができる。

(4)絵の表現
　一見して何が描かれているかわからない抽象的な表現は、子どもに向かない。わかりやすいモチーフを使い、現実的な色や形でお話に合った絵をつける。子どもは耳で聞くお話のイメージを視覚的に膨らませ、絵本の世

年齢	成長段階と絵本との関わり
1〜2歳	歩くことができ、身のまわりのものに興味を示す。絵本の1場面が理解できる。擬音や繰り返し音を喜ぶ。ものの名前がわかる。
2〜3歳	数語を声に出して話す。歩く範囲が広がり、日常的なものの関係がわかる。ページの流れを理解でき、ワクワクしながら展開を期待する。
3〜4歳	言葉に対する興味が増し、「どうして？」などの質問が多くなる。お話の筋が理解でき、内容を理解しながら、物語の先を予想する。
4〜5歳	文字に興味をもつ。起承転結が理解できて想像力が増し、自分でお話を展開する。友達の存在を知り、人や生き物の個性に気づく。動物を擬人化し、命の大切さを知る。
5〜6歳	数百〜千種の言葉を覚え、言葉遊びをする。ひらがななどの簡単な文字が書ける。社会の仕組みや、自然・科学的なことにも興味を抱く。自分でイメージを広げる。

表1. 子どもの成長段階の特徴

図1. スケッチでお話と絵を考える

図2. 画材で原画を描く

図3. 下絵をスキャナー入力する

図4. 原画を見ながら色を調整する

図5. 文字を配置する

図6. 出力して貼り合わせる

図7. 中心を折って背を接着する

界に引き込まれる。最近では水彩や油彩に加え、写真やCGを含む様々な技法によって原画が描かれる。かわいさ、色彩の豊かさ、楽しさだけでなく、躍動感やスリル感、怖さなどを生かした表現を見て、子どもはドキドキする感覚を楽しむ。また、絵本が美しく豊かな表現をもち、感動につながる内容をもっていれば、その魅力は必ず子どもにも伝わる。様々な気持ちの変化を体験しながら、子どもは感性を深めてゆく。

(5) 読み聞かせ

2～3歳までは保育者と同じ目線で一緒に読み、4～5歳ぐらいになったらグループと対面する形式をとる。子どもを前にしたら絵本を見やすく広げ、ゆっくりはっきりと話し、登場人物になりきってセリフを読み上げる。まず、制作者同士で聞き手役になってみると子どもの感覚がわかる。読み聞かせをするのとされるのでは、まったく印象が違うことに気づく。

4. 制作の流れ

❶ 物語の作成…ページごとにラフスケッチとお話を描く。お話をつくりながら下絵を描き、場面を描いてから文章を修正する作業を繰り返す（図1）。

❷ 原画の制作とスキャナー入力…色鉛筆や水彩・油彩の絵の具で塗ったり、写真や色紙でコラージュしたりしてもよい。ページの見開きで1枚の作品にもなるよう、手作業で温かみのある原画をストーリーに沿って必要な枚数つくる（図2）。サイズはスキャナーで読み込めるようにA4がよい。画像の入力解像度は、原寸で200dpiあれば充分である（図3）。

❸ 文字のレイアウト…画像処理ソフトで色合いを確認し、文字をレイアウトする（図4、5）。サイズはやや大きめに12pt～16ptぐらいがよい。縦組みと横組みでページの進行方向が逆なので注意する。

❹ 印刷…フォトプリント紙など発色がよく厚めの専用紙を選ぶ。サイズはA3プリンタがあればA3（仕上がりA4）、通常のA4（仕上りA5）でもよい。

❺ 貼り合わせと製本…用紙の中央で二つ折りにし、背を貼り合わせ冊子状にする。最後に冊子を巻くように表紙をノリづけして仕上げる（図6、7）。

5. 活動の留意点

- 子どもの興味に合ったテーマが見つけられたか。
- 様々な画材を使って美しい絵の表現ができたか。
- テンポのある言葉を選び、楽しい読み聞かせができたか。

［山本政幸］

完成作品と読み聞かせ

199

48. 共同での制作 —ものづくり交流の教材実践

　共同制作では、仲間のアイデアや表現の工夫など自分一人では思いつかないアイデアに触れることができ、新たな発想を仲間と生み出す楽しさがある。困ったことが起きた時は、仲間と力を合わせ、解決策を見いだし解決していく達成感を味わうことができる。このような共同制作の楽しみを体験するために、グループで段ボール箱を使って大きな家や乗り物を制作し、色鮮やかな子どもの町をつくる。

図1. 段ボールカッター

図2. 直線は刃を寝かせて切る

図3. 曲線は刃を立てて切る

図4. 段ボール箱の山

図5. 広い空間での制作風景

1. 実践のねらい

①仲間と助け合うことで、一人ではつくり上げられないものができる喜びを味わう。
②制作過程の中で仲間のイメージやアイデアを共有し、新たな発想を楽しむ。
③仲間同士で話し合いながら問題解決をしていく達成感を味わう。

2. 準備するもの

- 段ボール箱…電気店（大きな箱）、食料品店、薬局などで分けてもらう。
- 段ボールカッター…ハサミ、カッターでも切ることはできるが、安全に配慮した段ボールカッターを使用するとよい（図1）。
- クレヨン、ポスターカラー、絵の具など…絵の具は、幅のある刷毛やローラーを使用すると広い範囲を大胆に塗ることができる。
- テープ…段ボール紙は厚みがあり丈夫なため、クラフトテープなどの幅と粘着力のあるものがよい。

3. 実践の流れ

(1) **町づくりの提案**

　「みんなの住む町には何がある？」の質問からグループでつくるものを決める。テーマが決まったら「どんなお家が欲しい？」「どんな車、電車に乗りたい？」とイメージをグループで膨らませる。

(2) **段ボールを切ってみる**

　段ボールカッターに慣れるための練習をする（図2、3）。段ボールカッターで、段ボールを丸や三角や四角などの形に、のこぎりを使うようにゆっくりと押したり引いたりしてギコギコ切ってみる。

(3) **箱の造形**

　様々な大きさの段ボール箱の山（図4）から好きな段ボール箱を選び、箱のサイズや形を活かしながら積み木の様に組み合わせて、電車や家などの形をつくる。ちょうど良いサイズや形の箱がなければ段ボールカッターで切り、クラフトテープでつなげる。共同制作は、活動しやすい広い空間で行うことで、体全体を使ってのびのびと造形表現ができる（図5）。

(4) **着色をする**

　段ボールの表面に刷毛などで着色をする（図6）。ローラーで塗ると段ボールの凹凸を活かした表情が出る。普段はできない壁の落書きをクレヨンやポスターカラーなどで楽しむ（図7）。

図6. メリーゴーランドの彩色

図7. 落書きを楽しむ

(5) **グループ交流をする**

それぞれのグループで制作したものを一緒に並べ、町をつくる（図8）。箱の中に入って「ままごと」や「お買い物」、「電車ごっこ」「ロボットに変身（図9）」など、仲間と作品を共有し交流を楽しむ。

図8. 完成した町

図9. ロボットに変身

4. 活動の留意点

- 仲間と協力してできたか。
- 全員が制作に参加し、自分なりの表現を個々ができたか。
- 仲間のアイデアを共有し、自分一人では思いつかないアイデアを楽しむことができたか。

5. 発展

共同制作は、個々の創意や工夫を生かしながら仲間のアイデアを共有することができる題材が望ましい。発達の段階においてイメージを仲間と共有できる年齢では、一つのテーマを仲間と意見を共有し合い制作する。イメージの共有が難しい年齢では、個人でつくったものを組み合わせることで新しいテーマを生み、遊びに発展させていく。共同でつくる作品の題材としては「町づくり」以外にも、大きな木を描いてみんなで森をつくったり（図10、11）、遠足などの共通体験から動物園、水族館づくりなどがある。

図10. 木を描き森をつくる①

図11. 木を描き森をつくる②

［新實広記］

49. 鑑賞(観賞)体験

　ものを見つめ、その美や趣を味わったり、性格や本質を捉え、美的、芸術的価値を見いだしたりすることは人の自然な精神的活動である。普通、美術を鑑賞するということは、作品全体の雰囲気に感性的に触れることがまずあり、色彩や表されている形象、物語性などに対する好き嫌いなど個人の感性的体験に基づいた、情緒的、印象的な作品の見方が鑑賞の基礎的な段階といわれている。幼稚園・保育園の領域「表現」の目標には「感性を養う」とあり、図画工作科学習指導要領の目標では「感性を働かす」となっている。小学校教育への学びの連続を視野に、就学前の「鑑賞」の在り方を園生活の実際の鑑賞活動例から感性的な関わりを基に考えたい。

図1.「みんなでダンゴムシ探し」
（年少児）

1. 鑑賞のねらい

　図画工作科の目標の解説にもあるように、「表現と鑑賞は働きかけたり、働きかけられたりしながら、一体的に補い合って高まっていく活動」である。幼稚園、保育園では保育の目標を達成するために、領域「表現」において「1. 生活の中で様々な音、色、形、手触り、動きなどに気づいたり、感じたりするなどして楽しむ。2. 生活の中で美しいものや心を動かす出来事に触れ、イメージを豊かにする。3. 様々な出来事の中で、感動したことを伝え合う楽しさを味わう。（4〜8略）」などの事項を他領域の内容を含めて総合的に指導することとされている。1〜3は、いずれも表現活動であると同時に、鑑賞活動の基礎的な事項と捉えることができる。

　五感を働かせて、身近にある様々な環境に関わり、ものを見つめたり触ってみたりするなど、自ら対象に働きかけることは、遊びの中で感性を通した新たな気づきや発見につながり、世界を捉え、広げていくことが期待できる。園生活での鑑賞活動は表現活動と共に、豊かな感性を育て、創造性を豊かにする要素の一つである。

2. 鑑賞活動の視点と留意点

　幼児は、木の実や木の葉、昆虫、形が自由になる砂などに関心を寄せる。年少児でも身近にいる虫を必死に捕まえ、大事そうに握り締める。丸まって隠れてしまうダンゴムシを探す時などは、地面に腹ばいになったり、顔が地面につきそうになったりするぐらい夢中になる。砂や泥、粘土、雪や氷の手触りを確認する姿も真剣だ。いろいろな遊びの中で気に入ったものや、事柄や人などには繰り返し関わろうとする様子が見られる。関わる中で発見したことや気づいたことがうれしく、友達や先生に言葉や身振りで伝えたり、描画などで表現しようとしたりする。

　年少児、年中児の段階では何となく見て楽しんでいたことも、年長児になると、身のまわりの環境の変化に気づいて主体的に関わろうとするようになる。園生活では、昆虫やザリガニ、小魚、小動物の飼育、花や野菜などの栽培を通して、生き物の成長や変化を楽しんでいる。飼育や栽培への関心や意欲、態度を学んだり、友達と協力する楽しさや生命の気づきを促したり尊重するなどのねらいで行われる。収穫は、子どもたちが変化に気づいたり感動したりするきっかけとなる。年長児になり、掘り出したサツ

マイモや大根の色や形、数や大きさ、長さ、重さなどを体全体で受け止め、賢明に観察し比較する姿は鑑賞活動といえよう。ただ、大きさ長さ重さの概念がまだ明確ではなく、自分の大根と友達の大根と、どちらが大きいか争いになるなど、友達とのコミュニケーションを積極的に図るようになる。

鑑賞活動を促す上で、多様な広がりを見せる遊びを幼児任せにするのではなく、保育者がねらいをもち、幼児の主体的で継続的な活動となるよう、一人ひとりの発達の課題に即した指導を行うようにすることに留意したい。

3. 実際の鑑賞活動例とふりかえり

I幼稚園入り口近くには竹林があり、タケノコの成長を身近に見ることができる。保育者の「あれっ、これなんだ？」の声かけに子どもたちが足下を一緒にのぞき込み、地面のタケノコの芽生えに興味を示す。しかし、「しってるよ」「ほんとだっ」など子どもの簡単な会話で済んでしまうことも多い。保育者の「みんなとどっちが大きいかな」「背比べしようか」の問いかけや誘いの言葉かけで新たな興味が生まれ、この活動は始まった。

背比べや身体測定の経験からなのか、「メジャーで測ればいい」と直観的な意見が出た。しかし、ほかの子の「それではどれだけ伸びたかわからん」との意見で、みんなでまわりに落ちている枝をタケノコに当てて想像する姿は真剣だった。試行錯誤の結果、タケノコの横に棒を立てて測ることにした。保育者の援助で地表に顔を出した数本のタケノコの近くに棒を打ち込み、観察が始まった。測り方に個人差があり、「こんなに伸びたよっ」に対して、「真っ直ぐ（水平）じゃない」と否定したり測り直したりするなど、フェルトペンで印を書く時もみんなで確認し合っていた。次第に伸びていくタケノコの形の変化や伸び方が違うことなどを伝え合ったり、かがんでみたり背伸びをしたりする姿から、想像力を働かせていることがわかる。

この活動の中心になっていたA君の背丈に追いついたところでタケノコを掘り出し、大きなタケノコを前に発見や喜びを絵（図2タケノコ1～4）で表した。抱えた時のその重さに「うわっおもっ」と驚き、みんなで「ヨイショヨイショッ」と保育室に運んだ。タケノコの皮のまだら模様には「牛みたいだ」、皮の先端がとがった感触には「トキントキンだ」、がさがさした毛の感じに「きもちわるい」と言いながら手についた毛を服でぬぐうなど、一人ひとりの感想は様々だったようだ。

実際に画用紙を当ててみて「紙が小さい」と言い出したので2枚つなげることになった。描き進むに従い、皮の重なりの様子をのぞき込むように観察したり、根元の紫色のごつごつした感じを何度も触ってみたり、友達の絵と見比べたり、タケノコのにおいを嗅いだり、もう一度持ち上げようとしてみたりするなど、感じたことを伝え合いながら描く姿は、鑑賞活動そのものであった。実際に観察したタケノコの背比べ遊びは、継続させることで遊びが深まり、「表現と鑑賞は働きかけたり、働きかけられたりしながら、一体的に補い合って高まっていく活動」であることを示している。

［小林 修］

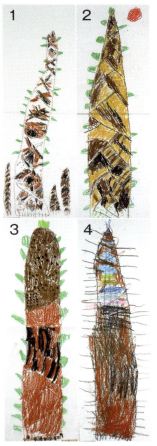

図2．園児が描いたタケノコ
皮の重なりや先の「トキントキン」のイメージは、1から4すべてに描かれている。また、全体的には、茶、黒を中心に使って表現している。

1．測り始めた時の小さなタケノコをイメージして、「こんなに大きくなった」と一緒に描いている。

2．皮の重なりが面白かったのか、懸命に描いている。根元は皮が無く、やや白くなっている様子も描いている。よく見ると皮の重なりが途中で上下逆に描かれている。

3．根元のゴツゴツした特徴や皮の斑模様をよく捉えている。

4．大きさ、重さの感じやがさがさした感触などいろいろな思いを、空色、黄色、ピンクを使って描いている。

1 幼児造形とは	2 幼児の造形教育の方法	3 幼児の造形教育の教材	4 幼児造形教育への実践	5 幼児の発達と造形表現	6 幼児造形教育の歴史と海外の美術教育	7 幼児造形教育の広がり

50. 美術鑑賞の今―鑑賞教育の現状と新しい取り組み

　近年、鑑賞教育については、幼児期～小学校頃までの子ども達の鑑賞活動として、作品を「しっかりと見る」ことからスタートする方法が探られ、定着してきている。大人は一般に、作者や時代背景、表現技法等、作品についての知識を得ると「作品を見た（わかった）」という気持ちになりがちである。しかし、子ども達の「美術との出会い」の場においては、子ども達自身が自分の目でしっかりと見て感じ、考えることを重視し、こうした体験の積み重ねの上に、思春期～青年期にかけて、作品について自分が知りたいことを自分で取り込み、文化財的な存在としての美術作品との関係を築いていく流れがふさわしいであろう。

1. 子どもの鑑賞活動

(1)鑑賞教育の現状

　子ども達の鑑賞活動では、まず身近な作品をしっかりと見ることが大切にされている。最も身近なものとして、自分や友達の作品を見ることは、現在、小学校でほぼ定着している。これは、表現と鑑賞の連携としても重視され、表現、制作活動の途中や最終段階で、友達や自分の作品のよいところや工夫したところについて発表し、話し合う活動としてよく行われている。

　また、美術館の活動として、岡山県倉敷市にある財団法人大原美術館では、1990年代から幼児対象のプログラムに取り組み、幼児の鑑賞活動の黎明期を築いた。参加を申し込んだ保育施設等は年間に複数回の訪問を行うこととなっており、現在では観光シーズンを除くほぼ毎日、館内で幼稚園等の子ども達の姿が見られる。その内容は、ピクトグラム[1]を用いて美術館内でのルールを身につけたり、美術館全体の探検を行ったりすることに始まり、対話、パズル、絵探し、お話づくり、模写など多岐にわたり、現在、各地の小中学校や美術館で行われている鑑賞活動の基本となるような取り組みが行われてきた[2]。

(2)言葉による鑑賞

　(1)に挙げた活動のほとんどは、言葉による対話を重要な媒体としており、これは2008年（平成20年）改訂の小学校学習指導要領の中で「言語活動の充実」が示されたことにより、さらに重点的な扱いをされるようになった。

　美術教育の場における鑑賞活動では、1980年代にニューヨーク近代美術館で研究開発された方法（Visual Thinking Strategy 以下VTSと記載）が90年代になって日本に紹介され、国内各地の美術館や学校へと浸透していっている。

　VTSでは、子ども達が美術作品を囲んで語り合う際にナビゲーターが存在し、日本の学校では一般に教師がその役割を担っている。主な内容としては、類似点がある作品を2～3点選定し、スライドで見せながら、それぞれについて以下の3つの質問をしていく。

　　①この絵には何が描かれていますか？　どんなことが起きていますか？

　　②何を見てそう思いましたか？

　　③何か他に気がついたことはありますか？

1)「もの（事物・事象）」に関する情報や、何らかの注意喚起を促す絵で表された絵文字、絵言葉のこと。トイレ案内や非常口のマークなど。

2）大原美術館教育普及活動この10年の歩み編集委員会編『かえるがいる―大原美術館教育普及活動この10年の歩み1993—2002』財団法人大原美術館・株式会社人文経済研究所、2003

3）読み書きする能力、またそれを行うことができる力をもつこと。

図1. 視覚に障害のある人とない人とで鑑賞を楽しむ京都の市民グループ「ミュージアムアクセスビュー」の活動の様子
　2017年9月24日、京都国立近代美術館の「絹谷幸二―色彩とイメージの旅」展において

4）エイブル・アート・ジャパン編『百聞は一見をしのぐ！？―視覚に障害のある人との言葉による美術鑑賞ハンドブック―』、ABLE ART JAPAN、2005、pp.60-63

図2. 京都国立近代美術館＜感覚をひらく―新たな美術鑑賞プログラム創造推進事業＞で行われたワークショップ「美術のみかた、みせかた、さわりかた」2018年8月10日、11日
　視覚に障害のある人とない人とで一緒に話し合いながら作品を触る。ピーター・ヴォーコス（1924～2002）《Hunya-Wa》1993年、陶器

図3. 同上ワークショップ
　鈴木昭男（1941～）《空間へのオマージュ》2007年、セメントプレート10枚組、鏡

作品について、できるだけ多様な意見を引き出し、オープン・エンドに討論させることでリテラシー[3]としての思考力を高めていく方法である。ナビゲート役に美術史に関する際だった知識は必要なく、子ども達の意見に対する正誤は言わない（必要に応じて答えを出す場面もあるとされる）。つまり、この方法における教師の役割は、子ども達が常に自分自身の結論に到達することができるように支援することであり、作品についての知識情報を得られるようにすることではないということである。

この方法は、文字無し絵本の絵（場面）を鑑賞作品として扱うなど、幼児の鑑賞活動の導入としても試みが行われている。

2. 新しい鑑賞の取り組み―視覚に障害のある人々と共に

1990年代半ば、先項(2)のような言葉による鑑賞活動の種が日本の美術館や教育現場に蒔かれる一方で、美術と最も遠いところにいると考えられがちな視覚に障害のある人々を巡る鑑賞についても「平面作品（絵画等）を言葉によって鑑賞できないだろうか」という試みが起き始める。日本の美術館・博物館では、1980年代半ばから視覚に障害のある人々への対応が始まり、2004年の調査では、国内27の館が特別展を実施、32館が鑑賞会や触察ツアー等を実施している[4]。しかし、当時これらは主に触れることができる立体作品を準備する在り方がほとんどであったため、視覚に障害のある人々は「触れることが許可されていない絵画等も見てみたい」と願うようになり、見える人と一緒に美術館を訪れる市民グループが各地に生まれ、現在に至っている。つまり、教育現場に浸透した言葉による鑑賞とは成り立ちが異なり、自然発生的である。

そこで行われる鑑賞は、活動が生まれた当初は、見える人が見えない人のために「作品の説明を行う」意識や会話が多かった。しかし、徐々に見えない人も積極的に質問したり、自分の感覚で発言したりするようになると、各々が作品のイメージを自分の中に形成していくようになった。また、見えない人の発言によって、見える人は自分一人では見落としていたようなことや知らなかった見え方、意味に気づき、見える人の作品の見方も奥行きが深まった。近年では、見えない人が見える人をナビゲートする言葉による鑑賞や、同様の条件設定（見えない人が見える鑑賞者をアテンドする）の現代美術作品も生まれ、今、「作品を見る」とはどのようなことなのか、視覚に障害のある人々の挑戦によって新たな概念が生まれつつある。

また、京都国立近代美術館でも、2017年度から「感覚をひらく」という事業において、視覚に障害のある人とない人が鑑賞体験を共有することで、美術に対する双方の意識を開いていく試みを続けている。例えば、「作品を触る」設定の目的は、従来であれば見えない人のために開く、補う、といった意識であったが、今、当館で行われている「触る」活動は、見える人の美術作品への意識をも、長く視覚芸術であった世界から解き放とうとしている。アートという土俵の上では、障害の有無という問題さえ、新たな据え方が可能となる。そのためにも幼児期から、五感をやわらかく開き、子ども自身の感じ方や考え方を尊重し、育む保育が一層重要であることがわかる。

　　　　　　　　　　　　　　　　　　　　　　　　　　［日野陽子］

【4章参考文献】

◇**4章3節**「手や身体で触れる」
　（1）磯部錦司『自然・子ども・アート―いのちとの会話―』フレーベル館、2007

◇**4章4節**「描いてみよう①―描画の基本、見方・描き方」
　（1）国立教育政策研究所教育課程研究センター『幼児期から児童期への教育』ひかりのくに、2005
　（2）マーク・ロスコ　（中村保雄訳）『芸術家のリアリティ』みすず書房、2009、pp.91-96（空間）
　（3）ローダ・ケロッグ（深田尚彦訳）『児童画の発達過程』黎明書房、1980

◇**4章7節**「平面技法の基本 ― 32の基本技法」
　（1）田中敏隆監修、三上利秋編著『幼稚園・保育所の保育内容 ― 理論と実践 ―「保育表現Ⅱ（造形）」』
　　　田研出版、1992
　（2）三上利秋原案・デザイン『別冊・幼児の指導「紙でつくる・基本と応用」』学習研究社、第15版、
　　　1989

◇**4章23節**「スタンプ遊びの実践」
　＊協力園：名古屋経済大学附属市邨幼稚園（愛知県犬山市）

◇**4章27節**「粘土で表す」
　（1）辻泰秀監修、芳賀正之・高橋智子・藤田雅也編著『造形教育の教材と授業づくり』日本文教出版、
　　　2012

◇**4章38節**「いろいろな材料の造形③― プラスチック容器やスチロールなどの実践」（執筆協力園）
　（1）学校法人　一宮女学園　修文大学付属藤ヶ丘幼稚園（愛知県江南市）
　（2）社会福祉法人　千代田会　千代田幼稚園（愛知県稲沢市）

◇**4章40節**「いろいろな材料の造形⑤―アルミホイルや空き缶の実践」（執筆協力園）
　（1）学校法人　一宮女学園　修文大学付属藤ヶ丘幼稚園（愛知県江南市）
　（2）社会福祉法人　千代田会　千代田幼稚園（愛知県稲沢市）

◇**4章49節**「鑑賞（観賞）体験」
　（1）北原保雄編『明鏡国語辞典』大修館書店、2008
　（2）文部科学省『幼稚園教育要領』日本文教出版、2008
　（3）文部科学省『小学校学習指導要領解説』図画工作編、日本文教出版、2008

第5章

幼児の発達と造形表現

　幼児の造形表現は、乳児から幼児を経てその後へと至る一連の流れの中で捉える必要がある。子どもの成長や発達との関連も深い。幼児は五感を通してまわりの世界と通じており、周囲の自然、人、物などと関わる中で、幼児ならではの造形的な表現が生まれる。幼児ならでは、そして幼児期ならではの造形表現についてその特徴や意味を理解したい。また、造形表現だけでなく身体表現や音楽表現とも関連させながら、さらに病児や障害のある子どもたちの造形表現について見ていくことにより、幼児の造形表現を幅広く捉えていきたい。

| 1 幼児造形とは | 2 幼児の造形教育の方法 | 3 幼児の造形教育の教材 | 4 幼児造形教育への実践 | 5 幼児の発達と造形表現 | 6 幼児造形教育の歴史と海外の美術教育 | 7 幼児造形教育の広がり |

I. 乳児の表現

　生後1年頃までの乳児は、幼児のように絵を描いたり身近にある材料を使って作品をつくったりというような具体的な造形表現はできないが、心身の発育や発達が進む中で、自分自身の存在や自分と周囲との関係の把握に努めたりすることによって、将来の造形表現のための準備を行っている。はっきりとした反応や変化がなくても、乳児は周囲との関係の中で多くのものを感じ取り、自らの中に取り入れている。月齢や個々の成長に応じて、自然の光や風、虫や鳥の鳴き声などに触れられる機会をつくるとともに、「花がきれいだね」「風が気持ちいいね」「鳥さんがきれいな声で鳴いているね」などの声かけ・言葉かけをすることによって、安らかな気持ちの中でいろいろな刺激を受けられる環境を整えるようにしたい。

図1. 誕生してすぐの赤ちゃん

1. 将来のための成長

　新生児期の赤ちゃんは、手のひらや足の裏に何かが触れると、ものを握ろうと指を曲げるしぐさをしたり（把握反射）、唇か口元に何かが触れると、顔を動かして口を開けてそれに吸いつこうとしたり（口唇探索反射）する。「原始反射」「新生児反射」ともいわれるこれらの一連の行動は、赤ちゃんがまわりの世界に適応するために行っている自発運動であると捉えられている。つまり、誕生後まもなく、人は自分のまわりのモノやヒトと積極的に関わっていこうとしているといえる。このことは、他の動物と違って、人は誕生後に大人の保護を受け、養育されることがなければ成長していくことができないことを示している。赤ちゃんは、将来に向けて望ましい発育・発達をしていく中で、人間として成長していくために、周囲にいる大人に守られながら、将来のため必要な心身を成長させていくのである。

図2. 新生児反射を見せる頃の赤ちゃん

2. 将来の造形表現につながる子どもの成長や変化の様子

(1) 0歳0か月（新生児）〜

　目はぼんやりと見える程度だが、顔を近づけるとじっと見つめる。焦点が合う位置でゆっくり動くものを追視する。視覚以外の五感は発達していて、母親の匂いや声がわかるといわれている。大きな音にビクッと反応する「モロー反射」や、手のひらに触れると握り返してくる「把握反射」など、無意識に体が反応する「原始反射」「新生児反射」（図1〜2）が見られる。ガラガラを握らせても、この頃には、まだしっかり握ることはできない。鐘や鈴の音を聞かせると動きが止まったりする。

図3. 手足を盛んに動かすようになる

(2) 0歳1か月〜0歳2か月

　手足を盛んに動かしたり、体を反らせたり顔を動かしたりと、動きが活発になってくる（図3）。目の前の人を追視するようになったり、声のした方向を向いたりする。あやすと笑ったり、目の前のものに反応したり、「あ〜あ〜」「う〜」などの喃語が出るなど、コミュニケーションを楽しめるようになってくる。両手をパーできるようになる。ガラガラを握らせるとしっかり握れるようになってくる（図4）。この頃になると、光・音・風・匂いなどで五感が刺激されることから、それらを少しずつ感じる機会をつくったり、声かけをしたりするとよい。

図4. ガラガラをしっかり握ることができるようになる

図5. 身体を確かめるように、指や手足を舐めるようになる

図6. 声を上げて笑うようになる

図7. 目の前にあるぬいぐるみをじっと観察したり触ろうとしたりする

図8. 腹ばいした時にも首を持ち上げることができるようになる

図9. 寝返りができるようになる

(3) 0歳3か月～0歳5か月

　自分の身体を確認するかのように、指や手足を舐める(図5)。おもちゃを握ったり、声を上げて笑ったりするようになってくる(図6)。動くものを目で追うようになり、自分の手が動くことにも興味が出てくる。好奇心旺盛に周囲を観察したり、何かを触ろうとしたりして、様々なことを吸収していく(図7)。首のまわりの筋肉が発達して、腹ばいにしたときにも自分で首を持ち上げられるようになってくる(図8)。足で床を蹴って上に移動する「背ばい」や寝返りができるようになってくる。

(4) 0歳6か月～0歳8か月

　仰向けから腹ばいに、腹ばいから仰向けにと寝返りが自在にできる子が増えてくる(図9)。近くの物を手でかき寄せて取ったり、おもちゃを持ち替えたり、ぴょんぴょん跳ねるような仕草をしたりすることができるようになってくる。手や指の動きが発達してきて、積み木などが掴めるようになってくる。小さいものを指先で摘まもうとする(図10)。座ることができるようになると両手両腕を自由に動かすことができるようになり、手や腕の使い方がさらに盛んになってくる(図11)。

(5) 0歳9か月～0歳11か月

　おもちゃの出し入れができるようになる。好奇心から、ティッシュを何枚もひっぱり出したり、本棚や引き出しの中身を出したり、いろいろなものや場所を触ったりするようになる。小さな物を指で摘まむことができるようになる(図12)。枠や型に合わせてはめたり外したりするおもちゃで遊ぶことができるようになる。つかまり立ち(図13)・伝い歩きができるようになってくるとソファーなどによじ登るようになる。積み木を積み上げようとする。クレヨンなどで殴り書きができるようになる。ボール遊びができるようになる。

3. 心身の発達・成長から造形表現へ

　子どもは、生後1年頃までに成長する中で、自分の手先や指先を含めた身体全体をある程度自由に使えるようになってくる。また、いろいろな人との関係の中で自分と他者がいることを知り、多くの場合、まわりの大人に守られた中で安心感を得て、その中で心も豊かに育まれていく。また、いろいろなものを見たり触れたりする中で、ものの形、色、手触りなども、経験の中で知っていく。そのような成長や経験の過程を経て、さらにその後触れることになる玩具、描画材料、造形材料、身のまわりにある様々な材料との出会いの中で、実際に造形的な表現のきっかけを得る。そしてさらに造形的な表現が深まっていく。　　　　［樋口一成］

図10. 物をしっかりと握ったり摘んだりできるようになる

図11. 座って両手両腕を自由に動かすことができるようになる

図12. 小さなつまみを摘んだり回したりできるようになる

図13. つかまり立ちができるようになる

209

2. 五感や身体感覚

幼児は日々の生活の中で刺激を受けながら生活している。五感を刺激する活動とはどのようなものなのか、実践を通して感覚について理解していきたい。

1. 五感とは

五感とは、視覚（目で見る）・聴覚（耳で聞く）・触覚・（手や指で触る）・嗅覚（鼻で嗅ぐ）・味覚（舌で味わう）の5つの感覚を指す（図1～3）。

図1. 視覚や嗅覚で感じる

図2. 触覚や聴覚で感じる（セミ獲り）

図3. 味覚で感じる（焼き芋）

幼児期に様々なものをそれらの感覚を通じて感じ取ることが、発達に有効であることはいうまでもない。五感の中で人間が獲得する情報の多くは視覚からである。ただし、人間は、視覚だけを確かな感覚としてものごとを理解しているわけではない。それぞれの感覚で得た情報を整理して、これまでに経験した事柄と結びつけて理解することを知覚と呼ぶ。その意味で、幼児の毎日は知覚していくことの連続であるといえる。幼児が様々なものごとを知覚するためには、視覚だけでなく様々な感覚を刺激する経験を重ねることが重要である。

図4. 手のひらで砂のつぶを感じる幼児

たとえば、幼児はつかんだ砂が「サラサラ」なのか、「ザラザラ」なのか見た目だけでは判断できない。指や手のひらで感じてその違いを見つける。その違いは100分の1ミリ単位で判断することができるともいわれている。視覚だけでなく触覚も使うことで、砂の違いを理解し、知覚していく。それにより「サラサラ」と「ザラザラ」を判別し、細かいという概念と言葉を理解し、獲得していくのである（図4）。それは音やにおい、味においても同様である。

また、水に触れる実践例から考えてみる。水は人々の生活に欠かせないものであるだけでなく、幼児にとっては一番身近で魅力的な遊ぶ素材であり、水道の蛇口から流れる水に触れたり水しぶきを浴びたりして遊ぶ。また、温度の変化によって幼児の感じ方が変わり、遊び方も変わる。水そのものの感触は季節により異なる。夏は水遊びをし、冬は水たまりに張った氷を割るなど、幼児は普段から様々な遊びを展開している。

図5. 水で地面に線を描く幼児

園庭に水で線を描いた幼児は、その軌跡のできることに夢中になる（図5）。「雨をふらせるよ」と小さなバケツから手で水をまきながら歩き回る姿から、自分のイメージを表現する素材として水を自在に使っていることがわかる（図6）。色水遊びでは色を混ぜる楽しさを味わうことや、ジュ

ース屋さんのようにごっこ遊びに発展することも想定しておくとよい（図7）。

中には水遊び、泥遊びを嫌がる子どももいるだろう。しかし、無理強いせずに友達の活動を見るだけでも、その子にとっては参加していることになるといえる。友達の遊ぶ姿を見て安心感をもつように、保育者と一緒に少しずつ近づいていくように配慮するとよい（図8）。「つぎやってみよう」という気持ちにさせることが重要である。

図6．小さなバケツから、雨をイメージして水をまく

図7．色水のイメージから ジュース屋さんごっこ

図8．保育者に支えられて泥遊び

2. 身体感覚

図9．泥の上で腹ばいになる幼児

身体感覚とは体性感覚とも呼ばれるもので、目や耳などの感覚器以外で感知する感覚のことである。

たとえば、どろんこ遊びの例を挙げてみる。幼児が泥の上を歩こうとすると滑ってうまく歩けない。そこで、手を広げてバランスを取りながら歩くようになる。また、滑ること自体が面白くなり、わざと転んでみる。友達と泥を塗り合って感触を楽しみ、最後には泥の上を泳ぐように腹ばいになる（図9）。手についた泥のぬるぬるとした感触や滑るような感覚は、普段感じることができない体性感覚を刺激する遊びといえる。滑って少し危ないなどと、幼児自身が感じながら遊ぶような行為が、生きる力や自分で体をコントロールする力を育むことにつながるため、幼児期にこそ経験しておきたい遊びである。これは造形的表現のみならず、身体的表現や言葉とも往還した遊びであるといえる。幼児の安全、衛生面を保障した上で、これらの感覚を養える環境づくりに心がけたい。

環境設定を考える時、園庭全体が活動の場になると想定して、周辺が濡れてもよい状況になっているかを把握し準備しておく必要がある。色水遊びなどを行う場合は絵の具で汚れてもよい服装に着替えたり、タオルを多めに用意したりしておく。活動が終わって屋内に入る時は、足を洗ったりふいたりできるスペースを確保しておく。夏期に行う場合は日焼けや熱中症対策のために、日除けのテントを張ったりこまめに水分補給を摂らせたりすることも忘れてはいけない（図10）。心身が解放できるような活動のためにのびのびとした空間を準備しておき、遊び道具も様々な種類と数を用意しておくと遊びの幅が広がる。

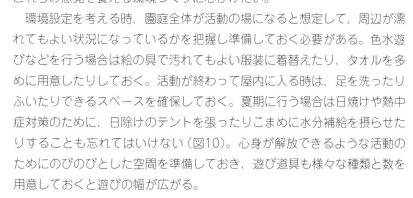
図10．日除けの下にビニールシートを敷くなどして園児の活動に配慮した環境設定

［江村和彦］

| 1 幼児造形とは | 2 幼児の造形教育の方法 | 3 幼児の造形教育の教材 | 4 幼児造形教育への実践 | 5 幼児の発達と造形表現 | 6 幼児造形教育の歴史と海外の美術教育 | 7 幼児造形教育の広がり |

3.身体表現と造形表現

　身体表現は、心の内側に生じたもの（イメージ）を、身体の動きとして表に現す活動であり、最も人間的な表現とさえいわれる。時間性と空間性双方を現実的にもっているが、本質は動きを媒体とした空間形成の表現である。ここでは、造形表現との相違点、共通点を考えてみたい。

1. 造形表現との違いからみた身体表現の特性

　身体表現という活動の素材は、子どもたちの最も身近にある自分の身体である。子どもがつくり、それを子ども自身の身体で表現する活動であり、表現の媒体は身体の動きである。そして、その身体は表現する主体でもある。つまり身体表現という活動では、表現の客体と主体が同一になる。動きを残しておくことができないため、創作の過程を自分で見て確認することができず、作品としてあとから見てみるということもできない。

> 　鳥を題材にイメージを膨らませて動き出す。両腕を広げ、大空を羽ばたくようにゆっくりと動く（図1）。腕を斜めに傾けながら急角度でカーブを曲がるように走り出す。突然、大空から急降下して水面に降りる（図2）。そのとき、精一杯高く伸ばした脚は羽になっていた。

図1. 大空を羽ばたく鳥になったよ（5歳児）

　「いま、ここ」が表現のすべてである。身体表現の特性がここにあり、造形表現との大きな違いがみられる。

　造形表現においても、子ども自身がイメージして自分の身体を使って表現する。しかしながら、その表現の媒体は多くの場合、様々な物質（もの）である。表現の客体と主体は同一ではない。表された作品は、残しておくことができるため、創作の過程を自分で見て確かめて試行錯誤することもできるし、作品としてあとから見て楽しむことができる。

　「いま、ここ」が繰り返され、流れている様子が捉えられる。

> 　画用紙を使って鳥をつくろう。何色の羽にしようかな、何色の画用紙を使おうかな、くちばしは丸めてつくろうか、それとも三角に折ってみようか。かっこいい鳥にするには目をこんな形でこんな色にしてみよう。そうだ、やっぱり、ここの色をかえてみよう。できあがったら、壁に飾ろうね。いろいろな鳥があるね。

　もちろん、子どもの表現は、音楽表現なども含めて、それぞれが単独で、明確な特性を示して現れていないことが多い。飛行機をつくりながら、「こんな翼にしたいなあ」と自分の両腕を伸ばして確かめ、さらにはでき上がった飛行機を手にしながら、歌を口ずさみながら、自分も飛行機になって飛び回る姿は珍しくない。結果としての作品だけを見るのではなく過程を認めることが求められる理由がここにある。しかしながら、「いま、ここ」を流れていく子どもたちの表現を豊かにするためには、保育者が、それぞれの表現の特性を理解することは援助の基本でもある。

2. 表現の素材・媒体

　身体表現においては、身体は、表現の素材でもあり表現の媒体でもあるという二重性をも有している。身体表現が、最も人間らしい表現といわれ

図2. 水面に急降下した鳥（5歳児）

図3. 風船になってみよう
みんなちがってみんないい

1) 金子みすゞ『金子みすゞ童謡集「わたしと小鳥とすずと」』JULA出版局、1984年、p.106-107

るのは、身体が、そこにいるだけで意味を生み出し、違いを生み出すという特質をもっているからであろう。例えば描画ならば、画用紙の大きさを選んだりクレパスの色を選んだりすることができるのに対して、身体という素材は自分にとって唯一無二である。しかし、30名の子どもがいれば同じ身体は一つもなく、30種類の素材が存在する（図3）。「みんな違ってみんないい」[1]という感覚は、素材の段階ですでに自明といえる。

また身体という素材は、身体の「動き」を媒体として、内なるものを外に現す。その意味で、身体は素材でもあり媒体でもある。素材である身体は、その存在自体に意味や違いがあるが、媒体としての動きは、表現したいイメージにより違いが生まれる。例えば「歩く」。ゾウになるために「歩幅を大きく、ゆっくりと、重々しく腰を曲げて」歩く。チョウチョウになるために「爪先立ちになり歩幅を狭くして、軽やかに、両腕を広げ、高くなったり低くなったりして」歩く。唯一無二の身体という素材も、動きという媒体となった時に、題材やイメージに合わせた多様な変化が可能になる。

3. 表現的な動きと動きの要素

身体表現は、イメージと動きの相互作用によって営まれる。身体表現では、表現の媒体となる動きを、形態性（フォルム）、時間性、力性、空間性という要素で捉える。表現を工夫するとは、各要素を変化させることでもある。例えば遅速、軽重、強弱、大小、曲直、高低、前後などの相反する性質を動きにすることによって、動きが変化し、題材のイメージに沿った動きが生まれ表現が豊かになる。先述したゾウ、チョウチョウもこの原理が活かされている。また、それは個人の動きにとどまらず集団での表現の場合も含む。みんなでまっすぐな列になって進む、円になって座るような場合である。この動きの要素は、題材のイメージと無関係に機能するものではないが、子どもの場合、当初のイメージを想起させることはさほど難しくないとされ、動いてみたらイメージがさらにわいてきて、それが動きの変化を生み出すという循環をめぐることが多い。子ども自身が、自分の身体や動きを見ることができない状況の中で、この循環を体験することによって、身体意識[2]も育まれる。

図4. 形態性、時間性、力性、空間性の要素が違うだけで「木」もいろいろ

2) 身体意識
身体意識とは、身体像（感じられるままの体）、身体概念（体の事実に関する知識）、身体図式（骨格の各部分を自動的に調節したり、筋肉を緊張させたり弛緩させたりすること）によって構成され、自分自身を環境から独立した人として意識し、環境と相互作用をもちながらそれを支配する人として意識することと定義されている。(Frostig, 1978)

4. 活動の留意点

身体表現と造形表現は、それぞれの特性の違いはあるが、両表現共に、想像力・創造力が重要な役割を担う活動であり、また多様なコミュニケーションを経験する活動であり、それが育まれる活動という点において共通する。両表現では、子どもたちは、イメージを広げ、膨らませ、明確にし、豊かにする過程を経験している。特殊な才能としての創造性ではなく、創造的に想像し、想像的に探究し、創造的に新たなアイデアや方法を生み出したり模索したりする過程を体感している。また両表現ともにコミュニケーションの主なツールは言葉ではない。いずれも、主として身体が生み出す主観的で多義的なやりとりが中心となり、そこでのコミュニケーションは感性に働きかけるやりとりを主とする非言語的で感性的なコミュニケーションである。そこでの「感じる」と「表す」の循環が、他者を通した自己理解をも促進させる。

[鈴木裕子]

4. 音楽表現と造形表現

　音楽表現は、音によって自身の内的イメージを表現するものである。歌うことや楽器を演奏することだけでなく、即興による音楽の創作も行われる。創作活動は創造性を養うために重要な活動であるが、音を視覚的に捉えることによって音による思考、創作活動を容易にすることができる。多様な音楽体験を通して、子どもの感性・創造性・想像力を豊かに育みたい。

1. 音を描く―聴覚イメージと視覚イメージの融合・往還

1) サウンドスケープ (soundscape)
「音の環境」を意味する。マリー・シェーファーによる造語であり、「音風景」とも訳される (R.マリー・シェーファー, 1986)。

　絵画をモチーフにした音楽作品や、その反対に作曲技法を応用した絵画作品など、視覚イメージと聴覚イメージの融合・往還による表現活動は芸術・教育における様々な場面で行われている。音の三要素（高さ・強さ〈大きさ〉・音色）、音楽の三要素（旋律・リズム・ハーモニー〈響き〉）における様々な聴覚イメージは、しばしば点・線や図形、色などによって視覚的に表現される。園庭や自然の中を歩き、周囲の音に耳を傾けると、実に多くの音に気づくことができる。それらを注意深く聴き、様々な音の要素を視覚的に表現することによって、サウンドスケープをモチーフとした自分だけの"音の絵"の作品ができ上がる[1]（図1、2）。

図1. 自然の中の"音"を探す

図2. 学生による"音の絵"の制作風景

> 　二人組になって一方が自然物を用いて音を鳴らし、もう一方が"音の絵"を描く。様々な音の要素に気づくこと、またそれを自分なりに表現することが大切である。保育者として、子どもの音への興味を促すような援助を心がけたい。

　また、これらの"音の絵"は、図形楽譜として用いることによって、新たな音楽創作活動へと展開することができる。図形の色や形から音色を選んだり、点や線をリズムや旋律の動きとして捉え直すことで、元になった音とも異なる、新たな発想による音楽が生み出される（図3）。

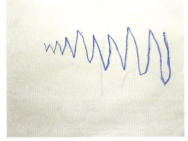 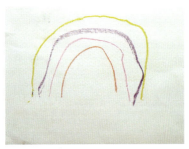 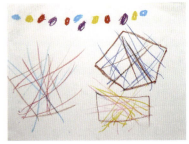

図3. 5歳児による"音の絵"。左から「ペットボトルを擦る音」「プラスチックケースの中にペットボトルのキャップを入れて振る音」「いろいろな音」

2. 描画技法の応用による音楽創作

　即興的な音楽の創作活動において、音による表現を聴覚的なアプローチによって直接的に音の表現をイメージすることは容易ではない。しかし、造形表現における描画技法や作品の特徴を参考にした視覚的・動作的なアプローチによる音楽表現手法は、子どもにとっても音楽の創作活動をより容易で取り組みやすいものにする。これらの活動においては、音楽の創作ではなく遊びそのものが目的であり、その結果として多様な音楽が生み出

される。

　造形表現による描画活動から音楽表現活動へと展開することによって、共通の素材を媒介として視覚イメージと聴覚イメージを結びつけた、より創造的な遊びが可能になる。

> 　"フロッタージュによる音楽表現活動"では、手や道具を用いて素材に触れることによって、素材に隠された"音"を見つけることを楽しむ（図4〜6）。子ども一人一人が自分の音の探索に没頭することによって、たくさんの音が重なり万華鏡のような多彩で複雑なリズムや響きが生まれる。

3. 手づくり楽器製作を通して音の鳴る原理を学ぶ

　牛乳パックや段ボール、ペットボトルなどの廃材は、手づくり楽器の材料としても用いることができる。音の鳴るおもちゃとして保育者が子どもに与えるだけでなく、製作を通して子どもが音の鳴る原理や奏法を学ぶための教材としても活用したい。既製の楽器の仕組みを応用したり、独自の発想でオリジナルの楽器を製作し、それらを用いた表現活動へと展開することにより、楽器や音に対する興味を引き出すことができる。

4. 造形表現を手掛かりとして物語を音で表現する

　物語に音をつけて表現する活動は、保育現場においてもよく行われる。造形表現による視覚イメージを手掛かりとして音の表現をイメージする方法は、他の様々な活動にも応用できる。例えば、お話の世界を音で表現する活動などである。絵本の読み聞かせからお話の世界を絵に描いて表現する活動は、造形表現としてだけでなく、音楽表現においてイメージを膨らませる手掛かりとしても有効である。お話の場面を想像しながら、そこにはどんなものが"ある"か、子どもと話しながらお絵描きをしてみよう。季節や時間、風景、人や車など、お話に出てきたものだけでなく、子どもの想像力によってお話の世界がどんどん広がり、より具体的にイメージされる。音楽表現活動においては、絵に描かれた事物に対してそれぞれどんな音がするか想像し、それを元に楽器やオノマトペで表現していく（図7、8）。お話の登場人物や効果音の表現だけでなく、イメージされた様々な"音"を重ね合わせることによって時間の流れが生まれる。物語の中の世界は生き生きと動き出して感じられるだろう。

5. 音楽表現と造形表現の相互作用による豊かな表現

　音楽表現と造形表現は聴覚と視覚の違いがあるが、試行錯誤を通して内的イメージを具体化し、独自の表現手法により表現するプロセスにおいて共通性が見られる。音から色や形をイメージしたり、反対に色や形から音をイメージする活動を通して、それぞれの感覚に対する知覚・認知を促し、イメージを豊かに広げるための手がかりとなる。未分化な子どもの感覚は、時に保育者の思いもよらない発想による豊かな表現を生み出す。保育者は、聴覚と視覚を自由に行き来する子どもの表現を受け止めるとともに、想像の世界がより膨らむような言葉かけや活動の展開により、それらを援助するよう心がけたい。

〔麓　洋介〕

図4．学生によるフロッタージュ

図5．素材に隠された"音"を見つける

図6．学生による"フロッタージュによる音楽表現活動"の様子

図7．学生による物語の絵－「枕草子」より"春"の場面

図8．絵を参考にして物語の世界を表現する音を探す

| 1 幼児造形とは | 2 幼児の造形教育の方法 | 3 幼児の造形教育の教材 | 4 幼児造形教育への実践 | 5 幼児の発達と造形表現 | 6 幼児造形教育の歴史と海外の美術教育 | 7 幼児造形教育の広がり |

5. 材料体験による創意工夫――材料体験、発想や工夫、創造力を育てる

　『幼稚園教育要領』や『保育所保育指針』を見ると、子どもの育ちにおいて環境というものがいかに大切であるかが謳われている。子どもたちが、人や物、自然、社会との関わりの中で、遊びを通して主体的に学んでいけるように、保育者は環境設定を行わなければならない。
　造形表現においてもそれは例外ではなく、なかでも材料という物的環境は、子どもに対して実に様々なきっかけを与えてくれる大変重要なものである。オーストリアの画家であり、児童美術の研究者でもあったフランツ・チゼック（Franz Cizek, 1865～1945）[1]は、「材料こそが美術教育の先生であり、描画技法は教えるものではなく、子どもが試しながら自分で材料における困難に打ち勝っていくべきである」[2]ということを述べ、アメリカの美術教育の研究者、ビクター・ローウェンフェルド（V. Lowenfeld, 1903～1960）[3]は『美術による人間形成―創造的発達と精神的成長―』という著書の中で、「美術材料への自己同一化」[4]として、子どもと適切な材料との関わりの重要性を説いている。いずれも材料に子どもが自ら主体的に関わることによってこそ、多くの学びを得ていくということである。

1. 材料との対話

　材料というものは、単に作品を構成するための要素の一つというものではない。子どもは、材料に対して「これはいったい何なんだ？」と問いかけることから始める（図1）。そしてその答えを、色、形、におい、音、感触、場合によっては味覚という五感を通して感じとり、そこから得た情報を基に考え、何らかのアクションを起こすが、すぐに結果には結びつかない。そして、また次のアクションを考える。この、感じ、考え、試し、失敗し、また考え、試すということこそが、子どもの発想や創意工夫、創造力を育む源であり、尊いものである。この一連の流れを繰り返す中で、らせん階段を登るように育ちを得ていく力を子どもたちはもっている。大切なことは、大人が階段から落ちないように登る方法、つまり材料に対しての技法を教えるのではなく、言うならば様々な階段を用意するとでも表現すればよいだろうか、材料と関わる、より多くの経験を彼らに提供していくことこそが重要である。特に大切なことは、失敗するという子どもの権利を奪ってしまわないことであろう。人は誰しも成功した時よりも失敗した時の方が多くの学びを得る。子どもたちもまた、失敗することによって多くの材料体験と、自ら創意工夫して壁を乗り越えるという機会を得ていく。

2. 様々な材料と子どもとの関わり

　一言に材料と言ってもその種類は様々であるが、特に幼児期においては、身のまわりにあるものから、偏りなく多くの材料に触れる機会を与えたい。

(1) 自然（天然）物

　レオナルド・ダ・ヴィンチ[5]が、「ダメな画家は画家に学ぶ、優れた画家は自然に学ぶ」との言葉を残しているように、自然はそのすべてが優れた表現の教材であると言っても過言ではない。土や水、植物、空気などの物質はもとより、風や光、におい、空間といった感覚的に得られるものも材料になることを忘れてはならない（図2）。自然には子どもの興味・関心

---

1) フランツ・チゼック
　オーストリアの児童画の研究者。チゼックは、すべての子どもがもつ創造性と芸術性を認め、これを正しく伸ばすことに努めた。

2) W. ヴィオラ著　久保貞二郎・深田尚彦訳『チィゼックの美術教育』黎明書房、1983、p.67

3) ビクター・ローウェンフェルド
　アメリカの美術教育者。ペンシルバニア州立大学教授としてアメリカの美術教育研究の進展に寄与した。

4) ビクター・ローウェンフェルド著　竹内清・堀内敏・武井勝雄訳『美術による人間形成―創造的発達と精神的成長―』黎明書房、1983、p.57

図1. 小枝と土を材料に遊ぶ2歳児

5) レオナルド・ダ・ヴィンチ
　イタリア・ルネッサンスを代表する芸術家。芸術だけでなく、多くの分野において活躍した。

図2. ビニール袋に空気を入れて遊ぶ（5歳児）

6）可塑性
　固体に力を加えて変形させた時、元に戻らない性質のこと。

図3. 木の葉と紙皿を使った作品（学生作品）

図4. 牛乳パックで作られた作品（5歳児）
　ストローで補強されている

図5. 紙とペットボトルのキャップを使った作品（5歳児）

を駆り立てる要素が実に多く含まれており、特に、感じるという観点においては、ほかのどの材料よりも優秀であろう。また同じ場所であっても、365日、1日たりとも全く同じ日はない。それはつまり、日々変化する自然に子どもが創意工夫を凝らして対応していくことにつながる。こうしたものを材料にするということは、大いなる自然に子どもが意欲をもって立ち向かっていくことであり、そのためには豊かな発想や創造力が自然と求められ、子どもたちはこれらを無意識のうちに身につけていく。

(2) 人工物

　一般的に人工物は自然（天然）のものに人の手を加えたものとされるが、造形の材料として使用する際には、さらに当初から造形保育・教育の材料として加工されたものと、それ以外のものに分けられる。
　前者は比較的材料としての活用の幅が広く、子どもたちのイメージや発想、想像、工夫をストレートに受け止め、表現しやすい。紙や粘土は、その代表的な材料であろう。まだ描く、つくるという意図的なものではなく、いわゆる「なぐり描き」や「もてあそび」といった、材料に対して何ができるのか、自分のもつ力を精一杯ぶつけていく時期であっても、十分にその行為を受け止めてくれる。作品をつくるための材料というよりは、子どもの行為そのものの痕跡を残しやすい、すなわち高い可塑性[6]をもった材料である。
　対して後者は、もともと何かほかの目的をもってつくられたものであるので、できる表現の幅は前者と比較すると狭い。しかし、その狭さこそが子どもの創意工夫につながる。もともとあった目的に沿った材質や形状を、いかに工夫して自分の表現に適応させていくかということである。たとえば何かのプラスチックのカップを使うのであれば、その形状に合わせて何ができるのか、その材質に合った着色や接着の材料、加工の方法は何なのかなどということを考え工夫しなければならない（図3〜5）。したがって、こうした材料を子どもが主体的に扱うには、ある程度考えて意図的な操作ができるようになると、より創意工夫に結びつく教育的効果を発揮する。

3. 身近にある環境、現象はすべて材料

　材料を自然（天然）物と人工物とに分けて考えたが、これ以外にも、人や社会現象も材料になり得る。こうした物質だけでなく、子どもの身のまわりに存在するすべてのもの・ことは材料になり得る。たとえば友人や保育者を装飾すれば、その相手を作品の一部として、それに合わせてどのような材料で、どんな色を使って飾るのかなど、身のまわりで起こったできごとからヒントを得て想像・発想し、それに関連づけて表現する方法を創意工夫する。冒頭にも述べたように、材料というのは作品を構成する物質というだけではなく、子どもの発想、工夫、創造力を育むきっかけであり、表現を受け止める支持体であるという考え方をもちたい。大切なことは、子どもの身近にある材料となるものを包括的に考え、それぞれがもち合わせている利点をバランスよく活かして取り入れていくことである。

[采睪　真澄]

| 1 幼児造形とは | 2 幼児の造形教育の方法 | 3 幼児の造形教育の教材 | 4 幼児造形教育への実践 | 5 幼児の発達と造形表現 | 6 幼児造形教育の歴史と海外の美術教育 | 7 幼児造形教育の広がり |

6. 描画における発達段階

　子どもの描画における発達段階については、今日に至るまで実に多くの諸説や考え方が存在する。なかでも代表的な研究としては、ハーバート・リード（H. Read, 1893～1968）やローダ・ケロッグ（Rhoda Kellogg, 1898～1959）、ローウェンフェルド（V. Lowenfeld, 1903～1960）らによる子どもの描画分類や発達段階説が挙げられる。ただし、これらの諸説は、子どもの描画における発達段階を理解するための一つの目安であって、固定的に捉えることのないように注意したい。

　子どもの絵を発達段階や年齢に当てはめて観るのではなく、子ども一人ひとりの表現を認めながら、絵に込められた思いに寄り添い、受け止めることが大切である。

1. 錯画期〈スクリブル(scribble)期〉（1歳頃～3歳頃）

　1歳前後の頃に、子どもの目の前で紙にクレヨンなどで線や図形を描いてみせると、その行動に興味をもち真似をしようとするようになる。はじめのうちは手にしたクレヨンなどの描画材料を舐めたり、振り回したりする探索行動を繰り返すが、偶然に紙とクレヨンなどが触れることによって現れる点や線の痕跡に対して少しずつ関心を抱くようになる。この時点ではクレヨンなどを紙に打ちつける動作（上下運動）によって残る点の表現が多いが、座った状態で腕を左右に振る動きから横の線が描けるようになり、肘の運動機能が発達することによって縦の線が描けるようになる。また、肩や腕、肘の動きをコントロールできるようになると渦巻き状の線描も見られるようになってくる。イメージをもって描いているわけではないが、自分の行為や動作が点や線の痕跡として残ることを理解し、描画に対して興味を深めていく時期である。

　身体全体を使って打ちつけるように描画をする姿から、錯画期はスクリブル期やなぐりがき期とも呼ばれる（図1）。ただし、この時期の子どもの絵には運動機能の発達がそのまま表現として絵に現れているのであって、けっして乱暴に描いているわけではない。「なぐりがき」という言葉を誤って理解することのないように注意しなければならない。

図1. 錯画（スクリブル）　　　　　図2. 円スクリブル

2. 命名期〈象徴期、意味づけ期〉（2歳頃～4歳頃）

　2歳頃になるとぐるぐるとした渦巻き状の線（円スクリブル）を描くよ

うになる（図2）。そして、少しずつ制御された円スクリブルを描くようになり、やがて閉じた単独の円が出現する（図3）。描いた子どもにとっては、この単独の円が一つの独立した形として意味をもつようになり、描いた形に対して「パパ」「ママ」「ワンワン（犬）」など、知っている言葉を結びつけるようになる。言葉の発達に伴って、自分が描いた絵についてのお話をしてくれるようになるのもこの頃からである。

　しかし、描いた円などの形に対して、「これがパパ」と言っていたものが、しばらくすると「これがワンワン」などまったく別のものにすり替わってしまうことも多い。これは、子どもがはじめから描くものを決めて絵を描いているのではなく、描いた後にそれぞれの形に意味づけを行いながらイメージを投影しているからである。命名期は象徴期や意味づけ期とも呼称される。

3. 前図式期〈カタログ期〉（3歳頃～6歳頃）

　3歳頃になると円の中に点や円を描いたり、円と線を組み合わせたりして描くようになる。大きな円の中に目らしき小さな円や一本線による口を描き、大きな円から手や足を意味する線が伸びている「頭足人」は、この時期の特徴的な表現である（図4）。円と線の組み合わせによって、家族や動物、食べ物など自分が知っているものや興味・関心があるものを象徴的に表せるようになると、一つの画面の中に思いついたままに描き並べていくようになる。ただし、描くもの同士の大小関係や画面の上下に対する意識はあまり見られない。イメージしたものを画面上に羅列するように描く様態から、この時期をカタログ期とも呼ぶ。

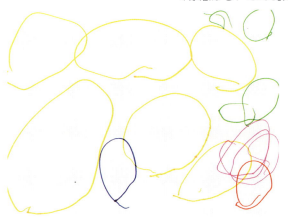

図3. 単独の円

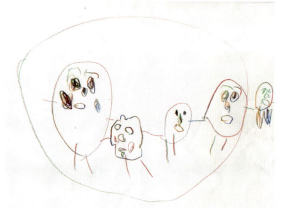

図4. 頭足人

4. 図式期（4歳頃～8歳頃）

　自分のイメージを画面上に羅列するのではなく、一つの画面の中に構成しながら描こうとする意識が芽生えるようになる。画面の上下、左右を区別するようになるのもこの頃からである。人や動物、花や草木、太陽、空、家などの代表的なモチーフについては、それぞれの子ども固有のパターンによって記号的に描かれる。五感を通して体験した様々な思いや感動の積み重ねは、子どもの描画にも影響を与え、主観的で大胆な表現が多く見られるようになってくる。図式期に見られる特徴的な描画表現は次頁のとおりである。

(1) **アニミズム**（図5）

　すべてのものに命があり、感情や意志をもっているという捉え方をアニミズムという。太陽や雲など、あらゆるものに対して人間と同じように目や口を描き、笑ったり泣いたりしている表情を描く表現を指す。図5は、どんぐりの家族が池で楽しく遊んでいるところを描いた絵である。

(2) **基底線**（図6）

　図式期の子どもは、画面下部に横線を引き、その線の上に人や草花などを描くようになる。この横線のことを基底線（Base Line）と呼ぶ。この頃の子どもにとって基底線は地面を表しており、基底線より下は地中として認識していることが多い。

図5. アニミズム

図6. 基底線

(3) **誇張表現**（図7）

　実際の大小関係によるのではなく、自分にとって興味や関心があるものを大きく描き、そうでないものは小さく描かれる。たとえば、ザリガニを触った感動体験を絵に表す際には、強く印象に残ったザリガニのツメが誇張され、細密に描かれることがある。

(4) **レントゲン描法**（図8）

　乗り物や家の中の様子、土の中の世界など、外からは見えるはずのないものを透視したような表現方法のことをレントゲン描法と呼ぶ。そこで起こったできごとなどを忠実に再現しようとする子どもの思いが込められている。エックス線描法、透明画とも呼ばれる。

図7. 誇張表現

図8. レントゲン描法

(5) **展開図描法**（図9）

　テーブルを囲む家族の姿や運動会でグラウンドを1周するリレーの場面を描く際には、子どもは画用紙を回転させながら1人ずつ人物の姿を描こうとする。その結果、でき上がった絵は、真上からその場面を見たような俯瞰的な表現になる。立方体や円柱の展開図を想起させる画面構成となっていることから展開図描法と呼ばれる。

(6) **積み上げ遠近法**（図10）

　ものの重なりや奥行きを表現することができないため、画面の下から上へと積み上げたように描く。画面の下方に描かれているものは近くにあることを意味しており、遠くにあるものや奥にあるものほど上方に描かれる。

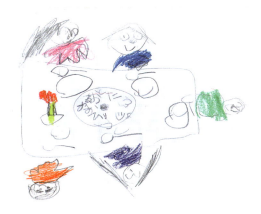

図9. 展開図描法

図10. 積み上げ遠近法

(7) **異時同存表現**（図11）

　異なる時間のできごとや連続するお話の場面を1枚の絵の中に描くことを異時同存表現と呼ぶ。たとえば、天気の変化を表すために、太陽と雲、そして雨が同一の画面に描かれることもあり、描きながら時間を経過させている子どもの世界観を読み取ることができる。

図11. 異時同存表現

［藤田雅也］

| 1 幼児造形とは | 2 幼児の造形教育の方法 | 3 幼児の造形教育の教材 | 4 幼児造形教育への実践 | 5 幼児の発達と造形表現 | 6 幼児造形教育の歴史と海外の美術教育 | 7 幼児造形教育の広がり |

7.子どもの絵の意味

　先史時代からこれまでの人類の歴史の中で、人が絵を描くということは、いまだ絶えることなく営まれている。特に、子どもたちにとってそれは、生活の「喜び」であり、生得的なものであり、「発達や育ちに欠くことのできない必要条件」であるといえる。

1. ヒトが絵を描き始める時

　1歳半前後の子どもを見ていると、目の前に白い紙とクレヨンがあればそれを口で舐め、紙の上に転がしたり、折ったり、叩いたり、そのうちに線が引けることを発見し、それを繰り返していく。このように、全身の感覚を使い、子どもは「モノ」を自分の中に感じて取り込み、「モノ」に関わろうとする連続した探索活動の中に、「描くという行為」は生まれてくる（図1）。

図1．環境と一体化するように園庭に描く

　チンパンジーも1歳半を過ぎると絵を描くといわれている。しかし、人間とチンパンジーを比較してみると、チンパンジーは2歳を過ぎても円スクリブルの状態が続き、人間はその後の表現が異なってくる。チンパンジーは、もののシンボル機能も備わっていて、自己認識や他者認識もでき、そして、漢字という記号言語も理解でき、ボディランゲージもできるという。しかし、チンパンジーには言葉の文化がないというところが、大きな違いとして見られる。つまり、言葉の文化が発生するということは、イメージを伝え合う営みが生活の中に生まれるということである。その背景にあるものは想像力であり、想像力の発達が「人間らしさ」を決定づけているといえる。特に幼児にとっては、イメージを具体的なものとして表す方法は、言葉だけでなく、絵もその方法の一つとして重要な役割を果たしている。

2. 子どもが絵を描く意味

　子どもの絵は、人間の発達の過程の中で起こる発生的なものであり、大人の概念や価値観で描かせたり、それが教育的だと捉えることは、子どもの可能性を摘み取ることになる。子どもにとって「絵を描く」ということは、それ自体が人間のもっている発生的な知の結晶であり、その行為自体に教育の意味がある。

図2．思考と想像のプロセス

(1)「自分の存在を確かめる営み」として

　子どもが、自分の手で自分の身体に描いていく様子は、描くことによって自分を認識し、自分の存在を確かめようとしている。その営みは、自分の身体に描くことだけでなく、紙をはじめとする様々な環境に描くことへとつながっていく。

(2)「環境との一体化」において

　園庭の地面に描いたり、泥でぬたくったり、紙に指で描いたりと、環境との「出会い」が描くという行為を生み出し、環境との「一体感」を、身体において痕跡として表わしていく。その表現は、精神を発散させ、心を開放させていく活動として重要である。このような活動を充分に経験してこ

図3．生活が表現と結びついて感じ方や見方・考え方が広がっていく

そ、子どもたちは描くことを喜びとして受け止め、描き続けていく。

(3)「感じること」において

自発的で発生的な「描く」という行為は、「感じ取る」ことによって生まれる。つまり、「感じる」ことなくして「描くこと」は生まれないのであり、「描く」ことによって「感じる力」は鍛えられていく。

(4)「見方・感じ方・考え方を広げていく営み」として

「絵を描くこと」は、想像の世界や三次元の世界を平面に表していく営みであり、視覚との関わりが重要な要素となる。子どもは、描く過程で、「見ること」を通し「描きながら思考している」のであり、その思考の過程を通し、見方や感じ方、考え方を広げていく。

(5)「想像力を育む営み」として

子どもは、経験したことを思い出したり、想像したことを基にしながら描いたりすることによって、イメージを現実の世界に表そうとしていく。その過程で想像力は育まれていく。子どもたちは、描くことを通して想像力を働かせ、「人間が人間らしく生きるすべ」を獲得していくのである。

3. 子どもの絵をどう読むか

図4. ファンタジーと現実の世界に広がる想像

「子どもの絵は、見るものでなく、読むもの」だといわれている。それは、絵には子どもの心が表れるからである。まわりの大人が、その内容を深く理解し、受け止めていくことが重要である。使われている色や形、線の質から、その子が描いた時の気持ちを想像し、その子の生活との関わりから、その内容や心のありようを、次の点に留意して読み取っていきたい。

- 子どもの絵は、決して大人の絵を未熟にしたものではなく、異文化であり、それを受容し、理解しようとする見方が必要である。
- 子どものリアリズムは、大人の写実的、客観的、視覚的なリアリズムと違い、知っているものや経験したことを描こうとするリアリズムであり、その視点から見ることが大切である。
- その子どもの絵の発達を理解し、その子の発達に照らし合わせ、絵を理解することが必要である。
- 子どもの表現は生活の中の経験や興味・関心と関わっているので、生活背景とのつながりから読むことが重要である。
- その子なりの表現方法を見つけ、認め、理解する必要がある。

図5. 絵に潜むメッセージ

- 子どもの絵は表出と表現が絡み合っている。スクリブルやぬたくりの中にもイメージを伴う表現がある場合があり、その線の内容や行為の過程にある意味を探る必要がある。
- 一つの絵から断片的に決めつけて見るのではなく、生活の連続したつながりの中で読むことが必要である。
- ファンタジーと現実が重なることがあり、生活画であってもその子のイメージの世界を読み解くことが必要である。
- 色や形はその子の心を覗く窓口である。しかし、一つの絵から断片的にその子の性格や心のありようを決めつけて見ていくことは、決してあってはいけない。

[磯部錦司]

| 1 幼児造形とは | 2 幼児の造形教育の方法 | 3 幼児の造形教育の教材 | 4 幼児造形教育への実践 | 5 幼児の発達と造形表現 | 6 幼児造形教育の歴史と海外の美術教育 | 7 幼児造形教育の広がり |

8. 立体による造形表現の発達

　子どもの立体による造形表現は、描画における発達段階と同じく、身体機能の発達や生活体験に伴って変化が見られる。立体による造形表現は、粘土による造形や空き箱などを使った工作だけでなく、積み木や砂場での遊び、木の枝や石を並べたり組み合わせたりするといった行為なども含まれる。身のまわりにある様々な素材に触れながら造形的な遊びや行為を繰り返していくことによって、新たなイメージが想起され、立体的な創作活動へとつながっていくことも多い。子どもの発達を理解した上で、様々な素材体験や表現活動を日々の生活の中に取り入れ、保育者自らが豊かな感性をもち続けることも大切である。ここでは、乳幼児期の立体による造形表現の発達について整理しておく。

1. 探索・探究の時期（0歳～2歳頃）

　子どもは、あらゆるものに対して好奇心を抱き、五感を使って、ものに関わろうとする。なかでも0歳から1歳頃の子どもは、目の前にあるものを触ったり舐めたりしながら、触覚や味覚を通して対象物が何者であるのかを確認する行為を繰り返す（図1）。これは、自分の行為や行動を通して、ものの性質を理解しようする探索行動の現れである。

　また、身体機能の発達に伴って、ものをつかんだり、投げたり、叩きつけたり、押したり、引いたりするなどの行為を楽しむ時期でもある。1歳前後になると、手や指先の発達に伴って、箱などの中にものを入れたり、出したりする行為に興味を示すようになる。1、2歳頃からは、積み木やブロック遊びなどにも興味をもつようになり、ものを積んだり組み合わせたりすることもできるようになる（図2）。一方で、積み木を崩したり、ものを倒したりして、破壊する行為を楽しむ姿も見られる。

図1. 何でも口に入れて確かめる　　図2. 積み木で遊ぶ子どもの姿

　この時期の子どもが行う様々な行為や行動は、自分の働きかけによって物事が変化することを理解するための第一歩であり、自分の存在が身のまわりのできごとを大きく変える力をもっていることを認識する意味をもっている。

2. 感覚・材料体験の時期（2歳～3歳頃）

　探索や探究を通して興味や関心を抱いたものに対しては、繰り返し関わりながら、もて遊ぶ行為を楽しむようになる。形や色に対するこだわりも強くなる時期であり、いつも同じおもちゃを持つなどの姿が見られるよう

図3. 木片を組み合わせてつくった電車

になる。また、葉っぱや石ころなどの自然物やミニカーなどのおもちゃを長く並べたり、積み木や空き箱などを高く積み上げたりして、空間の広がりや立体的な構成を試みる時期でもある。粘土を丸めてお団子をつくったり、細長く伸ばして蛇をつくったりして、ものの形を変化させることを楽しむ姿も見られるようになる。粘土の塊や木片などを、車や人に見立てて遊ぶこともある（図3）。

　砂場では、山をつくったり、穴を掘ったり、水や自然物を持ち込んでみたりするなど、行為や行動が活発になってくる。草花を野菜などに見立てたり、泥水をジュースに見立てたりして、ごっこ遊びに発展させる姿も見られる。

　大人と一緒にハサミやノリなどの道具を使い始めるのもこの頃からであり、切ったり貼ったりしながら、材料体験を積み重ねていく時期である。

3. 意味づけをする時期（3歳〜4歳頃）

　手や指先の動きをしっかりとコントロールできるようになり、ハサミやノリ、粘着テープなどの道具が使えるようになる（図4）。自分のイメージを基にしながら材料や道具を選択して制作することもあるが、偶然できたものから次のイメージが生まれ、制作を展開させていくことの方が多い。言葉をつぶやきながら制作に没頭する姿や、つくったものを周囲の人に説明する姿が見られるようになる。一方で、自分が表現したいものへのこだわりが強くなり、つくっては破壊する行為を繰り返す時期でもある。

図4. ハサミを使う子どもの姿

　4歳頃になると、他者と関わりながらイメージを共有できるようになる。砂場では、ごっこ遊びなどを通して友達とコミュニケーションを図りながら同じ空間で一つの世界をつくる姿が見られるようになる（図5）。しかし、粘土遊びや工作については、自分の世界に対する思いが強いため、共同による製作活動はまだ難しい時期である。

4. 創作活動の時期（4歳〜6歳頃）

　身体の発達や経験の積み重ねによって、様々な材料や道具を使いこなすことができるようになる時期である。表現したいもののイメージに合わせて、材料や道具を自ら選択して扱う姿が見られるようになる。

図5. 友達と楽しむ砂場遊びの様子

　また、他者とイメージを共有しながら工夫して周囲の空間をつくるなど、表現の展開を楽しむこともできるようになる（図6）。集団の中での自分の役割を考えるなど、社会性が芽生える時期でもある。自分の背丈を超える大きさの作品づくりにも挑戦しようとするなど、創作活動に広がりが見られるようになり、構成や構造を考えて工夫する姿も見られるようになる。

［藤田雅也］

図6. みんなのまち

1 幼児造形とは	2 幼児の造形教育の方法	3 幼児の造形教育の教材	4 幼児造形教育への実践	5 幼児の発達と造形表現	6 幼児造形教育の歴史と海外の美術教育	7 幼児造形教育の広がり

9. 心を支える美術の力—いのちに寄り添うアート

　今、日本の幼稚園や保育所等、またそれ以降の学校では、大人のような表現や技術を目指して子どもを育てるのではなく、子ども達の発達の状況にふさわしい造形教育の題材や材料を探り工夫することが保育者・教師の課題とされている。さらにそれは、個々の子どもの表現の場面までを尊重し、裏付けとする研究や姿勢が望まれるようになっている。この、造形表現が「個の行為であること」の手堅さ、重要性が特に際立つのは、実は学校制度の外で行われてきた美術教育に根ざしている。本来アートとは定められた価値観や道筋を「大人が指示する」ものではなく、個々の子どもや我々自身が生きていく、いわば生命の相に寄り添うものだということである。

Ⅰ. テレジンに遺された宝物

　ここでは、生死の極限におかれた子ども達にとってアートがどのような役割を果たし、力となったのか、歴史上の一例を紹介したい。

(1)テレジン収容所の子ども達

　第二次世界大戦下のヨーロッパ大陸ではナチス・ドイツによるファシズムの波が広がり、1940年代にはチェコスロバキア（現チェコ共和国）にまで及んだ。プラハの北に位置するテレジンは、アウシュビッツ強制収容所への中継点として街全体が封鎖され、ゲットー[1]とされた。テレジンに送られた約14万4000人のユダヤ人のうち1万5000人は15歳未満の子ども達で、悲惨な環境下で大人と同じように1日10時間の労働を強いられていたといわれている。

　大戦後、テレジン収容所は、この子ども達が日々生きていく精神を支えるために、ユダヤ人の音楽家や詩人、学者、教師達によって夜間、教室が開かれていたことで知られるようになる。この中で、限られた材料を最大限に生かし、子ども達に絵を描かせて支えになろうと努めた画家がフリードル・ディッカー・ブランデイズ（1898～1944）である。フリードルは、自身が収容所に持ち込んだ紙や布、絵の具と共に、衣類をほどいた毛糸なども用いて、子ども達に描画、貼り絵、切り絵、コラージュなどを教え、自由に表現する機会を提供した。1944年、彼女はアウシュビッツへ送られ亡くなるが、移送直前に約4000点の子ども達の絵を屋根裏に隠し、これが戦後発見されることとなる[2]。日本では野村路子氏らにより、1991年から展覧会『テレジン収容所の幼い画家たち』を中心とした様々な取り組みが現在も継続されている。

(2)フリードルが伝えたもの

　さて、テレジン収容所の子ども達がこうした表現活動を行うにあたり、フリードルはどのような支援に努めたのだろうか。遺された子ども達の絵の内容は、空腹や死、辛い労働など収容所内の風景そのままのものや、美しい草花や蝶、公園や学校で遊ぶ子ども達等々、多岐にわたる[3]。

　フリードルはテレジンにおいて、フランツ・チゼック（1865～1946)による子どもの創造性、表現観と、自身もバウハウスで学んだヨハネス・イッテン（1888～1967)のエクササイズを応用させ、子ども達に働きかけ

1) ゲットーとは1つの都市の中につくられた、ユダヤ人を強制的に収容した居住区域のこと。

2) テレジン収容所の資料館には、ナチス・ドイツがプロパガンダのため、子ども達に描かせたとされる作品も遺されている。

3) 野村路子『一五〇〇〇人のアンネ・フランク—テレジン収容所に残された四〇〇〇枚の絵』径書房、1992

4) 関則雄、三脇康生他編『アート×セラピー潮流』フィルムアート社、2002

5) 前掲書3)、p.93

たといわれる[4]。つまり、子どもは大人とは異なる子ども自身の世界認識の仕方や創造力をもっているとし、子どもの表現活動に寄り添う大人は「子どもに最大限の自由を保障しなければならない」と考えた。また、ストレスの多い収容所の生活の中で、子ども達の心身をほぐすことも重視した。当時、テレジン収容所で子ども達の世話係を勤めていたビリー・ブロワー氏は、野村氏による取材の中で「それぞれの子どもの個性を伸ばし、その子に合った絵が自由に描けるようにしてあげるというのが彼女の考え方でした」と語っている[5]。

フリードルの下で絵を描いた少女達の作品は、近現代の子どもの絵の発達研究で示されている内容と同じ空間表現の特徴(基底線、転倒式図法等)や豊かな表情の動植物(アニミズム)等ものびのびと描かれている。また、上述のような、絵の内容の多様性についても、個々の子どもがその時必要とし、描きたかった場面をそのまま表したと思われる。それは、収容所の外を夢見る明るい希望であっても、ありのままの現実の哀しみや渇望であっても、自由であったことが察せられる。

近代の「子どもの発見」以降、子どもの造形活動に寄り添う保育者や教師の重要な役割のひとつは、本質的に子どもの表現の自由を保障しながら、子ども達が楽しんだり集中したりできるような、柔軟な教育の「枠組み」や「場」をつくることであろう。それは、フリードルが行ったように、生きた花を見ることができない場所であっても美しい花を描き子ども達に語りかけたり、重量制限の下、やっと収容所へ持ち込んだ画集を見せたり、限られた大切な衣類やハンカチで小さな子ども達へのギフトをつくったりするような、いつ、どのような環境下においても美や優しさ、楽しみを見いだし、つくり出せるようなやわらかい「アートのかたち」である。

2. 病院におけるアートの役割―四国こどもとおとなの医療センターの挑戦

先項と同様に、いのちに寄り添うアートの一例として、近年、我が国で行われている新しい取り組みについて紹介したい。

2013年5月、香川県善通寺市で、国立善通寺病院と国立香川小児病院が統合新設され、独立行政法人国立病院機構四国こどもとおとなの医療センターが開院した(図1)。当院は、成育医療から終末期医療までを担う総合病院として再編され、そのすべての過程に、香川小児病院時代に芽吹き育ち始めていた多様なアート活動とその精神を流し込んだことで知られている。ここでは、新病院の開設に向けて打ち出されたアートのコンセプトと実践、そして開院後の6年間の歩みから特徴的な取り組みを抜粋して、当院におけるアートの在り方と意義をみていくこととする。

(1) 病院のアートについて

病院におけるアートの存在は、1970年代から80年代にかけて欧米諸国で広まった「ホスピタルアート」という活動で知られている。医療現場や福祉施設等の治療・療養空間にアートを導入し、患者や施設利用者またその家族、スタッフにいたるまで、現場に関わるあらゆる人の過ごす環境を改善していこうとする活動のことである。近年、日本でもアートの導入を試みる病院は増加しつつあるが、その趣旨や定義は定まっていない。

図1. 四国こどもとおとなの医療センターの外観

四国こどもとおとなの医療センターにおけるアートの在り方は、外部から作家の作品を購入して飾るといった環境づくりではなく、院内外の各所に様々な理由や思いから必要とされたアートを、当院に関わるあらゆる立場の人の意見や手を通しながら、理念と共にかたちづくる活動であり、現在もますますその数を増やし続けている。

(2) 香川小児病院から四国こどもとおとなの医療センターへ
―新病院開設に込められた5つのコンセプト

四国こどもとおとなの医療センターでは、旧香川小児病院時代の2008年から、ホスピタルアート・ディレクターの森合音（もりあいね）氏によって院内外に壁画や造形物、植物など多様な媒体でアートを導入してきた。それは森氏の提案だけでなく、長期入院中の子どもやその家族、通常の業務はもちろん手術や難しい治療などで細心の注意を払い強い緊張を伴う医療従事者等、様々な立場の人の思いをすくい上げ、対話を通してふさわしいアートのかたちを探り、実践の過程ではできるだけ多くの当事者（病院関係者）が参加することを大切にしている。

こうした積み重ねを新病院に移し込む時に打ち出したコンセプトは"MAMA ENE HOSPITAL"で、「母なる自然エネルギーに包まれた病院」を目指すものである。それは、病と闘うために、日々細分化され進歩し続ける力強く父性的な「医療」という営みの中で、時に闘うことを離れ、そこで起こるすべての営みを根底から受けとめる、という母性的な眼差しとしてアートの力を託すものであった[6]。そして、具体的なアートとしては、善通寺の五重塔に重ね、この世をかたちづくる「母なる５つの要素（地・水・火・風・空）」をコンセプトとした。2013年の開院時、「地」は内壁画（善通寺のシンボルの大楠をモチーフとして各フロアを暖かい色彩と物語性のある壁画で包む）、「水」は地上庭園（水輪のように広がるコミュニケーションの場）、「火」は外壁画（見る人の心に灯がともるような外壁デザイン）、「風」は病室を旅する絵画作品（院内を風のように巡る絵画プロジェクト）、「空」は屋上庭園（空に向かって深呼吸する場所）、としてスタートの表現が手がけられた。

(3) 開院後6年の歩みから

新病院の開院後も、院内の随所にアートが求められ施されているが、ここでは、その中から３つの取り組みを取り上げる。

❶ 絵画プロジェクト「風の伝言」

新病院に託された５つのコンセプトの一つ、「風」に相当する。院内のすべての入院個室に、レプリカではなく本物の絵画作品を飾ることを目標に、全国の作家や美術を学ぶ学生に制作を依頼、収集した。制作者には、病院に飾る作品として「祈る」「寄り添う」「待つ」という３つのキーワードだけを伝え、約300点の作品が生まれた。

開院後は、長期入院の患者を中心に、自分の好きな絵を選んだり、取り替えたりできるサービスが行われ、作品が院内を風のように旅している（図２）。人気の高い絵は必ずしもプロの作家や大学教員によるものとは限らなかったり、難病の子どもの部屋に飾る絵を選ぶ際、周囲の大人が薦め

6) 四国こどもとおとなの医療センターHPより。一部筆者要約。
http://www.shikoku-med.jp/index.html、2018年10月1日アクセス

図２. 飾る絵画を選ぶ子ども

る作品と子ども自身が選ぶ作品はなかなか一致しなかったり、と美術作品には固定の意味や価値があるわけではないことを明らかにする現象が次々と起きている。

❷お見送りの通路―「青い花」プロジェクト

2014年6月、看護師の要望から検討され、実現した取り組みである。

「亡くなった人が霊安室から運び出される際、コンクリート打ち放しの通路を進んでいく様子に胸が痛む。お見送りの場をもっと心のこもった空間にしたい」との声から、地下通路の壁に魂の旅路と命の循環をイメージする青い花の壁画を描くこととなった。

図3. それぞれの思いを胸に、壁に小さな青い花を描く職員

休日の一日をかけて、ベースのデザインを考案した画家と共に、177名の院内職員がそれぞれの思いを胸に小さな青い花を描き、イニシャルを添えた（図3）。後日、提案者の看護師は、亡くなった人と共にその通路を歩いた遺族から、深い感謝の言葉が伝えられたということである。

当院では、霊安室の中からこの通路にいたる空間を、此岸と彼岸をつなぐ架け橋として大変重視し、慎重にアートの工夫を取り込んでいる。

❸善通寺養護学校との連携―「海を渡る蝶」プロジェクト

当院は、香川小児病院時代から香川県立善通寺養護学校と隣接しており、小児病院に入院または通院している子ども達が病気を治しながら学ぶことができるという特徴があった。そして、統合新設の際にも、養護学校は医療センターの隣に移転、新設されることとなった。当校では、個々の子どもの病状に合わせて、一人ひとりがその子らしくその子に可能な表現活動をできるよう、日常的な精神的、物質的サポート体制が根づいている。これは、医療センターで展開しているアート活動と重なり合う意識であり、当校と医療センターが共同で企画するアート活動は、子ども達の貴重な心の居場所となっている。

現在、医療センターと養護学校は「海を渡る蝶」プロジェクトを推進している。医療センターの内壁と外壁に既に描き進められている壁画を、養護学校へとつながる遊歩道にも広げ、中高等部の生徒達がアサギマダラという、海を越えて越冬する蝶の姿を描いている（図4）。森氏が誘導するこの地道な実践は、生徒達に「自分にも協力できる」気持ちの喚起や、表現テーマや技法に制限がある中で、数人共同で活動する様子に期待する成長など（図5）、生きることへの自立を目指す美術教育に込めた数々の工夫に満ち、生徒達の心にも静かに響きつつある。

図4. 壁画に生徒がアサギマダラを描く様子

図5. みんなで壁画づくりに参加する

以上のような取り組みから、当医療センターにおけるアート活動は、「アートがある」ということを優先してはいない、という点に特徴があるとわかる。つまり、優れたアートの効用があるから試行してみた、ということではなく、アートが必要とされる場があるから行ったのである。また、優れたアートの価値を愛でるために病院に取り込むのではなく、日々を病院で過ごす人々が自分にとってのアートの意味に気づくためにアートがある、ということである。教育制度の外で行われているこうした活動が、実は、現代の美術教育に求められていることそのものであるかもしれない、という問いが浮かび上がる。

［日野陽子］

1 幼児造形とは	2 幼児の造形教育の方法	3 幼児の造形教育の教材	4 幼児造形教育への実践	5 幼児の発達と造形表現	6 幼児造形教育の歴史と海外の美術教育	7 幼児造形教育の広がり

10. 障害児と造形表現

　ここでは、園で見かける発達障害[1]のある子どもや子どもや知的障害のある子どもを念頭に置いて述べることにする。障害児保育は、普遍性と特殊性の両面を有すると考えられるが、普遍性とはすべての子どもの発達に共通すること、特殊性とは障害に関わることとなる。造形活動を通して、障害児は諸能力を獲得することで、障害の軽減にもつながっている。幼児期の大切な芸術教育の一つの領域である。

1）発達障害

　「発達障害」は、発達障害者支援法において「自閉症、アスペルガー症候群その他の広汎性発達障害、学習障害、注意欠陥多動性障害、その他これに類する脳機能障害であってその症状が通常低年齢において発現するもの」とされ、（自閉症スペクトラム症（ＡＳＤ）、注意欠如・多動症（ＡＤＨＤ）、限局性学習症（ＳＬＤ）などが含まれる。文部科学省『通常の学級に在籍する発達障害の可能性のある特別な教育的支援を必要とする児童生徒に関する調査結果について』2012年の調査では、通常の学級に在籍する知的発達に遅れはないものの、発達障害の可能性のある子どもは、全体の6.5％（推定値）が相当する。

2）小川英彦「障害幼児の発達と造形」岡崎女子短期大学『教育研究所所報』、1999年、pp.49-59

1. つまずきを明らかにする　ー描く活動を通してー

　つまずきを述べる前に、①発達の道筋は障害があろうとなかろうと共通である（普遍性）。②障害児はその道筋でつまずきやすい（特殊性）。③造形活動で培われる力は、諸能力（運動機能、手指の働き、言語・認識、意欲・感情、社会性など）の発達と密接に関連していることを確かめておく。

　では、障害児保育や教育の実践では、「障害児の絵は共通してつまずく箇所がある」と指摘されている。それは、次の点である[2]。

> ❶手指でものを握る力が弱い、手指で外界に働きかける活動が見られない点。
> ❷弧状の往復運動の絵で留まり、なかなかぐるぐる丸に変化していかない点。
> ❸ぐるぐる丸を描いているけれどもなかなか形が出てこない点。
> ❹図式的な表現はできるが、人と人、人とものとの関係が説明できない点。
> ❺大きさや遠近の関係を構図全体の中に位置づけて描くことができない点。

　発達の過程は、すべての子どもたちに共通しているが、たまたま障害があると、どこかの過程でのり越えるのに時間がかかってしまうのである。これをのり越えさせる保育の内容と方法が求められよう。指導者は、発達の可能性を信じつつ、障害児の達成感という内面の充実を図り、支援する。

2. 言語・認識と造形活動

　障害児保育実践で、言葉の遅れがある知的障害のある子どもが、言語の力を獲得していくために描く活動が重要な役割を果たしている点に注目されている。

　ここでは、描く活動と言葉の発達という表裏の関係は、「意味づけ」が概念の発達の出発点であり、概念化は言語のもつ大切な働きであるという理論上のポイントをおさえられるからであろう。

　「子どもの絵は見るだけではなく聞くものである」と主張されることがある。この主張は、子どもの絵を作品として受け止めるだけでなく、その作品を生み出した子どもの思いやメッセージをしっかり聞くことに大切さがあると理解することができる。絵を聞くことが幼児期、特に話し言葉を駆使する時期の障害児保育の方法として期待したい。共感的な一対一の対話による描画活動、閉じた丸に託した言葉への注目である。

　なぐり描きから意味づけ期への移行は、手指の運動に従属していた描画活動から、イメージを表現する目的意識的な描画活動への質的転換である。

　言語獲得期の４つの基礎成分と呼ばれるもの、換言すれば、子どもが言語を獲得していく時に、大切な役割を果たすものが４つあるという。

　「変化する素材」「道具」「手指の働き」「仲間」である。

素材も道具も、手指の働きも、造形活動そのものであるといってもよい。この基礎成分に注目して、障害児保育の内容を検討していくことになる。

なぐり描きの段階にいる障害児に、教え込んで形は描けるようになっても、言葉の広がりや外界を受け止める認識力や、毎日の生活を自らの力で切り拓いていく力は育っていかないと考えられる。描く力だけを取り出すのではなく、生活全体の中で、いろいろな力が相互に関連し合うことで、絵の中身も太っていくのではないかという実践からの提起を重んじたい。

3. 手指の働きと造形活動

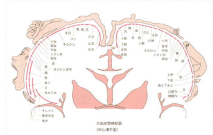

図1. ペンフィールドが書いた大脳の断面図（イラスト作成：彩考）／PIXTA（ピクスタ）
手指がかなりの大脳の関係領域になっていることを示している。

発達障害のある子どもや知的障害のある子どもの中には、手指の不器用さが見られる子どもがいる。人間の発達は頭脳とからだが結合して発達することから、手指の発達が頭脳を発達させ、逆に思考活動と手指がつながって、手指が器用になっていく。図1はペンフィールドが書いた大脳の断面図であるが、言語をつかさどる大脳皮質における手指がかなりを占めている。カントの「人間の手は外に突き出た大脳」の由縁である。造形活動はもともと手指の働きに依存している。砂や小麦粉などの素材自体が様々に変化するものや、握る、運ぶなどの道具を使った感覚を通しての遊びこそ障害児の表情をなごますことになる。一例として、ハサミを使う時、刃の動きを予測し、手指を動かす実用的知能（からだでわかる）を必要とし、やがては概念的・論理的知能（言葉でわかる）に発展していくことになる。

4. 自閉スペクトラム症の対応例

(1) 視覚的構造化を試してみる

音声言語による聴覚的情報よりも、絵・図・写真・カードなどの視覚的情報が理解しやすいとされる。注意したいのは、構造化は子どもがわかりやすいということに終わらず、どのように活動したかが重要なことである。仲間と関わりながら、見通しをもって、目的的に行動できたかなどである。

(2) 同じような作品につきあってみる

図2. T君が職員室の黒板いっぱいに描いたクラゲの絵
小川英彦『気になる子どもと親への保育支援』福村出版、2011年、p.70

指導者はややもすると「こだわりが強い」と否定的に捉えて、同じ作品でパターン化して困ると思うかもしれない。しかし、同じ気持ちでつくっているとは限らない。長いスパンでは、確かに変化している場合が多いのである。乳幼児期の絵に比べ、学齢期や青年期の絵が大きく変化している。プラス思考で評価して、子どもの心に寄り添いながら、そのような表現に一生懸命に取り組むこと、活動に集中していることに価値を見いだしたい。

(3) 楽しい経験、感覚遊びをまずはベースに（図2）

見立てる力を培うための前提として、居場所づくり、安心できる人と場の確保がある。不安や新しい環境に適応しにくさがあるのが自閉スペクトラム症でもある。それゆえに、造形活動の場においても、指導者と一対一の楽しい経験をすることから対人関係への広がり、仲間と共につくる充実感が出てくる。五感を通す感覚遊びから、まねる・模倣する体験へとなる。「絵に人が出てこない」「お話のある絵が描けない」と変化のみを急に求めるのではなく、創造する過程を大切に、園での他の遊びや生活を一層豊かにしたい。

［小川英彦］

【5 章参考文献】

◇ **5 章 1 節**「乳児の表現」

（1）厚生労働省『保育所保育指針解説』フレーベル館、2018

◇ **5 章 3 節**「身体表現と造形表現」

（1）マリアンヌ・フロスティッグ、肥田野直ほか訳『ムーブメント教育 ― 理論と実際』日本文化科学社、1978

（2）柴 眞理子 編著『臨床舞踏学への誘い 身体表現の力』ミネルヴァ書房、2018

◇ **5 章 4 節**「音楽表現と造形表現」

（1）アラン・リクト／木幡和枝監訳『サウンドアート 音楽の向こう側、耳と目の闇』フィルムアート社、2010

（2）石田陽子「色彩や形に響きを聴く―図形楽譜を用いた音楽表現活動の試み―」四天王寺大学研究紀要　第 57 号、2014、pp.257-268

（3）小島千か『絵本を用いた音楽づくりにおけるイメージのはたらき』山梨大学教育人間科学部紀要 11、2009、pp.115-125

（4）須永剛司「第 2 章 デザイナーのイメージ」箱田裕司編『イメージング―表象・創造・技能』サイエンス社、1991、pp.12-39

（5）谷口高士編著『音は心の中で音楽になる―音楽心理学への招待』北大路書房、2000

（6）麓洋介『遊びから音楽を生み出す活動を通して学生の創造性を養う試み』保育文化研究 第 4 号、保育文化学会、2017、pp.31-44

（7）麓洋介「第 12 章 子どもと表現」太田光洋編『保育内容の理論と実践―保育内容を支える理論とその指導法―』2018、pp.245-266

（8）麓洋介・水谷誠孝『「描画的な音楽表現」による教育プログラム―サウンド・アートの視点から音楽を創作する試み―』幼児教育研究 第 18 号、愛知教育大学幼児教育講座、2015、pp.99-106

（9）山野てるひ・岡林典子・ガハプカ奈美『音楽と造形の総合的な表現教育の展開―「保育内容指導法（表現）」の授業における「音環境を描く」試みから―』京都女子大学発達教育学部紀要 第 6 号、2010、pp.47-59

◇ **5 章 6 節**「描画における発達段階」

（1）磯部錦司著『子どもが絵を描くとき』一藝社、2006

（2）大橋功監修『美術教育概論』日本文教出版、2009

◇ **5 章 7 節**「子どもの絵の意味」

（1）磯部錦司『子どもが絵を描くとき』一藝社、2006

◇ **5 章 8 節**「立体による造形表現の発達」

（1）大橋功監修『美術教育概論』日本文教出版、2009

　＊協力園：名古屋経済大学附属市邨幼稚園（愛知県犬山市）

◇ **5 章 10 節**「障害児と造形表現」

（1）小川英彦『保育士・幼稚園教諭のためのキーワード１００』福村出版、2017

（2）子どもの遊びと手の労働研究会編『子どもの「手」を育てる―手ごたえのある遊び・学び・生活を！』ミネルヴァ書房、2007

（3）成田孝『心おどる造形活動―幼稚園・保育園の保育者に求められるもの―』大学教育出版、2017

（4）美術教育を進める会『障害児の美術教育』あゆみ出版、1991

第6章

幼児造形教育の歴史と海外の美術教育

　幼児造形教育の歴史や海外の動向を見ることは、ただ単に知識を増やすだけではなく、今の日本の幼児造形教育を知るための手立てとして必要なことであり、またその根底にある考え方や制度を深く理解するためにも大切なことである。歴史や海外の動向を遠くにあるものとせず、しっかりと理解した上で、今の日本の幼児造形教育のために役立てたい。本章では、日本の明治期から今日までの歴史や教育思想、海外の歴史や教育思想、最近の動向などについて概観する。

I. 幼児造形の流れ

保育者をめざす者にとって、保育の歴史を学ぶことは大切である。それは単に、知識を増やすだけではなく、過去を見つめることによって今を見つめ直す手がかりとすることであり、現代の保育を検証するための一つの重要な方法である。

ここでは、明治になって保育制度が発足してからの乳幼児の造形に限って概観してみたい。歴史的な検証・総括が十分なされているとはいい難いが、それでも明らかになっている過去の考え方や内容を学ぶことによって、今日の幼児造形がどのような流れの上に成り立っているか理解できる。そして、今日の幼児造形を考え、自らの保育観に基づいた幼児の造形を組み立てる手立てにしてもらいたい。

1. 明治・大正から終戦まで

日本の保育制度は、1872（明治5）年の学制に規定されたことに始まる。しかし、実際の保育は、1876（明治9）年に開かれた東京女子師範学校附属幼稚園（現在のお茶の水女子大学附属幼稚園）でのそれが最初である。当時の保育内容は、子どもを未完なものとして捉え、学問・技術の体系を、訓練的な方法で体得させることに重きを置いていた。よって、いずれも保育者の指示通り模倣させるものであった。特にドイツの教育者で、幼稚園の創始者として知られるフレーベルが考案した恩物（20種の教材からなる）を使って行う内容が大きな柱となっていた（図1）。今日の造形に分類される活動としては、紙を決まった形に剪（切）って台紙に貼る「剪紙」や、石盤や紙に引かれた罫線をなぞって形を描く「図画」、現在の折り紙である「畳紙」や、決められた形をつくる「粘土細工」などがあった。

図1．幼稚園二十遊嬉の図（明治12年頃の実写図）
（写真提供：お茶の水女子大学）

大正に入ると、恩物中心主義からの脱却や、欧米で起こった児童中心主義や自由教育の思想を取り入れた保育が唱えられるようになってきた。これについては、幼児中心主義の進歩的保育を提唱し、今日の保育に多大な影響を与えた倉橋惣三（1882-1955）が主事（園長）になった時、フレーベルの恩物を棚からおろして、籠の中に入れ、ただの積み木玩具としたことが有名なエピソードとして伝わっている。倉橋はフレーベルの幼児教育の精神に深く傾倒しながらも、形骸化した恩物を中心とした保育を否定したのである。しかし、まだまだ一般的には、旧来の保育が行われていたことも事実である。造形の分野では、クレパスを普及させた山本鼎（1882-1946）の唱えた「自由画」（図2）や、ハサミで1枚の折り紙を自由に切り取って、切り取ったものを画用紙に貼る「自由切紙」も登場した。しかし、一般的には、絵ならば輪郭をはみ出さずに色を塗るぬりえ的な活動の方が盛んだったようである。

図2．自由画「女の子」5歳
出典：山本鼎著『自由画教育』大正10年（昭和47年黎明書房復刻版）口絵より

昭和になり、戦争の足音が近づいてくると、幼児中心主義の保育は影を潜めた。代わりに国旗や兵隊、桜を題材にしたぬりえや剪紙など、戦争を賛美するものが増えた。しかし、幼児は発達を無視して保育ができない関係から、小学校以上のように軍国主義一辺倒ではなかったようである（図3）。

図3．誘導保育「木の箱の動物」の様子（お茶の水女子大学附属幼稚園昭和10年）
（写真提供：お茶の水女子大学）

2. 戦後から今日まで

　戦後、保育はがらりと様変わりした。1948（昭和23）年、文部省（現在の文部科学省）から保育の手引書として刊行された『保育要領』には、「幼稚園における幼児の生活は、自由な遊びを主とするから、一日を特定の作業や活動の時間に細かく分けて、日課を決めることは望ましくない。一日を自由に過ごして、思うままに楽しく活動できることが望ましい。」と記されたのである。それに先立って、教育基本法・学校教育法が施行され、幼稚園が学校教育機関に位置づけられ、また、児童福祉法も制定され、経済的困窮の救済として明治末にスタートしていた託児所も、保育所として発足した。『保育要領』は、その後は名称を『幼稚園教育要領』と変え、何度となく改定されていった。しかし、自由放任的な保育には批判も起こり、カリキュラムの必要性も説かれた。一方、厚生省（現在の厚生労働省）は、1950（昭和25）年に『保育所運営要領』を刊行し、保育所の意義、役割を明確化した。その後は、『保育所保育指針』となり、改定が加えられていった。いずれにしても戦後は、子どもを中心に据えた保育をめざしてきたのである。

　保育内容の造形分野における名称は、当初、「絵画」、「製作」[1] とつけられていたが、1956（昭和31）年に保育内容を区分する「領域」という用語が使われ、その一つとされて「絵画製作」となった。平成になってからは音楽や身体運動などと一緒に「表現」となった。これは保育者の指導によって造形を教えるというよりも、子どもの自主的な造形活動を主体にするという意味が込められているといえよう。

　具体的な保育の内容は、保育者自身が、実践と研究の中から紡ぎ出してきたといえる。戦後、子どもの内面の自由さを育もうとした民間の美術教育運動の中から、絵を「大きく」「のびのび」と描くといった絵画活動が出てきた。また、様々な技法、たとえば「紙版画」や「糸引き絵」なども登場した。しかし、現在では、画一的に大きくのびのびと描く指導をしても、評価されることは少ない。子どもたちの思いは一人ひとり違い、その一人ひとりの思いに寄り添った援助が求められるからである。あくまで作品はその活動の結果である。子どもたちも、不安があれば表現が萎縮してしまうであろうし、保育者が的確な援助をし、思いを受け止めてくれるとわかったら、自然にのびのびと力強い作品が生まれるのである。

　それから、高度成長に伴って多くの廃品が生み出される中で、そうしたものを素材として使った造形も生まれてきた。たとえば、園で子どもたちが飲む牛乳のパックは毎日いくつも排出されるから、それらを素材として作品をつくるのである。それは現在でも、なお大きな活動の柱になっている。また、保育は生活そのものであり、遊びが中心にあるという考え方が主流になるにしたがって、遊びと造形の融合、いわゆる造形遊びが盛んになっている（図4）。現在、造形活動は日々の生活と直結し、子どもたち自身のものとなりながらも、今も、子どもたちと保育者の模索が続いているといえよう。

［石川博章］

1）〈製作〉と〈制作〉
　従来、保育界では〈製作〉という語が使われてきた。そのため、今もよく使われている。また、かつての図画工作や技術家庭でも使われてきた経緯がある。しかし、〈製作〉の本来の意味は、図面どおりに実用品をつくるという意味である。だから、かつては、お手本どおりにつくるという意味で使われてきたことと思う。しかし、現代において、表現としての造形には、〈制作（芸術作品などをつくること）〉の語が適しているといえよう。

図4．新聞紙を使った造形遊び

| 1 幼児造形とは | 2 幼児の造形教育の方法 | 3 幼児の造形教育の教材 | 4 幼児造形教育への実践 | 5 幼児の発達と造形表現 | 6 幼児造形教育の歴史と海外の美術教育 | 7 幼児造形教育の広がり |

2.海外の教育思想

　今日の教育の様々な考え方は、過去の多くの思想家や教育者の思索や実践の中に、多くの萌芽を見ることができる。絶えず続いてきたそうした思索や実践は、それぞれの時代や教育を批判的に捉えながら、人間や世界の未来に向けてのポジティブな願いを示している。近代に入ってからの、人間や子どもを尊重する教育思想は、多様な思想や実践へと展開した。ここでは、そうした海外の思想家や教育者の実践を、歴史的な経緯を踏まえながら概観してみよう。

1. ルソー以前

　一般に、人間は生まれた時代や状況の中で、慣習として教育を受けている。ルネッサンスの教育は、ギリシャ的知を模範として、子どもの自発的な学習原理や、母国語優先、経験や直観の重視という、近代教育の方法論へ変化した。『大教授学』を著したコメニウス(J.A.Comenius,1592～1670)やロック(J.Locke,1632～1704)は、18世紀の近代教育思想を準備したといえるが、彼等の教育思想の根底には「神の恩寵(おんちょう)」と、教育対象者としての階層(僧侶、貴族や紳士)があった。

2. ジャン・ジャック・ルソー(Jean Jacques Rousseau,1712～1778)

図1.ジャン・ジャック・ルソー

　フランス革命を用意した18世紀の啓蒙思想の時代の中で、ルソーは『エミール』を著し、教育にコペルニクス的展開を成し遂げた。大人に支配され、教え、しつけられる"積極的教育"存在であった「子ども」を、彼らの内在する本来的な傾向"自然"による成長に委ねるという"消極的教育"を主張し、「子どもの世界や権利」を認めることを提唱した。また、ルソーは、子どもの成人までの発達を5つに分類し、それぞれの段階での教育の在り方を示し、発達という概念を教育の中に取り入れている。子どもの発見という思想は、その後の教育の思想や実践に大きな影響を与えている。

3. ハインリッヒ・ペスタロッチ(Johann Heinrich Pestalozzi,1746～1827)

図2.ハインリッヒ・ペスタロッチ
(写真提供：日本ペスタロッチー・フレーベル学会)

　ペスタロッチの生きた時代は、フランス革命やイギリスの産業革命という社会改革の時代である。彼は、社会的弱者である貧しい民衆を、教育によって自立させようとした。ルソーの教育対象者が中流家庭の子どもであったことに対して、ペスタロッチは貧しい民衆の子どもを対象にした。自立する技術や能力の教育とともに、「陶冶(とうや)」という自律的な自己形成過程の理念を提唱し、学校の設立や、メトーデという教授法の考案など、その後の教育思想の展開の諸要素を示したことで、ペスタロッチは、「近代教育学の祖」といわれている。

4. フリードリッヒ・フレーベル(Friedrich Fröbel,1782～1852)

　フレーベルはペスタロッチに強い影響を受け、ペスタロッチ教育の初等教育を発展させた。主著である『人間の教育』の中で、フレーベルは、人間や自然には、神によって規定された神性があり、神の中に生存することを人々に明らかにし、生活に役立たせることが教育の義務であると述べている。そして、その神性が最も純粋に表れているのが子どもの遊戯であるという認識から、植物に水や肥料を与え、日照りや温度を管理し剪定する

図3. フリードリッヒ・フレーベル
（写真提供：日本ペスタロッチー・フレーベル学会）

図4. フレーベルの第5恩物
（写真提供：㈱フレーベル館）

図5. マリア・モンテッソーリ
（写真提供：日本モンテッソーリ協会）

図6. モンテッソーリの教具
（写真提供：㈱モンテッソーリ・マリーアン）

ように、子どもの本質に追随的に助成し働きかけなければならないとした。そこからkindergarten（幼稚園、子どもたちの庭）という名称が生まれる。1837年、世界初の幼稚園として「一般ドイツ幼稚園」を開設し、お遊戯、お絵描き、生活体験を重視し、教育のための玩具として20種類の「恩物」を考案した。「恩物」とは、神が人間に与えた素晴らしい賜物という意味である。第1恩物から第10恩物は、穴開けから粘土遊びまでの手技工作である。フレーベルは、「恩物」を教育的な補助具として考案し、子どもたちが「恩物」を使って自由に遊ぶことで、想像力や観察力、集中力を養おうとした。そうした多くの実践、研究からフレーベルは「幼児教育の祖」といわれている。

5. マリア・モンテッソーリ（Mria Montessori, 1870〜1952）

モンテッソーリは、1896年、ローマ大学でイタリア初の医学博士号を取得した。女性に対する多くの偏見や差別の中で、医師になることをめざしていたが、職を得た精神病院で障害児の治療教育に関わったことから、教育者への道を歩み始める。その後、心理学や教育学にも研究を広げ、1907年、「子どもの家」を開設、独自の感覚教育の実践を始めた。そうした実践から、独自の体系をもつモンテッソーリ教育が生まれた。

モンテッソーリ教育の目的は、子どもが本来もっている成長する能力を、教師が援助し環境を整えることで、自立した子どもを育てることにある。子どもの観察や心理学、生理学の研究を通して、子どもの発達の敏感期に即した教具を使い、「運動の教育」から「感覚教育」、「言語教育」、「算数教育」へと、具体性から抽象性へと進んでいく。「私の教育法は知性の教育です」というモンテッソーリの言葉は、モンテッソーリ教育を端的に示している。モンテッソーリ教育の科学性は、現代の大脳生理学や認知心理学、脳科学などによって証明されているといえるだろう。モンテッソーリ教育は、世界的な広がりをみせている。モンテッソーリ教育の教員養成システムと普及を目的として、世界各地にモンテッソーリ協会が設立されている。

6. 近代から現代へ

近代教育思想は、そのほかにも多くの教育実践や教育思想があることは、いうに及ばない。それぞれの実践や思想は、歴史の連続性の中で現代の教育を創っている。また、ルソーから始まる児童中心主義や感覚教育は、美術教育におけるフランツ・チゼックやハーバード・リードの創造主義や、子どもの表現の尊重といった思想の基本的な背景になっている。現代の教育学は、科学的な教育実践研究、価値や目的論の思想的研究、教育システムや教育制度の研究など、多様な方向性をもっている。アメリカのハワード・ガードナーは、1983年に『Frames of Mind』（知能の枠組み、多元的知能の理論）を発表した。ガードナーは、知能と芸術的創造性との関係に着目して、科学的な実践研究を進めている。多様化した現代社会の中で、近代教育学の展開を基礎にして、我々が、どのような子どもたちの未来や教育を描けるかが、今後の課題である。

［浅野秀男］

| 1 幼児造形とは | 2 幼児の造形教育の方法 | 3 幼児の造形教育の教材 | 4 幼児造形教育への実践 | 5 幼児の発達と造形表現 | 6 幼児造形教育の歴史と海外の美術教育 | 7 幼児造形教育の広がり |

3. 創造主義の系譜

　今日、日本の美術教育の中でいわれる、「創造主義」や「児童中心主義」といった概念は、1919（大正8）年の山本鼎による第1回児童自由画展覧会や、翌年発表された「自由画教育の要点」などがその起点であろう。欧米の近代思想を背景にした自由画運動は、その後、海外の美術教育思想、特にオーストリアのフランツ・チゼックなどの影響を受けて、第2次世界大戦後の創造美育運動へとつながっていく。ここでは、日本の近代の美術教育を、技術主義、自由画、チゼックや創造美育協会、といった「創造主義」、「児童中心主義」の変遷を紹介する。

1. 明治の美術教育

　日本の美術教育は、1872（明治5）年の「学制」の頒布とともに、「画学」として始まる。1871（明治4）年には『西畫指南（せいがしなん）』が出版され、また明治5年出版の教科書『圖法階梯（ずほうかいてい）』[1)]には、「西洋ノ法ニ據リ庶物ノ図ヲ作ル階梯ヲ教フル書」[2)]とあり、西洋絵画を積極的に導入しようとした。1873（明治6）年、政府は翻訳教科書、『小學畫學書（しょうがくががくしょ）』を出版する（図1）。この教科書の目的は、図の描き方や、陰影、投影図法による立体感の表現など、正に技術的な能力の向上にあった。1883（明治16）年出版の『改正教授術』によれば、図画教育の目的は「快楽ノ為ニ非ラズ寧ロ実地有益ノ事業ヲ奨励セントスルニアル。」[3)]とし教授内容は、臨画、工夫画、再生画、聴画であり、授業方法は、教師が教える積極教育であった。その後、西洋美術と国粋主義の美術の対立が、図画教育にも反映し、毛筆画教育と鉛筆画教育の対立を生んで、論争が繰り広げられていく。1910（明治43）年に、『新定画帖』が発行される。指導内容は臨画、写生画、記憶画、考案画の4種類とされ、低学年で鉛筆画、高学年で毛筆画とされた。編纂に関わった白濱徴は、「自然の観察によって、美育に資し（後略）」といい、教育的な図画を目標とした（教育的図画）。明治の図画教育は、子どもの存在しない臨画主義の一斉授業から『新定画帖』に至って、理念的には、子どもの発達や心理を考慮した図画教育が成立した。

2. 山本鼎の自由画教育

　大正時代に入り、欧米の自由主義思想を背景として、教育界の外にいた芸術家によって芸術教育運動が起こってくる。山本鼎は、ロシアの農民美術や児童想像美術展覧会に刺激され、自由画教育を提唱した。山本は、『自由画教育の要点』の中で「吾々の提唱する自由画教育は鮮明に美術教育としての一教課である。だからその教習のもとには生徒の創造力が成長し、彼らの様々な自然観が表現され、模擬と虚飾とが必然的に撥無される。」[4)]と述べている。それまでの臨画のお手本主義を批判し、子どもたちがもつ自然観や自由な表現を認め、見ることの喜びを感じ、豊かな感性を育てることを目的にした。山本の実践や主張は、美術教育界や現場の教師たちにも影響を与え、全国に広がった。自由画教育運動は、子どもの個性や創造性を尊重したことで、創造主義の起点といえる。

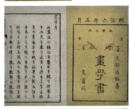
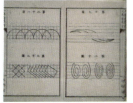

図1．「小学画学書」
（写真提供：玉川大学教育博物館）

1）圖法階梯
　初版は全8冊で、西洋画（鉛筆画）の臨本として使用された。

図2．山本鼎（1882～1946年）
（写真所蔵先：上田市立美術館）

3. フランツ・チゼック(Franz Cizek, 1865〜1946)

図3. フランツ・チゼック

チゼックは、20歳の時にウィーンの美術アカデミーに入学し、画家を志した。チゼックは身近な子どもの絵を見て、彼らの絵には、象徴的で、抽象的な独自の表現が存在することを発見した。子どもたちが毎日描く壁の落書きを見て、「子どもたちの多くの素質と精神がここで発露されるのだと確信をもった。そして、子どもたちの落書きがいたるところで、同一の結果と表現形態をもっていることに気付いた。」[5)]と述べている。そうした子どもの創造性や個性の発見から、チゼックは「子どもたち自身によって成長させ、発展させ、成熟させよ。」[6)]と主張した。また、チゼックは芸術家という立場から、造形の創造的な衝動は人間の生の衝動の一部であり、広く人類の利益と精神の充実に生かさなければならないと述べている。そうしたチゼックの思想は、美術教育にとどまらず、人間の芸術性や創造性といった広さと深遠さをもっている。日本には1927年頃から紹介され、その後の創造美育運動に大きな影響を与えた。

4. 創造美育運動

1938年、栃木県真岡で、第1回児童画公開審査会が開催されたのが、創造美育運動の起源であろう。日本が太平洋戦争に向かう時代の中では、運動は中断を余儀なくされた。1952年、創造美育協会(創美)が設立された。創美の設立宣言には、「児童の創造力を伸ばすことは児童の個性を鍛える。児童の個性の伸張こそ新しい教育の目標だ」と示されている。久保貞次郎や北川民次が活動の中心となった。思想的には、チゼック、H・リード、R・R・トムリンソンなどに影響を受け、また心理学的にはフロイトの影響を受けて、個性や創造力や自由を「心理的抑圧」からの解放と主張した。戦後の民主主義教育の風潮の中で多くの共感を得、全国的規模の運動になり現在に至っている。

5. 創美に対する批判

昭和30年代から、創造美育運動に対する批判が起こってくる。「生活画」の指導を主張した「新しい絵の会」や理念的には戦前のバウハウス[7)]に起源をもつ「造形教育センター」などがある。創造性や個性、自由といった子どもの内面性に目を向けた創美に対して、美術教育の技術や社会性、造形性を主張した。そうした運動は、創造主義や個性の尊重を否定するというよりも、美術の多様性、多面性を表しているといえよう。

6. まとめ

日本の「創造主義」「児童中心主義」は、各時代の社会や思潮を背景に変遷して現代に至っている。「創造主義」「児童中心主義」という思想は、「個」や「自由」という思想にも大きな変化が見られる。現代の美術や美術教育も、そうした思想の変化に影響されて、多様な作品や教育的実践が生まれている。現代の保育者や教師にとって必要とされる能力は、より広い美術への関心と技術(造形力)、現代の子どもたちを感じる感性、子ども自身の身体や心が本当に楽しめる授業の実践力である。保育者がそうした能力を鍛えることで、現代の「創造性」や「個性」が見えてくる。

[浅野秀男]

引用
2)橋本泰幸(宮脇理・花篤實)、美術教育学、建帛社、1997、p.135
3)橋本泰幸(宮脇理・花篤實)『美術教育学』建帛社、1997、p.137
4)山本鼎『自由画教育』アルス、1921、p.4
5)石崎和宏『フランク・チゼックの美術教育論とその方法に関する研究』建帛社、1993、p.47
6)W.ヴィオラ、久保貞次郎・深田尚彦訳『描画心理学双書⑥チィゼックの美術教育』黎明書房、1993、p.51

7)バウハウス
1919年ドイツに創設され、美術や建築に関する総合的な教育を行った造形学校で、14年という短い開校期間であったが、現在に至るまでの建築、デザイン、造形教育に多大な影響を与えた。

1	2	3	4	5	6	7
幼児造形とは	幼児の造形教育の方法	幼児の造形教育の教材	幼児造形教育への実践	幼児の発達と造形表現	幼児造形教育の歴史と海外の美術教育	幼児造形教育の広がり

4.海外の幼児造形の動向—レッジョ・エミリアを中心にして

　今、海外の幼児教育といえばレッジョ・エミリアと答えが返ってくる時代になっている。日本でレッジョ・エミリアが取り沙汰される前、世界の幼児教育は日本の倉橋惣三を最も評価していたことが思い出される。日本の幼児教育には新しい時代を切り開くための可能性が秘められている。そんな日本の幼児造形に影響を及ぼしたのはドイツのフレーベル、イタリアのモンテッソーリ、ロシアのニキーチン、ドイツのシュタイナーなどである。それらを踏まえた現代の幼児教育の流れを追ってみる。

1. フレーベル、モンテッソーリ、ニキーチン、シュタイナー

　フレーベルは世界で初めての教育玩具である恩物を誕生させた。子どもが大人と同様に労働力であった時代に、愛情の対象として子どもを捉え直したのである。彼は子どもの地位を飛躍的に高め、現代の幼児教育の礎を築いたと評価を受けている。彼の思想を活かそうとする幼稚園や保育所は一斉保育による造形活動ではなく、保育者が子ども一人ひとりとの信頼関係を結ぶことで幼児造形に取り組む傾向がみられる。モンテッソーリは子どもが自立した学習者になることを願い、モンテッソーリの教具を、ニキーチンは子どもが心のバランスをとることを願い、ニキーチンの積み木を開発している。独自の教育玩具をデザインしなかったのがシュタイナーである。彼は幼児期を人生の基礎として捉え、子どもの感じる力を高めるという独自の教育法を展開させている。彼の教育法を継承する幼稚園や保育所では保育者が子どもの気持ちを最優先し、幼児造形においてプロセス重視の取り組みを実践している。

2. レッジョ・エミリアの実態

　レッジョ・エミリアは、現代の幼児教育のトレンドになっている。レッジョ・エミリアは人物ではなく、イタリア北部にある都市の名前である。そのコンセプトは創造性と共同性にあり、それらを支えるためにアトリエリスタという芸術担当の教師とペタゴジスタという教育担当の教師を配置している。実際の環境はピアッツア（広場）という公共空間が中心に据えられ、それに隣接したアトリエという表現空間が準備され、それらの周囲に年齢別クラスの教室が配置されている。

　アメリカのエバ・タリーニはイタリアのレッジョ・エミリアの市立幼児学校において1年間で学んだことが、(1)共同性の役割、(2)記録文書の役割、(3)カリキュラムの中のプロジェクトの役割という、3つの基礎概念にあることを指摘している。(1)の共同性は幼児学校でのプロジェクトに関して情報を得たり、「子どもが何をしているのか」「いくつかの可能な道筋があるとき、どの道を選べばよいか」を探索したりする時に広がると説明している。(2)の記録文書はドキュメンテーションと呼ばれ、子どもの作品資料、作業中の写真、作業中の会話を書き起こしたもの、大人の観察と解釈を含んだものでもある。それらは最終的に室内の壁にかかっているパネル展示に活かされ、多くのコミュニケーションを発生させる有効な手段となっている。(3)のプロジェクトはレッジョ・エミリアの幼児教育において、前もって決

1）J.ヘンドリック編著、石垣恵美子・玉置哲淳監訳『レッジョ・エミリア保育実践入門』北大路書房、2000、PP.37-41

められたものでないという特徴を有し、決まっているのは子どもと大人が共同で取り組む過程のみである[1]。

3. レッジョ・エミリアでの活動内容

レッジョ・エミリアの幼児教育はプロジェクト型の活動であり、数人の子どもがチームになり水・木・光といった身近なテーマを、数日間から数週間、場合によっては数か月間にわたる期間で取り組むところが特長である。たとえば光をテーマにした事例には、OHPを活用したペープサートによる影絵の活動、ライトテーブルに光を通す色彩豊かな素材を並べる活動、パソコンを活用して光と影を表現する活動、光を通す色彩豊かな素材を空間に設置し、その素材に強い光をあてて大きなスクリーンや天井や壁面に色彩豊かな影を投影する活動などがある。教師は子どもと関わりながら、ドキュメンテーションと呼ばれる子どもの制作プロセスの記録をまとめる。ドキュメンテーションは子ども一人ひとりの学び、集団としての子どもたちの学び、教師の学びの軌跡である。活動の終了後、アトリエリスタとほかの教師はドキュメンテーションを対話の拠り所にし、子どもと教師が共に継続させる方向性でプロジェクトの次の活動を検討する。一定の期間毎にドキュメンテーションはパネル展示にまとめられる。

4. レッジョ・エミリアの意義

レッジョ・エミリアの幼児教育は世界各国で「子どものたちの100の言葉」展として紹介され、日本でも平成13（2001）年に東京のワタリウム美術館で初めて開催された[2]。平成12（2000）年以降のプロジェクトを中心にした「驚くべき学びの世界」展は、平成23（2011）年に金沢の石川県行政庁舎、東京のワタリウム美術館、京都の元・立誠小学校、平成24（2012）年には福岡の三菱地所アルティアムを巡回した[3]。

2）レッジョ・エミリア市幼児保育所と幼児学校著、田辺敬子・辻昌宏・木下龍太郎『子どもたちの100の言葉』学研、2001

3）佐藤学監修、ワタリウム美術館編『驚くべき学びの世界―レッジョ・エミリアの幼児教育』（「驚くべき学びの世界」展公式カタログ）、2011

レッジョ・エミリアの幼児教育はアートの創造的経験によって子どもの可能性を最大限に引き出すところに意義がある。子どもの驚きを受け止め、大切に育て、そこから新しいプロジェクトを生成する。子どもを予定された結論に導くのではなく、大人を巻き込んで常に新しい発見を求めるのである。そのスタイルから学ぶべきことは教師の柔軟性にある。複数担任でかつ長期間の担任制・教師間の討議・親のカリキュラム関与を前提にし、子どもの相互作用による多様な表現活動を基礎にした問題解決学習を重視している。しかも学びの共同体として機能し子どもの好奇心から生じたことを柔軟に取り込んでいる実態が認められることから、子ども中心のカリキュラム、同時に教師中心のカリキュラムとして高い評価を受けている。

レッジョ・エミリアの幼児教育は創造的な造形教育を中心としたものであるが、日本での実践の試みは安易な模倣になったり、その方法論に固執したりする危険性がある。学びの共同体としての価値を切り離し、従来の日本の幼児造形の枠組みで捉えることは避けなければならない。教師の柔軟性を背景とした学びの共同体として、アートと子どもと大人の純粋で刺激的な関係を実現させることが重要である。

［中川 泰］

5. 海外での実践レポート

　子どもの主体性を重視し、造形活動を軸に生活と表現活動をつなげようとする保育の実践は、海外においても様々に展開している。また、子どもの表現活動を通して、共同体やコミュニケーションの在り方を考えようとする広がりや、人権や平和といった現代社会の課題を考えようとする取り組みは、国境や民族を越えて多様に展開している。

1. 世界の子どもたちと造形活動

　描画に見られる子どもの発達過程は、世界中のどの国においても、年齢に多少の違いはあれ共通している。しかし、描かれる内容や表される色、形は、子どもたちの生活背景や状況によって異なっている。たとえば、太陽の色は、日本では赤やオレンジ色が多く見られるが、白夜のある北欧の子どもたちの絵には、黄色や緑色で描かれているものがある。絵の内容や色と形に、その土地に暮らす子どもたちの風土や生活、状況が映し出されてくる（図1）。

図1. 北欧の子どもが描いた太陽

　しかし、それ以前に世界の中にはクレヨンさえ持ったことがない子どもたちが多くいるということも事実である。国の状況がどのようであっても、すべての子どもたちにとって表現することは喜びであり、子どもたちが自由にのびのびと表現できる姿こそが世界の平和の象徴であるという考えから、各国で様々な支援活動が展開している。

2. 国境を越えて共生する文化的共同体

　ユネスコ憲章の成立から、真の平和や共存は国境や民族を越えたところにあるとする理念に基づき、芸術は人の心の中に平和の砦を築く手段として、今日までその役割を果たしてきた。さらに、21世紀を迎え、紛争、環境破壊、人権といったあらゆる問題を包括的に解決することを目的に、各国でその教育の取り組みが始まっている。人間と環境、人間と人間、人間と社会といった関係性をどう構築していくかということは、あらゆる諸問題との関わりにおいて通底する課題となる。その中心的な領域において、造形教育の果たす役割が期待される。

<Dialogue of Life>

図2. 長良川近辺に住む日本の子どもとモルダウ近辺に住む子どもたちが、絵を通してつながる

　たとえば、表現者や場所という枠組みや、境界を越えて展開するワークショップは、参加者相互に「感覚の共有」を生み出し、また、造形活動を通した共同や協働といったコラボレーションの取り組みは、様々な相互関係によって「共同体」を生成する。このような活動のプロセスは、コミュニケーションの在り方や、環境との関わりを再考する提起となっている。さらに、作家や子どもや障害者といった表現者の境界や、美術館や学校、施設、地域や国という枠を越えて、人間と社会が文化を創造しようとする活動は様々な形において展開しつつある。グローバル化する国際社会において、芸術活動は個人から共同体へと広がり、そして、造形教育そのものが、社会を創造する活動として期待される。

図3. つながり広がり続ける終わりのない絵

「アートプロジェクト"Dialogue of Life"」〜1〜

- 日本の子どもたちが描いた色と形の上に、他国の子どもたちが色と形を塗り重ねつなげていく（図2）。
- 世界の子どもたちによって、生命をテーマに作品がつながれていく。その作品は、オープンエンドで終わりがなく続いていく（図3）。
- 日本の子どもたちのシルエットの中に、そのシルエットの子どもたちを想像し、他国の子どもたちが絵を描いていく（図4）。
- 作品が日本と諸外国を行き来しながら、変容し進化していく（図5）。

3. 国境を越えて子どもの造形が伝えるもの

チェコにある第二次世界大戦中のナチスの収容所跡の資料館に、当時そこに収容されていた子どもたちの絵がいくつか展示してある。そこには、のどかな春の草花に蝶々が舞う絵もあれば、閉ざされた部屋の絵、大きな太陽の描かれている絵や、生活の様子が描かれている絵など、様々な内容の絵を見ることができる。作品の下には、名前と亡くなった年月日が書かれ、その子たちがガス室へと連れて行かれた時の年齢を知ることができる。収容所では、子どもたちの精神衛生と子どもへの虐待がないことを赤十字の視察から装うために絵を描かせたという。その状況においても、子どもたちの絵は子どもらしく、どの作品からも「生」が感じられ、その子たち一人ひとりの存在を強く知らしめるものが時代を越えて伝わってくる。絵を描くという営みが、「今を生きていることを確かめる行為」であるということを、これらの作品は教えてくれる。

この事例のように、確かに、平和のシンボルとして子どもの存在や作品は切実感の強いものとしてある。しかし、私たちのまわりにいる子どもたちの存在やその作品に目を向けたとしても、実はそれは同じで、一人ひとりの存在の中に、その子のかけがえのなさやその子の未来を見ようとした時、社会が大切にしなければならないものが見えてくる。それは、子どもという枠の中だけでなく、子どもと大人、弱者と強者、障害者と健常者、自分と他者、日本人と他民族といった関係を越えて、すべての人間一人ひとりの存在のかけがえのなさへとつながっていく。

4. アートへの眼差し

今日の世界の保育の最先端にある様々な園や、人権や環境に熱心な地域の園、シュタイナーやモンテッソーリ、レッジョ・エミリア等の教育に共通するところは、生活の中核に表現活動が位置づき、主体性やその子らしさに目が向けられ、園の枠を越えた共同体の中で保育が考えられていることである。そのような保育では、人的・物的な環境が大切にされ、生活と表現が切り離されないように取り組まれている。

「アートプロジェクト"Dialogue of Life"」〜2〜

- 世界の各地で子どもの作品を集めた国際交流展が様々に行われている。その意味は他者の存在や心情を感じ合うところから始まり発展していく（図6）。
- 様々な子どもの作品を通した国際交流展が社会にメッセージを伝えていく（図7）。

［磯部錦司］

図4. 日本の子どもたちの切り取られた人型の中に絵を描く子ども

図5. 海を行き来した作品の相互の表現の中に他者のかけがえのなさを見る

図6. 子どもの作品交流が社会にメッセージを伝えていく

図7.「平和の壁に飾られた作品」

243

【6章参考文献】

◇ **6章2節**「海外の教育思想」
(1) 原聰介・宮寺晃夫・森田尚人・今井康雄編、『近代教育思想を読みなおす』新曜社、1999
(2) パウル・ナトルプ、乙訓稔 訳『ペスタロッチ　その生涯と理念』東信社、2000
(3) 前之園幸一郎『マリア・モンテッソーリと現代』学苑社、2007
(4) ルソー著、今野一雄 訳『エミール』岩波書店、2012
(5) R . ボルト・W. アイヒラー、小笠原道雄 訳『フレーベル生涯と活動』玉川大学出版部、2006

◇ **6章3節**「創造主義の系譜」
(1) 宮脇理・花篤實『美術教育学』建帛社、1997
(2) 石崎和宏『フランク・チゼックの美術教育論とその方法に関する研究』建帛社、1993
(3) 井出則雄『造形美育論』共同出版社、1954
(4) W . ヴィオラ、久保貞次郎・深田尚彦 訳『描画心理学双書⑥チィゼックの美術教育』黎明書房、1999
(5) 川口勇『創造美育をこえて』黎明書房、1956
(6) H . リード、宮脇理・岩崎清・直江俊 訳『芸術による教育』フィルムアート社、2001
(7) R・R・トムリンソン、久保貞次郎 訳『芸術家としての子供達』美術出版社、1951

◇ **6章5節**「海外での実践レポート」
(1) 磯部錦司『自然・子ども・アート―いのちとの会話―』フレーベル館、2007 年
(2)「平和主義とユネスコ運動―学童絵画の国際的交流への展望―」『教育美術』1950 年 1 月号　財団法人教育美術協会、1950 年

第7章

幼児造形教育の広がり

　幼稚園、保育所、幼保連携型認定こども園等での造形教育だけでなく、児童館、美術館、生涯学習センターなどの社会教育施設でのものづくり教室やワークショップ、さらに企業や地域が行うものづくりワークショップなど、子どもたちにとって、造形教育に触れることができる場所や機会が増加し、多様化している。幼児の造形表現を正しく理解した上で、各地域の自然・文化・歴史・人材等の特色を活かした幼児造形の実践が望まれる。さらに、各地域で行われる実践が、実践するだけで完結することなく、それらの内容や結果等を発信し合い、また連携し合っていく中で、幼児造形の実践がよりよいものとなっていくように期待したい。

| 1 幼児造形とは | 2 幼児の造形教育の方法 | 3 幼児の造形教育の教材 | 4 幼児造形教育への実践 | 5 幼児の発達と造形表現 | 6 幼児造形教育の歴史と海外の美術教育 | 7 幼児造形教育の広がり |

I. 教育施設の活用——子育ての場所や機会の広がり

　子どもの生活の場は、主に家庭や幼稚園、保育園である。しかし近年では、幼稚園、保育園、施設などで過ごす時間が増加し、それぞれの施設での負担になっていることは否めない。また、家庭の中で保護者らが子どもたちと遊びや学びを共にする時間も減少の一途をたどっている。

　ただし、子どもの健やかな成長を望んだ時、もっとほかの活動の場があることで、多様な遊びや学びを体験することができる。その場や空間として社会教育施設等の中で、子どものための講座や設備をもった施設が見受けられるようになった。また、幼稚園、保育園でも、子どもの創造性を育むように保育の環境の改善に取り組んでいる。保育の在り方が多様化してきている今、様々な取り組みが始まっている。

1.社会教育施設の講座を活用する

　土・日曜日は、多くの幼稚園、保育園において通常保育は休みであり、子どもたちは家庭内や家の近くで遊ぶほか、テーマパークなどの遊戯施設の空間などで時間を過ごす。または日ごとに様々な習い事に行くことだろう。しかし、それら以外の過ごし方として、社会教育施設などで学び体験、遊び体験活動も盛んになってきている。

　社会教育施設とは、狭い意味では社会教育活動において利用される施設のことである。具体的には、公民館、図書館、博物館、青少年教育施設、女性教育施設、生涯学習センターなどが該当する。さらに大きく捉えるならば、社会教育行政は所管していないが、社会教育に関わる活動が行われている施設も加えることができる。それらは、博物館類似施設や社会体育施設、民間体育施設、文化会館、保健所や児童館などの行政が管理する施設、カルチャーセンターやスポーツクラブなどの民間施設も含まれる。

　また、地域子育て支援拠点事業の中にも、子育て支援センターだけでなく、児童館などの児童福祉施設やNPO法人、民間企業の企画したものもあり、これらを活用する動きも出てきている。ここでは、二つの事例を紹介する。

(1)子育て支援センターでの親子粘土遊び

　子育て支援センターは、子育てをしている保護者を支援する場所である。子育ての悩みや相談などを受けつけるとともに、子どもと様々な遊びをしたり、親子で歌や体操など遊びながら地域の保護者同士の結びつきをつくったりする工夫をしている。本実践は、夏休みに屋内で行った親子での粘土遊びである（活動詳細は図1〜3）。

　参加した親子は未就園児とその親（主に父親）である。未就園児がいずれ保育園、幼稚園に入園した時に、他の子どもや大人たちとスムーズにコミュニケーションが取れるようにすることもねらいとしてある。遊びを通じて、子どもたちだけでなく親同士もつながりをつくるやり方を体験していく活動といえるだろう。この活動では、粘土が遊び道具のすべてである。ただし、「どうぶつをつくろう」などと、何か目的を設けず、粘土を踏み続ける子、お団子をつくる子などそれぞれの家族が思い思いに遊んでよい空間とした。

図1．親子粘土遊び（投げて落とす）

図2．親子粘土遊び（身体全体で踏む）

図3．粘土遊びの活動
　★準備するもの
　　・ブルーシート（5.4m×5.4m）、2枚
　　・土粘土（150kg）　・切り糸
　　・バケツ　・ぞうきん
　　・ビニール袋
　★手順
　①会議室にブルーシートを敷く。
　②土粘土の塊、150kgを5kgずつ分けて、シートに均等に配置し、そこにひと家族ずつ座る。
　③塊を保護者が子どもの持てる大きさに切り分けて遊びを開始する。
　　・持ち上げて落とす。
　　・「粘土を踏む」※保護者に両手をもってもらい、体全体で踏みつけし楽しむ。
　　・「まるめる」「のばす」「ころがす」など粘土を全身で感じる。
　※遊びの最後に、家族対抗高さ比べを実践する。

図4．中性洗剤を溶した水に羊毛を浸して丸める

図5．完成したフェルト玉

図6．フェルトづくりの活動
（※p174-175も参照）
★準備するもの
- 羊毛の原毛（20色）
- 中性洗剤 ・スーパーボール
- ビー玉
- 石 ・洗面器 ・電気ポット
- 水 ・キッチンペーパー
- ビニール袋

★手順
①羊毛を選ぶ。一つの玉にソフトボール大の羊毛を使う。
②羊毛をほぐす。ほぐした羊毛を交差させるように置いていく。
③中性洗剤を、洗面器にはったぬるま湯にペットボトルのふた1杯分を溶いて、その中に羊毛を浸す。
　芯を使う場合は、積み重なった羊毛の一番上にボールや石を置いてそれを包み込むように丸める。羊毛だけの場合は、広げた羊毛を折りたたむように丸めながら、ボールを丸めるように手のひらで転がす。
④丸める力を段々強めながら、球になるようにする。毛が絡むように爪でひっぱり玉にかぶせてさらに丸める。
⑤丸めた玉を流水で洗い、洗剤のぬるま湯に絡めて丸める。これを2、3回繰り返して形を整える。
⑥できあがったら、キッチンペーパーで水分をふき取り、完成。自宅の風通しの良いところに置いた新聞紙などの紙の上でさらに乾燥させてでき上がり。

　この活動の意義は、普段触れることのできない大量の土粘土を、親子でのびのびと触れて遊ぶことができることにある。それも日ごろから通っている子育て支援センターで行うことで、参加する子どもたちが安心して新しい体験ができるのである。

(2) 生涯学習センターでの親子フェルトづくり体験

　生涯学習センターには、老若男女問わず様々な体験ができるように、創作活動室、調理室、防音室、茶室などの和室、ホールなどを備えている。様々な活動が行われ、それぞれの自治体に住む人々が参加できたり、各自で起こしたサークル活動などができるように貸し出したりもしている。もちろん、子どもらも体験ができるような企画をたてて、地域に住む親子が参加できる活動も催されている。

　ここでは、筆者が実践したフェルトづくり体験を紹介する（活動詳細は図4～6）。フェルトづくりは、羊の原毛を、中性洗剤をぬるま湯で溶いたものに浸しながら丸めるとできる。子どもでも簡単にできる素材体験である。羊毛の原毛は様々な色に染めたものを用意し、好きな色を少しずつ選べるようにした。丸めやすくするために、芯にスーパーボールやビー玉を用意したり、ペーパーウェイトになるように、手のひらサイズの石を用意した。1回の体験で2個つくれるように設定した。一度目と二度目では子どもの意欲が違い、色や形を変える工夫ができる余地をつくった。

　子どもにとって羊毛を丸めるという初めての体験は、普段の水遊び、お風呂での遊びに類似しているため比較的取り組みやすいものとなった。また、きょうだいや保護者も一緒に参加することができ、制作の楽しさやでき上がりの感動を共有する楽しい時間になったといえる。

2. 幼稚園・保育園等における施設や環境を工夫する

　日本では第一次、第二次ベビーブームなど人口が順調に増加している状況では、保育環境としてまず子どもたちが生活できる建物を増やすことが最優先に進められた。結果、同じような規格の建物、部屋、机にイスが準備された。しかし、保育環境が見直されてきた昨今は、多様な園舎や空間がつくられるようになった。

　例えば、コンクリートに代わって木材をふんだんに使った園舎であったり、廊下自体が遊び場になるように広くつくられたり、あえて部屋の中に段差をつくったりと、子どもたちが楽しくのびのびと過ごせる空間づくりに努めている。

　しかしながら、すべての園で設備の改築などを行えるわけではない。そのような場合でも、遊びの素材や砂場、築山等を充実させ、子どもたちが自分で遊びを考えるようなものを準備することはできるであろう。土、砂、木など自然素材に触れて五感を育むことができるようにするなど、子どもの健やかな成長を促すだけでなく、感性を育む上で環境全体を見直すことは重要である。子どもの成長や発達を豊かなものにする目的として施設や環境を工夫していきたい。

［江村和彦］

1 幼児造形とは	2 幼児の造形教育の方法	3 幼児の造形教育の教材	4 幼児造形教育への実践	5 幼児の発達と造形表現	6 幼児造形教育の歴史と海外の美術教育	7 幼児造形教育の広がり

2. 教育制度・連携―幼保一元化・認定子ども園、幼小の連携

　幼稚園や保育所や認定子ども園は小学校に就学する前の子どもが家庭以外で学ぶ場である。現在、保育のニーズや地域の在り方が多様化し、教育制度そのものが見直されつつある。様々な問題を抱えてはいるが、幼保一元化によって、保護者の就労状況に関係なく、一貫した適切な保育を実現させる可能性がある。幼保一元化は「何であるか」という施設の一様化を意味しているのではなく、「どのようにあるか」という施設の在り方が問われている。そこでの重要な課題として幼小の連携が存在する。

1. 幼稚園と保育所

　幼稚園の目的は学校教育法第22条によると、「義務教育及びびその後の教育の基礎を培うものとして、幼児を保育し、幼児の健やかな成長のために適当な環境を与えて、その心身の発達を助長する」ことにある。保育所の目的は児童福祉法第39条によると、「保育所は保育を必要とする乳児・幼児を日々保護者の下から通わせて保育を行うことを目的とする」ことにある。目的が異なる幼稚園と保育所は、対象となる子どもの年齢が異なる。保育所は幼稚園と比べて年齢の幅が広い子どもを扱うこともあり、保育の捉え方にも幼稚園との間に差がある。つまり、幼稚園での保育とは学校教育の意味合いが強く、保育所の保育とは殊に0〜2歳児において発達支援の意味合いが強いのである。しかも、幼稚園は文部科学省、保育所は厚生労働省といった管轄の違いがあり、長い間にわたり幼児教育二元化の実態を継続させてきた。

　しかしながら、地方分権と規制緩和を柱とする構造改革の流れにも乗り、少子化の対策や、都市の待機児童の増加や、地方の幼稚園と保育所の定員数削減などといった問題と絡んで、保育の量的確保と保育の質的改善が必要とされ、幼保一元化に向けた制度改革が検討されてきた。そして平成18（2006）年10月から認定こども園制度がスタートする。認定こども園は幼稚園と保育所のそれぞれの良いところを活かし、その両方の役割を果たすことができる新たな施設である。さらに認定こども園に通園していない子どもに対しても、子育て相談や親子の集いの場の提供などの子育て支援を行っている。全国に幼稚園が10,878施設［平成29（2017）年］[1]、保育所が23,410施設［平成29（2017）年］[2]あるのに対して、認定こども園は平成29（2017）年4月1日現在、5,081件が認定されている[3]。

1)「平成29年度文部科学白書」（文部科学省）〔平成30年7月31日〕

2)「保育所等関連状況取りまとめ」（厚生労働省）〔平成29年9月1日〕

3)「認定こども園に関する状況について」（内閣府）〔平成30年10月10日〕

2. 認定こども園

　現在の認定こども園の設置と運営は子ども子育て関連3法と学校教育法と児童福祉法という法律を根拠にしている。これは認定こども園が幼稚園の機能を文部科学省に、保育所の機能を厚生労働省に管轄されていることを示している。当初は、認定こども園の認可と指導監督手続き、認定こども園に対する補助金等の交付手続きという側面で、文部科学省と厚生労働省による差が存在したが、その差を解消するために、認定こども園の設置と運営は新しい認定こども園法により一本化されることになった。

　認定こども園は、果たす機能によって以下の4つのタイプに分類されて

いる。

❶幼保連携型：認可幼稚園と認可保育所とが連携して、一体的な運営を行う

❷幼稚園型：認可幼稚園が保育を必要とする子どものため、保育所的な機能を備える

❸保育所型：認可保育所が保育を必要とする子ども以外のため、幼稚園的な機能を備える

❹地方裁量型：幼稚園・保育所いずれの認可もない地域の教育・保育施設が担う

今日までに、近所にある幼稚園と保育所の統合する事例が多くなったり、幼保連携型認定こども園になったりする動向が顕著に見受けられる。

また、認定こども園法が改正され、幼保連携型認定こども園に勤める教員として保育教諭が新設された。これは認定こども園が幼稚園と保育所を兼ねるため、幼稚園教諭免許と保育士資格の両方をもつことが求められ、移行措置として5年間は片方の免許や資格で働くことが認められているが、移行措置期間後の免許・資格取得に関わる課題が生じている。今後多くの問題がでてくることも予想されるが、これまでの保育の基本を継承しつつ、保育の質を向上させるよう努力を重ねることが大切であろう。

3. 幼小の連携

日本の幼児教育を発展させる鍵は幼保一元化に加えて、幼小の連携にある。幼小の連携は、小学校低学年児童の落ち着きがないという小1プロブレムや学級崩壊がきっかけになっている。その原因は幼小の間に大きな段差があることによるが、異年齢集団での育ちが期待できない現代の教育環境も影響を与えている。幼保一元化と幼小の連携を共に実現させることが、日本の未来に明るい夢を託すことになる。幼小の連携の意義は幼稚園と保育所の保育から小学校の教育への滑らかな接続を実現することにある。幼小の連携には3つの内容、子ども同士の交流、教師同士の交流、カリキュラムの接続がある。

カリキュラムの接続については、現行の幼稚園教育要領と保育所保育指針等と小学校学習指導要領に明記されている。小学校学習指導要領を概観すると、第1総則第2教育課程の編成の4に、「学校段階等間の接続」が新設された。具体的に、図画工作科は「低学年においては、(略)、他教科との関連を積極的に図り、指導の効果を高めるようにするとともに、幼稚園教育要領等に示す幼児期の終わりまでに育ってほしい姿との関連を考慮すること」とある。なぜ幼小の連携が必要なのか、いかにカリキュラムを活用するのかを明確にし、教育現場の中で連携してできる具体的な内容をできるところから始めることが重要であろう。

[中川 泰]

| 1 幼児造形とは | 2 幼児の造形教育の方法 | 3 幼児の造形教育の教材 | 4 幼児造形教育への実践 | 5 幼児の発達と造形表現 | 6 幼児造形教育の歴史と海外の美術教育 | 7 幼児造形教育の広がり |

3. 場のちから──身近な環境を創造の舞台に

　子どもたちが過ごす生活環境は、近頃の多様なライフスタイルに伴い、様々な課題を抱えている。現在の環境では、子どもは大人の都合や大人が求める価値観に付き合わされることが多く、子どもたちの創造性を阻害しかねない。時には、大人の管理の隙間をかいくぐり、創造の冒険心から生まれる遊び・悪戯を肯定し、「場のちから」に触発されることをもっと喜ばしきものとして捉える必要がある。子どもたちの好奇心や探究心を飼い馴らすのではなく、制約の多い環境であっても、眼前に広がる身近な環境に対して我々大人も面白がり、「場のちから」が宿す遊びの舞台に気づくべきである。２つの実践から、その眼差しを見てみよう。

1.「農連すごろく」（沖縄県那覇市、農連市場）

～身近な環境に親しみをもち、新たな視点で街を再発見するアートのゲーム～

　舞台は生活のにおいが詰まった沖縄の市場。懐かしさが漂う魅力的な場所ではあるが、子どもたちにとっては通園・通学路の近道としてしか考えていなかった市場、大人たちも大型スーパーに慣れ切ってしまい、足が遠のいていた老朽化した市場。その市場が創造の舞台に大変身。木造・トタン屋根でできた迷路のような市場が、不思議なルールの巨大すごろくになったのである。

図１．サイコロを振って出発

図２．すごろくの指令で河童と出会う

　子どもたち自身がコマとなり、サイコロの出た目の数で市場内を進んでいくのだ（図１）。店先の路地に描かれた「市場すごろく」のマスの中には、びっくりドキドキの指令がいっぱい。市場を横切る小さな川の橋の上に現れた河童を見つけ、「わーっ、河童がいるー」と大騒ぎ（図２）。その河童から不思議な指令が繰り出される。「子ども河童」に変身させられた子どもたちは、市場の人たちを笑わせに行ったり、河童の好物のきゅうりで工作したりして、橋の上で展示会。一方、ほかのマスでは洋品店で試着したり、青果店で重さ比べをしている子どももいる。

図３．市場でお絵描き

　ある店先では、ニワトリの鶏冠をデザインしたほっかむりを被ったお母さんがクッキングの準備中。そこでも驚きの指令が…。「野菜スープの具材が足りないわ。そこのボク、タマネギもらって来て！」。お母さんたちからの指令に、子どもたちも困惑気味。「お店の人に素敵な絵をプレゼントして、タマネギと交換しておいで」。そんな指令に子どもたちは「え～っ、ほんと？」という表情。それでもちょっとした冒険心が湧いてくる。その指令をクリアしないと、すごろくのマスを進めないのだ。そうとわかった子どもたちは、ひよこのデザインのベレー帽を被って「絵描きさん」になりきる（図３）。市場のオバァたちとのお喋りから生まれた絵をお店に届け、お目当ての野菜と物々交換。市場を巡るすごろくの旅が、こんな風に展開された。

図４．野菜が登場する紙芝居で市場の歴史を学ぶ

　子どもたちが駆け巡る市場の奥では紙芝居が始まり（図４）、お店のオバァたちによるカチャーシー講座では三線の音色とともに、子どもたちも踊り出す（図５）。子どもたちの手踊りに市場の人々も破顔一笑。いつもの見慣れた風景と一味違う遊びを通して、場の魅力を感じる何とも奇妙な

図5. 沖縄の手踊りカチャーシーを踊る子どもたち

図6. 使用済みの点滴容器

図7. 点滴容器でつくった魚

図8. オリジナルの生き物も病棟内を回遊

図9. 検尿コップでつくった巨大なタコも登場

市場体験ワークショップが行われたのである。大人も子どもも、身近な環境に宿す文化的魅力や戦前から続く市場の空間的な魅力に触れ、「場」「環境」に積極的に関わることで、遊びながら多様な表現を味わっていた。

2.「小児科病棟でのアートワークショップ」

沖縄県立南部医療センター・子ども医療センター

長期入院のため病院で過ごす子どもたちにとって、病院は生活の場であり「まち（街）」なのである。健康であっても病気であっても、子どもには年齢に応じた豊かな時間と多様な学びの機会がもっと必要だと感じる。子ども時代の豊かな日常を創造するために、病院という「場＝まち（街）」で実践したアートワークショップである。

ある患児の母親は、「長い付き合いが必要となるので、病院が嫌いな場所になってほしくない」、また、「生活のあらゆる面で制限される子どもたちにとって、心から楽しめる時間は貴重で、親子で楽しみにしている」と話してくれた。治療を優先せねばならない「場」であるので、創造活動に必要な材料や道具についても、感染症予防のため、病棟内で使用できるものには制限がある。しかし、だからと言って多様な経験の機会をあきらめるのはもったいない。ならば、病院という「場のちから」を積極的に生かすようにすればよい。子どもたちの遊び文化がそうであるように、身のまわりにあるものを工夫して遊び、病院だからこそできる創造活動を子どもたちと一緒に生み出せばいい。病院内に既にある素材や治療器具さえも遊び道具にしてしまえばよいのである。

たとえば、病棟内の中には点滴スタンドを携え、点滴治療を受けている子どもたちがいる。看護師さんが治療のための点滴容器を持ってくると、点滴針の「チクッ」が怖くて怯える子どもたちもいる。患児たちにとっては大切な投薬治療でもあるが、できれば見たくない点滴容器（図6）を造形素材に活かし、病棟内を水族館に変身させたのである。きっかけは、点滴容器の形状が「お魚みたいに見える」という子どもの声を基に、みんなでオリジナルの海の生き物を創造し、点滴容器でつくった不思議な生き物（図7～9）が漂う海の世界を小児病棟内に出現させたのである。病院という制約の多い環境で、悪戯心を満喫した子どもたちの目には、「もっと楽しいことができそう」と、さらなる冒険心が芽生えていた。

3. まとめ

紹介した実践はあくまでも例であるが、どのような「場」であっても「場のちから」「場の個性」を最大限生かし、子どもたちの創造性や表現力を育む試みは十分可能である。そのために、我々大人たち（保育者・学生・保護者・地域住民等）も身近な環境に対して常に新鮮な眼差しを向け、創造の舞台がすぐ側に広がっていることを知る必要があるのではないだろうか。

［吉田悦治］

1 幼児造形とは	2 幼児の造形教育の方法	3 幼児の造形教育の教材	4 幼児造形教育への実践	5 幼児の発達と造形表現	6 幼児造形教育の歴史と海外の美術教育	7 幼児造形教育の広がり

4.環境を創造し生まれる造形活動 ──綿花や綿から感じる・知る・造形

1. 私たちの生活様態の変化より

　私たちの生活は、衣・食・住の3つに分けて考えられる。このようなステレオタイプの考え方以外にもいろいろと分け方はあるであろうが、生命を維持する視点から、大昔の縄文時代から現在まで衣・食・住は変わらぬ生活の根幹であるといえる。

　生活の根幹は昔も今も変化はないが、実生活の様態は昭和から平成の2つの時代約100年を見ただけでも劇的に変わってきている。戦前は鶏を自宅で平飼いし、卵や肉を自給している家庭が普通にあった。しかし、現在では卵や鶏肉はスーパーマーケットで購入するものになっている。また、風呂に入るために水を汲み、薪を使って直火で釜を焚く五右衛門風呂が普通であったが、現在はスイッチ一つで湯はりを自動で行い、湯の温度を簡単にパネルで自動操作できるものも広まっている。昭和30年における一般家庭への固定電話普及率は1％程度であったが[1]、現在は、スマートフォン（携帯電話）を1人1台持ち歩くような時代になってきている。

1)『昭和55年版　科学技術白書──科学技術発展の軌跡と展望』、科学技術庁

　生活様態の変化の実態は、人が家事の労働から解放され、不便（労働）から便利（自動）になってきたといえるのであるが、一方で労働の中で培われてきた「衣・食・住」に関わる関係性──人と物・人と人・人と動物・人と組織・地域・社会等に、多大な変化と影響をもたらしてきた。例えば、インターネット等の情報伝達の発達によって格段に情報獲得量と発信量は飛躍したが、五感を働かせることで感性を涵養することで考えると、同じことをリアルに体験するのとインターネットから得るのでは、感覚性においては、むしろ昔に比べると退行していることも多いように感じられる。便利になったが、今まで生活から発見や体得できていた様々な五感を使った感性の発動が現代生活ではなくなってきており、不便さを伴っていた労働が造形的な感性の涵養にとても重要な機会をつくっていたことにも気づかされる。

2. 綿花教材活動

　1.のような社会情勢を反映して、造形表現の現場でも、利便性の高いキット教材や素材を購入して活動することが広まっているが、先人たちが体得してきた生活から造形活動を見つめ直すことを綿花教材で考えてみた。ねらいは3点である。

　　①素材自体を自分たちで育み、見つめることによって、感性の内発（ポジティブ・ネガティブな感情を含め）を活性化させる。

　　②素材を材料とすることによって人と物の「つくること」の関係性をより強固にする。

　　③材料から自分が楽しめる玩具や暮らしへ導けるものをつくることによって、生活の根源と造形の関係性を再構築し、感性を高揚し涵養することを造形表現から学習すること。

(1) 綿花栽培の詳細

播　　種	5月位／地域差あり／種は直射日光・湿気を避け常温保管
土　　壌	有機石灰（牡蠣殻石灰）等でアルカリ性土壌にしておく
環　　境	風通しや排水の良い環境で栽培／畑の場合は環境に合わせた畝（うね）をつくる
鉢植えの場合	大きい鉢に3粒播きし、最終的に1本にする
収　　穫	9月から12月

和綿の花（在来種の真岡綿）
7月～9月頃美しい花が咲く。
・虫がついたときは除虫する。
・追肥。

蒴果（さくか）
花から綿の中間でできるもので
ここが弾けて綿が出てくる。

蒴果が弾けて綿が出て風に吹かれて種が落下してきたところ

正面の白い綿の中に2つの粒が見えるのが綿の種。このように蒴果が開いたら綿（綿＋種）を収穫し天日干しする。来年の播種や綿実油の食材等に利用できる。綿は天日に干して乾燥後に材料に加工する。

(2) 収穫した綿（綿＋種）を素材から材料に加工する

❶ 収穫した綿を「綿繰り機」で綿と種に分ける。
❷ つぶされて出てきた綿の部分を「綿打ち弓」（図1）や「ハンドカーダー」でフワワの状態にしていく。綿打ち弓を使って作業すると綿についているゴミが落ちる。

3. 造形遊びの教材として―綿を使った遊び―

図1．綿打ち弓

	A　遊び・つくる
雲を作ろう（図2）	広げた綿を手でもって頭の上から離して、地面に落ちないように息を吹いて滞空時間の長さを遊ぶゲームである。材料になった「綿」を適量とり、手で薄く広げる。（素材から材料にする工程である。綿打ち弓を使って、フワフワの雲―綿―を作っていく方法。）
雪だるま（図3）	フリースなど綿がくっつきやすい素材の服等を着て、お互いに素材になった「綿」を投げあってどちらが多くくっつくかを競うゲーム。綿を広げると服につきやすいが、遠くに飛ばない、綿を丸めると遠くに飛ぶが、つきにくくなるところをどう工夫するか？　写真は自分で雪だるまになっているところ。
引っ張りっこ	素材の「綿」を引っ張ってどちらが切れないかを競うゲームである。
巨大蜘蛛（くも）の巣	素材の「綿」を引っ張って大きな面積にして競うゲーム。
	B　遊び・観る
大発見	綿繰り機を使って種と綿を分別する工程や綿打ちの工程を実演して見せる。素材から材料へ工程を経て変化することがわかる。
！！！	タクリ・カルチャを使った糸づくりを実演して見せる。綿から糸がつくられることがわかる。
バラバラにしてみたら	平織の木綿布をほどいて、バラバラにしてみせる。糸が織られて布になっていることがわかる。

図2．綿を手で薄く広げる

図3．雪だるまになりきる子ども

4. 活動の留意点

綿を栽培するという「環境」を教師が創出して教育することで、例えば綿につく芋虫や蜘蛛（くも）を見つけたり、カマキリの卵を見つけて羽化するところを見たりできることもあるであろう。

綿つくりにまつわる「環境」から生み出される豊かな体験を通じて、物を作り（創造）ながら・遊びながら、工夫したり、試したり、発見したり、考えたり、理解したりする態度が涵養できたかを振り返る。　［菅野弘之］

1 幼児造形とは	2 幼児の造形教育の方法	3 幼児の造形教育の教材	4 幼児造形教育への実践	5 幼児の発達と造形表現	6 幼児造形教育の歴史と海外の美術教育	7 幼児造形教育の広がり

5.施設の広がりについて

　幼児造形教育とつながりがある子どものための施設にはチルドレンミュージアム、子ども美術館、おもちゃ美術館、レゴランド、国立児童総合センター・こどもの城、愛知県児童総合センターなどがある。子どもにとって望ましい環境をそろえたこれらの施設を参考に、実際の保育現場で活かせるようにしたい。

1. チルドレンミュージアムからからレゴランドまで

　子どものための施設として特筆されるのがチルドレンミュージアムであるが、その特徴は展示品に直接触れて体験できることにある。アメリカで最も著名な施設がボストンにあるチルドレンミュージアムである。その施設の開設は1913年であり、ニューヨークのブルックリンにあるチルドレンミュージアムに次いで古い。展示の部門には幼児の教育、日常生活に現れる科学の原理、先住民の生活様式、外国に関係するものなどがある。外国部門の中には興味深いことに京都の家が再現されている。造形活動の場は材料と道具が豊富に用意されており、多くの子どもをひきつけている。現在、チルドレンミュージアムは世界に設置されてきているが、日本でも大阪府大阪市にある「キッズプラザ大阪」、兵庫県篠山市にある「篠山チルドレンズミュージアム」などがある。

　美術に特化された子どものための施設としては愛知県岡崎市にある「おかざき世界子ども美術博物館」、島根県浜田市にある「浜田市世界こども美術館」がある。玩具に特化された子どものための施設としては、兵庫県姫路市にある「日本玩具博物館」、東京都新宿区にある「東京おもちゃ美術館」、東京都港区にある「レゴランド・ディスカバリー・センター」(レゴブロックで遊ぶ屋内型アトラクション)がある。

2. 国立児童総合センター・こどもの城

　平成27（2015）年３月末に東京都渋谷区にある「国立児童総合センター・こどもの城」が閉館される予定である。「こどもの城」は昭和60（1985）年の創立以来大きな役割を果たし多くの入場者を抱え続けている。閉館の理由は子ども・子育て法案の成立や児童手当法の改正によって、平成27（2015）年度から国立の児童館事業への補助金が廃止されることと、施設老朽化に対して再整備の予算を確保することが困難であることによる。現在、"国・社会全体で子育てを支える"という方向に反するとして利用者が中心となった批判の声が上がっている。

3. 愛知県児童総合センター

　愛知県長久手市にある「愛知県児童総合センター」は全国で20番目の県立の大型児童館である。愛知県児童総合センターは国立児童総合センター・こどもの城の大きな影響を受け、平成８（1996）年７月にオープンする。元センター長の田島茂典は東京の中学校・高校で美術科教員を務めた後、国立児童総合センター・こどもの城の造形事業部を経て、開館前の平成７（1995）年より平成23（2011）年まで愛知県児童総合センターで子どもの遊び環境づくりに関わってきた。

田島は愛知県児童総合センターの遊びの特徴を以下の5項目にまとめている[1]。

❶「テーマが身近で日常的なことにある」……これは当たり前のことが驚きに変わる面白さの追求を意味している。指導者は「今、なぜこの遊びをしているか」を明確にし、必然性を伴う活動を準備することが求められている。

❷「残らない遊びである」……これはものづくり以前の感覚の獲得を意味している。指導者は結果よりも過程を大切にし、上手・下手を問わない集団として活動を準備することが求められている。理想は砂場遊びにあるので、つくる遊びでも"おみやげ"を目的にしていない。

❸「無駄こそが遊びである」……これは児童館が効率や効果、使えるもの、役に立つだけを基準にしていないことを意味している。指導者は役に立つことを基準にする学校と違った支援ができるように準備することが求められている。

❹「不自由さが楽しさである」……これは遊びの中に不自由だけれども魅力的な枠やルールがあるからこそ遊びの内容が発展すること、自由気ままに遊ぶ楽しさを超越することを意味している。子どもははみ出そうとする工夫によってのみ予期しない新しい視点や発想を獲得することができる。

❺「子どもに媚びない」……これは子ども向けを基準にしないことを意味している。そのねらいは子どもも大人も関係のない共感の場を実現させることにある。"○歳向け"にした途端に、その年齢を超えた子どもが見向きもしなくなるという。合言葉は「大人が楽しいと子どもが嬉しい！」「子どもだましは絶対にしない」。施設には特有のキャラクターがいないし、アニメソングも流れていない。

以上の内容は魅力的な教材の教育的意義そのものであり、保育者・教員養成のフィールドで活用できるヒントが多く含まれている。

愛知県児童総合センターにおける遊びの独自性は"アートと遊びと子どもをつなぐ"という視点にある。アートと遊びには多くの共通点があり、"新鮮なものの見方や考え方を体験しやすいもの""遊びとしての柔軟な内容で、面白く発展性があるもの""他者との交流が生まれやすく集団行動に発展しやすいもの"という観点から遊びのプログラムの全国公募を平成8（1996）年から継続させてきている〈平成18（2006）年からはメディアプログラムに特化させている〉。

長崎大学も参加し、平成11（1999）年度には全国3代表の一つ（プログラム名：「ダークレンジャー～自分の感覚を信じて～」）に選出され、愛知県児童総合センターで約4500名の参加者の中でプログラムのデモンストレーションを実施した（図1）[2]。

[中川 泰]

1）田島茂典「遊び環境づくりの実践～愛知県児童総合センターの活動から～」『ものづくり教育研究 No.4』ものづくり教育会議, 2013, p.39

図1. 長崎大学のプログラム『アートと遊びと子どもをつなぐプログラムの開発 1999』

2）愛知県児童総合センター編『アートと遊びと子どもをつなぐプログラムの開発 1999』2000, pp.9-10

6. 児童館・美術館の活用 ─造形ワークショップの実践、利用法

保育者・教員養成において児童館・美術館の活用は大きな可能性がある。児童館・美術館に大きなメリットがあるため、大学は大きな支援を受けることができ、結果として大学生が貴重な体験を重ねながら大きな達成感を得ることができるのである。事例を参考に是非挑戦していただきたい。

1. 長崎県美術館と長崎大学の博学連携

長崎大学は長崎県美術館が平成17（2005）年4月に開館した時から毎年、博学連携によるイベントを実施してきている。これまでに実施したイベントは「アメリカ・ホイットニー美術館」展に関連させたサマーアートクラブ「技法で遊ぼう！」、「美術による平和学習」を実現するためのスクールプログラム「8Peace」・「つながる・つながる」、「サマーアートクラブTシャツ展2005」、「手作りのおもちゃ箱」、「手作りのおもちゃ箱2」、「かみしばいタイム」、「手作りのおもちゃ箱3」、「ようこそ！絵本の国へ」、「500色の色鉛筆による色の玉手箱」、「でてこい！大きな紙芝居2009」、「手作りの未来地図」、「"太田大八とえほんと仲間たち展"関連企画－大きな絵本の読み語り」、「でてこい！大きな紙芝居2010」、「手作りのおもちゃ箱4」、「ミロ・MIROワールド」、「でてこい！大きな紙芝居2011」などがある[1]。

開催日は1年に1～2回、2～4日間にまとめて開催するのであるが、参加者が2000名を超えることもある。大学側ファシリテーターの数も50名程度、準備期間には半年を費やしている。マスコミや教育現場を活用した広報活動もあり、博学連携のイベントとしてはほかには例のない規模のものになっており、幼大連携・小大連携・中大連携による大型紙芝居の制作や実演も含んでいる。しかも10年近く継続させてきており、大きな成果が認められるのではあるが、長崎県美術館も長崎大学も大きな負担を背負ってきたことを否定することができない。美術館側のイベント責任者は現在5代目になっているが、引き継ぎの難しさがあり、責任者の交代のたびに大きな苦労を抱えることを繰り返してきている。大学側も日程や学生を確保しにくい状況を呈してきたりしているので、現在、美術館と大学が協力しつつ新しい博学連携の方向を探っているところである。

2. 長崎大学の小大連携

平成24（2012）年度の一年間を通して実施した「長崎大学教育学部附属小学校の小学生と長崎大学教育学部の大学生との連携活動」を提示する。これは学生が企画を立案し準備を進め、4年3組の小学生と2年と3年の大学生が協同してキャラクターづくりを行った活動が基になっている。キャラクターはモノと動物を合体させた世にも不思議な動物である。最終的には平成25（2013）年5月末に実施された運動会に間に合わせる形で、前年度の大学授業でティーチングアシスタントを務めていた北村真理と附属小学校教諭の山川昭大によって、附属小学校の職員室前に壁面装飾の作品を設置した（図1～3）。

1) 長崎県美術館ホームページ
（www.nagasaki-museum.jp）
2013/12/19 アクセス

図1. パネル展示の風景

図2. 作品を設置した北村氏と山川氏

図3. 附属小学校でのパネル展示

この一連の小大連携の活動は、大学生が小学生に向けて作品制作を動機づける手紙を送ったところから始まっている。その手紙の内容は某国の博士が小学生に"モノと動物を合体させた、世にも不思議な動物"をつくるアイデアを募集しているものである。博士の仕事は不思議な動物をつくり、世界の子どもに笑顔を与えることであるが、最近はアイデアが枯渇して困っているという設定がある。小学生はキャラクターの作品に取り組み、大学生は仕上がった作品にコメントを添えて返却しつつ、壁面装飾の作品にまとめあげる準備を整えた。

　実際の活動を通して、大学生は"小学校の教員と交渉しつつ理解を求めて活動内容を練り上げる難しさ"と"小学生と大学生が共に学び合える活動をする充実感"を感じることができた。また一方、小学生は自分の作品に対して大学生から丁寧なコメントをもらい、通常の教育活動では得ることができない高揚感を味わうことができた。これは子どもにとって大人から認めてもらえたという大きな喜びであり、次につながる表現意欲を増大させることになった。それらの教育効果こそが児童館・美術館を活用する意味なのである。紹介した教育実践の活動は本来、美術館で実践することを想定しているものである。

3. 今後の展望を探る

　大学生の潜在的な能力を引き出すには、美術館でのワークショップよりも児童館でのワークショップが適している。美術館での活動よりも児童館での活動が制約を受けることが少ないからである。

　授業と絡め、昨年度より長崎大学男女共同参画推進センターの学内学童保育「おもやいキッズ」で美術系イベントを企画し実施している。今年度は平成25（2013）年7〜8月に13件のプログラムを実施した。内容は龍踊プログラム（図4、5）、写真プログラム、ネイルアート（図6）、絵画、工作などである。美術系イベントの体験が自宅で話題になったという嬉しい連絡を多くの保護者からいただくことができた。

　平成25（2013）年8月に長崎県美術館でアーティストのmarini＊monteanyによってワークショップ「動くへんてこな生き物をつくろう」が実施されたが、数か月前より材料である色紙シートの製作を長崎大学の大学生が担当した。その体験は、長崎県美術館で職業体験をする準備にもつながっている。希望者にはワークショップの指導補助員の役割を担当させた。今回の試みの目的は、アーティストによる美術館でのワークショップを大学生の援助で実現させることにあった。

　これらの活動は、実際の保育現場に活かすことを視野に入れ、今後の展望を探った試みである。児童館・美術館の活用はまず児童館・美術館と大学の双方がお互いにメリットを把握しなければならない。大学が児童館・美術館のメリットをしっかり構想し、その実現に向けての活動内容を児童館・美術館に対して提案することもよいだろう。

［中川　泰］

図4．龍踊プログラムでのパフォーマンス

図5．大きな風船でできた龍の胴体の中で

図6．ネイルアート（胡粉ネイルを使った実践）

7. 地域の特色と教育力

　幼児が成長していく過程で、親や保育者だけでなく、地域の様々な人々との関わりの中で新しい発見をしていく。幼児造形においても、保育者として、幼児と地域の人々との連携を考えた描画や造形遊びなどの活動計画を立てていくことが必要である。

1. 地域の人材

図1. 農業体験をする子ども

　私たちは様々な人々との関わりなしでは生活していくことはできない。保育園、幼稚園に通う幼児も同様で、親やきょうだいから始まり、保育園、幼稚園での友達づくりや保育者との関わりなどから人との関わり方を学んで成長していく。保育園、幼稚園でも地域の人々を招いて交流を図ることが大切と考え、様々な取り組みがなされている。幼児造形において地域の特色を活かす取り組みを考えるならば、焼き物や染め物などの工芸体験や祭りの神輿や飾りを地域の人々と共同で制作することが挙げられる。しかしもっと身近に考えれば、コマ回しやけん玉などの昔遊びを教えてもらったり、農家の方を農業体験の先生として田植えや芋ほりに取り組んだりすることなどが取り組みとして導入しやすい（図1）。周辺の地域の夏祭りや発表会などに周辺に住んでいる人たちを呼んで交流することは、子どもたちが人との関わり方を育む上で貴重な体験だといえる。また核家族化が進む中で、保育園・幼稚園で行われるこのような交流は、幼児の成長を促す意味だけでなく、地域の人々同士が交流する機会としても重要な意味をもっている。

2. 地域の人材の活用（A保育園事例）

　A保育園では、月に一回茶華道の先生が訪れ、子どもたちとお花を活けたり抹茶を飲む体験をしたりしている。ある日、夏のプール遊びの一環でプールにお花を浮かべようというワークショップを行った。園児たちは先生の指導のもと、用意された身近な花を選び、発泡トレイを好きな形に切り取り、花を挿して浮かべた（図2〜5）。

図2. ワークショップの様子

図3. お花を活ける子ども

図4. プールにお花を浮かべる

図5. 浮かべられたお花

　プールに入った子どもたちは、自分でつくった花を探したり、友達の花をきれいと褒めたりして、普段のプール遊びとは違った雰囲気になり穏やかな時間となった。このように、通常保育に変化や刺激をもたらす様々な人々の力を借りることが現在の保育環境に求められ、実践が始まっている。

3. 地域の現状を把握する

(1) 地域との交流をつくる

　地域の特色を活かすことも重要であるが、まずは園で実現可能なことを把握することである。園児に何を体験させたいのかを決めた上で、現状を考慮して地域の人材を探すことである。現在、人材探しは、保育園、幼稚園が独自で行っている。今後は、適切な人材を園に対してコーディネートする役目が重要になると考えられる[1]。保育者養成校や自治体の子ども環境に関わる人々の力を積極的に利用しながら、教育力を高めていくのが望ましい。そのためにも、保育者は地域の人々との交流を図るための行事を企画し、運営していく力が必要となる。

(2) 様々な行事を通じて

　保育園や幼稚園では様々な年中行事を行っている。通園している幼児だけでなく、未就園児やその親などを招いて一緒に活動することもある。保育園、幼稚園が地域の人々と交流する機会も企画する。保育園や幼稚園の近隣に住むお年寄りを招いた敬老会を開いたり、クリスマス会やハロウィンなど園の年中行事に地域の人々が参加したりして交流をすることで、後日、登園や降園の時に出会った際にあいさつや会話などが生まれる。幼児たちにとって様々な人と会話する機会が増えることは、社会性を育む上でも重要である。

4. 幼児と地域の自然

(1) 目の前、足元にある自然

　自然というのは、森や川、海といった大きなものでなくても存在する。登園までの道端に咲く花や電線に止まっている鳥も十分体験できる自然といえる。幼児と自然との関わりは、レイチェル・カーソンの「知ることは感じることの半分も重要ではない」[2]という言葉通りに、花や鳥の種類を知ることよりも、一緒に花を見たり鳥の鳴き声に耳を傾けたりすることが重要であるといえる。そこで感じたことを描いたりつくったりする造形的行為にまで辿りつかないとしても、無理にさせる必要はない。小石を並べたり、葉っぱや木の実を集めたりすることも、造形表現としての行為の一つであるといえる（図6）。

(2) 生命観を育てる

　だんご虫やザリガニ、カメ等を園で育てることは、ゲームとは違い、一度死んでしまったら生き返らない生命について考えるよい機会である。どんなに小さな生き物もちゃんと生きているということを飼育・観察しながら感じてほしいものである。そのために保育者は、生き物や植物の飼育方法や生育過程などを学び、環境を整えていく必要がある。幼児にとって動植物が身近なものであると同時に、簡単に生命が途絶えてしまうということも伝えなくてはならない。生き物をよく見て、形や色、においなど様々な違いを見つけ、発見の喜びを感じる（図7）。その感動が花や虫の絵を描いたり、動物をつくったりする表現（図8）につながっていくように援助することを心がけたい。

[江村和彦]

---

1) 人材のコーディネート
　保育者養成校では、保育園、幼稚園での地域との関わりを勉強する機会はあっても、実際に人材をコーディネートする実践的な授業は行われていないのが実情である。保育園や幼稚園と地域との関わりの関係機関で重要な位置を占めるのは、各市町村の子ども環境に関わる部署の人々である。まずは地域の仕組みを理解した上で、人々との交流を図り、企画していくことが望ましい。

2) レイチェル・カーソン、上遠恵子訳『センス・オブ・ワンダー』新潮社、1996、p.23

図6. 砂場でひたすら穴を掘る様子

図7. セミの幼虫見つけたよ

図8. 世話する動物を描く

| 1 幼児造形とは | 2 幼児の造形教育の方法 | 3 幼児の造形教育の教材 | 4 幼児造形教育への実践 | 5 幼児の発達と造形表現 | 6 幼児造形教育の歴史と海外の美術教育 | 7 幼児造形教育の広がり |

8. 地域での造形活動の実践

　地域には、保育園や幼稚園、学校教育施設以外にも、美術館や博物館、児童館や公民館などの不特定多数の子どもや大人が集う社会教育施設がある。また、地元商店街や城下町などの住民が、地域活性化や特徴のあるまちづくりの一環として活動を展開する中で、行政や市民によって様々な企画やワークショップ、ボランティア活動が行われている。どの例も地域の自然や人材によって培われた文化が根底にあり、愛着をもって育む人々が多くいるはずである。

　学生や保育者が、年齢や境遇を超えて集う人々と交流し、地域文化に触れることで、伝統工芸やその技はもちろん、郷土色ある生活の中でのものづくりを経験し、先人の創意工夫を改めて発見することができれば、地域性のある魅力的な造形教材研究となり、幼児造形に活用できるだろう。

1. 実践の概要

　筆者の居住する地域には歴史的仏教寺院群があり、市街中心部に位置しながら、山と川に恵まれた自然豊かな環境である。また、そこには保育園や学校教育機関も含まれ、大人や子どもが活発に往来する特徴的な地域社会を形成している。

　そこにおいて、地元で制作活動を行う造形作家や音楽家、まちづくり団体等と共に、寺院の本堂や境内などの空間を用いた美術作品展や音楽コンサートプロジェクト、アートワークショップを実施し、寺院群を拠点にした芸術文化の創出と発信を目的とした活動を模索している。

　筆者は、特に「染め」の技法を用いたアートワークショップを企画、実施してきた。水資源豊富なこの地域では、もともと地場産業として筒引きによる引染めが盛んで、神社のぼりや拝殿幕、獅子蚊帳（図1）といった生活にまつわる染色製品が、今でも職人の手染めによって製造されている（図2）。寺院建築の木色と鮮やかな染めは視覚的対比も美しく、また、色彩と仏教の行事や装束との関係も深い。染めの技法は複雑な部分もあるが、準備をできるだけ簡略化し、対象者が活動に専念できるよう、また、歴史的に価値のある建造物でもあるため汚損がないよう、配慮を心がけた。

図1. 筒引き染めの獅子蚊帳

2. 実践の様子

　図3から図5のように、寺院本堂や、本堂から続く縁側などの半屋外での活動は、子どもたちがじっくり座りデザインを考える場であり、活発に動き回りながらアイデアを交換し合う場ともなった。この活動時には、若

図2. 職人による手染めの様子

図3. 寺院本堂でのアイデアづくり

図4. 寺院縁側での染めの様子

図5. 寺院縁側を目いっぱい使い、染料を乾燥させる

1）活躍するスタッフ
　講習では子どもたちと同じ手順で染めを体験してもらい、技法や用具の取り扱い、安全面への配慮などを確認した。実践当日は、スタッフとわかるように、その際に染めたTシャツを着用して子どもたちの援助にあたった。

手僧侶の団体やボランティアの一般市民、地元で活動する造形作家や美術教育に携わる教員らを対象に、事前に講習[1]を行った上で当日の活動の支援を依頼した。これにより染めの基本的な技法や道具の取り扱いについての対応が円滑に行われ、子どもたちが戸惑うことなく時間をかけて制作に取り組むことができた。造形指導の面においては、多数の人々が支援に関わることで、画一的な表現になることなく、自由な発想の描画が展開されることとなった。

図6．縁側で語りながら制作する

図7．大人をまねて自分でも取り組む幼児の姿

図8．作品をつくり上げた達成感を味わう

図9．お互いの作品を鑑賞し合う様子

　図6から図9は、寺院のシンボルである大きなイチョウの木を中心にした、境内全体を使っての活動である。それぞれの親子やグループが気持ちのよいと感じる場所に移動しながら活動を行い、その途中で、子ども同士が仲良く遊ぶ姿や、同年代の親同士が日常生活や子育てなどについて話す機会が生まれた（図6）。染めの作業が介在することで、たとえ会話が途切れても間合いをもたせる効果も見られた。子どもも大人も、自らの手で物をつくり出すことに真剣な表情で向き合い、染め上がったり模様ができたりと、喜びの声を上げ満足げな表情を浮かべていた（図7、8）。また、展示では互いの作品の良さを言葉にして伝え合っていた（図9）。

3．地域が人を育てる、人が地域を育てる

　生活や職能に関わる知識や技能、道徳を子どもたちが学ぶ機関として江戸中期以降に広まった寺小屋のような環境で、地域に住む大人たちが地域の由来や場所の意味を伝えることは、子どもたちにとって学ぶ意義が大きいだろう。また、年齢を問わず相互的な交流をもてる表現や鑑賞の場を設定していくことは、そこに関わるすべての人たちにとって社会性やコミュニケーション能力などを培う良い機会となり、地域の次世代の担い手の育成にもつながるだろう。

［堀　祥子］

| 1 幼児造形とは | 2 幼児の造形教育の方法 | 3 幼児の造形教育の教材 | 4 幼児造形教育への実践 | 5 幼児の発達と造形表現 | 6 幼児造形教育の歴史と海外の美術教育 | 7 幼児造形教育の広がり |

9. 地域との連携の広がり

　近年、子どもを取り巻く生活環境において、都市化、住環境の過密化による生活環境の変化、遊び場の喪失等、様々な問題が発生している。そのような中で、子どもと共に子育ての当事者である保護者においても、保護者自身のライフスタイルの変化、子育てを巡る情報の多様化、核家族化による子育て文化の断絶や相談相手の不在、育児における様々なストレスなど、様々な変化や問題が生じている。現職の保育者及び保育者養成課程においても、保育の特性や保育士の専門性に根ざした保育実践を明確にする重要性から、保育と関連する様々な職種の業務内容や専門性との関連、地域の子育て力の向上、地域社会との協働などを模索する必要性が示されている。

1. 親子・大学・行政との連携

　子育てを巡るいろいろな情勢と、子育て支援に対するニーズの増加を踏まえ、近年では地域、行政の中で子育て支援事業が活発化してきている。子育て支援活動においては、家庭の積極的な参加、すなわち保護者が主体的に、子どもと共に活動できる場を提供することが重要であると考えられる。このような家庭と地域、行政との連携による子育て支援が行われる中で、保育者養成課程をもつ大学の参画、特に大学のもつ知的、人的資源に対する期待が高まりつつある。子育て支援の一環として大学と連携することにより、大学のもつ知的資源を提供した実践を通して、広く地域の子育て支援に有効であるという可能性が期待でき、子どもと保護者とのコミュニケーションの促進、また大学の教員、学生と保護者と子どもとの間にも様々なコミュニケーションの促進が見られ、保護者と子ども・大学・行政との連携の重要性が示される。

・〔事例1〕「アート・キャラバン造形ワークショップ」

　保護者と子ども・大学・行政との連携による造形ワークショップの活動である。毎月1回のペースで年間12回、絵画と工作の割合や作品の難易度を考慮し、学生スタッフと教員が教材研究を重ね、そこから意見交換を行い実践した。実践について、参加した保護者からアンケート集計を行い、そこから次回の活動についての改善を行った。地域の子育て支援として、コミュニケーションの促進が見られた実践となった（図1～3）。

図1. 子育て支援における大学との連携

図2. 保護者に見守られながら制作が進む

図3. 作品展を行って地域の人に周知する

2. 幼稚園・保育所と大学との連携

　保育者養成課程をもつ大学が、保育現場と連携して継続的な造形ワークショップの実践を試みているところも多く見られる。活動内容については、

保育現場それぞれによって異なるが、どの造形ワークショップにおいても、確実な保育者としての実践力の育成、及び保育者養成課程のもつ知的・人的資源をいかに実際の現場へ貢献していくかということを目的としており、保育者養成課程をもつ大学教員も、実際の現場で必要とされるスキルを身につけるためのカリキュラムを再考する場としている。

・〔事例2〕「ワクワク工作キャラバン」

　幼稚園と連携した継続的なワークショップの実践である。学生の実践力育成や、大学のもつ知的・人的資源の現場貢献を活用した実践である（図4〜6）。そのため、作品を単につくるだけでなく保育の一環として捉え、教育・保育実習などで行われるような設定保育と同様の「導入・展開・まとめ」を学生が工夫して行った実践である。

図4. 保育現場で子どもと一緒に制作する　図5. テーマに合わせて導入を工夫する学生　図6. 学生と子どもがつくった作品で遊ぶ

3. 子ども・高齢者・大学との連携

　造形による地域との連携は、子どもとの連携だけではない。最近は、高齢者の増加と共に施設も増え、こうした高齢者と子どもが関わる場づくりとして大学が橋渡しをしながら、造形を通した連携といったことも見られるようになった。これは、地域の中における保育現場の役割と、保育者の在り方を学び、学生や教員が子どもと高齢者に実際に関わり、両者の理解と共に両者の関わりを豊かにする技を学ぶ場となっている。

・〔事例3〕「手の型取りで花火をつくろう！」

　手の型取り技法を使って、子どもと高齢者の手型を花火に見立てて制作した共同制作である（図7・8）。同地域の高齢者と子どもの作品づくりにおいて学生が橋渡しの役目をすることにより、高齢者及び子どもへの理解と関わりを豊かにする造形活動となった（図9）。

図7. 完成作品「花火」　図8. 型取りした石膏の手に色をつける　図9. 高齢者の型取りを補助する学生

［矢野　真］

【7章参考文献】

◇ **7章1節**「教育施設の活用 ― 子育ての場所や機会の広がり」
(1) 厚生労働省雇用均等・児童家庭局長通知『地域子育て支援拠点事業の実施について』平成30年6月（第三次改正、発令名称等は原文通り）